시보다 매혹적인 시인들

김광일 지음

김광일
1958년 전주 출생.
서울대학교 불어교육과 졸업.
1985년《조선일보》사 입사. 사회부, 월간부, 국제부,
프랑스 특파원, 논설위원을 거쳐 현재 문화부장.
『우리가 만난 작가들』『책을 읽은 다음엔… 제발 아무 말도 하지 마』
『빠뻬용의 책읽기』『간지럽고 싶다, 한없이』 등 출간.

시보다 매혹적인 시인들
김광일 지음

•

초판 1쇄 발행일 2008년 10월 29일

•

지은이 · 김광일
펴낸이 · 김종해
펴낸곳 · 문학세계사
주소 · 서울시 마포구 신수동 345-5(121-110)
대표전화 702-1800 팩시밀리 702-0084
mail@msp21.co.kr www.msp21.co.kr
출판등록 · 제21-108호(1979.5.16)
값 13,000원

ISBN 978-89-7075-437-6 03810
ⓒ김광일, 2008

시보다 매혹적인 시인들

김광일 지음

| 책머리에 |
야위어가고 있는 모든 시인들께

　시인은 불편한 존재다. 손 닿지 않는 등허리 한가운데 찰싹 달라붙어서 계속해서 내 양심을 간지럽게 하는데 어쩌다가 영 몸이 피곤할 때 나타나는 대상포진의 초기 증상처럼 폐부를 매우 아프게 하는, 불편한 존재가 시인이다. 그들은 국경 안에서 결코 박멸되지 않는다. 물론 추방되지도 않는다.
　시인은 세상에 대한 사랑이 과도하다.
　시인은 잘 운다.
　대체로 시인은 무책임하다.
　상가喪家에서 사흘 밤낮을 통곡한 뒤에 누가 죽었냐고 묻는 사람이 있다고 할 때 시인은 그를 잘 알지도 못하면서 충분히 이해하는 척한다.
　시인은 이기적이다. 세상에는 세상이 공동으로 인정하는 삶의 공식이 존재한다. 시인은 곧잘 그것을 잊어버린다. 때로는 부인한다. 시인은 자신의 방식으로 공식을 만들어 살아간다. 그 공식은 독선적이다. 그런데 시인의 독선을 혀에 대보면 달콤하다. 희한한 일이다.
　소설 쓰는 이기호가 알아차린 것처럼, 시인 축구팀은 준비운동을 하지 않는다. 인간은, 사랑을 할 때 누구나 시인이 된다, 하고 플라톤이 말했다는데도 시인은 준비운동을 하는 인간을 그다지 사랑하지 않는다.
　시인들은 목적을 가진 스트레칭을 싫어한다. 아침에 일어나 기지개를 켜는 것처럼 자연스럽게 나른해지는 것을 으뜸으로 친다.
　시인 축구팀은 산책하듯이 공을 따라다닌다.

시인은 삶에도, 육신에도 준비운동을 하지 않는다. 준비운동을 하는 순간, 그는 대개 시인의 길을 접고, 세상이 인정하는 밥벌이 프로페셔널의 세계로 들어선다. 과거에 그런 선례가 더러 있었다. 시인이 사업을 한다든가 정치를 한다든가 하는 순간 시인이란 직함은 전직前職이 되고 말았다. 한때 시인이었던 사람, 그런 생물이 존재한다. 희한한 일이다.

미래의 어느 날 서울을 관통하는 한강에 환경호르몬이 과도하게 방류된 결과로 사람고기 맛을 알게 된 돌연변이 괴물들이 생겼다고 가정할 때 그 괴물은 대개 두 종류로 나뉠 것 같다. 하나는 시인만 골라서 잡아 먹는 괴물이요, 하나는 입안에 시인만 들어오면 그냥 뱉어버리는 괴물이다. 요즘 잘 쓰는 말로 마블링이란 말이 있는데, 이는 본래 미술 표현의 한 기법을 이르는 말로 기름과 물이 서로 섞이지 않는 성질을 이용해서, 그러니까 물 위에 유성물감을 떨어뜨린 다음 우연하게 나타나는 무늬를 종이로 찍어서 표현하는 기법인데, 요즘은 살코기를 잘라냈을 때 드러나는 단면의 독특한 무늬를 마블링이라고 하고, 그리고 또 마블링이 좋아야 고기가 맛있다는 말도 하게 됐다는 점을 염두에 두고 나니 어쨌든 시인들도 마블링이 독특할 것이란 예감이 든다. 미래의 어느 날 환경호르몬 때문에 태어난 괴물들이 과연 시인의 마블링을 좋아하게 될까 하고 궁금해진다. 시인들이란, 마블링이 보기에는 엄청 아름답지만 막상 입안에 넣고 씹어보면 아무런 맛도 느낄 수 없는, 외계인 같은 존재들이다. 시인이란 거기 저만치 떨어져 서 있을 때는 무척 사랑스럽지만 막상 다가가서 껴안을 때는 허망하게 증발되어 진공만 남는, 만화경 속의 투명인간 같은 존재들이다. 이 비밀을 우리는 언제쯤 널리 공개하게 될까.

위기가 닥칠 때면 시인은 남에게 도망가라고 권하는 위인爲人들이다. 시인은 같이 살고 있는 피붙이에게, 연인에게, 나랑 같이 사는 게 힘들면 너 혼자 도망 가, 하고 말하는 위인들이다. 경찰과 대치 상태에서 우리들은 자유파다 홀라홀라, 우리들은 자유파다 홀라홀라, 무릎 꿇고 살기보다 서서 죽기 원하노라, 우리들은 자유파다, 하고 노래를 불렀을 때 시인들은 노래도 부르지 않고 자기들은 그냥 폴리스 라인 저쪽에 수갑을 찬 채 서서 우리보고 어서 도망가라고 손짓했던 위인들이다.

아들이나 딸이 시인이 된다고 하면 말리고 싶다. 그러나 아들이나 딸이 시인을 친구로 사귄다면 적극 권하고 칭찬하고 싶다.

오늘날 시인은 노동생산성이 가장 낮은 사람들이다.

시인은 노동생산성이 낮다는 것을 자랑스럽게 생각하는 유일한 사람들일 것이다.

시인은 노동생산성이 낮다는 것을 자랑스럽게 여겨서는 안 된다는 것을 단 한번도 반성해본 적이 없는 사람들이다.

시인은 자본주의적 체제에서 살아가고 있는 인간들 중에서 가장 비자본주의적 인간일 텐데, 그것을 시인들은 감사하게 생각하고 있으니 참 이렇게도 저렇게도 할 수가 없다고 할 것이다.

시인은 다른 사람들의 사랑을 독차지하고 싶은 욕심이 과도한 사람들이다.

시인은 엄살이 심하다. 조금만 아파도 죽겠다고 난리고, 조금만 배가 고파도 못 견디겠다고 난리고, 조금만 슬퍼도 눈물을 바가지로 쏟아내고, 조금만 잘해줘도 헤살거리고, 그런다.

시인은 잠수함에 들어간 토끼 같은 존재들이다.

다시 말하지만 시인은 불편한 존재다. 시 전문 계간지 《시인세계》 덕분에 나는 3개월에 한 번씩 그 불편한 존재들과 밥 먹고 술 먹고 오랜 대화를 나누는 과도한 기쁨과 고통을 누렸다. 나는 '줌인zoom-in'이라는 코너를 통해 거의 무한대로 부여받은 시간과 지면을 갖고 우리나라 '장성급將星級' 남녀 시인들을 만나고 있는 중이다. 내가 진정 시를 사랑하는지 안 하는지 때때로 자신 없어진다. 그러나 시인들을 무척 좋아한다는 점은 분명한데, 그렇게 시인들을 만나는 동안 몇몇 원로한 장성급들은 세상을 뜨기도 했다. 이 자리를 빌어 눈물을 훔친다.

오래 전부터 그들과 만남의 광장을 만들어준 김종해 시인, 김요일 시인,

그리고 김요안 문학평론가에게 깊은 감사를 드린다. 내가 흔들릴 때마다 그분들은 나에게 마당을 쓸어주고 멍석을 펼치고 북채를 쥐어주며 춤까지 가르쳤다. 어찌 신명이 나지 않겠는가. 16세기 프랑스의 왕 샤를 9세는 말과 시인은 키울 필요가 있지만 살찌게 해서는 안 된다, 하고 말했다. 그가 말했던 방식에는 동의하지 않는다. 그러나 세월과 함께 점차 야위어 가고 있는 모든 시인들께 이 책을 바치지 않을 수 없다.

김 광 일

| 차 례 |

1
뜨겁게 뜨겁게 불행한 사람들

강은교
언젠가 뒤돌아봐줄 것 같은 사람 · 15

문정희
찻잎 덖을 때의 뜨거움과 깊은 내공 · 31

이시영
시인보다 먼저 일어서는 시인, 시 심부름꾼 · 45

최승호
어두운 닻, 환한 돛 · 59

이성복
시보다 인간이 더 매혹적인 불운이 그에게도 있었다 · 75

함민복
세상을 이기는 부드러운 힘 · 89

2
삶의 뒤란을 엿듣는 사람들

허만하
전자현미경보다 더 미세한 시인의 눈 · 105

이형기
투병, 새롭게 시를 벼린다 · 117

고 은
시적 불운이 필요한 나대지 위의 고아 · 133

신경림
떠도는 자의 한평생 시쓰기 · 149

황동규
몸에 병 많다 술 마심 주저하랴 · 165

정진규
느렸지만 시인의 눈길은 따뜻하고 팽팽했다 · 185

3
돌아올 길을 지우고 떠난 이유는…

김춘수
언어로의 낯선 귀환 · 205

홍윤숙
평생 채워지지 않고 목이 마른 항아리 · 223

김규동
좋은 시는 채우는 것이 아니라 비우는 것이다 · 239

김종길
산악을 품었으되, 깊은 물이 흐른다 · 257

김남조
이 세상에 진정한 연인은 위대한 시인뿐 · 277

4
울음에서 웃음으로 뛰어내린 사람들

정현종
모든 순간이 꽃봉오리인 것을… · 297

최하림
풍경 속에 녹아 있는 시인의 눈 · 309

이근배
그의 시 속엔 모국어의 큰 화두가 있다 · 325

김종해
어머니는 빈궁을 채우고 아들은 시를 길어올렸다 · 341

서정춘
균열이 심한 묵사발 혹은 마디 곧은 대 같은 · 357

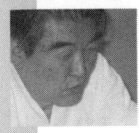
김지하
화산에서 막 뛰어내려온, 그러나 항상 촉촉한… 시인 · 377

1

뜨겁게, 뜨겁게 불행한 사람들

강은교
문정희
이시영
최승호
이성복
함민복

강은교

Zoom-in

1945년 함경남도 홍원 출생.
1968년 《사상계》 신인문학상으로 등단.
시집 『허무집』 『풀잎』 『빈자일기』 『소리집』 『허무집』
『어느 별에서의 하루』 등과 시화집 『젊은 시인에게 보내는 편지』,
산문집 『사랑법』 『시에 전화하기』 외 시창작론집 등 다수 출간.
한국문학작가상, 현대문학상 등 수상.

언젠가 뒤돌아봐줄 것 같은 사람

 강은교. 독립운동가 강인택姜仁澤의 딸. 함부로 가 닿을 수 없는 사람. 그러나 언제든지 어느 외진 길거리를 생각하기만 해도 저만치 앞서 걷고 있을 것 같은 사람. 그러다 누군가 부르면 외면하지 않고 그때마다 긴 머리를 출렁이며 뒤돌아보아줄 것 같은 사람. 강은교. 서점에 가면 언제나 서가 근처에서 책 한두 권을 빼보며 그렇게 서 있을 것만 같은 사람.
 강 시인을 만나기로 한 곳이 3층에 있는 음식점이어서 에스컬레이터를 탔다. 마음 속으로 프랑스 사람들은 이 에스컬레이터를 '굴러가는 계단'이라고 부른다지, 하는 생각을 하고 있었던 것 같다. 아마도 5미터쯤 앞에서 '굴러가는 계단' 위에 서 있는 어떤 여성의 뒷모습을 바라보고 있었을 것이다. 어디선가 많이 본 모습처럼 낯익었다가, 한번도 본 적 없는 낯섦이 평범하게 교차하고 있었다. 그녀의 좁은 등은 그랬다.
 에스컬레이터가 끝나는 지점에서 그녀는 왼쪽으로 나는 오른쪽으로 걸어가게 됐다. 그러다 뒤돌아봤는데, 왠지 불러 보고 싶었다. 여보세요, 선생님! 어떤 당김 같은 것! 오랜만이어서 혹시 모습이 조금 변한 게 아닐까 하는 생각도 있었지만, 불러 보고 싶었고, 뒤돌아보아줄 것 같은 기대감을 갖게 했다.
 강江은, 교橋. 리버 이즈 브리지. 말장난. 강은 다리라는 뜻이래, 하고 불현듯 농담을 건네고 싶었다. 강은 사람들의 발걸음을 가로막고 싶지 않아서 제 몸 위에 다리를 얹고 있지만, 사실은 강이란 이 고장에서 저 고장으로 사람과 물산을 길게 연결하는 기다란 다리 역할을 한다. 시詩도 그와 같아서 강 위에 얹힌 다리처럼 우리로 하여금 제 모습 비추며 물 위를 걷게 하기도 하고, 진실로 시도 그와 같아서 우리로 하여금 강과 더불어 가는 물이 되게도 하는 것이다. 강은교. 강이 곧 다리래. 시도 그와 같대.

날씨가 몹시 추웠다. 평소 동행하던 김요일 시인은 멀리 남아프리카공화국에 여행을 갔다고 하고, 이날은 대신 김요안 기획실장이 곁에 있다. 술잔을 쥐고 머리를 앞으로 5도쯤 숙이고 있는 김 실장은 항상 정곡을 스쳐가는 화법을 좋아한다. 누가 정곡을 찌를 줄 몰라서 안 찌르는 줄 아는가. 사는 게 그런 것, 이라고 말할 수 있는 나이는 몇 살부터인가, 라고 근본부터 질문거리를 만드는 사람. 그런 생각에 바깥의 차가운 공기를 털어내면서 자리를 잡았고, 강 시인은 두서를 챙기지 않는 자유로운 화법으로 누가 질문자이고 누가 대답하는 자인지 시작부터 섞어 버렸다. 그렇게 우리들의 인터뷰는 발걸음을 뗐다.

서울에는 자주 올라오십니까?
"가끔 일이 있으면요. 그립기도 하고요. 동생들이 다 있고…… 부산에는 83년도에 내려갔으니까. 한 달에 몇 번 올 때도 있고, 교통이 좋다 보니 자주 오게 돼요. 그러다 왔다 갔다 하지 말고 글이나 써야지 가만히 있기도 하고요."
자주 오는 건 아니겠군요?
"일이 없으면 안 오거든요. 오늘처럼 인터뷰하러 올라온 적은 없다구요."(웃음)
오늘 날씨가 장난이 아니게 춥네요. 좋아하는 계절이 따로 있습니까? 시가 잘 써지는 계절이 좋은 계절인가요? 시인으로서 말이죠.
"요새는 그렇지 않은데, 여름에 뭘 참 많이 했어요. 여름에 문 확 열고…… 옛날에는 내 꿈이 유리창을 전면에 달고, 다 열 수 있는 그런 곳을 차지하고 싶었는데 맨날 꿈이었다가 지금 우리 집에 그런 구석이 있어요. 문을 열면 매미 소리가 들려오는 빌라형 아파트예요. 좀 작은 것인데, 구덕산이 아파트 뒤에 있어요. 겨울은, 대신 뭔가 폐쇄된 기분이 들어요. 지금은 그렇지도 않아요. 겨울에도 많이 쓰고요. 약간 좀…… 뭐라 할까. 시를 그만 쓰려고 할 때가 있는데, 뭔가 틀이 잡혀 버린 느낌이에요. 겨울에도 잘 써지는 게요. 글쟁이가 되기는 싫은데, 아무데서나 잘 쓰는 것, 그것은 문학이 아닌 것 같아. 글은 아무데서나 잘 만들어지는, 그런 게 아니어야 한다고 생각하죠."

(허걱. 그때 강은교 시인은 오만했다. 빛나는 오만. 잘 써지는 게 싫다니. 아무 때나 잘 써지는 게 싫다니. 강 시인은 프로인가 아마인가. 틀이 없으면 허전하다가 틀이 생기면 모멸스러워지는, 시인이란 존재는 항상 무엇인가로부터 도망치는 사람인가. 도망치는 사람. 이때쯤이었다. 반가운 참석자 한 분이 동석했다. 김종해 한국시인협회 회장이 찬 바람을 옷깃에 묻혀서 들어왔다. 그리고 이런 자리를 오래 전부터 기다렸다는 듯이 대화의 물꼬를 앞장서 이끈다.)

최근에 나온 『시에 전화하기』란 책을 잘 봤습니다. 시로 신문을 당할 때 기분을 아세요?
"우리 말이 얼마나 정확하게 전달될 수 있을까 하는 생각을 했어요. 결국은 자기 맘대로 생각하는 것, 아니에요? 자기 글을 쓰는 것이지요. 시와 관련된 이야기를 할 때는 절망감을 느끼지요. 이런 뜻을 전하고 싶다고 하는데, 나중에 보면 그게 아니더라구요."
그 책을 읽은 독자들은, 시에 대해 몰랐던 부분을 콕 찍어서 얘기해 준다고 하거든요. 전문독자들까지도 같은 얘기를 해요.
"교보에서 이수익 선생을 만났는데, 시에 결례를 했는지도 모른다고, 죄송하다고 말했지요. 갑년 기념회 마지막에 그냥 용서하라고 했어요. 우리 인생이 다 그렇지요."
70년대 동인지 활동을 할 때 굉장했지요?
"바보 같은 인생이었는지도 몰라요. 시가 전부인 줄 알았지요. 김형영,

LJN, 윤상규, 정희성, 박건한 같은 분들과 함께 했지요."

동인지가 몇 집까지 나왔죠?

"얼마 안 나왔어요. 3집까지 나왔죠. 1집을 그대로 들고 서점에 갖다 주기도 했어요. 저하고 김형영하고 LJN이 다 샘터에 있었어요. 우리가 1집을 700부 한정판을 찍어서 경기여고 앞 숭문사에 갖다 주고 나중에 안 팔린 책들을 거두러 갔어요. 그랬더니 1권 팔렸다고 해요. 그래서 그 책 1권을 사간 사람은 참 복받을지어다, 했죠."

얼마 전 작고하신 전 남편을 LJN이라고 부르는 이유가 있습니까?

"……"

임정남 시인을 만난 때가 언젭니까?

"연세대에서 만났어요. 그 전에는 소설을 쓴다고 글도 끼적대고 했는데, 너는 책 좀 그만 보라고 어머니가 그러셨죠. 국민학교 때는 교과서를 외웠죠. 모범생이 안 될 수가 없지요. 맨날 책 좀 그만 읽으라는 핀잔을 들으며 컸으니까."

임정남 시인은 60년대 말《조선일보》신춘문예로 등단했던 걸로 알고 있습니다만…….

"우리는 굉장한 연애를 했어요. 어머니의 반대를 무릅쓰고 결혼했죠. 어머니가 쫓아다니며 반대했어요. 밥 먹일 수 없는 것은 뻔하죠. 사람은 좋지만…… 나는 선도 많이 보았어요. 지난 봄에 그분이 죽었는데, 내가 추모시를 써야 하지 않을까 생각했었어요. 이혼한 지 10년도 넘어 돌아가셨기에. 아무한테도 말을 안 해서 모르고 있었겠죠. 저는 별일없이 잘 사니까."

언제 결혼하셨습니까?

"1972년요. 저희 딸이 벌써 서른다섯이네요. 임강희예요. LJN는 민주투사로 있다가 ○○당으로 국회의원에 출마하기도 했어요. 아무튼 LJN 덕분에 사회에 눈을 뜬 게 많죠. 사회성 있는 시를 쓰려고도 했고요. 무슨 사건도 있었습니다. 지금은 멜로 드라마 같은 일들은 다 지워지고…… 우

강은교

리가 순수하게 그랬어요. 강희는 시각디자인 강사예요. 부산에서 세 과목을 맡아서 좋아하고 있어요. 지금은 나랑 같이 살고 있죠. 걔는 서울에 안 가겠다고 해요. 유학을 갔었는데…… 버클리 갔다 돌아와서 다시 가기로 돼 있었는데, 안 가겠다고 하데요. 아버지 일도 있고 하니까. 또 버클리에 있을 때 우리나라 유학생들이 그곳에서 어떻게 지내는지를 보았거든요. 잘하는 몇 명이 있으나 결국 미국 주류에는 못 들어가고…… 그래서인지 안 가겠다고 해요. LJN는 작고할 때 폐질환이었어요. 담배를 너무 많이 피웠어요."

그분은 문단에서 바둑 고수셨지요?

"예. 저도 바둑을 했어요. 신혼 때 신촌에서 우리가 기원도 했다는 거 아닙니까. 남자 고등학생이 손님으로 오면 내가 상대해주고, 바닥도 쓸고, 그러다 쫄딱 망했죠. 영업이 형편없이 안 되고, 공짜 손님만 많이 오고…… 사업은 못 했고, 정치를 해야죠."

당시 부군께서 노무현 대통령과 단짝이라고 할 만큼 친했다고 들었습니다. 노 대통령에게 선배가 된다면서요?

"저는 잘 몰라요. 노무현 대통령이 부산 동구에서 국회의원으로 나올 당시 LJN는 부민련 의장을 했어요."

강 시인께서는 정치에는 동조를 안 하셨습니까?

"저한테는 시밖에 없고, 그렇게 살아 왔어요. 옛날에 뇌수술을 했는데, 그때가 72년도였어요. 뇌동맥정맥 기형으로, 그게 안에서 터져서 명동성당 성모병원에서 수술을 받았죠. 그때 가톨릭에 입교했어요. 아버지 돌아가실 때도 안 했는데."

그때 문인공제회에서 젊은 문인들이 돈을 모아서 강 시인을 돕자는 운동도 벌이고 했지요.

"그때는 순수했어요."

분위기가 착, 바닥에 붙는다. 띄울 필요가 있겠다 싶었다. 마침 강 시인이 선물해준 『강은교의 시세계』(유성호 편)란 책을 펼치니 앞 화보에 '1970년대 초 두 번째 시집 『빈자일기』를 내던 시절' 이란 사진이 있다. 상체를 왼쪽으로 90도쯤 틀고 턱을 오른쪽 어깨에 살짝 얹은 듯하면서 카메라를 바라본 사진이다. "분위기가 참 야하다"며 농쳤다. 진짜 쓰고 싶은 표현은 "뇌쇄적이다"였다. 일종의 자기검열.

사진 죽이네요?
"하하. 천년의시작 출판사에서 계간 《시작》 특집을 낼 때 저 사진이 거기 들어 있었는데……."
당시 여성시인들도 몇 없었지만, 강 시인은 특히 시도 독특하고 개성이 넘쳐서 참 촉망받는 시인이었다고 들었습니다.
"우리는 기가 충천했지요. 예를 들면, 뇌 수술을 할 때 수술실에서 마취를 당하면서도 좋은 소재다, 하고 생각할 정도였어요."
월간 시지 《심상》에서 여성시인들을 거명하면서 노천명, 김남조, 허영자, 강은교가 계보를 잇는다 했더니 언급 안 된 여성시인들이 전부 공격의 화살을 퍼부었던 기억도 나네요.(김종해)
"시밖에 모르던 시절이었습니다. 시만으로 살 수 있다고 알았는데 정치하는 것을 보니 그게 아니데요. 다른 사건도 있었고요. 근데, 너무너무 웃기죠? 제가 참 웃기는 거죠. 저는 맨날 시예요. 모든 게 다 시고, 뇌 수술도 시고, 시 때문에 뇌 수술까지도 고마워했을 정도니까요. 웃기는 여자죠, 제가. 뇌 수술을 하면서 애가 태어났어요. 그 애가 쌍둥이였어요. 한데 한 아이가 죽었죠."
남자에 대해 어떤 생각을 갖고 계십니까? 연애 상대로서, 또는 배우자로서, 또는 아버지로서, 또는 아들로서, 또는 시의 제재로서.
"생각이 별로 없어요. 항상 시예요. 우리 아이가 하는 말이 대책 없이 시로만 쳐다보고 생각하니 한심하다고 해요."
시인이 신앙을 갖는다는 것은 어떤 의미입니까? 시인에게 신앙이란 도움입니까, 아니면 방해꾼입니까?

"아무튼 다른 경우는 모르겠고…… 제가 단정적으로 얘기할 위치에 있지 않다고 생각합니다만, 왜냐하면 저는 가톨릭 신자니까요. 하지만 요즘은 성당엘 잘 안 나가서 무교회주의자라고 하죠. 유대교에는 전통주의자가 있다고 하데요. 교회를 믿지 않고 하느님을 믿는 것을 말한다고 하더군요. 현대의 지식인들은 아마도 다 그렇지 않을까요? 교회를 하나의 시스템으로 보니까요. 여러 가지가 눈에 보이죠. 아무튼 한때는 열심히 성당에 가서 한참씩 울곤 했죠. 확실히 형식이란 중요해요. 형식에 내용이 담기는 건지, 내용에 형식이 담기는 건지, 성당에 갔다 오면 늘 헷갈리곤 했어요."

강 시인께서는 작년 봄 『시에 전화하기』라는 매우 독특한 시 해설서를 내셨습니다. 48명의 동료 시인들에게 전화나 이메일로 시가 무엇이냐, 시가 어디서 오느냐 물었고, 그 결과를 책으로 엮었습니다. 강 시인에게 시가 태어나는 순간, 시가 태어나는 자리를 묻는다면 뭐라 대답하시겠습니까?

"지금도 그런 작업을 하고 있어요. 젊은 시인 문태준 씨에게도 했어요. 장철문 씨에게도 했고요. 신경림 선생에게는 이렇게 물었지요. (강 시인은 자신의 질문들이 인쇄된 A4 용지 한 장을 보여주었다.) 하지만 제 시가 태어난 자리를 저도 잘 모르겠어요. 그런 순간을 의도적으로 만들려고 애쓰기도 하지만 오지 않다가 강의를 하는 중에 그런 순간이 오기도 하고 또 느닷없이 복도를 걸어가는데 오기도 하고 그러죠. 어저께는 딴 일 제쳐놓고 「푸른 잔디」라는 시를 썼는데, 연가였어요. 느닷없이 소리 하나가 들려왔고, '잔디'를 갖고 쓰고 싶다는 생각이 튀어나왔거든요. 저는 느닷없이 쓰는 게 더 좋아요. 열심히 구상해서 쓰는 것보다 나중에 보면 결과가 훨씬 더 좋다는 생각이 들어요. 의도 있게 쓸 때는 단순성이 안 일어나요. 영어로 making을 하려 하면 잘 안 되는데…… 이중성을 생각하고, 상징을 생각하고, 알레고리와 의도가 있고, 그러잖아요. 반면에 단순하게 흥얼거리고, 탁 튀어나올 때도 있는 거죠. 창비에 140행 장시를 썼는데, 완전히 가감한 것도 없이 어떤 회의장에서 막 중얼거리면서 썼더니 누군가 '왜 저러냐'고 하데요. 그처럼 소리가 터지는 순간이 있어요. 그냥 오는 것 같지는 않고, 평소 쌓였던 것이 있다가 터지는 게 아닌가 싶어요. 화산이 폭발하는 것처럼요. 그게 바로 시가 있는 자리인 것 같아요. 그런 자리가 분명 있어요. 훌륭한 시인들이 쓴, '국민 시'라고 일컬어질 만큼 괜찮은 시들은 그런 순간에 왔던 게 아닌가 생각해요. 아무튼 이건 정답이 아니고요. 잘 모르겠어요. 그런데 제가 시를 갈수록 모르겠다고 했더니, 그 사람들은 그렇게 듣는 게 아니라, '겸손하게 건방짐'으로 받아들이더라고요! 그 다음부턴 그 말을 다시는 안 하죠."

"떠나고 싶은 자/ 떠나게 하고/ 잠들고 싶은 자/ 잠들게 하고/ 그리고도 남는 시간은/ 침묵할 것."이라고 시작되는 강 시인의 「사랑법」이란 시가 독자들에게는 유명한데요.(김요안)

"제가 쓰긴 썼는데, 왜 썼는지 잊어버렸어요. 아참, 제자가 며칠 전 이메일을 보내왔어요. 《중앙일보》에 어떤 이가 쓰는 칼럼이 있는데, 칼럼에 「사랑법」을 인용했더라고요. 그 칼럼을 인용하면서 제자가 '정말 지금은 침묵이 필요한 시점입니다'라고 했더라고요. 아, 바로 그거였어요. 하긴 그 시를 고등학생들이 좋아한다는 말도 들었고, 책받침 같은 데도 인쇄되어 있다는 말을 들었지만…… '침묵' 그거예요. 그 시는 오래 기다리면서 침묵 속에서 쓴 시거든요. 그런데 독자들은 강은교, 하면 아직도 「우리가 물이 되어」, 「사랑법」, 「허무시」 같은 시들만 이야기한다는데…… 사실 그 시들은 70년대 잠깐이고, 그 뒤에 쓴 시도 많은데 맨날 그 얘기만 하고…… 그것에 대해 절망을 많이 해요. 곽재구 시인 얘기를 들으니까 그에게도 사람들이 「사평역에서」만 물어본대요. 저도 그래요. 부산 근방으로 강연을 가면 그런 경험을 많이 해요. 그럴 때마다 문학이란 과연 무엇일까, 시란 무엇일까 생각해요. 그러니까 정말 모르겠어요. 「사랑법」이란, 그 시점으로 돌아가 보면 그 칼럼의 교수가 쓴 대로, '삶의 법'이에요. 그러나 그 「사랑법」에는 구체성이 없고 철학성만 있어요. 그래서는 안 되는데…… 그런 추상적이고 어려운 시를 30년이 지난 지금까지도 기억하고 있는지 알 수 없을 때가 있어요. 시란 정말 모르겠어요. 다시는 시를 안 쓰겠다고 해놓고 그날 밤 또 쓰고 하니까요."

시한테 휘둘리네요?

"저는 시를 갖고 논다고 생각했는데……."

강 시인께 사랑의 대상으로서 남자는 어땠나요?

"남자…… 시라고 할까요? 아무튼 70년대에는 남자도 시였고, 시도 남자였지요. 하지만 갈수록, 이젠 정말 시 모르겠고, 시 읽는 사람 모르겠고, 시 쓰는 사람 더 모르겠어요. 요새 가장 정직하게 할 수 있는 말은, 나는 내 시밖에 모르겠다,예요. 부산에 있는 KBS 라디오에서 일주일에 한 번씩 한 시간 동안 '강은교의 문화읽기'라는 프로를 4년 동안 해오고 있는데 이 프로를 계속하는 이유는 오로지 시를 읽는 코너라는 유혹 때문이지요. 그것이 나를 공부시켜요. 토요일 오후 5시에 하는데, 차 속에서들 많이 듣는다고 하데요. 시를 알려는 나의 여행은 끊임없이 계속되고 있죠."

부산에서 시 문화를 위해 애써 주셔서 감사합니다.(김종해) (아참, 이분은 시인협회 회장이시지……)

그런데 시와 남자 중 어떤 것이 더 좋습니까?(김요안) (김 실장은 한 번 시작하면 끝을 본다. 조근조근 상대를 조이면서 결코 놓지 않는다. 아는 사람은 알고 있다.)

"시가 더 좋아요. 마음대로 할 수 있잖아요. 언제든지 꺼낼 수 있고, 고칠 수 있고요. 예쁘게 쓰면 성취감은 이루 말할 수가 없어요. 근데 나도 시인이라고 생각해서 명함에 '시인·교수'라고 찍어서 가지고 다닐 때가 있었죠. 지난 해 여름의 금강산 평화시인대회를 잊을 수가 없어요. 북한 병사가 군사분계선에서 누군가를 보고 '직업이 시인이냐, 돈을 버느냐'고 묻데요. 그 사람이 잡글도 쓰고 하면서 돈을 번다고 하자 북한 병사가 말하기를, '노동자도 시를 쓰는데, 시인으로 돈도 못 벌면서, 직업을 시인이라고 쓰다니' 라고 해요. 허위기재란 말이 있지요. 그 사람은 허위기재로 벌금 500달러를 선고받았어요. 그때 나는 무언가 확 오는 게 있었어요. 북한군 병사도 아는 정의를 나는 몰랐네, 싶더라고요. 북한군 병사의 명확한 설명을 듣고 나니, 나의 직업은 교수이고, 시는 다만 취미? 하는 생각이 들더라고요. 시인이라고 떠들면서 시로 돈을 번다든가 소위 시를 '파는' 사람들…… 너무 많잖아요. 그런 식으로 허위를 부린 것 같아 창피하고 부끄러웠죠. 그래서 '강은교여 부끄러워하라' 는 생각을 했어요."

그래도 시는 밥이다, 그런 생각 안 합니까?

"당연히 생각했는데…… 프로가 되어야겠다고 떠들었는데, 그런 것으로 돈을 버는 것, 간혹 재테크를 하는 것 정말 맘에 안 들어요. 젊은 사람들한테 시인 자리를 팔기도 하고, 이런저런 문인단체의 회원 시켜주겠다고도 하고, 그런 것도 요즘 있다고 하던데…… 우리 학교의 총장도 나를 '강 시인' 이라고 부르니, 나도 나의 '시인' 을 판 셈이고, 팔고 있다고 생각하니 부끄러워요. 그러다 보니 지금 세상에서는 프로가 되어서는 안 되겠고, 어디까지나 아마추어 정신이 중요한 것 같아요. 시 치료도 그런 식으로 하고 싶어요."

시 치료요?

"음악 치료, 미술 치료처럼요. 시의 치유적 기능의 확대와 확산이라는 면도 있고…… 실제로 증상에 따라 적당한 시를 써서 환자를 낫게 하는 것도 있을 수 있구요. 그 본질은 인간의 정신을 위안하는 것이지요. 실제로 병원에서 환자가 되면 할 일이 없습니다. 하는 일이라곤 TV 보는 일인데, 어떤 병원에서는 TV 구멍에 돈을 넣게 돼 있어요. 시도 이제 눈을 돌려야 한다고 생각해요."

시 치료로 회복된 사람이 있나요?
"의료적, 수술적 치료는 아니고요. 정신 장애에는 효과가 금방 있는 사람도 있다고 해요. 시인과 독자가 상호 교육이 돼야 한다는 의미에서 「시 치료와 상호교육론」이란 논문도 써 봤어요. 어떻게 될지 모르겠지만, 시 치료를 체계화하고, 이러한 시의 전달효과를 보다 확대-확산시킬 수 있는 시 퍼포먼스 소극장을 지어 보려고 해요. 아직은 꿈이지만······."

한때라도 남자가 좋았던 것은?
"서로 좋았는데, 그렇지도 않았나 봐요."
근데, 사랑이 좋습니까, 시가 좋습니까?
"둘 다 좋다니까요. 아니 시가 좋다니까요."
아, 그러고 보니까 내일이 생일이시군요.
"그래요. 정말 감사해요. 그런 뜻이 있었네요."
나는 강은교 시인과 한 사람의 동료 시인으로서 건강할 때 술도 한 잔 나누고 싶고 그렇습니다.(김종해)
"뇌동맥정맥 기형이라서 술 한 잔 하면 큰일나요. 부산에서 반갑게 만나도 술 한 잔 못 권해요."
같은 반려자로서, 남자도 죽을 때까지, 시도 죽을 때까지 같이 가야 한다고 생각해요.(김종해)
"보통은 그렇게 가야 한다는 건데, 저에겐 그게 쉽지 않다는 거죠."

요즘은 무슨 일에 재미를 느끼세요?
"나이를 먹으니까 시하고 노네요. 그전에는 시를 쓴다고 했는데, 이제는 시하고 노는 거죠. 머리 속에서 시가 막 나올 때가 있어요. 행복할 때지요."
어떤 상황인데요?
"혼자 있을 때죠. 시를 써서 노는 게 아니라, 시가 노니까, 시가 나와요.

이번 장시도 그렇게 썼고요. 금강산이, 그 가는 길에 있던 홍천이라는 도시의 이미지가 나한테 여러 가지를 주었어요……."

그러니까 놀고 있는 거네요.(김요안) (웃음)

"부산 서대신동 집에 그런 구석이 하나 있거든요. 여름에 참 좋아요."

학교에서 일과가 끝나면 시가 기다리고 있으니까 빨리 가겠네요?

"그런데 그 시는 결코 자신이 기다리고 있다고 말하지 않아요. 그래서 좋아요. 시를 안 쓰겠다고 하니까 시가 나와요. 정말 놀고 있어요.(웃음)"

강은교 시인은 "위태로울 만큼 감상적이었던 20대 초반"을 보낸 시인이라고 말하는 사람들이 있습니다. 강은교 시인에게 "우리나라에서 가장 조숙했던 시인"이라고 말하는 사람도 있습니다. 동의하십니까?

"글쎄요. 잘 모르겠어요. 그렇지 않죠. 저보다 조숙한 사람 있겠죠. 한마디로 동의 안 해요. 그리고 감상하고 감수성은 다르겠죠."

스캔들 없었습니까?

"없었어요."

왜 없었습니까?

"완전범죄였기에.(웃음)"

감히 범접하기 힘들었던 것은 아니었고요?

"이 여성에게 재미없었겠죠."

조금이라도 빈틈이 있으면 몇 분의 몇이라도 파고들고 싶었겠지만 그걸 못 하게 하니까.

"글쎄요. 그걸 못 하게 하는 게 문제인 것 같기도 하고…… (웃음)"

강 시인은 2000년에 『시화집—젊은 시인에게 보내는 편지』란 책을 내셨습니다. "시가 아닌 듯 시이고, 시인 듯 시가 아닌", 매우 독특하고 매력적인 글쓰기를 보이면서 강 시인의 시론을 펼치고 있습니다. 예술을 일으키는 근원적인 힘은 무엇이라고 생각하십니까? 만약 그 '근원적인 힘'을 상실했다고 절망하는 후배가 있다면 어떻게 위로를 하시겠습니까?

"제가 요즘 《서정시학》에 젊은 시인에게 보내는 편지를 또 썼어요. 「무명 시인에게 보내는 편지」인데 그 첫번 연재분의 부제가 〈나의 나에게〉였어요. 거기에서 많이 이야기하긴 했는데요. 글쎄요, 근원적인 힘은 전율, 떨림일 때도 있고, 그 전율이 어디서 오느냐 하면 사랑에서 올 때도 있고, 분노에서 올 때도 있어요. 굉장한 분노가 있지요."

예를 들어 어떤 분노요?

"시를 한 번 써서 보여드릴게요. 시를 안 쓴다고 했는데, 시를 써서 보여드릴 수밖에."

사랑에 익사할 때보다 분노에서 나온다고요?

"분노할 때 잘 써요. 리듬 말고 '소리'가 튀어나와서 시가 되지요. 무가의 소리, 판소리…… 하긴 저는 옛날에 소리집을 썼지요. 창비에서 곧 시집이 나와요. 이번에는 가야 소리집이 일부 있지요. 그런데 분노했을 때 나온 소리가 성공할 때가 많아요. 시 치료가 가능한 길은 읽는 이의 소리와 쓰는 이의 소리가 통할 때 가능해져요. 시 읽는 사람이 이쪽에서 걸어간다면 시 쓰는 사람은 저쪽에서 와서 어깨를 스치면서 지나가는 것. 그 샛길이 가능하면 시의 이해가 가능해지겠죠. 쓰는 이와 읽는 이가 합해질 때만 시가 사담私談으로 끝나지 않고 영원히 살아남는 것이 아닐까요?"

인터뷰가 시작되기 전에 강 시인은 집안의 내력과 양친 부모님에 대해 한참 얘기했다. 부산 서대신동은 6·25 때 피난 가서 살았는데 무슨 인연인지 지금 그곳에서 다시 살고 있다고 했다. 부친 강인택 선생은 피난 시절에 체신부 장관으로 입각했고, 일제 때는 민립대학 건립을 추진하고, 춘산春山이라는 필명으로 《개벽》지에 천도교에 대해 논문을 연재하기도 했으며, 잠시 《조선일보》 기자도 했다는 얘기를 들려주었다.

강 시인은 어머니가 남겼다는 성모상을 목에 걸고 있었다. 그 어머니가 자신을 업고 임진강을 건너 월남했던 이야기도 했다. 다섯 살 위 언니는 젖을 안 먹어도 되니까 함경남도 홍원에 있는 강씨 마을에 남겨놓고, 젖 먹이인 자신만 업고 내려왔다는 것이다. 그 이후의 시난고난한 삶이란…… 그때는 체신부 장관을 지냈어도, 그랬다.

인터뷰가 끝난 후 일행은 김종해 시인의 아파트로 갔다. 사모님이 반갑게 맞아 주었고, 좋은 술상을 차려 주었다. 그러나 정작 주인공은 말짱한 정신으로 다른 사람의 말을 귀담아 듣고 있었고, 질문을 던져야 할 사람들은 몸이 많이 흔들거렸다. 밤이 깊었다. 이 날도 분명한 것은, 강 시인에게서 들을 수 있는 말의 10분의 1도 챙기지 못했다는 아쉬움이었다. 언젠가 뒤돌아보아줄 것 같은 강 시인이기에 다음 기회가 또 있을 것이라고 스스로를 위로했다.

문정희

Zoom-in

1947년 전라남도 보성 출생.
1969년 《월간문학》 신인상 당선으로 등단.
시집 『꽃숨』『문정희 시집』『남자를 위하여』
『오라, 거짓 사랑아』『양귀비꽃 머리에 꽂고』 등과 시선집,
시극집 『도미』 외 시집 다수 출간.
현대문학상, 소월시문학상, 정지용문학상 등 수상.

찻잎 덖을 때의 뜨거움과 깊은 내공

 오후 4시쯤, 검게 그을린 비구름이 인왕산 중턱까지 낮게 내려와 서울을 점령하고 있었다. 그날 이후 사나흘 동안 전국적으로 50명이 넘는 인명을 앗아가게 될, 엄청난 양의 물기를 머금고 있는 악신惡神의 혀였다.
 문정희 시인과 만날 약속은 서울 광화문에 있는 한 레스토랑이었다. 이순신 장군 동상을 기점으로 그의 오른팔이 가리키는 방향으로 가다 보면 1층에는 빵을 팔고, 2층에는 스파게티를 파는 집이 있다.
 문정희 시인과 김요일 시인은 먼저 와서 1층에 자리를 잡고 한 잔을 기울이고 있었다. 맥주였다. 300cc 큰 컵에 따르면 딱 한 잔 나오는 맥주병이었다. 문 시인은 베이지색 니트로 된 헐렁한 상의를 입고 벽을 등지는 쪽에 앉아 있었다. 풍성한 퍼머 머리는 여전했다. 자리는 길가 쪽이었고, 밝은 유리창을 통해 행인들이 오가는 게 보였다.
 문 시인은 호화로운 것은 호화롭게, 흐드러진 것은 흐드러지게, 비참한 것은 비참하게, 그러니까 제 본성을 가진 물상들이 제 본성을 따라 맘껏 뻗어가라고 뜨거운 응원가를 부르다 목이 쉰 사람 같다. 때로는 남이야 뭐라 하건 한바탕 흐드러진 문장과 시인의 열망으로 문학적 사치를 부리러 온 사람 같기도 하다.
 그러나저러나 냉동고에서 막 꺼낸 보성녹차처럼 찻잎 덖을 때의 뜨거움을 아스라한 내공 속에 가둬두고 있는 문정희 시인에게 무엇을 묻고 무엇을 듣는단 말인가. 필자는 지난 몇 년 동안 아마도 문 시인과 인터뷰, 기고문 받기를 10여 차례 이상은 했다는 기분이 들었다. 그리고 이러저러한 자리에서 자주, 그리고 가깝게 만나고 있는 터여서 궁금한 게 없다는 기분도 들었다. 궁금한 게 없는 기자가 불행한 것이 아니라, 실은 아는 게 하나도 없으면서 마치 잘 알고 있는 것처럼 착각하고 있는 기자가 불행한 것이었다.

몸에 열이 있었다. 문 시인과 김 시인과 차례로 악수를 나누었다. 포도주를 주문하고, 자리를 잡고, 거리를 탐색하고, 질문지와 노트와 청색 모나미 젤러펜을 꺼내 탁자 위에 올려놓고, 그리고 문 시인을 바라보았다. 머리는 그 자리에서 깨져 나갈 것처럼 지끈거리고 있었다.

시란 뭡니까?
"하하하…… 이렇게 막 심장으로 들어오실 줄 몰랐네요. 그냥 웃었다고 써 주세요. 아니 시는 뭐, 나에게 있어서 건강 같은 것이에요. 시가 있어야 건강하니까."
무슨 뜻입니까? 시가 있어야 건강하다니요.
"시가 있어서 건강하고, 건강하니까 시를 쓸 수 있는 거죠. 나에게 시는 철학인가 하면 과학에 가깝거든요. 시와 건강이 동떨어진 별개라고 착각할 뿐이죠. 이거는 선문답이 아니에요. 시는 언어인데요, 언어가 건강하지 않으면 삶도 몸도 건강하지 못하게 돼요."
왜 시를 씁니까?
"배운 도둑질이 그거밖에 없어서요. 요즘에는 그래요. 처음에는 제일 재미있는 게 시였거든요. 그래서 썼고요. 지금은 내가 하는 거 중에서 시를 제일 잘 하는 것 같아서 시를 씁니다."

아, 하인리히 뵐도 그랬다. "언어는 자유의 마지막 보루"라고. 그리고 "나로서는 다른 선택이 없었다"고. 문 시인은 '배운 도둑질'을 말했는데, 뵐도 이런 이야기를 했다. 한 은행강도가 판사 앞에 붙들려 갔는데, 판사가 엄하게 추궁하자 강도는 "그 짓밖에는 다른 선택이 없었다"고 대답했다는 것이다. 시인과 강도는 배운 것이 그것밖에 없는 사람처럼 살아가고 있다. 시인은 맥주와 포도주를 좋아하는 강도다.

'지금 하고 있는 것들'이라고요? 요즘 뭘 하고 계시는데요?

"유마경과 능엄경을 읽었어요. 그리고 독일시 가운데 비가들을 찾아 읽고 있어요. '비가悲歌'에 관심이 있기 때문이에요. 최근에 제가 하는 생각은 그동안 홀로서기 위해 살아온 것 같아 좋고 그랬는데, 하나가 더 있게 되었다는 겁니다. 그건 홀로죽기입니다. 힘이 솟고, 자신감이 펑펑 솟아나는 기분으로 '비가'를 쓰고 싶습니다."

시가 건강한 것이라는 생각과 더불어 시인으로서 인생에 절정을 지나고 있다는 느낌이 드는 문 시인이 '비가悲歌'를 쓰고 싶다는 것은 무슨 뜻일까. 그대여, 절정에 서 있을 때는 건강한 비가를 쓰라. 그런 뜻인가. 슬퍼할 힘이 있을 때 슬퍼하라. 그런 뜻인가. 말꼬리를 잡아서 되묻는 것이 인터뷰의 룰이지만, 끈기를 발휘하기에는 머리가 너무 아팠다. 문 시인의 대답이 강렬했기에 더욱 아팠다. 병원에 들러 주사를 맞고 오지 않은 게 후회됐다.

지금 하고 있는 것들 가운데 제일 잘 할 수 있는 것이 시 쓰는 것이라고 하셨잖아요. 그 뜻은 시 쓰는 일 말고도 많은 일들을 하고 계신다는 뜻인데요. 그렇다면 지금 하고 계시는 일들은 어떤 일들인가요.

"사는 생활은 단순해요. 아침에 일어나면 컴퓨터 앞에 앉죠. 계절적으로 볼 때는 이맘때쯤에 외국에 나가기도 하는데 지금은 계획이 없습니다. 마음이 편안해서 그런가 봐요. 지금 독일과 미국에서 제 시집이 나오거든요. 기분이 충만해요. 독일에서 출간될 책은 전집에 가까운 분량이고요, 미국에서 나오는 것은 시집 『양귀비꽃 머리에 꽂고』를 번역한 것이에요. 그 현장에 몸이 안 가도 좋더라구요."

문 시인은 평소보다 조금 빠른 속도로 포도주를 마시고 있었다. 좋은 의미로는 상대를 신뢰한다는 뜻일 수도 있다. 좋은 의미로는 이번 기회에 가슴에 있는 말들을 막힘 없이 얘기하고 싶다는 원초적인 분위기 조성을 하고 있다고도 할 수 있다. 좋은 의미로는 그저 술맛이 난다는 뜻이었다. 나쁜 의미로는 정상보다는 비정상으로 몰아가서 튀고 싶다는 욕망이 발현된 것이라고 할 수 있다. 튀는 것이 권력이 되는 트렌드가 세상을 횡행하고 있는 것을 문 시인은 은근히 패러디하고 있었다.

(김요일) 아까 말이에요. 액세서리와 머플러를 얘기할 때는 문 시인께서 눈빛이 행복해 보이셨는데, 지금 시를 얘기할 때는 그보다는 복잡한, 여러 느낌이 담겨 있습니다.

"보성에서 어렸을 때 같이 자랐던 조카뻘 되는 여인이 찾아왔는데 나를 보더니 신문에서 보던 문정희는 어디로 가버리고 보성 문정희가 나와 버렸네요잉, 하더라고요. 액세서리를 얘기하셨는데, 나는 액세서리 철렁거리는 문정희를 좋아해요. 장신구를 좋아해서 너무 많거든요. 그런데 어느 날 장신구들이 섬뜩하게 싫어져서 제가 너희들은 '번뇌의 뼈'들이다, 하고 말해버렸어요. 그것들을 몸에 붙이고 나갔을 때의 허세와 과장과 허영심이 떠올라서 너무 싫었어요. 다 내버렸지요. 그래도 남아 있는 것들이 있어요. 제 모든 시에는 과장과 허세가 있어요. 팩트가 아닌 것도 많아요. 나는 한계령의 눈에 갇힌 적도 없고, 나를 괴롭히는 시어머니도 없습니다. 시와 시인을 동일시하는 경향 때문에 일부 독자들이 오해하는 수가 생기지만요."

시가 중요합니까, 남자가 중요합니까?

"사실 남자도 중요해요. 그런데 내 삶은 시가 더 중요하게 살아버린 것 같아요. 남자는 중요하다기보다 사랑스럽죠. 앞으로는 시보다 남자를 더 사랑할 것입니다. 그러나 환경이 자꾸 나보고 정신차리라고 해서 기분 나빠 죽겠습니다. 이쯤 해서 연애 감정을 쿨하게 버리고 지뢰만 깔아 놓은 상태로 위장 은퇴를 하고 싶습니다. 나는 싸가지 없는 젊음이 좋습니다.

포도주와 우정은 묵은 것이 좋다고 하는데 젊은 게 좋을 수도 있습니다. 새로 생긴 친구를 불신하는 우를 범하지 말아야죠."

문 시인에 대해 한 평자는 "존재 자체가 유혹처럼 살아가는 분"이라고 말했습니다. 왜 은퇴를 생각하십니까?

"위장 은퇴라니까요. 아무튼 현역으로 뛴다면 나보고 시대착오적이라고 할까봐 그렇습니다. 한국에는 빤한 거짓말을 하는 사람이 승리하고 있으니까요."

살인자도 시를 쓰고, 살인자도 시를 음미할 수 있습니까?

"그럼요. 더 그럴 거예요. 너무 윤리의식으로만 보는 게 아니고, 때때로 모험과 위험에 도달하여 다시 극치로 간 탐미주의에 시는 있으니까요. 시는 마음의 고요를 위한 것이라고 말하면 시의 해석 중 많은 걸 놓치게 됩니다. 우리 마음속엔 얼마나 많은 살인자들이 살고 있는데요."

최근에 전수안 대법관이 취임사에서 문 시인의 시 「먼 길」을 인용했더군요.

"그날 아침에 전화를 많이 받았습니다. 그 시를 다시 읽어보니 삶이란 비상을 거부하는 가파른 계단이라고 돼 있더라고요. 하하하."

지금까지 내신 시집이 10권이 넘죠?

"창작 시집만 11권입니다. 선집까지 포함하면 열대여섯 권쯤 될 거예요."

그 시집들을 문학적으로 시대 구분을 해주실 수 있겠는지요. (이와 비슷한 질문을 던질 경우 어떤 시인들은 "그것은 평자들이 할 일이지 내가 내 시를 분류하는 것은 무의미하다"며 답을 피하는 경우도 많다. 그러나 문 시인은 크게 힘들이지 않고 자신의 시적 이력서를 일목요연하게 정리해주었다. 기자는 이럴 때 시인이 고맙다.)

"첫번째 두번째 시집(『꽃숨』1965, 『문정희 시집』1973)은 젊은 날의 감성이 많이 드러나 있는 작품들입니다. 시대와 제한된 자유에 대한 갈증 같은 것들이 있지요. 지금은 저를 서정시인이라고들 하지만요, 그때는 참여까지는 아니라도 시대에 대한 발언 같은 것이 있었습니다. 세 번째 시집인 『혼자 무너지는 종소리』(1984)는 뉴욕에서 2년을 지내고 나서 낸 시집입니다. 본질적인 구도, 삶에 대한 예찬이 들어 있습니다. 나이도 30대가 됐던 무렵이고요. 다음 시집부터는 여성 문제라든가, 삶의 덧없음이 보이기 시작하고, 그 다음에 90년대 중반에 『남자를 위하여』(1996)에 이르면 주제가 뚜렷해지기 시작합니다. 시대에 대한 비판도 강해집니다. 남성은 동물적 힘의 확대에만 기여하는 측면이 있다고 보았고, 여성은 상업성에 휘말린 외모 지향적 모습 등 반생명적 사회 현상을 보인다고 회의하는 시들입니다. 그후 『오라, 거짓 사랑아』(2001)는 시간에 대한 가변성, 생명의 문제에 천착했고, 『양귀비꽃 머리에 꽂고』(2004)는 생의 열정 혹은 어떤 생명의 본질을 얘기했던 것 같아요."

마치 준비된 것처럼 문 시인은 죽 이야기했다. 시인에게 삶의 이력서를 쓰는 일은 언제나 멋쩍은 일이면서, 해놓고 나면 고칠 부분도 많고 후회될 사항도 많을 것이다. 그러나 문 시인은 거침이 없었다. 적어도 거침이 없어 보였다. 언제든지 "지금이 컨디션 최고입니다"라고 말할 준비가 돼 있는 시인이면서 상대방과 더불어 문학적 시너지 효과를 최고조로 올리고 싶어 안달하는, 때로는 그것이 육체적 나이와 역행한다 싶을 정도로 겁 없는 정열 같은 것이 온몸을 휘감고 있는 시인이었다.

앞으로도 어떤 변모가 있겠다 싶은 대목은 없습니까?
"삶을 미세한 국면이 아니라 좀더 크게 바라보는 시각이 생기지 않을까 기대합니다. 시를 통해서 크게 생각하고 사랑하고 끌어안고 싶습니다. 언어도 민감하고 정확하게 바뀔 것 같고요. 요즘 시에 대한 컨디션이 좋아요. 세상을 많이 돌아다닌 후 말할 수 없는 자신감을 얻었습니다. 시를 쓴다는 행위가 단순한 게 아니라 엄청난 것이라는 걸 저는 봤어요. 시대적으로 역사적으로 엄청난 힘을 가진 존재로서 내가 이 자리에 서 있다는 발견이 기쁘고 좋아요. 내가 처음 대학에 입학했을 때 미당 선생께서 저를 보고 '야, 하늘 아래 네가 있도다.' 하셨거든요. 그때는 상대평가인 줄 알고 그냥 기뻐했는데, 이제 그 말의 실감이 와요. 오로지 유일한 존재로서 나를 느끼게 된다는 말씀입니다. 표현이 어느 정도 되는 국면에 내가 늙기 전에 와 있어요. 기분이 그래요. 겸손하지 못하죠?'

오만하십니다.(웃음)

"그래요. 난, 겸손하고 싶은데…… 그러나 겸손이라는 덕목에 공모하려고 너무 노력할 필요는 없다고 봐요."

(김요일) 미당 선생이 "야, 하늘 아래 네가 있도다"라는 말씀을 하셨을 때 문학적으로 어떤 절대적 평가를 하고 싶으셨던 게 아니라 젊은 여성 제자에 대한 기분 좋은 호감의 표시 쪽 아니었을까요?

"그때도 내가 통통했나 봐요. 선생께서 술에 취해 '네가 보리를 기르면 누구 것보다 알이 통통할 것 같고, 네가 채소를 키우면 누구 것보다 더 파릇파릇할 것 같다' 고 하셨거든요. 50대 남성으로서 나에게 젊은 생명력 같은 것을 느끼셨는지도 몰라요. 그렇지만 미당 선생은 당시에 젊은 연애 감정을 끝내고 나온 초로의 느낌이셨어요. 연애 감정이라기보다 사랑하는 딸, 사랑하는 제자를 대하듯 하셨지요. 남성으로서 모습을 보이려 하신 적은 없습니다. 만약 그랬다면 도망갔을 겁니다."

왜요?

"저는 거칠고 젊고 장래성 없는 남자에게 눈이 갔어요. 돈이 많거나 유명하거나 권력 있는 남성에게 마음을 기울인 적은 없어요. 고향인 보성에 여름 방학 때 호남선을 타고 가면 유학간 남학생들이 줄줄이 쳐다보는데 저는 갈치장사 아들, 배우 되려는 총각이 더 좋아 보였어요. 한번은 이탈리아에 갔는데 곤돌라 젓는 남자가 너무 잘생긴 거예요. 스웨터를 느슨하게 입고 있는데 왜 무비 스타가 안 되고 곤돌라를 젓고 있는 것이냐고 막 따졌다니까요. 동행했던 인도 봄베이 대학 교수가 남편에게 이르지 않을 테니 정신을 차리라고 하더군요."

(김요일) 문 시인의 작품을 보면 '키 큰 남자와 팔짱을 끼고 싶다' (시 「키 큰 남자를 보면」 중)는 표현도 있잖습니까. 저 같은 남자는 어떡하라고요.

"그 시에서 키 큰 남자는, 센티미터가 긴, 멀대 같은 남자를 뜻하는 게 아니라는 건 아시죠? 모델은 앤디 더글라스라는 인류학 공부하는 미국 녀석이에요. 김지하와 인삼을 좋아하는 녀석으로 내 시를 번역하기도 했는데 아이오와 대학에서 만났지요. 어느날 개랑 걸어가다 떠올라 쓴 시예요. 이런 얘기는 처음 하는데…… 내 남자(독자)들 다 우두둑 떨어지면 어떻게 해. 사실 그 녀석 전혀 매력없는 애예요. 근데 술 먹고 이렇게 막 얘기해버려도 되나요."

지금 얘기 막 해버리시는 것 하나도 없거든요.

"에이 모르겠다. 내일도 태양은 뜰 테니까. 근데 자신감 같은 것은 확실히 있습니다. 위험하지도 않은 상태에서 너무 정답만 얘기하니 답답할 지경이에요."

문 시인은 약간 취한 것 같기도 하고, 혹은 그냥 취한 척하는 것 같기도 했다. 문 시인은 포도주를 넉 잔 마신 상태였고, 창밖 행인들의 발걸음은 빨라지고 빗방울은 굵어지고 있었다. 문 시인을 이해할 수 있었다. 전부를 말해 버리고 싶은 욕망과, 그래서는 곤란하다는 자제력 사이에 내부 전투가 벌어진 셈이다. 뭔가를 고백하는 자리는 아니었지만, 고백해버려, 하고 귓바퀴에 계속 속삭여대는 목소리를 듣고 있었을 수도 있다. 그러면서도 문 시인은 자신의 말을 잘 정제해서 인터뷰를 정리해 달라고 부탁했다. 기분은 알 수 있었다. 그러나 오랜 경험에 따르면, 대개 인터뷰 당하는 상대방의 얼굴이 화끈거리고, 인터뷰를 한 기자를 다시는 안 보겠다고 이를 갈게 되는 순간에 겨우 한 방울의 진심이 밝혀지고, 독자들은 정보의 쓰레기더미 속에서 바야흐로 읽을 만한 인터뷰를 만났다는 느낌을 갖게 되는 것이다. 기자와 인터뷰 상대가 서로 덕담이나 주고 받은 인터뷰는 그야말로 스프 안 넣고 끓인 맹탕 라면이 퍼져 버린 것이나 같다. 아무리 머리는 아프지만 맹탕을 독자들게 제공하고픈 생각은 추호도 없다.

지금까지 낸 시집 중 독자들이 가장 중요하게 읽어야 하는 시집은 뭡니까?

"첫번째에서 여덟번째 시집까지를 엮은 시선집 『어린 사랑에게』, 그리고 『남자를 위하여』, 『오라, 거짓 사랑아』, 『양귀비꽃 머리에 꽂고』를 보면 되지 않을까 해요."

시인으로, 특히 여성시인으로 살아간다는 것은 무엇입니까?

"너무 좋은 거 같아요. 뭔지는 몰라도요. 특히 여성시인으로 살아간다는 것은 사시사철 살고 있는 귀뚜라미로 사는 것입니다."

문 시인은 이 대목에서 활자로 옮기면 절대 안 된다면서 자신의 솔직한 심정을 말했다. 그러나 그녀가 오프 더 레코드를 요청했기보다는 자체 검열로 삭제한다. 이른바 '작성자께서 지우셨습니다' 다. 만약 그대로 활자화할 경우 '여성시인들이' 우리를 잡아죽이려고 할 것이기 때문이다.

손목에 아주 특이해 뵈는 시계를 찼습니다.

"이거요? 테크노마린 시계예요. 스포츠 시계에다 좁쌀같은 다이아몬드를 박은 겁니다. 보헤미안과 부르주아가 만난 보보스 시계의 대표적인 상표지요."

오른쪽 손목에 찬 팔찌는 어디서 샀습니까?

"일본 디자이너 것이에요. 23년 전 뉴욕에서 샀지요. 재클린 오나시스가 드나든다는 버그돌프 굿맨이라는 백화점에 갔는데 내 돈으로 유일하게 살 수 있는 제일 싼 것이 이거더라고요. 이게 수갑입니다."

예? 수갑 만들 때 쓰는 쇠로 만든 장식 팔찌군요. 근데 왜 수갑을 차고 다니세요?

"간통죄와 연관짓지는 마세요. 하하하."

최근에 받은 문학상들을 역순으로 열거해주십시오.

"별로 못 받았어요. 작년에 마케도니아 올해의 시인상을 받았고, 그 전에 현대불교문학상, 그 전에 레바논 나지나만 문학상 공동수상, 그 전에 정지용문학상, 그리고 천상병시문학상, 동국문학상, 소월시문학상, 현대문학상을 받았습니다. 최근에 기뻤던 일 하나는 이화여고 120주년을 기념해서 이화동산에 유관순 동상이 섰는데 뒷면 벽면에 제 시가 새겨지게 됐습니다. 20여 년 전에 쓴 「아우내의 새」라는 장시 중 서시 부분이 새겨집니다."

"풀꽃 하나가/ 쓰러지는 세상을 붙들 수 있다// 조그만 솜털 손목으로/ 어둠에 잠기는 나라를/ 아주 잠시/ 아니, 아주 영원히/ 건져 올릴 수 있다// 풀꽃 하나, 그 목숨 바스라져/ 어둡고 서러운 가슴에/ 별로 떴다// 꺼지지 않는 큰 별로/ 역사에 박혔다."

상도 많이 받으시고, 좋은 일도 생기시고, 항상 중심에 계신 것 같습니다.

"아니에요. 저는 항상 아웃사이더였어요. 저는 문단의 제도와 조직에 큰 관심이 없고 굉장히 허술하고 그렇습니다."

(김요일) 시인은 모두 아웃사이더 아닌가요?

"그렇진 않아요. 학교, 출판사 같은 것을 통해 중심을 형성하는 분들이 있지요. 한국 사람들은 조직과 출신지방, 학교 등을 통해 자신을 드러내는 패거리 사회의 전형입니다. 저는 그것을 이용해보지 못했습니다. 노하우가 없는 게 좋은 겁니다."

원시적인 생명력 같은 것, 퍼내도 퍼내도 마르지 않을 감수성 같은 것,

정글 속에 갇힌 비안개와 암컷의 울음이 가득한 것만 같은 시 구절들은 도대체 어디에서 왔다가 어디로 가는 것입니까.

"저한테는 짝퉁이 없습니다. 그런데, 너무 이러지 말아요. 뭘 어디서 오긴 어디서 와요. 나는 그냥 여기 있을 뿐이지."

일행은 이 대목에서 두 병째 포도주를 비워가고 있었다. 필자는 맹세코 한 모금도 안 마셨다. 문 시인과 김 시인, 두 시인들이 마셨다. 포도주 향을 맡기 싫었다. 머리는 아직 지끈거렸고, 몸은 전체적으로 공중에 붕 뜬 듯한 느낌이었다. 솔직히 말하면 그 순간 요 깔고 그 자리에 눕고 싶었다. 그러나 문 시인의 답변이 내 허리를 곧추세워 주었다.

연애하고 싶습니까. 누구랑 하고 싶습니까.
"뻔한 질문을 하는 기자는 아니시죠? 그런데 나 졸업하고 싶어요. ㅇㅇㅇ하고 연애하고 싶다, 이러면 못 쓸 거죠?"
(김요일) 문 시인의 아버님은 대단한 한량이시라고 들었습니다. 아버지, 남편, 아들, 이렇게 세 사람의 남성들을 서로 비교하듯 설명해볼 수 있겠습니까.

"왜 오늘따라 남자 이야기만 하지요…… 아버지는 토호였고 부자였어요. 한량이었고 아주 깨어난 분이었죠. 내 가치관 형성의 기본이 된 분입니다. 부실한 것을 못 견디는 분이었습니다. 내가 열네 살 때 돌아가셨습니다. 술쟁이였기에 간경화를 앓으셨습니다. 아버지의 마지막 장면은 아직 시에 못 쓰고 있습니다. 남편은 하도 많이 쓰고 입으로 물어뜯고 해서 됐고…… 아들은 세상에 태어나서 제일 많이 사랑했고 희생했던 대상입니다. 미국에서 변호사가 되어서 세속적 보상을 해주었던 아이입니다. 어떤 한 남성과 살면서 오랜 결혼생활을 유지하는 것은 결혼이 모순과 문제를 안고 있어도 그 중 낫기 때문에 고수하는 것입니다. 인내를 지불하고 살았지만 최근 아이들을 보면서 그 지불의 가치가 있었다는 생각입니다.

여성 시인이라는 허황한 이름 하나 걸고 살면서 너무 많은 것을 놓치고 싶지 않았지요…… 그런 것이 싫어 많이 인내하고 견뎌냈지요."

　욕심이 참 많으십니다.

　"인정합니다. 나는 항상 최고 의식이 있습니다. 내가 인정하는 최고가 좋아요. 저는 하나밖에 없는 것을 좋아해요. 그것 때문에 많이 불행하기도 했죠."

　선배 시인 중에 가장 좋아하는 사람은 누구입니까. 왜 그렇습니까?

　"미당이죠."

　미당 빼고요.

　"저는 비교적 독서를 좀 하는 편이에요. 밤낮으로 책을 읽어요. 쉼보르스카, 옥타비오 파스, 요셉 브로스키, 토마스 트렌스 트뢰머 같은 시인을 좋아해요. 공부하지 않고 영감에만 의존하는 시인은 싫어요. 이번 답에는 한국 시인을 일부러 피했어요."

　문 시인은 문득 《시인세계》에 실릴 사진을 고르려고 앨범을 뒤졌던 이야기를 했다. "난 말이에요, 객석에 앉은 사진은 없고, 대부분 무대에 있는 사진뿐이에요. 이젠 꼴도 보기 싫어요."

　항상 조명 속에 서 있었던 화려한 사진들이 이제는 공허하다. 문 시인은 지금도 그렇게 패셔너블할 수가 없는데 그런데도 공허하다고 했다. 자칭 '정신적인 부르주아 시인'인 문정희 시인은 생머리가 아류 같아서 30대 중반 이후 퍼머를 하고 있다고도 했다.

　이날 인터뷰에서 문 시인은 시종 귀중한 답변들을 들려 주었으나, 그에 비해 질문들은 너무 엉터리였다. 그 뒤로도 여러 질문과 대답이 오갔으나 자체 검열로 모두 삭제한다. 대답보다는 질문이 함량미달이었다.

이시영

1949년 전라남도 구례 출생.
1969년 《중앙일보》 신춘문예에 시조,
《월간문학》 신인상에 시가 당선되어 등단.
시집 『만월』 『바람 속으로』 『무늬』 『조용한 푸른 하늘』
『은빛 호각』 『바다호수』 등의 시집 출간.
백석문학상, 정지용문학상, 동서문학상,
현대불교문학상, 지훈상 등 수상.

시인보다 먼저 일어서는 시인, 시詩심부름꾼

  우리는 시인보다 아름다운 사람을 알고 있다. 자주 만나기도 한다. 그와 술을 마시고, 그와 다투고, 그를 사랑하고, 그를 미워하고, 그러다가 그를 목말라 한다. 그는 남루하지는 않지만, 시인보다 남루를 겁내지도 않는다. 그는 시인을 앞세워 걷지만, 목적지에는 먼저 도착해서 시인을 기다리는 때가 많다. 그는 시인보다 작게 웃고, 언제나 시인의 울음보다도 제 목소리를 낮춘다. 그는 시인 앞에서는 배고프다고 말하는 법이 없으며, 해가 지고 식탁이 차려지면 시인보다 나중에 앉고 시인보다 먼저 일어선다. 그는 제 호주머니보다 시인의 호주머니를, 제 집 숟가락보다 시인의 식솔들을 가슴에 담고 다닌다. 시詩심부름꾼이며, 시詩장사꾼이 되는 게 즐겁다. 그는 대체로 시인 곁에 걸어갈 때도 제 걸음소리를 내지 않는다.

  이시영은 시인이며 시집을 만들어 주는 사람이다. 시인보다 아름다운 사람이다. 그는 작년 봄까지 창작과비평사에 재직하는 동안 거의 200여 권의 시집을 편집하고 기획하고 발간했다. 최근에도 그는 신경림 시인과 함께 고故 조태일 시선집을 만들어 펴냈다. 평생 다른 사람의 시집을 지어주면서 살고 싶다는 꿈에 시달리다 깨어나면서 오늘도 출근 채비를 한다. 지난 10월 가운뎃주 수요일 서울 인사동에 있는 한정식집 '두레'에서 그는 김요일 시인과 마주 앉아 담소하고 있다가 약속시간보다 10여 분을 지각한 필자를 반가운 얼굴로 맞이했다. 맑게 닦인 안경 너머로 그의 눈동자가 굵게 구른다. 항상 그랬듯이 그는 상대편이 먼저 말을 꺼내기를 기다린다. 그와의 인터뷰에서 오랜만에 녹음기를 사용했고, 나중에 시인 정주연 씨가 녹음 내용을 정리해주는 수고를 했다.

　어떻게 지내십니까? 문학수첩 기획자문위원 일은 어떠세요? 오늘 뵙기 위해서 선생님의 최근 인터뷰들, 그리고 작년과 올해 펴낸 『은빛호각』 『바다호수』 시집 두 권, 또 한국일보에 쓰신 「난 왜 문학을 하는가」라는 기고문 등을 읽고 준비했습니다. 지금 중앙대학교에도 나가시지요?
　"네. 겸임교수입니다. 월요일엔 중앙대학교 문창과 일이학년 학생들에게 창작에 대한 기초와 전공연습, 시 지도와 창작실기를 오후 네 시간 합니다. 그리고 화, 수, 목, 금은 문학수첩의 용산 사무실에 나갑니다."
　그곳 김종철 주간과는 학교 동기신가요?
　"네. 68학번 입학 동기입니다. 그리고 그는 베트남전에 참전했습니다. 우리 땐 무조건 다 베트남전이어서 송기원, 김종철 모두 베트남전이었는데 김종철 주간은 의무병이어서 거기서도 활달하게 잘 지냈습니다."
　문학수첩에서 자문위원을 맡고 계신데 자문위원의 역할은 무엇입니까?
　"내년 봄쯤 현재의 계간지 체계를 좀 바꾸려고 하는 거지요. 그동안 초창기의 김재홍 편집위원 팀이 2년 해서 이번 겨울호로 임기가 다 되는 모양입니다. 내년 봄호부터는 권성우, 방민호, 유성호 편집위원들을 새로 구성했습니다. 잡지에 직접적으로 관여할 것은 아니고 새로운 편집위원 구성이나 편집 기획 등의 자문을 합니다."
　주말엔 어떻게 지내십니까?
　"놀지요. 산에도 가지 않고 집에서 뒹굴뒹굴하고 놉니다."
　최근에 발간된 조태일 시선집 『나는 노래가 되었다』에 일손을 많이 보태셨던 것 같습니다. 발문을 쓰신 신경림 선생이 이시영 선생의 도움을 많이 받았다면서, 이 선생이 뽑은 시들 중에 딱 한 편만 교체했다고 했습니다. 조태일 시인과는 어떤 사이십니까? 나이 차이가 꽤 있잖습니까?
　"창비 이야기를 해야 하는데, 창비가 편집체제가 바뀌어서 편집위원이

상임과 비상임으로 나뉘어 있고, 저는 문학 쪽에 비상임 편집위원으로 있습니다. 조태일 시인의 시선집은 그가 낸 8권의 시집 가운데서 뽑아 냈는데, 상반기 4권에서는 신경림 선생님이 고르고 하반기 4권에서는 내가 읽고 선했습니다. 나는 워낙 조태일 시인과 각별했습니다. 조태일 시인은 64년에 등단했고 나는 69년에 해서 5년 차이밖에 안 되지만 연배가 8년 차이라 형님 같았습니다. 조태일 시인의 또래가 많습니다. 김지하, 조태일, 이문구, 염무웅…… 문학적으로 바로 윗세대이기도 하고 늘 몸으로 친숙하게 부대낀 사람들이지요."

이 선생께서 최근에 내신 두 권의 시집을 보면 조태일 선생이 여기저기 등장하는데 웃음을 자아내게 하는 부분이나 숙연하게 하는 부분이 많습니다.

"창비와 인연을 맺게 해준 것도 그 양반이었습니다. 71년에 시를 몇 편 써서 그 당시엔 진보적이었던 《다리》지에 실어달라고 갖다 주었더니 이 양반이 창비에 갖다 주었습니다. 그래서 염무웅 선생님이 만나자고 했어요. 바로 윗세대 선배로서 일주일에 세 번은 만났습니다. 《창작과 비평》지를 창제인쇄소에서 찍었는데, 조태일 선생이 창제인쇄소의 상무로 일하고 있었습니다. 그러니 교정을 보려면 무조건 그리로 갔고, 조태일 시인을 보면 저녁엔 거의 빼놓지 않고 술을 마셨습니다."

특히 『은빛호각』을 보니까 두 분 사이가 참 각별한 것으로 묘사된 대목이 많던데요, 이 선생의 직장이었던 고등학교는 그 무렵까지 계셨습니까?

"고등학교는 78년까지 있었습니다. 조태일 선생은 내가 1980년 창비로 와서 더 많이 만난 거지요. 조태일 선생, 그리고 한 사람 더 들면 이문구 씨, 이렇게 세 사람은 형제같이 살았습니다. 그 양반이 집안의 큰형님 같았고, 내가 동생 같았지요. 그가 1999년에 돌아가셨으니까 5년 전이겠군요. 신경림 선생이 작가회의 이사장으로, 제가 상임이사를 하고 있었습니다. 그런데 조태일 선생은 거의 불능 상태가 되어 중앙대학병원에 누워서 내일 어떻게 될지 모르는 상태에서 회비를 보내왔습니다. 작가회비만 보내온 게 아니고 산악회 회비까지 보내온 거지요. 참 근대적인 심성 속에 전근대적인 요소가 있는 특이한 사람이었습니다. 그게 참 좋았던 것 같습니다. 매끄럽지만 않고 좀 둔하기도 하고…… 조태일 씨의 시를 보면 산 짐승을 그리워하는 시들이 있는데 그런 분이었던 것 같습니다. 신경림 선생이 말하길 미련한 곰 같은 사람이라고, 형상은 곰 같은데 마음은 비단결 같은 데가 있어요. 그래서 시를 썼겠지요."

『은빛호각』과 『바다호수』는 문학담당 기자 입장에서 볼 때 소개하기에 참 반가운 시집이었습니다. 과거사도 요령있게 알려줄 뿐 아니라 독자와 접점을 찾기 쉬운 시집이어서 참 좋았습니다. "시가 무슨 보복처럼 몰려왔다. 나는 그것을 성실하게 받아 적었다." 이 말은 최근작 시집인 『바다호수』(문학동네)의 자서自序입니다. 모든 신문들이 이 말을 금과옥조처럼 시집 리뷰의 맨 첫 대목으로 옮겨 놓은 것을 보았습니다. 그만큼 인상적이었다는 뜻이 되겠습니다. 시인이 시에게 복수하고 싶을 때가 있겠고, 거꾸로 시가 시인에게 보복할 때가 있겠다 싶은 생각을 해보면 재미있습니다. 무슨 뜻입니까?

"그때 그 말을 어떻게 썼는지 모르겠는데, 다른 말로 하면 무슨 축복같이 밀려왔다고 썼을 겁니다. 역설적인 표현으로 말입니다. 물론 써지지 않을 때는 시를 죽이고 싶을 정도로 보복하고 싶을 때도 있습니다. 창조적인 순간은 늘 오는 것이 아니고 우연히 축복처럼 쏟아집니다. 그런 순간들이 내게 온 그 고마움의 표시이고 어떤 때는 보복의 심정도 들어 있겠지요. 시가 안 될 때는 정말 안 되니까."

어떻게 해서 두 권의 시집이 같은 시기에 나오게 되었습니까?

"『바다호수』에 실린 시들을 쓰기 시작한 게 2003년 퇴직 후 4월부터 2004년 4월까지입니다. 그리고 『은빛호각』은 2003년 11월에 나왔으니 거의 비슷한 시기라고 할 수 있습니다. 거의 겹쳐서 쓴 것들입니다. 축복이 보복이기도 한 거지요."

그렇게 축복이 보복인 에너지가 몰려오게 된 어떤 계기가 있었습니까?
"시간이 계기가 되지 않았는가 합니다. 자신을 돌아볼 수 있는 성찰 말입니다. 창비에서의 생활을 청산하고 나서 자기 자신과의 거리를 돌아보니 그런 시詩들이 몰려 나오지 않았나 생각합니다. 뭔가 무거워요. 창비 구성원의 일부로 있으면 뭔가 마음이 무겁습니다."

술상을 중심에 두고 좌우로 위치를 바꾸며 계속 카메라 셔터를 누르던 김요일 시인에게 말을 걸었다. 그가 다른 날과는 달리 이날은 말수가 많지 않았기 때문이다. 그러자 그가 "왠지 이번엔 명작 사진이 나올 것 같다"고 응수해왔다. 김요일 시인은 '사진을 찍는 실력보다는 찍힌 사진 가운데 게재될 사진을 고르는 안목이 더 중요할 수 있다'는 요지의 말을 했다. 쩍 하면 입맛이라고, 우리는 그가 사진을 고르는 누군가에 대해 약간의 불만을 가지고 있다는 것을 눈치챌 수 있었다. "사진은 누가 고르는가?" 이시영 시인이 물었다. 대답이 "김…종해 선생님이…"라고 했다. 그러자 이시영 시인이 "회사에서도 선생님이라고 하나요?" 그러자 김 시인이 "아니요, 주간님이라고 합니다."라고 답했다. 필자는 이런 순간이 제일 재밌다.

시집 『바다호수』를 보면 개인적인 일화나 사사로운 추억을 가지고 시를 쓴다는 건 매우 쉬운 일인 것 같지만, 다른 한편 그 안에 시대의 중압감을 적당히 섞으면서 다시 한번 그것들을 편안하게 되돌아볼 수 있도록 해 준다는 점에서 그런 방식의 시적 형상화가 매우 까다로운 작업일 것 같기도 합니다. 어떻습니까?
"내 시가 산문시와는 다르잖아요. 시라는 형식을 얻기 위해선 시치미를 뗀다거나 심드렁하게 혹은 낯설게 하는 장치 글을 두어야 합니다. 그 시집에 실린 시들은 바로 그런 형식상의 고려를 생각하며 썼습니다. 체험한 토막을 잘라내서 일상적인 행위를 서술하되 산문으로 떨어지지 않으려면, 시가 될 수 있는 계기가 있어야 하는데, 체험을 시적 형상화로 올려놓을 때는 사건 자체에 보이지 않는 의도 같은 것을 둔다거나 혹은 웃음을 유발하는 것이 있어야 한다고 생각하며 썼습니다. 중대 문창과 대학원 시간에 내 시집을 놓고 '이게 산문이지, 시인가' 논란이 많았다고 합니다. 시가 아니라고 할 경우, 나는 할 말이 없습니다. 내 나름대로 매 작품마다 시적 장치들을 조금씩 생각하며 썼습니다. 요즘 중대 일학년 창작기초 시간에 서정주 전집부터 강독하고 있습니다. 미당이 만주 떠돌던 얘기, 친일하던 시절의 얘기, 해방 직후부터 회갑까지…… 그야말로 산문인, 산문시인데, 질마재 신화 같은 토속적인 맛도 없는, 그런데 어느 한 편의 시에서도 서정주가 아니면 안 되는 특유의 표현들이 있습니다. 참 재미스러워요. 내 시가 그렇다는 건 아니고…… 시 한 편이, 그 자체가 액자라고 생각하며 썼습니다."

이 선생께서는 첫 시집 『만월』 이후 9권의 시집을 냈습니다. 최근의 두 권 시집에는 시치미떼기, 거리두기, 웃음 효과, 그리고 심드렁하기의 장치가 담겨 있다고 했습니다. 그러나 그 시절이 어깨에 메고 있던 중압감이나 정치·경제적인 정황을 알고 있어야 시치미떼기와 심드렁하기가 이해가 될 것입니다. 그걸 모르는 젊은 세대나 잘 알지 못하는 외국인이 본다면 어떤 보편성 같은 것을 잃을 수도 있지 않겠습니까? 소통하는 데 문제가 있지 않겠나 하는 생각이 들기도 하는데 어떻습니까?

"가령 소설가 송기원이 자주 등장하는데 그를 모르는 사람이 읽으면 그럴 수 있다고 생각해요. 그런데 그러한 우려를 씻어 주는 사례도 있습니다. 유재영 시조시인이 경희대에서 현대시 이해를 강의하고 있습니다. 그가 강의중 시집 감상을 써오라고 했더니 한 무용과 학생이 『은빛호각』을 읽은 감상을 써왔다며 그 메모를 나에게 보여주었습니다. 그 학생은 트럭이 나오는 시에서 욕하는 대목 때문에 시원한 느낌을 받았다고 적어냈더군요. 따져보면 내가 의도했던 행간 밖의 의도들이 정확하게 전달될 수는 없겠지요. 그러나 김학철을 몰라도 그 행간의 울림 같은 것은 오지 않을까 생각합니다."

이 선생께서는 이전에도 많은 상을 받으셨지만, 『은빛호각』과 『바다호수』를 내면서 제4회 지훈상, 제9회 현대불교문학상을 수상했습니다. 그러니까 『바다호수』보다 한 해 앞서 나온 것인데, 기본적으로 시를 만드는 프로세스는 비슷해 보였습니다. 특히 『은빛호각』이 나오자 '솟구침이나 꺾임이 없이 산문시의 한 경지를 보여주었다' 는 평이 있었습니다. 산문시인 것 같지만 산문시가 아니고, 수필인 듯하다가도 수필이 아니었습니다. 이시영류의 서사시인 것만은 분명했으나, 참, 즐겁지만 쉽지 않았습니다. 처음부터 의도하고 그렇게 썼습니까, 아니면 쓰다보니 그러한 형식이 자연스럽게 와 달라붙었습니까?

"내용을 따라가다 보니 형식이 그렇게 된 것입니다. 처음부터 작업을 진행하는 과정 속에 두 권의 시집의 내용을 따라 적합한 형식이 오게 된 거지요. 망각의 강을 거슬러 올라 추억이란 물고기를 따라가다 보니 그렇게 된 거지, 처음부터 산문시 쓰겠다고 한 건 아닙니다."

요즘도 그런 산문시를 많이 쓰십니까?

"데뷔하고 얼마 동안은 이야기 시와 짧은 시가 많았는데, 이제 또다시 짧아지고 있습니다. 말하자면 짧은 산문시죠. 되돌아보면 그런 형태들을 교차하면서 써왔지만, 앞으로 어떻게 변할지는 모르는 거지요. 그야말로 알 수 없는 거지만, 똑같은 걸 되풀이할 수는 없지 않겠습니까."

그 시집 속에는 신경림, 고은, 윤흥길, 송기원, 김남주, 김사인 같은 수십 명의 문인이 거론되어 있는데 그들과의 일화를 어디 수첩 같은 곳에다 메모해 두셨습니까?

"아니, 머릿속에 있습니다. 지금도 분명한 건 문단시를 쓰려고 했던 건 아니고, 문단야사를 시로 쓰려 했던 것도 아닙니다. 그 사람들을 통해서 그 시대의 삶의 모습을 배경에 드러나게 하고 싶은 의도였습니다. 지금도 쓰진 않았지만 저장되어 있는 추억이 엄청나게 많지요. 그렇지만 추억이 그대로 시가 되는 건 아니고, 내게 울림을 주어야 시가 되지요. 미당 서정주의 추억도 내가 대학 1학년 때부터 1980년 이전까지 간직하고 있습니다. 그 양반 것도 시로 많이 써봤는데 잘 안 되고, 딱 두 편만 되었습니다. 메모를 하지는 않습니다. 기억은 자기에게 유리한 것만 하려는 습성이 있어서 기억 중에 어떤 것은 시가 되어 나오기도 하고 울림 없는 기억들은 처져 버리기도 합니다."

이런 시집을 쓴다는 일은 이 선생의 동년배 시인들에게는 그다지 쉽지 않을 수도 있겠습니다. 이 선생께서 창비에 오래 계셨기 때문에 유리했던 측면이 있지 않겠습니까?

"그렇습니다. 그이들이 내 일터였고, 우리는 일종의 공동체였습니다. 74년에 26살이었던, 송기원과 내가 제일 어린 세대였습니다. 그때부터 억압에 눌려 살아온 세월은 우리의 공동체를 일상으로 만들어 주었고, 내가 가진 파일을 풍성하게 해준 측면이 있습니다. 서정주 파일도 있고, 고은 파일도 어마어마하지요. 이문구 파일, 조태일 파일, 김사인 파일까지는 하라면 할 것 같습니다."

그 시대가 그만큼 절박했기 때문에 용량이 큰 파일 하나로 남을 정도로 기억에 남아 있는 내용도 많은 게 아닌가 생각됩니다. 그렇습니까?

"고생했을 때의 체험은 잊히지 않습니다. 창비의 기억도 회사가 된 이후는 없습니다. 회사라고 생각한 건 파주로 간 다음 번듯해진 그때부터가 아닌가 합니다. 창비에서 20여 년 근무했지만, 회사라고 생각한 적은 없습니다. 매일 만나도, 그 사람이 그 사람이고, 옛날 회사라면 천승세 씨가 와서 개판 만들고, 조태일 씨가 와서 그러고, 거의 매일매일 사고가 나고 형사가 찾아오거나 깽판이 벌어졌습니다. 그러니까 창비를 회사라고 생각하고 다닌 적은 없습니다. 그럴 때 만난 문인들이기 때문에 흑백사진처럼 많이 찍혀 있지요."

지금 말씀하신 분들의 일화를 시로 공개하는 것은 사생활 침해로 비난받을 수도 있겠는데요. 왜냐면 가슴 아픈 사연들이 더 많았지 않습니까?

그분들로부터 혹은 작고한 분들인 경우엔 그분들의 유족들로부터 개인적인 항의는 없었습니까?

"송기원한테는 항의 좀 받았지요. 계속 자기를 가지고 시를 쓰면 가만히 있지 않고 자기도 소설로 쓰겠다고 했습니다.(웃음) 조심스럽지요. 어떤 건 이니셜 쓰고, 어떤 건 자제합니다. 출판사 해봐서 알지만 명예훼손, 그게 큰 겁니다. 특히 사자死者에 대한 건 더 크지요. 창비에서 여러 번 겪었습니다. 유홍준 답사기로 일이 벌어졌을 때는 돈도 물고 그랬지요."

서정주, 김동리 같은 분들에 대해서는 간접적인 화법으로 기본적인 예의를 갖추며 쓴 걸 보았습니다만, 긍정적인 추억이라고 하기는 힘들었습니다. 이 선생께서 보시기에는 어떤 분들입니까?

"김동리 씨는 상대를 한번 이렇다고 하면 끝까지 이랬던, 원리원칙 분명한, 말하자면 철저한 우익입니다. 그게 김동리 선생답다고 생각해요. 서정주 선생은 아직도 양가적인 감정이 많지만, 폄훼하려고 그런 시를 쓴 건 아닙니다. 내 나름대로는 세속에서 바라본 서정주는 서정주고, 나는 제자로서 그 당시의 서정주를 바라보는 내 나름대로의 인식이 있지요. 그런 모습과 마음이 담겨 있는…… 물론 부정적으로 꺼냈던 건 아닙니다. 80년대 모습의 서정주를 봤겠지만, 그게 서정주거든요. 정치적으로는 서투르지요. 빵점입니다. 친일을 해도 참 서투르게 친일한 거지요."

미당은 자기 마음에 윤리적인 각을 세운다거나 한 적은 없다고 보시는 겁니까?

"순응주의자인 거 같아요. 그가 광주학생사건 때 담대하게 반대한 적이 한 번 있습니다. 중앙고보와 고창고보에서 데모해서 한 번 퇴학당했지요. 그 이후로는 개인에게 완벽한 위계적 사회라고 생각했기 때문에 순응적인 체제가 된 것 같습니다. 자기가 한다 해서 되지 않을 거라고…… 그는 전두환 정권이나 일본 식민지 때도 오래 갈 거라 생각했던 것 같습니다."

이 선생께서 지금까지 내신 시집을 훑어보면, 1976년 첫 시집 『만월』이후 『바람 속으로』(1986), 『길은 멀다 친구여』(1988), 『이슬 맺힌 사랑 노래』(1991), 『무늬』(1995), 『사이』(1996), 『조용한 푸른 하늘』(1997), 『은빛호각』(2003), 『바다호수』(2004) 등 전부 9권인데요. 시대가 주는 중압으로부터 서서히 변모하면서 대지가 주는 부드러운 땅을 밟을 수 있을 것 같다는 시인의 모습을 본 것 같기도 합니다. 지금 돌아보면 그 아홉 권의 시집들을 이정표 삼아서 어떤 문학적 구분점들이 가능하겠습니까?

"그런 일을 하려면 김춘수 선생 정도는 되어야 할 것 같고…… 나는 진행 중인 사람입니다. 스스로는 못할 일입니다. 다만 1991년 시집 『이슬 맺힌 사랑 노래』까지는 내 스스로 역사에 대한 강박이 있어야 한다고 생각했던 것 같습니다. 올바른 시를 써야 된다는 강박이지요. 세상에 올바른 시가 있는 게 아니라 다양한 시가 있는 건데, 그 당시엔 리얼리즘, 민중적인 서사가 들어 있어야 시라고 생각하는 강박감이 있었던 것 같습니다. 그래서 시가 스스로 경직되어 있지 않았나 하는 생각이 듭니다. 시집 『무늬』와 『사이』를 낼 때쯤에는 시가 내게 주는 강박 같은 것을 풀어 버리고 싶은 의식이 있었기 때문에, 그것이 시에서 무거운 짐을 덜어버리고 싶은 마음으로 발전하고, 더 나아가 짧은 시를 쓰게 했던 게 아닌가 합니다. 어떤 이는 선시禪詩를 하지 않았나 하는데, 그건 나하고 관계없고 오로지 한없이 자유로운 시를 쓰고 싶다는 소망이 있었던 것 같습니다. 이왕 물어주셨으니, 굳이 내 시를 스스로 나누어 본다면 전반과 후반으로 구분할 수 있을 겁니다. 그런데 『무늬』, 『사이』, 『조용한 푸른 하늘』 같은 시집에서 의미가 없는 시들을 추구하다 보니 너무 단조로워지고 이 세상 이야기에서 너무 멀어지는 것 같았습니다. 그것으로부터 반성적인 작업으로 이어진 결과 『은빛호각』 시집이 나온 게 아닌가 합니다."

지금은 어떤 유형의 고갯마루에 서 계십니까?
"그 이후로는 알 수 없는 거지요. 미지로 남겨두는 게 나을 거 같아요. 몸이 가는 거니까. 몸에 뭔가 와야 하잖아요. 모르는 게 더 좋을 것 같고…… 시가 미지의 땅을 남겨두는 거니까."

작년 봄까지 23년 다닌 창비는 왜 그만두신 겁니까?
"그만둘 때가 되어서 그만둔 거지요. 파주 새 사옥에 이사를 가게 되었는데 이쯤에서 그만두는 게 창비와 행복한 관계일 것 같다고 생각했습니다. 새로운 세대에 의해 나가는 게 낫겠다 하는 마음이었습니다. 23년 3개월 있었는데, 창비에 있던 이 중에서 제일 오래 있었습니다. 창비와 이시영은 관형사처럼 붙어 있었다고 생각했습니다. 지금도 그만두었다고 해도 믿지 않는 사람들이 많습니다."

시인이 어떤 강한 이데올로기를 가진 직장, 그것이 출판사든, 혹은 신문사든, 혹은 무슨 인문과학 연구소든, 그러한 직장에 수십 년을 근무한다는 것은, 게을러지지 않도록 스스로를 채찍질하는 여러가지 이점도 있고, 또 아무래도 생각의 유연성을 차단한다는 의미로 상상력의 손해도 있을 것 같습니다. 이시영 선생의 경우는 어떠셨습니까?
"단적으로 말하면 시인으로서 이념이나 이데올로기에 갇히는 건 좋지 않다고 생각합니다. 그래서 76년에 시집 내고 창비에 들어가서 10년 동안 시집을 내지 못했습니다. 86년 시집까지. 그걸 극복하고 나서도 시인으로서 나의 삶은 갈등과 긴장의 연속이었습니다. 창비에 있는 동안엔 그랬습니다. 지금 단정적으로 대차대조표를 그릴 순 없습니다. 그러나 비평가로는 행복하지만 창작자로선 굉장히 손해인 것 같습니다. 그러나 내 삶의 중요한 부분이 된 것도 사실입니다. 사물을 바라보는 눈, 세계를 바라보는 관점을 만들어 주었으니까요. 창작자로선 당장 어떤 억압이었고 규제였지만 세계관 형성에는 도움도 됐습니다. 지금은 상당히 담담합니다."

마무리짓겠습니다. 이제는 '고통스러웠던 과거를 부드럽게 회상하자'는 자서에 있는 시인의 말을 이해하겠습니다. 이른바 386세대들도 그럴 것이고, 그들보다 조금 앞서 학교를 다닌 저도 그렇습니다. 이시영 시인의 시를 읽으면서, 젊은 피를 덥히기도 하고 식히기도 했으며, 이제는 고통스러웠던 과거를 부드럽게 회상하는 희한한 경험을 하고 있습니다. 이시영 시인은 자신보다 10년 저쪽으로 젊은 독자들에게 무슨 말을 해주고 싶습니까. 우리나라 민주주의 발전에 양심적인 세력 쪽에 남아 있고자 했던 선배로서, 그리고 그것을 시적인 표현과 일치시키고자 했던 문학인으로서 한 말씀 부탁드립니다.

"질문이 너무 거창해서…… (웃음) 젊은 시인들에게 무슨 말할 게 있겠습니까. 젊은 시는 많이 읽고 있습니다. 요즘 내가 좋아하는 시들은 손택수, 박성우, 유홍준인데, 무언가 경험에 실감을 준 시들은 와 닿는데, 경험과 실감엔 관계없이 환상으로 간다거나 남성 시인이 남성의 언어가 아닌 다른 언어로 간다거나 하는 경우엔 호감이 가지 않습니다. 특히 여성해방적인 시들을 보면 잘 이해가 가지 않습니다. 시를 아름답게만 읽어도 안 되겠습니다. 시 읽는 것 자체가 고통 주는 것일 수도 있지만, 젊은 시인들에게 '이렇게 써라 저렇게 써라' 하기보다는 그 세대 언어를 이해하려고 합니다. 우리 세대는 역사에 짓눌려 있는 세대였고, 이후 세대들은 행복한 세대라고 생각합니다. 뭔가 강박되지 않은 세대니까요."

가족 이야기 좀 해주십시오. 사모님이 이경희 씨, 따님들이 이민서, 이민화 양이지요?

"예, 둘째 민화가 고3입니다."

고3 아빠시군요. 고생이 많으시겠습니다.

"지네 엄마가 고생이지, 난 그냥 모르는 척하고 있는 거지 뭐."

큰딸은요? 사모님은 바깥 일 하세요?

"큰애…… 민서는 재작년에 고시 패스해서 지금 사법연수원 일 년차이고 처는 집에 있습니다."

이시영 시인과 김요일 시인과 필자는 이날 밤 자리를 옮겨 가며 노벨문학상에 대해 많은 얘기를 나누었다. 우리는 고은 시인에 대한 이시영 시인의 깊은 애정이 어느 정도인지 알 수 있었다. 우리는 인사동과 광화문을 오가며 밤공기에 서린 가을 정취를 만끽했다. 특정 문인을 해외에 잘 알리기 위해서는 그 일을 종합적으로 지휘할 수 있는 에이전트가 있으면 좋겠고, 오랜 기간 정성을 기울여야 할 것이라는 얘기도 있었다. 이시영 시인은 끝까지 흐트러진 모습을 보이지 않았다. 손님은 바른 정신으로 깨어 있었고, 그를 인터뷰에 모신 젊은 주관자들은 점차 취해 가고 있었다. 우리는 오십세주, 위스키, 맥주, 포도주를 마셨다.

이시영 시인이 옛날에 소설가 최명희 씨, 고정희 씨와 이슥토록 맥주를 마셨다던 그 밤이 이러했을지 궁금했다. 그때 밤이 늦어 집의 방향이 같은 최명희와 함께 이시영 시인이 택시를 탔을 때였다고 한다. 도곡동 아파트가 가까워지자 최명희가 갑자기 이시영 시인의 손을 잡고 울먹였다고 한다. "이형, 요즈음 내가 한 달에 얼마로 사는지 알아? 삼만 원이야, 삼만 원…… 동생들이 도와주겠다고 하는데 모두 거절했어. 내가 얼마나 힘든지 알아?"

같은 고향 친구랍시고 겨우 이시영의 손을 잡고 통곡하는 최명희를 달래느라 이시영은 그날 치른 학생들의 기말고사 시험지를 몽땅 잃어버렸다고 했다. 그리고 그날 밤 홀로 돌아오면서 생각했다고 한다. '그가 얼마나 하기 힘든 얘기를 내게 했는지를…….'

최승호

Zoom-in

1954년 강원도 춘천 출생.
1977년 《현대시학》 추천으로 등단.
시집 『대설주의보』 『세속도시의 즐거움』 『고슴도치의 마을』
『진흙소를 타고』 『고비』 등과 『어린이를 위한 말놀이 동시집 1, 2, 3』
창작그림책 『누가 웃었니?』 외 다수 출간.
오늘의작가상, 김수영문학상, 대산문학상, 미당문학상 등 수상.

어두운 닻, 환한 돛

그날은 온 세상이 중앙기상대에 스트레스를 해소하고 있던 날이었다. 전날 쏟아진 눈도, 그 전전날 쏟아진 눈도, 그래서 농작물이 피해를 입고, 산간 마을들이 별안간 고립이 되고, 도심지 간선도로가 주차장이 됐는데, 이런 사태가 벌어진 것도 그 눈 자체보다는 그 눈이 내릴 시기를 정확하게 짚어내지 못한 중앙기상대 탓이라고들 말하고 있었다. 상업을 중시하고 세계화를 꿈꾼다는 점에서만 21세기가 중세를 닮은 것은 아니었다. 집단적 희생양을 찾아내서 사회적 스트레스를 해소하는 방식도 중세를 닮아가고 있었다. 동굴 시대부터 인공위성 시대까지 어느 때였건 간에 인류에게는 사회적 징후란 것이 있었을 테고, 그때마다 문제는 '그것을 어떻게 스무스하게 풀어가느냐'였을 것이다. 검은 옷을 입은 성직자들이 희생양 찾아내기에 선봉을 맡을 때도 있었을 것이고, 지금처럼 언론인이나 네티즌들이 그 선봉 역할을 맡는 시기가 찾아온 것이다.

점퍼 차림인 최승호 시인은 큰 키를 예의 구부정한 방식으로 눕히듯 음식점 방안으로 들어섰다. 소탈, 소탈, 소탈…… 그런 느낌이었다. 얼굴 광대뼈에서 턱 끝으로 흐르는, 사람 좋은 미소는 여전했고, 까칠하게 다듬어 놓은 수염과도 잘 어울렸다. 며칠 전 《조선일보》에 최 시인의 대표작인「대설주의보」가 '현대시 100주년, 시인들이 뽑은 애송시 100편' 가운데 하나로 실렸다는 얘기로 말머리를 풀었다. 최 시인은 이승훈 교수 정년 기념회장에 갔는데「대설주의보」가 화제여서 조금 쑥스러웠다는 말도 곁들였다.

이날도 문학세계사 김요안 기획실장이 동행하고 있었다. 최 시인은 《시인세계》에 실게 될 특집용 사진들을 김 실장 앞에 주섬주섬 꺼내 놓고 있었고, "사진이 없어요. 카메라를 들고 다니지 않아서요. 내가 무심해요." 하면서 양해를 구하고 있었다. 분황사에 가서 찍은 사진도 있었고, 멕시코에 가서 찍은 사진도 있었다. 또 "딸이 자기 사진도 꼭 넣어 달래요." 하면서 꺼내 놓은 사진도 참 좋았다.

최 시인은 최근에 나온 자신의 시선집에 서명을 해서 한 권씩 선물로 주었다. 테이블에 밑반찬이 깔리고, '뎁힌' 정종 도꾸리가 나왔다. 술잔에 윗입술만 살짝 축였다. 최 시인은 "녹음기에 녹음할 거죠?" 하고 물었다. "아니요. 그냥 받아 적을 겁니다." 했다. 그랬더니 "그럼, 식사는 어떻게 하려고요?" 하고 걱정해주었다. 그러나 시인들이 마실 술 다 마시고, 만날 사람 다 만나고도 시를 쓰듯이, 기자들도 먹을 것 먹으면서 받아 적을 것 다 받아 적는 기술을 갖고 있다. 자, 몸풀기용 스트레칭은 끝났다. 준비한 질문은 20개쯤 됐다.

최 시인에게 춘천은 어떤 곳입니까?
"양수 같은 데죠. 스물두 살 때까지 살았지요. 삼면이 호수가 있는 곳이고. 거기 가면 편안하고 아무것도 하고 싶지 않아요. 이상하게 춘천에 가면 비애감이 있고, 나른해지고, 힘을 못 써요. 제가 서울, 사북, 고비 사막 같은 곳에 대해 많은 시를 썼으나 춘천에 대해서는 쓴 것이 없어요."

춘천에서 태어나고 대학 졸업 때까지 살았는데 왜 그렇죠?
"불행한 기억, 아픈 기억이 많아서겠죠. 춘천에 가면 술만 먹습니다. 이태째 《강원일보》 신춘문에 심사를 맡고 있는데요, 술 먹고 그 다음날 올라와요."

춘천에는 선배 문인들도 많이 계시죠?
"전상국 선생님은 중3 때 담임이셨습니다. 국어 교사셨고요. 오정희 선생님도 계시죠. 이승훈 선생님은 춘천교육대학 교수셨고요. 저는 춘천교대를 졸업하면서 그때 비로소 시를 썼기 때문에 그 전에는 학교에 다니면서도 이승훈 선생님이 시인이시라는 것을 몰랐어요. 졸업하고 알았지요. 춘천 분으로는 또 이외수, 한수산 같은 분이 있죠. 그래요. 춘천은 저한테 그래요, 양수 같은 곳이에요. 언제 한번 쓰기는 써야 되는데, 아직도 못 쓰고 있습니다."

춘천 어디서 태어났습니까?

"대룡산을 넘어가면 새슬막이라는 곳이 있는데, 그 안에 가면 외가가 있습니다. 어머니가 저를 외가에 가서 낳았습니다. 다른 지명으로 한다면 매봉산 기슭에서 태어났다고도 할 수 있습니다. 지금 살고 있는 데도 지하철역 매봉역이 있는 데고요. 제가 태어난 곳은 지금은 소양호에 잠겨 수몰지구가 됐어요."

정끝별 시인이 쓴 글을 보니까 최 시인은 태어날 때 난산이었다고요?

"저희 집안은 단명 집안인데요, 저도 태어날 때 난산이었습니다. 보랏빛으로 태어났다고 해요. 태어나서 한동안 울지를 않았는데 외할아버지가 지게 지고 땅을 두드려서야 나중에 울었다고 해요. 어머니가 친정에서 몸을 푼 후에 외할머니와 어머니가 저를 번갈아 안고 그 먼 길을 걸어서 왔다고 하더군요. 저도 원래는 돌림자로 계수나무 계桂자를 써야 하는데 집안 내력을 받지 말고 오래 살라고 승호라고 쓴 거래요. 아버지도 외아들은 아니지만 형제가 없으셨고요. 외할아버지는 나중에 가평 화악산 쪽으로 옮아가 사셨습니다."

아버지는 어떤 분이셨습니까.

"아버지는 제가 중1 때 가출하셨습니다. 그리곤 평생 안 돌아오셨습니다. 몇 년 전에 돌아가실 무렵에야 뵙기 시작했습니다. 저도 어머니를 도와 동생 셋을 가르치고 생계를 꾸리느라 고생 좀 했습니다."

왜 가출하셨는데요?

"제가 처음에는 춘천교대부속초등학교엘 다녔습니다. 입학생의 재산 정도까지 심사하던 부잣집 자녀들의 학교였지요. 아버지는 당시에 정치에도 관여하시고, 또 융자도 받고 하면서 중소기업을 경영하셨습니다. 그러다 파산하시자 집을 나가셨습니다. 저는 춘천중학교, 춘천고등학교, 춘천교대를 다녔는데, 고교 2학년 때부터 가정교사를 했습니다. 극장을 하는 부잣집에 들어가 입주를 하면서 아이 가르치고 학교에 다녔습니다."

왜 교대에 진학했습니까?

"2년제죠, 군대 안 가죠, 또 2년 후 선생으로 나가니 동생들 가르칠 수 있잖아요."

동생들 이름이 어떻게 됩니까?

"계옥, 계숙, 계선요. 계옥은 서울 살고, 계숙은 미국 살고, 아시다시피 계선은 나처럼 시인이고요."

춘천교대 졸업 후 바로 초등학교 발령이 났습니까?

"제가 대학 때는 오히려 그림을 열심히 그렸습니다. 그리고 교수들 자제를 가르치는 아르바이트 하면서 학교에 다녔습니다. 2학년 2학기까지 360명 중에서 석차가 4등이었어요. 6등까지는 서울로 발령이 나던 때였죠. 그런데 대학 2학년 때 아르바이트를 너무 해서인지, 못 먹고 힘들었기 때문인지 덜컥 폐결핵에 걸리고 말았어요. 그래서 외할머니 집에 한 달가 있었거든요. 졸업 석차가 24등으로 떨어졌지요. 그때 교사발령이 밀려 있어서 한 5% 정도만 발령이 났습니다. 16등까지만요. 저는 교사 발령에서 밀리고 말았습니다. 동생들을 가르치는 계획에 차질이 생긴 거예요. 그 무렵부터 시를 쓰기 시작했습니다."

학보에 시 발표도 했습니까?

"국어 강의시간에 노트에 시 한 편을 썼는데 그걸 학보사 편집장에게 보냈습니다. 그게 덜컥 실렸습니다. 지금 생각하면 사정이 있었습니다. 제가 대의원 의장을 했는데요, 학보사 예산을 잘 주었거든요.(웃음) 또 그 전에는 그림을 했기 때문에 '홍예'라는 문학동인들이 시화전을 할 때 그림을 그려 판넬을 만들어주기도 했지요. 결국 몸이 아파 그림을 포기하고 시를 쓰기 시작한 것이 지금에 이르렀네요. 그때 학보에 실린 시가「바람 뒤에서」라는 12행 정도 되는 시였는데 가난에 대한 얘기였던 것으로 기억납니다."

그게 프로 문단의 등단으로 이어졌습니까?

"어느날 이외수 형을 만났는데 저보고 그래요. 야, 너 시 쓰면 잘 쓸 것 같은데. 제가, 그래요? 했죠. 그 뒤로 1년 정도 쓰고《현대시학》에 처음 보낸 3편이 1회 추천이 됐습니다. 전봉건 선생님이 심사를 하셨는데, 추천사에서, 이 신인은 시를 굉장히 오래 쓴 것 같다, 고 하셨습니다.(웃음) 또 목수의 재질 같은 것이 있다는 말씀도 해주셨고요. 저는 그저 그림을 그리듯 쓴 것뿐인데요."

교사 발령은 계속 안 났습니까? 전업 시인으로 나서기엔 그 당시엔 힘드셨을 것 같고요.

"발령이 안 났습니다. 그런데 아버지가 몰락하기 전 유지였기 때문에 그 덕을 조금 입었습니다. 교사 발령이 안 난 사람들에게 중학교 지진아 지도를 맡겨 강사로 위촉하는 제도가 있었는데 제가 춘천중학교에서 1년 반 동안 강사를 했습니다. 그래서 동생들을 가르칠 수 있었습니다. 또 그때 춘천중 도서관 관장이 이은무 시인이었는데요, 제가 도서관에서 틈틈이 고전을 읽었습니다. 제가 아이들 가르칠 때 문법을 주로 가르쳤는데 그 중에서 3명이 시인이 됐습니다. 강사니까 시간이 많아서 공지천 둑에서 책을 읽기도 했는데요, 아이들이 하굣길에 그걸 멋있게 봤나봐요."

음악에 대한 소양도 그때 쌓은 실력이 있는 걸로 아는데요.

"제가 당시에 춘천 효자동에 있는 성당에 다녔습니다. 제 친구 중에 음대 작곡과에 다니던 임덕빈이라고 있는데, 그 친구의 형이 음악 신부님이셨습니다. 그분의 사제관에 들어가 음악을 가끔 들었습니다. 그리고 성가대를 맡고 계셨던 최시몬이란 분의 집안이 음악 집안이기도 했습니다. 그분이, 서울에도 음악감상실이 있는 것처럼 춘천에도 당연히 있어야 한다, 는 주장을 하시던 끝에 '시몽詩夢'이라는 클래식 음악감상실을 만들어 임덕빈에게 맡겼습니다. 그런데 그 친구가 낮에는 학교에 다녀야 했기 때문에 저에게, 네가 좀 맡아라, 부탁하길래 음악감상실 DJ노릇도 6개월간 했습니다. 춘천에서 음악하는 사람, 미술하는 사람, 문학하는 사람들이 주로 드나들었죠. 이외수 형의 소설 『꿈꾸는 식물』이란 작품의 무대도 '시몽'입니다. 그곳에서 6개월 있다가 드디어 정선 화암리에 있는 화동초등학교로 발령이 났고, 거기서 「비발디」라는 시로 2회 추천을 받았습니다."

DJ 최승호가 아닌 정식으로 등단한 시인 최승호가 된 거군요.

"네. 너무 빨리 데뷔해서인지 청탁도 안 오더군요. 습작을 다시 시작했습니다. 카프카가 "지금은 밤 2시. 한 줄도 쓰지 못했다."고 했다던데요, 저도 하루 5시간 이상 문체 연습을 했습니다. 그러다가 무리해 폐결핵이 재발하고 말았습니다. 화암리의 화동초등학교는 당시 12학급이었는데, 학교 규모가 작아서 제가 휴직을 할 수가 없었습니다. 그래서 탄광지대인 사북의 큰 학교로 보내달라고 했습니다. 그리고 춘천으로 돌아와 절반만 봉급을 받으면서 6개월 요양을 하다가 1979년 가을에 사북으로 발령을 받았습니다. 가서 보니 정신이 번쩍 들더라고요. 나하고 딱 맞는 장소에 왔다는 느낌이었습니다. 재의 골짜기였거든요. 목욕탕에 가 보면 탕이 까맸습니다. 그때 제가 무신론적 실존주의에 빠져 있던 때였는데요, 그때부터 시집 『대설주의보』에 실린 시들을 쓰기 시작했습니다. 피폐해 있던 내가 황폐한 공간을 만나 내 자신이 투사가 되는 과정과 비슷했습니다. 내 안과 밖이 비슷해지는 경험이었습니다. 그래서 『대설주의보』에 애착이 많습니다."

아이들 가르치는 생활은 어떠셨습니까?

"1982년 2월까지, 그러니까 사북초등학교에 3년 정도 있었습니다. 거기에 있으면서 아이들 문집을 만들었습니다. 아이들이 쓴 동시를 모아서 1년에 네 번 냈습니다. 컷도 그리고 등사해서 120부를 만들었고, 아이들한테도 한 권씩 나눠주고 선생님들에게도 돌렸습니다. 출판기념회도 네 번을 했는데, 동시 발표뿐만 아니라 무용도 하고 연극도 하는 축제를 네 번이나 연 셈이었습니다. 또 그때는 어린이용 그리스-로마 신화가 없길래 아이들에게 쉽게 풀어서 읽어주고, 신화를 듣고 난 후 그림도 그리게 했습니다."

요즘 아이들을 위한 말놀이 동시 작업을 많이 하고 있는 이유가 이미 오래 전에 있었군요. 초등학교엔 언제까지 있었습니까?

"1982년에 사북초등학교를 떠나야 하는 이유가 생겼습니다. 증산역에서 정선 쪽으로 가다 보면 선평역이 있는데, 그 역에서 2시간쯤 걸어 산골짜기로 올라가다 보면 전교생이 60명인 학교가 있었습니다. 그곳에 3월 13일자로 발령이 난 거예요. 픽업에 짐을 실어서 그곳엘 갔더니 선생이 세 분이고, 교장이 한 분이 있어요. 고용원도 한 분 있고요. 한 학년이 열 명씩 있는데 저보고 3,4학년을 맡으라고 하더군요. 그 학교 아이들은 중학교 가는 아이가 거의 없었어요. 한 집안에 아이들이 보통 8,9명은 되었는데, 전부 집안의 일꾼이었어요. 저는 당시 바닷가 학교로 가고 싶었는데, 그것도 안 돼서 실의에 빠져 있었고요. 그런데 그때 교대생들에게는 RNTC(학생군사교육단)이란 제도가 있어서 학교 다닐 때 군사훈련을 받고 졸업 후 군복무가 면제되는 대신에 학교 교사를 일정 기간 동안 해야 했습니다. 그 해 봄 저에게 쪽지가 하나 날아왔는데 의무연한 5년이 다 됐다는 거예요."

최승호 시인의 출세작 『대설주의보』가 세상에 빛을 본 것도 바로 그 해가 아닙니까?

"4월 19일로 기억합니다. 『대설주의보』의 원고를 들고 관철동에 있던 민음사를 찾아갔습니다. 그곳에 원고를 주었습니다. 저는 제 원고를 받아준 분이 김우창 선생님인 줄 알았는데 나중에 보니 그분이 바로 박맹호 회장님이시더군요. 원고를 민음사에 낸 뒤에 다시 선평역이 있는 영곡이란 곳으로 내려갔다가 4월 30일 드디어 '무작정 상경'이란 걸 했습니다. 서울은 저에게 정말 망망대해였습니다. 신대방동에 셋방을 얻었는데, 당시에 제가 베케트(Samuel Barclay Beckett), 이오네스코(Eugene Ionesco) 같은 극작가에게 빠져 있었습니다. 그들의 작품을 보고 싶어서 명동에 있는, 연극 배우 추성웅의 극장 '떼아뜨르 추'를 찾아갔습니다. 저한테 '찌라시 나눠 주는 걸 할 수 있겠느냐'고 묻길래, '연극을 보게 해주겠냐'고 되물었죠. 그랬더니 '얼마든지 보라'고 해요. 그래서 하겠다고 했죠. 그런데 3일 뒤에 추성웅 씨가 전화를 해 왔어요. 곰곰이 생각해 봤는데 당신은 찌라시 같은 것 돌릴 사람은 아니라고 해요. 그런데 5월 초에 민음사에서 연락이 왔어요. 저는 그곳에 원고를 갖다 준 것도 잊고 있었는데요. 처음에는 왜 연락했지? 하는 생각이 들었어요. 제가 할 수 있는 최선의 생각은, 아마 계간지 《세계의 문학》에 한 3편쯤 실어주려나 보다, 하는 것이었어요. 그런데 나중에 알고 보니 제6회 '오늘의 작가상' 수상 최종 후보로 『대설주의보』가 올라갔는데, 소설이냐 시냐를 놓고 논란이 있었다는 거예요. 결국 당시에 완전 무명이던 나를 파격적으로 당선시켰는데, 사람을 불러놓고 보니 백수가 하나 나타난 것이었죠."

 그때부터 오늘의 작가상 수상 시인 최승호의 인생에 봄날이 왔겠군요.

 "웬걸요. 직장을 구하지 못하고 있으니 박맹호 회장님이 출판사를 하나 소개시켜 주시더군요. 그곳이 홍성사였습니다. 당시 그 출판사에서 일하는 문인들이 많았습니다. 그러다 홍성사는 안 되고 금성출판사에 들어갔는데, 하종오 시인이 아동 백과사전 팀에 있더군요. 한 달 해보니 이게 아닌 거예요. 그래서 춘천으로 다시 내려갔습니다. 그때 이외수 형이 꼬시더군요. 학원을 같이 하자는 거예요. 나보고 현대문을 하래요, 자기는 고전을 한다고요. 그 형이 그걸 하겠어요? 결국은 외수 형은 내빼고, 나 혼자서 고전과 현대문을 다 했어요. 한 6개월 했나. 그 뒤에 누가 KBS 출판부를 소개시켜 줘서 거기 들어가 1년 정도 일했습니다. 그리고 '영학'이란 출판사로 자원해서 들어갔는데, 그곳에서 대지, 표지, 본문을 혼자 다 했습니다. 그때 편집 일을 배웠던 셈이죠. 그리고 나서 고려원에서 3년 반 일하고요. 이력이 쌓이자 민음사 주간 1년 하고, 또 세계사 주간도 하고 그랬죠."

최승호 시인은 장남이라고 했는데, 다른 글에 보면 계모님 밑에서 컸다는 것은 왜 그렇게 됐습니까.

"아, 그거요? 잘못 알려진 것입니다. 우리 형제자매가 넷인데, 막내인 계선이의 외모가 저와 좀 달라서 그런 소문이 있습니다. 나는 아버지를 닮고, 계선이는 어머니를 닮았는데, 그런 헛소문이 돌아다니더군요. 그런데 목소리는 두 사람을 착각할 정도로 닮았습니다."

중1 때 가출하셨다는 아버지는 끝까지 남남으로 사셨습니까?

"아버지는 3년 전에 원주에서 돌아가셨습니다. 그 전에 한 두세 번 뵈었나. 아프다고 하실 때 용돈만 조금 보내드렸고요. 돌아가셨을 때는 가족끼리만 모여 수목장으로 모셨습니다. 원주에는 아버지에게 누님 되시는 분(고모님)이 사셨습니다. 그분이 아버지를 돌봐 주신 것 같습니다. 원래 제 친할아버지가 원주에 사셨습니다. 평양에서 신학교를 다니시고, 또 원주에도 교회를 두 개나 세우신 분이래요. 또 아버지의 할아버지는 원님을 지내셨던 분이라고 하더군요. 일제시대 때 할아버지가 몰락하신 거죠. 아버지는 원통에 있다가 월남하신 분이고요."

아버지의 가출을 지금은 어떻게 받아들이십니까?

"물론 오랫동안 아버지의 가출을 이해 못했습니다. 그런데, 왜 미국 영화를 보면, 베트남전 갔다 온 병사들이 이혼하고, 사이코 같은 생활을 하는 경우를 보여주잖아요. 아버지도 일제시대를 살아내고, 전쟁을 3년 겪으면서 엄청난 불신을 갖게 되신 게 아닌가 해요. 자기만 살아남아야 한다는 강박도 있었을 것 같고요."

오늘은 이야기가 곁길로만 도는 느낌입니다. 죄송합니다. 어떻게 보면, 뭐 그래도 좋지 않을까 합니다. 최승호 시인의 시가 태어난 유년의 자리, 최승호 시인의 시가 야무지게 여물어간 청춘의 그늘, 그것만이라도 꼼꼼하게 살펴 볼 수 있다면 독자들께는 나름의 수확이지 않을까 합니다. 최 시인의 청소년 시절에 민병두라는 친구와 이덕일이라는 친구 같은, 친한 벗들이 연거푸 죽어가면서 끔찍한 모습을 보였는데, 그런 죽음들은 최 시인의 시에 어떤 영향을 남겼습니까?

"중학교 때부터 그림을 같이 그렸던 병두는 머리가 뭉개져 죽었고…… (한참 생각하다가) 대학 때 노래를 같이 했던 덕일이는 기찻길에서 죽었습니다. 제 시에는 죽음에 대한 일관된 탐구 같은 것이 있습니다. 감수성이 예민할 때 그런 경험을 했던 때문인 것 같습니다. 그런 죽음의 그림자들 때문인지 제 작품이 많이 어두웠지요. 여래(딸이름)를 낳으면서 제 시가 조금은 밝아졌어요. 《민음동화》라는 어린이 잡지를 창간하기도 했고, '말놀이' 동시집들을 만들어낸 것도 그렇고요."

죽음이란 경험은 시를 한쪽으로 몰아가기도 하고, 때론 시의 방향을 이리저리 바꿔놓기도 했을 것 같습니다만.

"그래요. 인왕산 집이 불타버리고…… 그 사건이 시의 흐름을 바뀌게 했습니다. 그 이전까지는 『세속도시의 즐거움』에서 보이듯 대도시의 욕망 같은 것들을 이야기하다가 작품이 확 달라져서 『회저의 밤』에서 보이듯 나를 무화無化하는 쪽으로 가버렸던 것이지요. 춘천 동생 집에 한 2년 있으면서 해질녘이면 물가에 나가 앉아 있었습니다. 그때는 춘천 시내에도 안 나갔습니다. 우두벌이란 곳에 있으면서 소양강도 건너지 않았습니다. 남도 들길을 따라 걸어다니기도 했는데 옥천사라는 절에 있을 때 저녁 공양시간까지 진종일 걸어다녔습니다. 그러다가 결혼하고 이렇게 살게 된 것이지요."

지금까지 풀어놓은 인생 이야기를 언젠가는 장시로 한번 엮어볼 생각은 없으세요?

"글쎄요. 《작가세계》에서 제 특집을 꾸며 주면서 문학적 연대기를 쓰자고 해도 저는 응하지 않았습니다. 지금은 많이 자유로워진 것 같습니다. 저는 제 얘기를 쓰기보다는, 무엇인가를 추구하는 쪽으로 쓰게 되는 것 같습니다. 시에서는 제 얘기를 거의 안 하잖아요."

(김요안) 시를 안 썼다면 삶의 고통을 어떻게 감내했을 것 같습니까?

"저는 그런 어두운 기억들이 나의 뿌리라고 생각해요. 연꽃도 그렇지만 시에도 캄캄한 뿌리가 필요해요. 저에게는 어두운 기름이 많아요. 나는 뭘 쓸지 걱정은 안 해요.(웃음) 슬픔의 매장량이 무궁무진하거든요. 고산지대 관목을 보면 키는 작은데 뿌리는 엄청나요. 세찬 바람에도 안 넘어지려고 그런 게 아닌가 싶습니다."

시를 만들어낸 다른 뿌리는 없습니까?

"종교에 대한 관심이 아닐까 해요. 노자, 장자, 불교, 기독교 등에 대한 관심이지요. 그것이 나를 지탱해주지 않았나 합니다. 종교가 죽음으로부터 자유로워지는 것이라 할 때 시하고 비슷한 점이 있는 게 아닐까요. 생사를 벗어나는 큰 자유에 대한 관심을 가졌던 것이 나름대로 사유의 깊이에 도달하도록 도와준 듯합니다."

춘천교육대학 다닐 때 누군가에게 배운 적도 없는 시를 쓰기 시작했는데 그때 왜 시를 쓰게 됐습니까?

"그 전에도 시를 쓴 적이 있었습니다. 고교 2학년 때 가정교사를 하다가 밤에 문득 시를 쓴 적이 있습니다. 할아버지가 최치원인데 나도 시를 써야 되는 것 아니냐 하는 생각이었죠.(웃음) 나중에 시를 읽으면서 중국의 이하李賀라는 시인을 좋아했습니다. 이하처럼 저도 처음에는 슬픔을 견딜 수 없어서 시를 쓴 것 같습니다. 지금은 그런 시 못 써요. 북어 같은 건조한 시를 쓰지."

요즘도 어린아이들과 잘 놀고 있습니까. 동시를 쓰고 어린이 책 만드는 데 열정을 바치고 있는데요, 그 쪽에 힘을 쏟고 있는 이유는 무엇입니까?

"아까 말한 것처럼 민음사에서 《민음동화》란 잡지를 냈죠. 작가들이나 시인들이 필자였어요. 아쉬움이 아직도 남아요. 그래서 지금은 비룡소에 수요일마다 자문을 하고 있습니다. 아동문학가가 아닌 시인들이 동시를 쓰는 시리즈('동시야 놀자')를 기획해서 김기택, 이기철, 신현림이 책을 냈고, 저도 『펭귄』을 냈습니다. 그러면서 '말놀이 동시집' 도 내게 된 것입니다."

말놀이가 뭡니까?

"언어는 형태, 소리, 뜻을 갖고 있습니다. 저는 문자의 형태와 소리에 주목한 것입니다. 우리 시사詩史에는 운문 시집이 없습니다. 우리 한글로도 운문시가 가능하기 때문에 저는 우선 두운, 각운 같은 것을 맞춰 보았습니다. 그럼 리듬이 생기거든요. 말놀이 시들은 때로 아무런 의미도 없는, 넌센스 같은 것도 있어요. 그런데 아이들이 참 좋아합니다. 사실 그동안 우리 동시는 이오덕 선생의 영향이 너무 컸습니다. 상상력보다는 불행한 현실을 인식하게 하는 작업을 너무 많이 했습니다. 저는 한글의 맛과 멋을 아이들에게 알게 해주고 싶습니다. 도레미파솔라시도에 맞춰 도롱농, 레롱농, 미롱농, 파롱농…… 같은 말놀이를 하는데 아이들은 그런 쪽을 좋아합니다. 어른들은 어렵다고 하고, 아이들은 재미있다고 하고요."

어린이 책을 쓰면서 인세 수입은 많이 늘었습니까?

"늘었…겠죠.(웃음)"

환경운동은 언제부터, 왜 하게 됐습니까?

"(환경운동연합의) 최열 대표가 제 고등학교 선배인데요, 1997년인가, 자기를 도와달라고 하더군요. 환경운동연합 월간지인 《함께 사는 길》을 맡아 달라는 겁니다. 들어가서 일한 지가 벌써 10년 됐네요."

'대운하'에 찬성하세요?

"그것 때문에 걱정입니다. 대운하는 '동강'이나 '새만금'하고는 비교가 안 되는 것이에요. 돈에 눈들이 멀어가지고……."

누군가에게 라이벌 의식을 느껴본 적은 없습니까.

"별로…… 아니 단 한 번도 없어요. 예술가란 내가 하나의 산(山)을 갖고 있는 것이라고 생각해요. 산봉우리에 외롭게 앉아 있는 것이지요. 경쟁이 어디 있겠어요? 달리기처럼 앞뒤가 있는 것이 아니죠. 제가 제일 싫어하는 것은 떼지어 비슷해지는 것입니다. 예술가에게 그것은 죽음이거든요. 획일화는 피해야 합니다. 얼른 멀어져야 합니다. 독특한 스타일이 중요합니다. 한국 시단은 스타일이 약한 것이 아닌가 해요."

(김요안) 다른 시인들의 시집을 안 읽습니까?

"물론 읽죠. 읽는다고 비슷해지는 것은 아닙니다. 자연스러운 관심일 뿐이죠."

대한민국에서 시인에게 주는 좋은 상은 거의 다 타셨는데, 나와 맞지 않는 상을 거부한다는 생각을 해본 적은 없습니까.

"수상자는 수동적인 자리에 있는 것이라고 봐요. 그런 거죠. 오늘의 작가상은 원고를 내서 받았고, 다른 상들은 작품 발표 후, 혹은 시집에 주어졌던 것이었습니다. 거부라는 생각은 아직 해 본 적 없습니다."

불가능한 질문을 하나 하겠습니다. 지금까지 나온 10여 권의 시집 가운데 맨 위에 놓고 싶은 시집이 있습니까?

"아무래도 『대설주의보』입니다. 첫 시집이니까요. 저를 오늘까지 끌고 온 증기기관차 같은 시집이니까요. 제가 가장 힘들었을 때 낸 시집이고, 제 피가 가장 많이 묻어 있는 시집입니다."

가족들을 좀 소개해주세요.

"아내는 최리을, 주부고요, 딸은 최여래, 봄에 중1 됩니다. 석가여래 할 때 여래예요."

오늘 딸 이야기를 많이 하시는데, 딸이란 어떤 존재예요?

"자식이라고 하는 것은 반은 자기이고 그러면서 또 다른 한 존재입니다. 자기가 스스로 일어설 때까지 도움을 주어야 하는 존재이기도 하죠. 여래는 저에게 밝음을 많이 줍니다. 전에는 외고 간다고 했는데 지금은 예고 간다고 해요."

어제 하루 일과를 좀 말씀해주세요. 일어나서 잠들 때까지.

"그저께 이승훈 교수 정년퇴임식이 있어서 술 많이 먹었습니다. 집에 3시쯤 들어와서, 그러니까 어제 새벽이죠, 낮 12시에 일어났습니다. 세수하고 밥 먹고, 오늘 들고 나올 사진 뒤적거리고, 3시쯤 비룡소에 가서 5시 30분까지 그곳에 있었습니다. 말놀이 책을 4권째 하고 있거든요. 보통 저녁 때는 집에서 드라마도 봅니다. 〈태왕사신기〉, 〈이산〉, 〈대왕 세종〉 같은 드라마를 봤는데 최근엔 저녁 약속이 많아서 뜸합니다. 어제는 일찍 잤습니다."

일찍, 몇 시요?

"12시요."

12시가 일찍이에요?

"보통은 새벽 2시 넘어 자거든요."

올빼미시네요?

"글은 주로 밤에 씁니다. 다 잠든 다음에요. 메모는 낮에 해 놓는데 글을 쓰거나 최종 컴퓨터 작업을 할 때는 사방이 조용해야 합니다."

10년 뒤 어디서 무엇을 하고 있을 것 같습니까?

"모르죠. 내일 일도 모르는데 10년 뒤를 어떻게 말하겠어요. 정말 모르겠어요. 저는 절벽에서 떨어져 본 사람이에요. 나는 그게 끝이라고 생각했는데 떨어져 보니 물 웅덩이가 있고, 소용돌이가 있고, 또 어디론가 흘러가더라고요. 물이 산을 만나면 돌아가고, 절벽을 만나면 떨어지는 것처럼요. 계획을 세우는 게 아니라 인연 따라 흘러가는 겁니다."

종정 법어 같습니다.(웃음)

'최 종정'은 막판에 술 이야기를 했다. 이튿날 제일 깨끗한 술이 테킬라라는 것이다. 테킬라 찬가는 상당 수준에 올라 있었다. 그는 보드카, 화요, 소주는 음식을 위한 술이고, 테킬라는 술을 위한 술이라고도 했다. 정말로 맞는 말인지 나중에 지식검색을 해보지는 않았다. 그날 생선회와 탕국으로 속을 달래가며 잔을 비웠더니 조짐이 심상치 않았다. 허리띠 풀고

작정을 하면 술병깨나 테이블 위에 세울 수 있을 것 같았다. 술이 술술 넘어가는 정도를 넘어서 술이 입에 쩍쩍 붙는 날이었다. 낮술에 취하면 아비도 몰라본다는 속담도 있거니와, 특히 최 시인과 함께 낮술에 취하면 누가 뭐랄 것도 없이 밤술로 이어지게 되고 그 뒤끝에는 하나님도 몰라볼 것만 같았다. 최 시인은 상대방의 술 입맛을 돋게 하는 희한한 기술을 갖고 있었다. 아쉽지만 눈자위까지 붉어지기 전에 무릎을 세웠다. 최 시인은 오후 3시까지 가봐야만 하는 약속이 있다고 말했다.

이성복

Zoom-in

1952년 경상북도 상주 출생.
1977년 《문학과 지성》으로 등단.
시집 『뒹구는 돌은 언제 잠깨는가』『남해 금산』『그 여름의 끝』
『호랑가시나무의 기억』 등과 시선집 『정든 유곽에서』 외 출간.
김수영문학상, 현대문학상, 대산문학상 등 수상.

시보다 인간이 더 매혹적인 불운이 그에게도 있었다

아름다운 말들이 싫어지는 시점에 이성복 시인을 만났다. 인간의 언어는 최소한의 소통을 위한 것이라는 생각을 하고 있었다. 곁길이 문학일 수도 있겠으나 왜 그랬는지 그 무렵 휘어진 길은 싫었다. 언제나 반가운 동행인인 김요일 시인을 서울역에서 만났다. 우리는 고속철을 기다리며 커피를 마셨고, 여자 얘기를 했다. 테이블 2개쯤 건너 자리에 여자 3명이 담배를 피우고 있었다. 어깨와 무릎이 드러난 옷차림이었다. 그러다 하마터면 고속철을 놓칠 뻔했다. 그나 나나 철들려면 멀었다. 서울에서 동대구까지는 1시간 40분쯤 걸린다. 전날 마신 술이 머리를 아프게 했다. 날씨는 푹푹 삶았다. 혀는 그런대로 잘 돌아갔다. 몇 주 전부터 이성복 시인을 끊임없이 생각하고 있었다. 내 머리 속에 들어 있는 이성복을 최대한 끌어올리려고 애쓰고 있었다.

그는 투명했다. 같이 진흙밭을 뒹굴었는데 그의 옷은 깨끗했다. 아니 오히려 더 빛났다. 사물을 보듬되 묻히지 않는 시법詩法이다. 그의 시, 그의 산문, 그의 모습에 매료됐던 고비가 몇 차례 있었다. 시인다움에 빈틈이 없는 시인이다. 기차가 동대구역에 도착할 때까지 노트북을 꺼내 질문을 몇 번이고 가다듬었다. 택시를 타고 그의 서재에 도착했다. 엷은 쑥색 마 소재 상의에 반바지 차림이었다. 그는 인터뷰를 하러 간 사람들에게 오히려 질문을 퍼부었다. 부드럽고 자상하고 무례했다. 우리는 무례를 용서했다. 그의 공세가 끝나고 우리측 역공이 시작된 때부터 기록한다.

언제나 그렇게 질문을 많이 하세요?
"친구들 만나면 당했다는 말을 많이 해. 슬슬 물어서 속에 있는 것 다 털어놓게 하거든."

술은 안 마셔요?

"응. 술 마시면 상태가 안 좋아. 불안하고 잠을 못 자. 맥주 한 병쯤이 최대 주량일 걸. 술 마시고 가는데, 전봇대가 벌떡 일어나더라고. 그나마 70년대 이후로는 그렇게 먹은 경험이 없어. 아주 기분 좋거나 아주 기분 나쁘거나 그럴 때 마셨지. 요새는 나쁜 일도 좋은 일도 없어서 안 먹어. 나도 남들처럼 술 먹고 싶어. 생각이 막혀 있으니 답답해. 일 주일, 한 달, 그쯤에 한 번씩 풀어버리고 싶어. 술 먹는 사람을 부러워하기도 하고 경멸하기도 해. 술 먹는 사람들이 헛소리하는 게 너무 눈에 보이니까. 그런 자리에 있기 싫어. 술 못 하면 마약을 하든지, 여자를 하든지 해야 하는데 그것도 못 하고."

(술, 마약, 여자를 선택 사항쯤으로 생각한다는 것은 이성복 시인이 절대 잡놈 그룹의 언저리에도 끼지 않는 사람이라는 증거다. 누항을 낮은 포복으로 누비는 시정 잡배는 절대 그렇게 생각하지 않는다. 한꺼번에 다 하거나, 하나도 안 하거나, 다. 그는 투명하다. 홀로움의 위대한 작위가 본능적으로 눈부셨다.)

대마초는 안 해요?

"그게 지금 불법 아닌가? 합법은 아니지? 프랑스에서 대마초를 한번 해보았는데, TV 화면이 막 지나가고 앞뒤 연결이 안 되더라고. 현재만 있는 거지. 과거가 없어. 그래서 대마초도 실패했어. 또 대학 선생이니까 그러면 안 되는 거고. 가수歌手이거나 그러면 모르겠지만."

후배나 독자들이 찾아오면 안 귀찮습니까?(대학 후배인 필자 포함)

"아니. 내가 사교 범위가 워낙 좁으니까. 그리고 그 사람들이야 일이 있어서 오는 것이니까."

대구에서 몇년째 사시는 거예요?

"24년 됐어. 대구에 와서 주역도 배우고, 동양학도 했지. 서울에 있었다면 보들레르 모더니즘을 파고들었을지도 모르고. 이곳에선 동양학 한다고 문학을 떠나 있기도 하고…… 넓게 보면 그것도 문학이긴 하지만. 내가 살아 있는 동안에는 모든 필터를 써 보아야 한다는 강박관념 같은 것을 가지고 있어. 나는 첫시집, 두 번째 시집을 낼 때부터 벌써 문학에 지쳤어. 어떻게 하면 벗어날 수 있을까, 어떻게 하면 글 안 쓰고 살 수 있을까 생각했어. 글 쓰는 자체보다, 글 쓰는 방식으로 세상을 보고 살고 하는 게 힘들어. 꼭 이래야 하는가, 다른 삶의 방식은 없나. 주역식으로 말하면, 낙천지명樂天之命인 고로, 불우不憂하고 싶다는 거지. 천명을 즐기니까 근심이 없는 상태 말이야. 그 즐거움은 다시 슬픔으로 가거든. 그것이 불교식 표현인 것 같아. 조금 더 말해보면, 안토安土 돈호인敦好人인 고로 능애能愛하다는 거지. 수기안인修己安人, 즉 자기를 닦아서 남을 편안하게 해주는 것이기도 하고."

도사가 다 되셨네요.

"아냐 아냐. 오늘 아침에도 헷갈려. 어쨌든 나는 모더니즘은 아닌 것 같아. 모더니즘에 내 인생을 걸기에는 너무 허망해."

뭐하세요? 시간이 날 때, 혼자 있을 때, 즐기고 싶을 때.

"책을 허겁지겁 읽어. 책 끊어지면 마약 중독자에게 마약 끊기는 것 같은 증세가 생겨. 그게 공부는 아니고, 하여간 생사生死에 대해 알고 싶은 거지."

운동은 안 해요? 육신을 움직이는 운동 말입니다.

"그전에는 테니스를 조금 했어. 10년쯤 따라다녔는데, 운동 신경이 둔해서 나중에는 아줌마들에게도 지는데? 얼마 전엔 집에서 러닝머신을 한 30분씩 하기도 했고. 지금은 그것도 더워서 안 해."

서울에는 자주 올라오십니까?

"아버지가 87세고, 어머니가 89세신데, 서울 방일동에 사셔. 그런데 아버지가 치매기가 조금 있으셔. 형제들 중 누가 부모님에게 잘하면 샘도 나고."

(이성복 시인은 여,여,남,남,여로 구성된 2남 3녀 중 네 번째고, 자식은 셋을 두었는데 막내가 서울대 사회학과에 다닌다. 그래서 부부만 사는 집을 줄이고 있다. 서재에서 집까지는 100미터다.)

나 같으면 시 안 쓸 텐데요. 재미있는 것 찾아서 놀고 할 텐데요.
"시는 안 쓰지. 부담스러워. 마치 부모님이 부담스러운 것처럼, 시는 부담스러워. 무엇을 해도 내가 가짜처럼 생각될 때가 있어. 지금은 어쨌든 문학이 허망해. 조이질 못하겠어. 팬티 처음 샀을 때처럼 팽팽하게 조이는 고무줄의 맛이 없어. 나중에 반까이〔挽回〕하는 게 있어야지. 40년 동안 선원 생활을 하면서 바다에서만 살던 남자가 있었대. 자식들이 이제는 어머니와 함께 좀 사시라고 해서 같이 살게 됐대. 그런데 다음 다음날 아내를 칼로 찔러 죽였어. 나와 문학의 관계가 그래. 장애자 아들을 하나 두고 밖에 나가 늘 근심하는 부모 같아. 지금은 근심도 안 하지만 말이야. 근심의 장소로서 머물러 있기는 하지. 그 아들이 점점 나이 들어가는데 부채의식 같은 거 있잖아. 문학과의 관계가 그렇게 돼 버렸어."
그래도 스스로를 조일 수 있는 일은 있을 것 아닙니까.
"인터넷 사이트에서 선생을 하나 만났어. 사이버 법당을 하는 거사인데, 그러한 선禪 지식을 들을 때가 제일 행복해. 문학할 때는 괴롭고……사는 것은 허망한 것이야. 그래서 문학 안에서 하지 않고, 문학 밖에 나가서 하고 있지. 내가 언어하고 판을 짜야 하는데, 지금은 다 흩어져 가버렸어. 지금은 언어가 그렇게 절박하지 않아. 수도꼭지가 힘이 없는 것은 다른 곳으로 물이 새기 때문이야. 언어가 유일한 낙처(落處.으뜸 진리, 공안, 화두)가 되고, 그곳에 전일專—해야 하는데, 그것이 꼭 시詩일 필요는 없다는 생각이야. 정민 씨가 쓴 글을 보니까 정조대왕이 어떤 그림을 하나 보고 '저 그림 가짜다'고 했대. 할배가 손자에게 밥 떠먹여 주는 그림인데, 할배의 입이 숟가락에 같이 따라가지 않았다는 거지. 문학에도 가짜가 있지 않겠나 싶어. 문학을 이리 돌려보면 아무것도 아닌 것 같고, 저리 돌려보면 이리 좋은 것을 왜 안 하고 있지 싶기도 하고."

　후배들의 시는 안 읽습니까.

　"목숨이 걸린 작품, 마지막 화살로 쏜 작품, 문제 의식이 세계를 만들어 낸 작품, 나도 그런 작품을 써보지 못했지만, 후배들에게 그런 게 없어. 내 나이 시인들은 잡지 오면 잘 안 볼 거야. 매일 시하고 사니까 시 귀한 줄 모르는 거지. 시 아닌 다른 일을 하는 사람은 시가 좋다 하겠지만, 나는 '니, 시가 그리 좋나?' 하고 묻고 싶은 기분이야. 거실과 안방이 구별이 안 되는 사람이지 뭐. 노인들 오줌 누는 것이나 같지. 산지사방으로 다 뻗으니 어느 세월에……."

　이 방 이름이 수미재守微齋라고 돼 있네요. 출입구 손잡이 부분에 써 있던데요.

　"수미守微라는 말은 노자의 수미장에 나와. '기미機微'가 보인다고 할 때 미微자를 쓰지. 미미한 것을 지킨다, 는 뜻이지. 불교 팔정도에 정념正念이라는 말이 있는데, 염念자를 보라고. '지금只今' 할 때 '금今' 자 밑에 마음 심心이거든. 지금 마음이 있는 곳을 안다, 는 뜻이야. 법구경에 보니까 정념을 수미라고 번역해 놓았더라고. 매 순간 방심하지 않는다는 뜻이야. 수미의 반대말이 방심이라고. 성경에 보면 왜 '저들은 저희가 하고 있는 일을 모르나이다'라는 표현이 있잖아. 저희가 하고 있는 일을 모르는 게 아니고, 알고 있는 상태가 되는 것을 수미라고 하는 거지. 흩어진다는 것은 마음이 안 따라가는 것이거든."

　(불교의 팔정도란 중생이 고통의 원인인 탐貪・진瞋・치痴를 없애고 해

탈하여 깨달음의 경지인 열반의 세계로 나아가기 위해서 실천 수행해야 하는 8가지 길 또는 그 방법을 뜻한다. 정견正見, 정사유正思惟, 정어正語, 정업正業, 정명正命, 정정진正精進, 정념正念, 정정正定이 그것이다. 서울에는 팔정사라는 절도 있다. 이성복 시인의 이야기를 들으면서 망연부지茫然不知해졌다. 정념은 아득하고, 낙처는 가물거리고, 에라 모르겠다. 그 나이가 그런 나이인가. 경기도 일산에 사는 어떤 작가는 자신의 서재에 닦고 조이고 기름치자, 라고 써놓았던데.)

어떻게 살아요, 그럼? 방심하고 노는 맛도 있어야지. 수미와 정념은 너무 긴장해야 되는 것 아닌가요.

"여몽삼매如夢三昧라는 말이 있어. 모든 게 꿈이야. 그런데 안 되는 게 있어. 어느 날 동물 다큐 프로를 보니까 여우가 두꺼비를 잡아먹으면서 발로 꽉 누르고 씻어 먹는 거야. 독수리가 죽은 짐승의 내장을 부리로 파내는데, 저것도 꿈인가 싶더라고. 그것이 해결이 안 되는 거야. 그것만 알면 끝이겠는데. 세상의 먹이사슬 구조, 그 잔인함을 꿈이라 하기에는 이해가 안 돼. '밥을 먹는다'가 아니라 '밥을 먹는 듯', '키스를 한다'가 아니라 '키스를 하는 듯' 하는 식으로 여몽삼매로 해결되는데, 생명 자체에 대해선 안 돼. 첫 단추가 잘못 꿰어 있는 것, 그 자체가 해결이 안 되는 것이지."

그렇다면 문학이란 뭐예요. 꿈이에요, 생명이에요?

"문학이란 뭐냐. 첫째, 그것을 이야기하지 않으면 다른 것은 모두 허위가 되는 것, 그러나 얘기해버리면 추문이나 스캔들이 될 수도 있는 것을 뜻해. 둘째는 얘기하기 전까지는 별 볼일 없었는데, 얘기함으로써 우리의 소중한 존재를 드러나게 하는 것, 셋째는 그것으로써 얘기할 수 없는 다른 그것을 얘기하는 것이야. 다시 말한다면, 언어가 들어가지 않는 부분을, 언어를 통해서 그런 부분이 있다는 것을 망각하지 않게끔 해주는 것이지. 이 세 가지가 하나로 꿰이지 않으면 문창과 교수가 가르쳐 줄 수 있는 그 무엇으로 문학이 전락해버리는 것이지."

(가령 우리 등의 한복판은 눈에 보이지도 않고 손이 닿지도 않지만, 그곳이 존재한다는 것을 주변부를 통해서, 혹은 가려움 같은 것을 통해서 드러나게 하는 것도 같은 이치다.)

하인리히 뵐이 그랬대요. 그것밖에 할 줄 모르는 사람들이 하는 일에 강도짓과 글 쓰는 일이 있다고요.
"그런가. 알고 보면 아까 말한 세 가지가 모두 한 덩어리야. 선불교에서 말하듯 뜨거운 감자를 입에 물고 있는 상태지. 뱉지도 삼키지도 못하는 상태야. 물고 있는 게 뜨거운 감자인지도 모르는 놈도 있고, 물고 있지도 않으면서 물고 있는 척하는 놈도 있지만…… 어쨌든 내가 처음에 문학을 하려고 했던 이유 같은 것과 연결돼 있는 문제야. 나 자신을 불편하게 만들어서 잘나가는 다른 사람들에게 딴지를 거는 것이지."

여론조사를 좋아하십니까?
"나한테 유리하면 좋아하지. 불리하다면 좋아할 사람이 누가 있겠나. 기본적으로는 어느 사람이 칭찬한다면 신나는 감정은 누구에게나 있을 거야."
계간 《시인세계》에서 지난 5월, 156명 시인들에게 한국 현대시 100년사에서 가장 큰 영향을 끼친 시집을 물어본 결과 백석의 『사슴』(12), 김수영의 『거대한 뿌리』(10), 정지용의 『정지용 시집』(9), 이성복의 『뒹구는 돌은 언제 잠 깨는가』(8), 서정주의 『화사집』(6) 순으로 나타났습니다. 개별 시집이 아닌 시인으로 보면 서정주와 정지용(14), 백석(12), 김수영과 이성복(11) 순이었지요.
"누가 칭찬한다고 해서 내 작품이 올라가는 것도 아니고, 어느 놈이 깐다고 해서 있던 게 없어지는 것도 아닐 거야. 가만 생각해보면 얼마나 허망한 거요, 남의 눈에 기댄다는 게. 흔들리다가도 다시 원점으로 돌아오는 거지 뭐, 남이 나한테 내리는 평가야. 내가 탐미주의자냐 현실주의자냐 하는 것은 평자들이 하는 일이고, 실제로 문학을 하는 사람이 양쪽을 절충해서 하자 하는 것은 아닐 것이고, 그러니까 낙동강을 만들어보자 해서 물이 나오는 것은 아니잖아. 그것은 지형도의 일이지 물의 일이 아니야. 나도 지형도 속에 있어. 내가 선택한다고 하지만 사실은 나도 선택되는 것이지. 내가 사물을 부린다고 하지만, 사물에게 부림을 받는 게 더 많아. 도식화하는 것은 쓰는 사람의 자유지 뭐. 물 속에 자기 그림자가 비치든 말든 목마른 개가 물을 움켜쥐듯 물을 마시는 것이지. 언제 그림자를 보겠어. 있다 하더라도 본능적으로 선택하는 것이지. 물은 낮은 데를 선택하는 게 아니라 그냥 흘러 들어가는 거야. 이미 낭만주의가 리얼리즘을 안고 들어가는 것이지. 리얼리즘 하자고 해서 하는 것은 아닌 것이지. 현대시 100년사의 5명 중에 내가 끼었다는 것은 응답한 사람들의 문제겠지. 공신력을 띠기보다는 일회성 행사 같은 것 말이야. 그런 일은 사람을 소모품으로 만드는 경향이 있는 것 같아. '가요 Top 10'도 아니고."

　그래도 특정한 독자들이나 시를 쓰는 일부 시인들에게 이성복은 매우 중요한 영향력을 행사하고 있다는 정도의 노출은 돼버린 것 아닌가요?

　"소수의, 문제의식을 공유하는 사람은 있겠지. 현실과 탐미도 관여 안 하고, 그저 삶 자체가 이게 아닌데, 이럴 수가 있느냐, 어쩌자고, 왜, 어떻게, 라는 의문부호들을 인생에게 던지는 사람들이 있을 수도 있지. 살아가는 근거가 되는, 그러한 의식을 공유하는, 일종의 촉매로서의 역할이 있지 않았을까, 나에게 말이야. 특히 글 쓰는 사람에게만 공유되는 문제의식 같은 것 말이야. 내 독자라는 게 30, 40대일 거야. 내 첫 시집이 나왔을 때 낙인처럼, 첫사랑처럼 관계를 맺게 된 독자들이 있을 거야. 그녀가 예뻐서가 아니라 첫사랑이기에 못 잊는 것처럼 말이야. 그 세대들도 앞으로 20~30년 후면 나를 잊을 거야. 그때가 되면 기형도 같은 시인이 '현재'로서 그들 앞을 지나가게 되겠지."

정치적으로 보수입니까?

"글쎄. 스스로 보수라고 하면 벌써 그는 보수가 아닐 거야. 나는 스스로 보수라고 생각해본 적은 없어. 70년대의 문제의식과 유연성을 지니고 있다고 생각해. 남이 나를 자리잡은 기성세대 꼰대다, 완고한 인간이다, 라고 한다면…… 내가 할 말은 아니지. 그 사람 말이 맞는데 내가 한번도 생각해 본 적이 없는 것일 수도 있어. 나는 정치적 성향에 있어서 보수는 아니야. 내가 찍어 당선된 대통령은 하나도 없으니까. 80년대에 내가 앞장서서 희생당한 적은 없지만, 그 자리를 떠난 적도 없어. 그럼 문화적 보수냐? 그렇게 생각될 가능성은 있어. 재즈, 랩, 요새 가수들 이름 모르고, 현대 음악이나 현대 클래식도 전혀 이해가 안 되니 보수 같네. 그러나 현대 미술은 상당히 좋아하는데. 미국 흑인으로 그라프티 미술을 하는 장 미셸 바스키야, 프랑스의 장 뒤비페, 독일의 안젤름 키퍼 같은 작가들이지. 행위미술까지 가면 나한테 불편하고. 그리고 문학에서, 특히 시에서는 보수로 간주될 것 같아. 젊은 사람들의 난해한 시 모르겠고, 활자를 크고 작게 하거나, 행 갈이를 이상하게 하는 것은 혁명이라기보다 혁명의 제스처로 보여. 더 나아가 이미지와 이미지 사이를 돌발적으로 파괴한다든지 하면 납득이 안 가. 내 취향이 그러하니 보수라 해도 할 수 없지 뭐. 나는 진보나 좌파의 모든 것을 진정한 것으로 받아들이지는 않아. 일상생활에서는 내가 10년 아래도 얼마든지 친구가 가능하니까 보수는 아닌 것 같아. 타이틀이나 명망을 가지고 남한테 폼 잡는 것은 나에게 불편하니까."

설명이 장황하면 오히려 보수라는 증거 아닙니까?

"그런가. 하하."

여성 작가 함정임이 산문집 『지금 살아 있다는 것은』(강 펴냄)에서 이성복 시인의 시구를 빌려 "지금 살아 있다는 것은 눈먼 바람에 몸을 내맡기는 것"이라고 풀어 써놓기도 했습니다. 떠나서 방랑의 길로 들어서고 싶을 때가 있습니까?

"없어요. 지금 여기에 있는 것만도 지긋지긋해. 나는 거의 여행을 안 좋아해. 내 머리 속에 있는 세계만 해도 나는 버거워. 바깥에서 색色을 충전하고 싶은 욕구는 없어. 지금 살아 있다는 것은 매순간 내가 사는 게 아니고 어떤 큰 틀 속에서 내가 돌아가고 있는 것이니 눈먼 바람이라는 것을 여기 서 있는 한 맞을 수밖에 없는 것이지. 여행 취미 없고, 여행을 필요로 하는 사람도 아니야. 색을 보기 위해 여행하기보다 내 머리 속을 정돈하는 데 더 관심이 있지."

아마 '보수' 문제로 넘어가는 대목이었을 것이다. 사진을 몇 장씩 카메라에 담던 김요일 시인이 정색을 하고 앉아서 논쟁을 일으켰다. 성귀수, 황병승 같은 시인들의 이름과 카프카의 이름이 나왔다. 언제 어디서건 "요즘 젊은 시인들……"이라는 말은 시녀병 같은 발언이 된다. 이성복은 "그들에게 있어 구슬이 서 말이라도 그것을 꿰는 이미지는 있어야 하는 게 아니냐"고 했고, 김요일은 "이성복은 한 명만 필요한 것이지 이성복 비슷한 시인이 수백 명씩 있을 필요는 없다"고 맞섰다. 이성복은 주로 이미지에 연관된 비유의 표창을 날리면서 김요일을 굴복시키고 싶어했다. 표창을 몇 개 소개한다. "요즘 젊은 시인들의 시를 보면 초점이 다多초점이야." "너무 많은 이미지 재료를 동원하는 것은 바다에 내리는 눈 같은 거야. 금세 사라져." "괄약근의 문제지 뭐. 오줌 싸다가 멈출 수 있어야 하는데 마치 이미지의 설사를 하는 것 같아." "공깃돌 고수가 20~30개씩 갖고 하는 것 봤어? 그냥 서너 개 갖고 천변만화를 일으키는 것이지." "젊은 시인들은 유희를 비극적으로 하고 있는 것 같은 생각이 들어." "막다른 골목에 서 있는 사람의 낮은 한숨 소리 같아야 해." "어느 지점을 제대로 통과했을 때 나는 부저 소리 같아야 한다고." 김요일 시인은 은근히 화가 난 듯했다. 동대구 수미재에 급파된 정찰병 같은 표정의 김요일 시인은 드디어 위장망 걷어내고 즉석에서 전투병으로 장비를 재정비했다. 김요일 시인은 동대구역으로 전화를 걸어서 상경하는 기차 시각을 늦추고 이제 본격적으로 이성복 시인과 한판 붙어볼 요량이었다. "젊은 시인들의 작품에도 분명한 작품 구조가 있는데 왜 당신은 그것을 보지 못하느냐"고 따질 것이다. 나 먼저 가겠다, 그러면 당신들끼리 계속 해봐라, 기차 시간이 급하다, 일어서겠다, 고 했더니 김요일 시인이 못 이기는 척 따라나섰다. 주섬주섬 필기도구를 챙기면서 마지막 질문들을 물었다.

누구를 위해 시를 씁니까?
"아니요."
(그는 질문을 오해했다. 나는 '예, 아니오'로 답할 수 있는 질문을 던진 것이 아니다. 여기서 '누구'는 '섬바디'가 아니라 '후'였다. 그러고 싶었다. 그가 오해를 한 게 아니라면 내 질문을 의도적으로 차단한 것이다. 나는, 봐드렸다.)
시는 간곡한 것입니까? 이 세상에 대해, 이 세상의 인간들에 대해.
"절실하지."
시가 지긋지긋한 적은 있습니까?
"지금도."
시는 사랑입니까, 증오입니까?
"둘 다일 수도 있겠지. 둘 다 다른 방식으로 있는 것이겠지."
시인은 별종입니까, 아니면 보통 사람입니까.
"별종에 가깝지."
본인은 스스로 잘생겼다고 생각합니까?
"킬킬킬······"
바람 피운 적 있습니까?
"큰일날 소리. 이 질문 빼. 킬킬킬······"
누굴 죽이고 싶은 때가 있습니까?
"옛날엔 미웠던 적이 있지. 지금은 그렇게 미운 놈도 없어."

이 세상에서 흔적도 없이 사라지고 싶은 때가 있습니까?

"없어."

다른 사람에게 돈을 떼이거나, 다른 사람의 돈을 떼먹은 적 있습니까?

"대학신문에 있을 때 오재명 씨가 나한테 5000원 꿔 주었다 아직 못 받았다고 하는데 기억이 안 나. 그런 식으로 떼먹은 게 있나……"

일류 시인이 있고 삼류 시인이 있습니까?

"응."

누가 일류 시인입니까.

"일류라면 지가 스스로 안 알겠나."

몸무게, 키, 주량, 흡연?

"56킬로, 168센티, 맥주 2컵, 하루 반 갑."

취미, 종교?

"책이 취미야. 인터넷 서핑도 하고. 인터넷 서점 알라딘이 고마워. 내 선생이라니까. 그 속에 가면 도사들 많아. 글 잘 쓰는 사람도 많고. 정말이야. 종교는 불교에 가깝다고 봐야겠지. 옛날에 가톨릭 영세를 받고 3~4년 다니기는 했는데."

점심은 '? 이야기'라는 집에서 먹었다. 가오리찜을 시켰다. 맥주 두 병, 소주 한 병을 마셨다. 밥값은 이성복 시인이 냈다. 본격 토론은 점심을 마치고 다시 수미재로 옮긴 자리에서 벌어졌다.

동대구역으로 가면서 김요일 시인은 불만스러워(혹은 한 척)했다. 젊은 시인들의 이미지 사용 문제에 대해 밤을 새워서라도 뿌리를 뽑고 싶었을까. 부저 소리를 듣고 싶었던 것일까. 그는 이성복이라는 선배 시인에게 좀더 절실하게 매혹당하고 싶었던 것일까. 분명한 것은 동대구에 오길 정말 잘했다는 것이다. 우리는 이성복 시인을 만나러 가기 전보다 그를 훨씬 더 좋아하게 됐다고 믿는다.

시보다 인간이 더 매혹적인 불운이 그에게도 있었다.

함민복

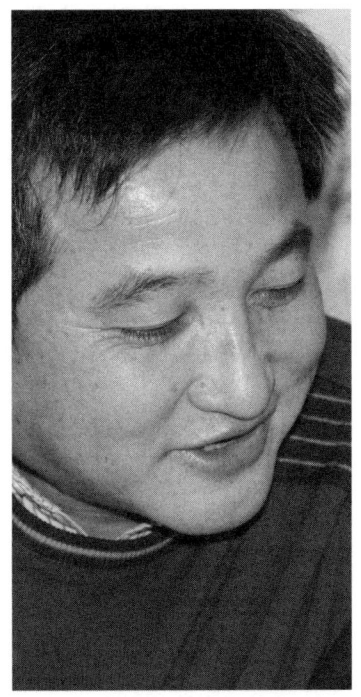

Zoom-in

1962년 충청북도 중원군 출생.
1988년 《세계의 문학》으로 등단.
시집 『우울씨의 일일』 『자본주의의 약속』
『모든 경계에는 꽃이 핀다』 『말랑말랑한 힘』과
산문집 『눈물은 왜 짠가』 『미안한 마음』 등 출간.
김수영문학상, 박용래문학상, 애지문학상 등 수상.

세상을 이기는 부드러운 힘

함민복 시인을 만나러 가기 전에는 반드시 꿈을 꾼다. 국밥집이었다가 뻘이었다가 종잡을 수 없긴 하지만 꿈에 어김없이 그가 나타난다. 꿈은 항상 기분 좋은 조바심으로 이어진다. 그가 입을 술술 열지 않으면 어떻게 하나. 표창 같은 질문에 빙긋 웃는 것으로 대신하면 어떻게 하나. 그냥 술이나 먹자는 표정으로 인심 좋게 상대편 앞으로 안주나 옮겨 놓고 있으면 어떻게 하나.

함 시인을 기다리고 있는데, 언제나 여유 있고 늠름한 동행자인 김요일 시인은 함 시인에 대한 내공 깊은 정보들을 풀어 놓는다. 술을 적당히 마시면 함 시인은 이 세상 누구보다 말을 재미있게 잘 한다는 것이다. 이 말은 믿을 수가 없다. 아니다. 이 말은 딱 맞는 말이다. 믿을 수 없다. 딱 맞는 말이다. 믿…… 딱…….

함 시인은 상대편을 무장 해제시키는 놀라운 힘을 갖고 있다. 사람 좋게 헤살거리는 그의 표정을 사납게 굳어버린 표정으로 바꿔 보겠노라고 심술을 부려 보지만 항상 실패다. 언젠가부터 우리들 사이에서 '강화도 시인'으로 불리는 그를 조선시대 철부지 왕이었던 '강화 도령'(철종)이라 놀려 보고도 싶지만 그 역시 실패다. 정직하게 뻗어나간 눈썹 끝, 준수하게 내리뻗은 콧날, 그리고 상대편의 눈과 수평선을 그었을 때 눈길을 약 5도 각도 정도로 내려보면서 나직나직 말을 이어가는 그 앞에서 표창을 들고 있을 수가 없다.

강화도살이 10년째입니다. 보증금 없이 월세 10만 원으로 살 수 있는 집에서 사는 재미 때문입니까. 강화도를 떠나지 않는 이유가 뭡니까?

"오란 데도 없고요. 강화도에서 10년 넘게 산 세월도 있고요. 보람 있는 글을 한 편 써야겠기에……. 아직 못 써서 못 떠나고 있지요. 또 거기 익숙해진 탓도 있고요. 다른 곳이라고 해봐야 거처로 탁 잡아서 갈만한 데도 없고요."

혹시 강화도에 애인이 있는 건 아닙니까.

"애인은 없습니다. 친구 때문인 것도 아니고요."

보람 있는 글을 한 편 쓰겠다는 것은 무슨 뜻입니까?

"강화도에서 강화도 공부를 하는 사람이 많더라고요. 작년에 특히 많이 만났습니다. 그 사람들이 강화도 역사도 연구하고, 또 저 같은 사람한테 많은 것을 가르쳐 주데요. 재미있었습니다. 그런 전문가들이 공부한 것을 보고 나도 공부를 본격적으로 좀 해서 뭔가를 써보고 싶습니다."

이를테면 어떤 글을 말합니까?

"강화도 역사라든가, 강화도 물고기들, 옛날 뱃사람들이 물고기 잡았던 이야기라든가…… 나이든 사람들의 얘기도 기록해 놓으면 좋은 책이 될 것 같습니다."

그런 분들을 실제로 발견했습니까.

"강화도 사시는 할머니들 중에는 이미 그런 분의 스토리가 국립극장에 올라간 적도 있습니다. 조개 잡는 할머니인데, 물에 갇혀 죽게 된 이야기입니다. 물이 차 올라오는데, 평생을 조개 잡는데 바쳤던 할머니의 마음에 떠올랐던 이야기를 써보고 싶은 겁니다. 또 80줄에 들어선 어떤 할아버지는 충남 광천에 새우 팔러 다닌 이야기도 할 수 있다 했습니다. 수산신문을 보니 강화도에서 잡히는 새우가 전국에서 잡히는 새우의 70%를 차지하고 있다고 합니다. 새우젓 축제도 한 몇 년 됐습니다. 강화도에서 잡히는 것들은 작은 새우도 있고 왕새우도 있습니다. 새우 철이 되면 전라도 배들이 제일 먼저 올라옵니다. 선수리에 와서 기다려요."

강화도에도 착하고 아름다운 여인들이 많을 텐데요.

"학생들밖에 없죠. 저도 솔직히 확 떠나고 싶은 때도 있죠. 그러나 떠난다면 강화도 내에서 옮기고 싶습니다. 사람들이 너무 많이 찾아올 때도 있고, 친구들도 너무 익숙해졌습니다. 지나가다 들르는 사람도 있습니다. 신문기사를 보고 찾아오는 사람도 있고요. 어저께도 평택서 오신 아저씨들이 들렀더라고요."

함 시인은 귀찮아 죽겠다는 어휘를 쓰지 않았고, 그런 표정도 짓지 않았으나, 그가 덤덤하게 털어놓는 이야기만으로도 사정이 어떠한지 짐작이 됐다. 함민복 시인 자신과, 그가 살고 있는 허름하기 짝이 없는, 동막에 있는 그 집은 이제 강화도 남부에서 관광명소처럼 돼가고 있는 측면이 있는 것이다.

(김요일) 함 시인의 집은 타지방에서 오는 분들에게 일종의 관광 패키지 투어 코스처럼 돼 있는 것 아닙니까.
"제가 보니까 그렇게 써 놓은 글이 사이버 공간에 있더라고요. 제 이름을 탁 치면 (화면에) 떠버리니까요. 동막해수욕장, 동막교회 앞에 함 시인의 집이 있다, 뭐 이런 식입니다. 많은 사이트가 있는 건 아니고 그런 게 하나 뜬 것을 보았습니다."
인천광역시에서 본격적으로 관광자원으로 만들자는 제안을 해온 적이 있습니까.
"그렇지는 않습니다. 다만 강화도 역사 연구소의 총무를 맡은 사람이 강화도 문화 행사 같은 것을 할 때 어떻게 하면 좋겠느냐고 물어 온 적은 있습니다. 젊은 사람이 모이게 하려면 어떻게 하면 좋겠냐고 해서 제가 비보이를 부르라 했습니다. 나중에 들으니 학생들이 많이 왔다고 하더라고요. 작은 도시다 보니 젊은 사람이 모일 기회가 없습니다. 무슨 모임 같은 데 나오라 하는데 아직 안 나갔습니다."
(김요일) 지금 함 시인이 살고 있는 집을 인천광역시에서 매입하면 두고두고 문화재원으로 쓸 수도 있을 건데요.

"잘 모르겠습니다. 하종오 형이 자기가 먼저 강화도에 들어왔다고 하면서 저보고는 반드시 '강화도 남부지역'이라고 하라고 말하더라구요. 웃었습니다."

함 시인은 어부입니까, 시인입니까? 반쯤 어부가 된 것 같기도 하고, 어부라고 하기엔 아직 아마추어일 것이고요.

"어부 아닙니다. 제가 그런 얘기 안 했고, 일부 자료가 잘못된 것입니다. 제가 바다 일은 아무것도 모른다고 했는데도 그렇게 됐습니다. 어딜 보니까 '반半 어부'라고 써 있더라고요. 제가 얼마나 동네 사람들에게 우스워질까 부끄러웠습니다. 아…… 누가 보도 자료 같은 데다 그렇게 썼는지는 몰라도 안 좋게 쓴 것 같아요. 서점에서 그렇게 썼다는 얘기도 들었습니다. 제가 그렇게 쓰면 절대로 안 된다고 했습니다. 창피합니다. 가을에 동네에서 낙지를 잡으러 가면 제가 제일 못 잡는 축에 속하는데 그렇게 쓰면 안 되죠."

꼭 많이 잡아야만 어부인가요 뭐.

"아니죠. 생업이 되어야 어부지요. 비록 제가 낙지를 잡아 팔기도 했지만요."

예? 낙지를 잡아다 팔았다고요?

"예. 10만 원쯤 벌기도 했으니까요. 한 30마리 잡았습니다. 6시간 일했지요. 거의 탈진이죠. 날이 짧을 때는 3시간 정도 집약적으로 합니다. 우리 동네에서는 한번에 154마리 잡은 것이 기록이었는데, 최근 178마리를 잡은 사람이 나와서 기록이 깨졌습니다. 우리는 그냥 널려 있는 낙지를 주워담기만 해도 그보다 시간이 많이 걸릴 겁니다."

(김요일) 낙지는 무슨 낙지, 지금 인어를 낚으셔야 할 분이.(질문자들만 웃음)

"……"

그건 그렇고. 최근 산문집 『미안한 마음』을 내셨죠. 근데 왜 미안한 마음입니까?

"처음엔 '사람이어서 미안한 마음' 이라고 달고 싶었습니다. 그런데 출판사측에서 제목을 그렇게 뽑았더라고요. 그 뜻은 사람 중심적, 인본주의적인 것에 대한 반성에 있는 것 같습니다. 또 제가 경제적으로 무능한 것도 있는 것 같고 그래서……."

(김요일) 작년, 재작년에는 돈을 좀 벌지 않았습니까.

"예. 상금과 인세를 합해 꽤 벌었죠."

(김요일) 어느 정도나 됩니까.

"얼마나 될까. 한 3천 될까. 재작년 가을부터 《애지》에서도 받고, 창작지원금도 받고. 그런데 작년에는 놀았잖아요. 김포문예대학에 강의를 나간 것도 아니고요."

김요일 시인이 말했다. "함 시인은 상과 관련, 불운하다고 생각했죠. '오늘의 젊은 예술가상' 을 받을 때는 나하고 이진우하고 갔었죠. 조각가가 새긴 조각을 주더라고요. 차라리 쌀을 한 가마 주는 게 낫다 싶었습니다. 술값이 없어서 그걸 맡기고 술을 마셨습니다. 인사동 술집 '시인학교' 의 주인 정동용 씨가 아직도 보관하고 있다고 하더라고요."

함민복 장가 보내기 운동을 전 문단에 벌이기라도 해야 할 판입니다. 산문집에도 노모께서 아들 장가 보내고 싶으셔서 여자양말을 사가지고 오신 일화가 소개돼 있습니다. 왜 장가를 미룹니까. 혹시 육체적으로 고장난 부분이라도 있습니까.

"아닙니다. 박남준 형도 그 얘기를 하시더구만요. EBS에서 촬영 나왔을 때 그렇게 생각할 수도 있겠다는 생각이 들더래요. 모르겠어요. 저 같은 경우는 그럴 여지도 안 되니까. 그냥 사는 거죠. 같이 사는 사람이 생기면 어디 친척집 같은 데 가서 계속 인사하고 다니는 것도 힘들어질 것 같아요. 제가 어렸을 때부터 어디 가서 인사를 못했어요."

(※이 부분에서 김요일 시인이 보증을 섰다. 육체적으로 아무런 문제가

없다는 점에 대해 그 구체적인 물증을 제시할 수도 있다고 했다. 자세한 내용은 자체 검열로 삭제한다.)

(김요일) 사랑에 빠진 적도 없습니까.

"있죠. 몇 번. 젊었을 때요. 지금은, 글쎄요."

산문집 내고 서울 삼청동에서 출판기념회를 했는데, 그때 참 사람들이 많이 왔다고 들었습니다. 동료 시인들뿐만 아니라, 소설가, 대학교수, 방송인, 만화가도 왔다고 들었습니다. 강화도에 외떨어져 사는 시인이 왜 그렇게 친구들이 많습니까.

"그 출판사로서는 처음 책이 나온 것이었습니다. 책을 기획했던 대학 후배 이기인 시인이 《시사저널》 편집팀들을 많이 부른 것 같습니다. 서울 예전 팀들하고요. 시 쓰는 후배들도 많이 왔습니다. 아나운서 이금희 씨는 그분이 진행하는 프로에 두 번이나 갔기 때문에 그분이 오신 겁니다. 만화가 허영만 씨는 그분이 연재하던 망둥이 편에 제가 등장합니다. 그분이 저를 인터뷰하기도 하고, 또 몇 번 놀러 오기도 했습니다. 그런 인연이 있는데, 출판기념회에는 사정이 있어 오시지는 못했습니다."

누군가를 죽이고 싶다는 살의를 품어 본 적이 있습니까. 왜 그랬는지요.

"있습니다. 순간적으로 들어간 생각이었습니다. 방위 받으러 간 훈련소에서였습니다. 제가 스물다섯 살 땐데, 그때 훈련소에서 밥을 퍼주던 병사가 딴짓을 하면서 안 퍼 주는 거예요. 그래서 제가 왜 안 주냐, 고 했더니, '네 ○○○○(엄청난 쌍욕)한테나 달라고 해라', 하더라고요. 확 죽여버리고 싶다는 생각이 들었습니다. 식당이니까 칼도 있었습니다. 방위 입대는 제가 선택한 길이기도 했거든요. 당시 제가 고등학교 졸업한 후에 방위산업체인 원자력 발전소에 근무하고 있었기 때문에 원하면 군대를 면제받을 수도 있었습니다."

함 시인은 충북 중원군 노은면에서 출생했습니다. 수도전기공업 고등학교를 졸업하고 월성 원자력발전소에서 근무했습니다. 이후 서울예전 문학창작과에서 공부를 했지만 독자들에게는 왠지 원자력발전소가 심상치 않아 보입니다. 그곳에서 무슨 일을 했습니까? 발전소에서 근무했다는 경력이 시인에게 아주 의미심장하게 보입니다. 상상력의 원동력을 발전소에 비유했던 시인도 있지만, 왠지 첨단 산업의 가장 딱딱한 부분을 상징하는 것 같기도 해서 말입니다.

"쉽게는 이런 것을 느꼈습니다. 방사능이 나오는 곳에서 일하다 보면 고참은 없고 우리 말단들만 오퍼레이터 노릇을 합니다. 우리가 운전하고 조작하고 밸브를 엽니다. 우리는 가난했기 때문에 박통 말년에 특성화 학교를 공짜로 다닌 것인데, 그 학교를 다니면서 사귄 친구들을 또다시 원자력발전소에서 만나는 것입니다. 계속 만나는 가난한 친구들이 되는 셈입니다. '인공의 빛'인 전기를 만드는 것인데, 저는 그곳에서 신경쇠약에 걸리고, 기계만 보면 머리가 아프고, 우울증으로 악화되기도 했습니다. 일을 잘 못 하기도 했지만 굉장히 공포스러웠습니다. 무척 힘든 시간이었습니다. 무료로 학교를 다녔기 때문에 중간에 그만둘 수도 없었고, 또 물어줄 돈도 없었습니다. 죽어 버리고 싶다며 해안가로 나간 적도 있었습니다. 그런데 그날따라 군인들이 어디로 갔는지 없더라고요. 총 맞아 죽어 버리려고 했는데요. 대신 친구에게 죽도록 맞았습니다. 못난 짓 했다고요. 그땐 참 절망적인 상황이었습니다. 이문열의 『젊은 날의 초상』을 읽었던 영향도 있습니다. 지금 알고 있는 세계로부터 떠날 것, 살아 있는 한 살아가자, 뭐 그런 내용을 책상 위에 써 놓기도 했으니까요."

내년이면 등단 20주년이 됩니다. 중견시인입니다. 시집도 1990년부터 3년 터울로 『우울 씨의 일일』, 『자본주의의 약속』, 『모든 경계에는 꽃이 핀다』 등을 냈고, 그리고 한 10년 터울을 두었다가 네 번째 시집 『말랑말랑한 힘』(2005)을 냈습니다. 개인적으로 어떤 문학적 변화를 겪었다고 생각하십니까?

"처음에는 그냥 시골에서 살았던 얘기를 기록했습니다. 두 번째는 서울에 살면서 만나는 첨예함, 살벌함 속에서 사람의 삶은 무엇인가를 고민했습니다. 근래에는 그런 것과 멀어진 강화도에서 살고 있는 얘기를 썼지요. 그건 소재로 택한 내용 속의 변화인 것 같고요. 두 번째 시집부터는 〈21세기 전망〉 같은 동인을 하면서 그냥, 하여튼, 크게 개성은 없고, 그렇다고 이미 익숙한 시들을 쓴 것도 아니고, 형식으로 보건대 노래의 대상이 된 것만 쓰지 않았나 하는 반성도 있습니다. 두 번째 시집을 빼놓는다면 너무 사적인 공간으로 간 것은 아닌가 하는 생각도 있습니다. 물론 사적인 공간을 충실히 그리면 사회적인 것도 그려낼 수 있겠지만요. 이렇게 생각이 들었다 저렇게 생각이 들었다 하는 것이지요."

(김요일) 지난 번에 어느 시인이 시집을 냈을 때는 '읽을 만한 게 3편밖에는 안 되더라' 하면서 농반진반 비평을 날리기도 했는데 본인 시집에는 읽을 만한 게 몇 편이나 된다고 생각합니까?

"없죠. 뭐. 이상하게 안되니까요. 발표를 할 때는 괜찮아요. 그런데 세월이 흐르면 딱 잘 썼다는 생각이 들지 않습니다. 이상해요. 그래서 계속 쓰는 게 아닌가 하기도 하고요."

서울의 천박성과 자본주의 폭력성을 이야기하면서 동시에 시적 효과를 극대화하기 위해 인간적 따뜻함과 서정성을 강렬하게 대비시켰던 초기 시에 비해 세 번째 시집 『모든 경계에는 꽃이 핀다』에서부터는 삶의 체험에 대한 즐거움의 관조가 곁들여지고 있습니다. 시집 『말랑말랑한 힘』도 마찬가지입니다. 세상을 이기는, 부드러운 힘에 대한 시인의 문학적 야망 같은 것이 드러나 있습니다. 아무리 감추려 해도 감출 수 없는, 세상을 이기는 부드러움에 대한 믿음 같은 것인데, 앞으로는 어떻게 할 것입니까.

"근데 그 평가는 누가 내린 것이지요? 그런, 어떤 삶이나 공간이 변하면서 변화가 온 것은 맞습니다. 그러나 의도해서 변하는 것은 아닙니다. 시가 짧아지는 것은 삶의 변화가 복합적으로 와서 그렇게 되는 것 같고요. 그러나 야망 같은 것은 아닙니다."

앞으로는 어떤 변화가 올 것 같습니까.

"시를 쓰면서 두 가지 변화가 올 것으로 예상하고 있습니다. 형식적으로는 단순해질 것 같습니다. 지금의 현실을 살면서 느낀 것들은 단순해지지만, 가령 강화도의 역사를 쓴다든지 할 때는 다른 상상력이 많이 들어올 것 같습니다. 현실 쪽을 다룰 때는 다른 사람에게서 들은 얘기를 그냥 써버리고 싶을 때도 있습니다. 시에 대한 생각이 들어가는 순간 현실이 죽어버리는 것 같습니다."

(김요일) 1987년 대선 무렵, 옛날 서울고 자리에서 백기완 선생이 대통령 후보로 추대되던 날인가요, 나중에 이야기를 나누다 보니 제가 교대 후배들과 그곳에 갔고, 함 시인은 서울예전 후배들과 왔었더라고요. 그때 함성호 시인이 연단에서 연설하는 걸 봤던 기억도 납니다. 그때부터 지금까지 함민복 시인은 역사와 정치에 대한 의식이 어떻게 달라졌다고 스스로 생각합니까.

"당시에는 정치 집회에도 참 많이 다녔습니다. 87년 6·10 항쟁 때는 명동 성당에 있었습니다. 그들 400여 명 중 한 명이었습니다. 계엄군 나온다고 지원투 나가라 해서 들어갔었습니다. 스물여섯 살 때였습니다. 지금은 시골에 살면서 너무 편하지만, 그때는 상도동 살면서 철거하는 것을 늘 보곤 했으니까요. 운동은 단순한 정의감에서 출발할 때도 있습니다. 나이도 어리니까 그냥 직선으로 가서 부딪친 것이지요. 나이 들고, 살아오면서, 그러나 변화가 쉽게 올 것인가 하는 생각도 듭니다. 앞서 싸우지는 않더라도 뒤에서 시를 쓰면서 변화를 줄 수 있지 않을까 하는 생각도 들고요. 명동 성당 안에 있을 때는 참 혼란스러웠습니다. 마지막에 계엄군이 온다 안 온다 해서 내부에서 3명씩 짝지어 화장실도 다니고 그랬습니다."

(김요일) 그 당시 저도 명동 성당 앞으로 지원 농성을 나갔습니다.

"그때 안에 있는 학생들은 시간을 끌면서 죽을 수밖에 없다는 결론을 내리더라고요. 늦게 끌려가려면 어디로 가야 하느냐, 사제실로 들어가야 한다, 뭐 이런 얘기들을 했지요. 그런데 나중에 알고 보니 농성하는 학생들이 자꾸 졸고 하니까 누군가 긴장감을 주려고 계엄군 들어온다는 말을 지어냈다고 하더군요. 지금 돌이켜 보면 다른 방법이 있지 않았을까, 이 생각 저 생각 들죠."

함 시인은 요즘 바다와 뻘과 고욤나무와 콩새와 밤에 뜬 달과 홀어머니 생각을 양식 삼아서 안빈낙도하고 있는 건 아닌가, 하는 비판을 받기도 합니다. 문학이야 어떻게 되든, 시 문학이야 어떻게 되든, 대통령이야 누가 되든, 북한 핵이야 어떻게 되든, 혼자서 행복하고, 좋은 시를 쓰기 위해 고민하면 다인가, 하는 비판입니다. 우리 시단에는 함민복 같은 시인이 한 명쯤은 꼭 있어야 한다는 위로를 들으면서 그렇게 살아갈 것입니까.

"그런 생각도 많이 들죠. 특히 『말랑말랑한 힘』을 냈을 때 그 전 시집과의 10년 사이에 더 많이 쓴 시도 있는데 그전 시들은 의도적으로 많이 버렸습니다. 굳어진 이미지를 많이 버리고, 사적인 이야기들을 많이 빼버렸습니다. 그런 반성이 지금 제가 강화도 역사에 관한 시들을 써보고 싶어 하는 것과 어떤 관련이 있을 것 같습니다. 지금 저에게 주신 질문의 내용도 충분히 맞는 게 있습니다. 특히 제가 그동안 해왔던 인터뷰 내용들이 점점 나를 그런 쪽으로 만들어 가는 것 같습니다. 옛적인 것들이 나를 만들어 갑니다. 더 이상 그래서는 안되겠다고 생각합니다. 지난 10년 동안 안 그러려고 했는데 이번 산문집을 내면서 그런 쪽으로 다시 원위치된 것 같아 큰일났구나 생각하고 있습니다. 산문 청탁을 받곤 하면 원고료 때문에 뿌리칠 수가 없는데 자꾸만 옛날 얘기를 써달라고 합니다. 예를 들어 라디오면 라디오의 추억을 써달라고 합니다. 벗어나려고 노력은 하는데 다시 원위치되려 하니까 그게 괴로운 것입니다. 백기완 선생의 말씀처럼 '발버둥치는 노력이 있어야지 않은가' 합니다. 여기서 벗어나지 못하면 끝이 아닌가. 저에게 농담처럼 건네는 '강화도에 애인 있나'라고 물어주는 것들이 사실은 이런 것을 질타하는 질문들이 아닌가 생각합니다. 정말로 이전 것들을 뿌리치고 새것을 잡아야지 하는 생각을 합니다. 정병근 시인이 맨날 그 얘기를 합니다. 너는 과장된 부분이 있어, 하고 말입니다. 강화도에 살기 때문에, 외포에 의해서…… 글 쓰는 사람에게는 말고 일반 사람에게는 책이 팔리는 부분이 있겠죠. 그래서 안 한다 했는데, 또 안 할 수도 없습니다. 출판사 사람들을 생각하면 인터뷰에 응하게 됩니다. 그래서 책을 낼 때만 하자 했는데, 그렇지 않고는 절대로 안 하려고 했는데, 인간적으로 자르기 힘들 때도 있습니다. 특히 제자들이 잡지사 같은 곳에 첫 직장을 잡고 자신의 첫 인터뷰로 요청을 해올 때 '야, 나 바빠' 하고 거절하기가 쉽지 않습니다. 사회적으로 참여하는 문제에 대해서는, 나 혼자서 지금 살기는 편안합니다. 아주 이기적으로 사는 거죠. 그렇다고 다른 사람들의 치열성에 대해 나도 한때는 그런 적이 있었어, 하고 끌어내서 쓸 수도 없는 것이고…… 저 나름대로는 '동막'이라는 작은 세계에서 사람들과 크게 바라지 않고 열심히 사는 것이죠."

최근 새로운 '3무족三無族'이 있습니다. 크레디트 카드 없고, 운전 면허 없고, 휴대폰 없는 사람들입니다. 그때 함민복 시인이 떠올랐습니다. 미안합니다. 그러나 돈도 가질 필요 없고, 집도 가질 필요 없고, 아내도 가질 필요 없고, 자식도 키울 필요가 없다면, 휴대폰은 왜 가지고 있는지 물어보고 싶었습니다. 세상과 연결은 필요하기 때문에 갖춰야 할 어떤 최소한 같은 것입니까.

"제가 휴대폰을 가지고 있는 것은 첫번째로 고향에 어머니가 계시기 때문입니다. 올해 여든여섯이시니까 언제 돌아가실지 모릅니다. 제가 큰형님 돌아가실 때도 연락이 닿지 않아서 몰랐었습니다. 그때 월성 원자력발전소에 있을 땐데요. 두 번째는 먹고 사는 연락을 받아야 하니까요. 휴대폰을 갖기 전에는 전보로 연락을 받기도 했습니다. 그런데 근래 들어 안양여고 학생을 가르쳤을 땐데 창작실습 지도를 할 때 학생들이 불평을 하더라고요. 선생님한테 물어봐야 하는데 연락이 안 된다고 하면서요. 그렇지만 저는 요즘도 휴대폰을 도끼로 부숴버리고 싶을 때가 많습니다. 한번은 잃어버렸다가 아궁이에 찾아내기도 했고요. 제가 술 마시고 아궁이에 버린 것이지요. 또 두 번이나 진짜로 깨부순 적도 있습니다. 그리고 후회 많이 했습니다. 원고 청탁을 받기 위해 다시 사야 했으니까요. 재작년부터는 집에 전화기를 놨습니다. 그런데 쓸 일이 없습니다. 외지인들은 모두 휴대폰으로 걸어옵니다. 반면에 동네 형님들은 집 전화로 겁니다. 전화비가 안 드니까요. 집 전화는 동네 형님들 아니면 아주 낯선 전화일 때가 있습니다. 일기예보 물어보는 사람도 있습니다. 오늘 날씨 어때요? 일요일 일출 볼 수 있을 것 같아요? 또는 마니산 노래방 맞죠? 하는 전화도 옵니다. 거의 안 쓰면 한 4,000원 정도 기본요금만 나옵니다. 그리고 저는 외상카드인 크레디트 카드는 안 쓰지만 직불카드는 씁니다. 패밀리 마트가 생기니까 그곳에서 뭔가를 살 때 필요하거든요. 운전은 아예 못합니다. 운전 배웠다면 저는 죽었을 겁니다. 술 먹으면 자제가 안 되니까요."

오후 9시면 자고, 오전 2~3시에 일어나는, 절집에서 스님들의 일과표 같은 생활은 여전하십니까.

"술 안 먹으면 그렇습니다. 동네 친구들은 저녁 10시 넘으면 전화 안 합니다. 잔다고 생각하지요. 그런데 요즘은 모두들 펜션 사업들을 해서 그런지 야행성으로 바뀌었어요. 시골에서 글 쓰면 편할 것 같은데 그렇지도 않습니다. 술 먹고 하루 이틀만 쉬었다 하면 곧바로 불러냅니다. 몸조리 했으니 다시 한잔 하자는 거지요. 이른바 '꼼짝 마 프로그램'이 작동되는 겁니다."

아는 사람은 알고 있는 사실이지만 함 시인은 앞 이빨이 엄청 세다. 그는 앞 이빨로 맥주잔을 씹고, 생맥주 잔을 씹고, 그리고……, 그리고…… 유리 재떨이를 씹은 적도 있다. 다른 사람에게 전해 들은 이야기가 아니라 본인이 직접 한 이야기다. 그는 "저는 5복 중에서 이빨만 세요. 여복은 없고요."라고 말했다.

그는 더군다나 이렇게 말했다. "기차를 한 량이나 먹은 사람도 있어요. 자전거를 살만 가려 먹은 사람도 있고요. 그에 비하면 저는 약한 거죠."

갑자기 등쪽이 서늘해졌다. 이날 나름대로 그에게 날렸던, 표창이라면 표창이랄 수 있는 질문들이 떠올랐다. 이쯤 슬그머니 핑계를 대고 신영을 날려 자리를 뜨는 것이 좋겠다는 생각이 들었다. 좌불안석 가시방석인데 동행자 김요일 시인이 한술 더 뜬다. "함 시인은 또 쌍절봉의 고수가 아닙니까. 고등학교 축제 때부터 돌렸지요, 아마."

뜨아. 출입문까지 몇 보쯤 될까 거리를 재고 있는데 김 시인의 말이 이어진다. "함 시인은 말이죠. 문명과 담 쌓고 느릿느릿 가는 사람이라는 이미지를 갖고 있는 문학 담당 기자들이 있는데 절대 그렇지 않습니다. 매우 명민하고, 세상과 무관하지 않게 흘러가면서 조화롭게 살아가고 있습니다. 옛날 시는 제일 빨랐죠. 제일 앞서 가고 있었고요."

슬쩍 함 시인의 표정을 보니 '맞아, 맞는 말이야.' 하는 동조의 빛이 역력하다. "저기 저는 야간 회의가 있어서요. 이만······." 한때 필명을 '함성' 혹은 '강둑'으로 하고 싶었다던 함민복 시인을 뒤로 하고 곧바로 일어섰다. '꾼'들을 두고 일어서는 뒤통수로 뜨거운 표창 몇 개가 날아와 꽂히는 걸 느낄 수 있었다.

2

삶의 뒤란을 엿듣는 사람들

허만하
이형기
고 은
신경림
황동규
정진규

허만하

Zoom_in

1932년 대구 출생.
1957년 《문학예술》 추천으로 등단.
시집 『해조海藻』 『비는 수직으로 서서 죽는다』
『물은 목마름 쪽으로 흐른다』 『야생의 꽃』,
산문집 『낙타는 십리 밖 물냄새를 맡는다』 『청마 풍경』
외 시선집, 시론집 등 출간.
한국시협상, 박용래문학상, 이산문학상, 청마문학상 등 수상.

전자현미경보다 더 미세한 시인의 눈

허만하 시인은 새벽 2시 30분이면 어김없이 눈을 뜬다. 네 살배기 손주 녀석조차 조용한 시간이다. 그 고요함 속에서 글을 쓰고 책을 읽는다. 의과대학생이었던 시절부터 몸에 밴 버릇이다. 저녁에는 항상 10시쯤 잠자리에 든다. 아침 식사는 7시 30분에 하고, 조금 쉬었다가 며느리가 맡겨 놓는 손주와 놀기도 한다. 오전 9시 뉴스를 보고, 여기저기에 전화도 건다. 또 저녁이 오면 그 저녁을 이어가는 라이프 사이클을 그리고 있다.

1992년에 발병한 불수不隨의 몸은 그에게 느린 걸음을 선사했다. "감성이 아니고 사물 뒤에 있는 내면의 구조를 얻어내고 싶다"는, "언어로 새로운 현실을 만들고 싶다, 제2의 현실을 만들고 싶다"는 허 시인에게 뮤즈는 그에 합당한 걸음의 속도를 선사했는지도 모른다.

지난 7월 11일 전국적으로 많은 비가 내리고 있던 날, 부산 해운대에 있는 조선비치 호텔에 들어섰을 때 허 시인은 커피숍에서 체크인 프론트가 있는 곳으로 천천히 다가오고 있었다. 그의 악력은 30년 연하인 기자가 무색할 정도였고, 무엇보다 참 따뜻했다. 동행한 김종해 시인은 커피를 주문했고, 허 시인은 흑맥주를 주문했다. 취잿길의 언제나 변함없는 벗이며, 어느덧 전문 카메라맨의 눈빛을 닮아가는 김요일 시인도 흑맥주를 주문했다.

이창동 문화부장관이 취임 직후 직원들에게 권했던 책이 『비는 수직으로 서서 죽는다』였습니다. 이 소식을 듣고 어떤 기분이셨습니까?

"옛날 작가들, 가령 소설 중에는 좋은 게 많지요. 이청준의 「이어도」 같은 소설 말이죠. 시집을 골랐으니 우선 반가운 마음입니다. 처음에는 그 선정에 내것이 들어갔다고 해서 잘못 본 게 아니냐 생각했을 정도입니다. 좋은 시집이 얼마나 많습니까?"

 선생님의 시「신현의 쑥」을 보면 "폭포처럼 수직으로 선 알몸의 시"가 되길 자청하기도 하고,「한 시인의 데드마스크」를 보면 "나의 목소리를 땅에 눕히지 말라/ 죽음은 땅에 쉴 수 없다// 눈부신/ 벼랑의 높이에서 떨어지던/ 수직의 목소리"라는 표현이 나옵니다. 또「장미의 가시・언어의 가시」를 보면 "시인의 언어는 기대지 않는다/ 그의 언어는 수직으로 선다/ 중천에 얼어 있는 눈부신 햇살"이라는 대목도 나옵니다. 왜 자꾸 '수직적' 솟구침을 외치십니까? 몸을 낮추고 어깨를 나란히 하고 편안하게 가지라는 권고가 더 그럴 듯하게 들리는 시대에, 선생님의 '수직'이란 도대체 무슨 의미를 갖습니까?
 "가급적 작위적 언어보다는 자연발생적 말을 쓰려고 하고 있습니다. 처음에는 그런 이미지를 의과대학 때 읽은 오든의 시에서 빌려 썼습니다. 오든의 시에 '버티칼 맨'이란 시어가 나옵니다. 수평적 인간 말고 수직적 인간이 되라는 것이지요. 인간이 수평적으로 땅에 기어다니던 시절에서 벗어나 손을 놓고 일어섰을 때 비로소 손의 자유를 획득하는 것이고, 손의 자유와 함께 자각적 자유의 실존성을 깨달아 가는 것이지요. 메를로 퐁티의 책을 읽고, 그가 수직성을 강조했으며 수직은 실존의 표현이 된다는 것을 알게 됐습니다. 수직은 안일이 아니고, 수직은 현실 안주가 아닙니다. 수직은 실존의 자각입니다. 도전적 이미지가 있지 않습니까? 십자가에서도 수직은 높은 곳을 지향합니다. 저 자신이 깊이 생각해보지는 못했으나, 수직이라는 말에 깃든 뒷배경은 그렇습니다. 기하학적 이미지로도 그렇게 말할 수 있습니다."
 시의 소재와 서술과 상징과 은유가 시간적・공간적 한계를 부인하고 저항한다는 점에서 평론가들은 '우주적 생명력에로 정박 없는 항해'라는 말로 선생님의 시를 해석해내고 있습니다. 무한대의 폭과 깊이를 가진다는 의미로 시가 팽창하다 보면, 그것이 품어내거나 전달하고자 하는 구체적 진실을 붙들어 매는 구심력 또한 강력해야 하는 게 아닌가 여겨집니다. 선생님의 시가 우주적 팽창에 시적 리듬을 갖다 대고 있다면, 그것을 안으로 세우는 구심력은 무엇입니까?

"저 자신이 일단 깊은 생각을 해봐야 좋을 것 같습니다. 그 자각에 이르기까지는 아직 잘 모른다고 말해야 좋은 단계일 것입니다. 그러나 요즘 느낌으로는 약간 귀향적인 생각을 하게 됩니다. 제 자신이 근래에 읽은 횔덜린의 시에도 그런 것이 나왔습니다. 어디로 가느냐 하는 질문 앞에 결국은 귀향이라는 화두를 들고 있게 됩니다. 자신의 얼굴이나 생물학적 설명 말고, 원심력에 버금가는 구심력을 설정한다는 것이, 사실상 그렇게 하고 싶다는 것일 뿐입니다. 귀향이라는 것도 따지고 보면, 그런 것을 하고 싶다는 지향일 뿐입니다."

선생님의 고흐에 대한 탐구는 인상적입니다. 가령 「한 켤레의 구두—고흐의 눈 4」를 보면 이렇게 돼 있습니다. "절망을 찾아 다시 떠나야겠다. 고추잠자리는 아침 태양 최초의 빛으로 날개를 편다. 최후의 전신轉身을 위하여 나는 다시 길 위에 서련다." 고흐는 생전에 자신의 작품을 단 한 점도 제값에 팔아본 적이 없는 화가입니다. 고독과 병고 속에서 목숨을 내거는 실존적 모험에 시달렸던 화가입니다. 선생님 자신의 운명을 고흐의 그것에 대입하시는 욕망은 어디서 비롯된 것입니까?

"고흐가 그야말로 자신의 예술을 위한 열망을 태우는 것에 저는 존경과 그리움을 갖고 있습니다. 결국 저는 발병을 했습니다. 그때부터 걷고 싶다는 생각이 제일 원초적으로 자리잡았습니다. 걷는다는 보행의 문제인 것이지요. 고흐의 구두에 대한 저의 착상을 이해하시리라 믿습니다. 제가 미국에서 산 스페인제 구두가 있었는데, 그걸 신고 여행을 많이 했습니다. 그 구두를 생각해서 많이 흐느꼈습니다. 물론 '길' 위에 선다는 상징성을 새로 깨달았습니다. 고흐가 탄광촌에 가서 목사로서 실패하는 대목도 감동적이었습니다. 형편없는 가난뱅이가 거룩한 일을 하는 것에 감동을 받은 것이지요. 고흐의 그림을 보고 네덜란드에 가서 많이 생각했습니다. 테오와의 우의도 존경할 만합니다."

선생님도 그런 형제분이 있으신지요?

"아우가 있었는데 죽었습니다. 5살 터울의 아우로 오래 됐습니다."

선생님의 산문 평전 『청마 풍경』을 보면 유치환이 우주의 무한, 우주의 영원성, 신의 무한성에 절망했다는 관찰을 피력하고 있습니다. 무한 앞에서 유한하기 이를 데 없는 극미한 존재로서 자기 자신을 목도하게 됐을 때, 자신의 실존이 엄습하는 것이고, 이것이 바로 인간에게는 매우 숭고한 절망이 되는 것이겠습니다. 청마 유치환은 시 「광야에 와서」의 마지막 구절에서 이렇게 절규하고 있습니다. "암담한 진창에 갇힌 철벽 같은 절망의 광야!" 이 절망감이 도대체 시인과, 그가 지어내는 시를 읽는 독자 사이에 공유가 가능하겠습니까?

"요즘 독자들의 문제에 시단이 관심을 가져야 합니다. 옛날하고 다릅니다. 주어진 것을 수용하는 것보다 감성과 사유의 깊이가 접선으로 이어지게 하고, 유한 존재를 철학적으로 깨닫게 해야 한다고 봅니다. '절망'이라고 할 때 고유성을 생각하고 싶습니다. 절망에도 질이 있는 것입니다. 공통된, 보편적인 것보다, 각자가 저마다의 절망을 가진다고 할 수 있겠습니다. 절망을 추상명사로서 공유하는 것이 아니라, 진실로 고유한 절망과 만났을 때 생기는 게 아닌가 합니다."

동석했던 김종해 시인이 말을 잇는다.

(김종해) "허 시인이 시에 냉담하지 않았나 생각했습니다. 냉담 기간이 너무 길지 않았나 하는 얘기죠. 그 긴 시간 동안 시를 쓰기 위해 뜸을 들이고 내용을 곰삭게 하는 기간이 포함돼야 하는 것은 맞습니다. 그것은 거꾸로 증명이 됩니다. 허만하라는 시인의 시가 후반 들어 절제된 시로 빛

나 보일 때 뜸을 들인 기간으로 소요됐다는 생각이 들게 되는 것이지요. 그러나 평생 쓴 시가 시집 두세 권이라면 너무 과작이 아닌지요."

(허만하) "폴 발레리도 미분 적분을 20년 공부했습니다. 물리학과 과학을 공부하다가 『해변의 묘지』가 나온 것입니다. 30년이란 휴지기는 저의 게으름이었다고 할 수 있겠지만, 돌이켜 보건대 그렇게 해서 성과물이 있지 않았나 여겨집니다."

(김종해) "30년이란 오랜 세월입니다. 시를 쓰지 않고 있으면 나중에 쓰려고 해도 좋은 시를 잘 못 쓰게 됩니다. 허만하 시인에게는 시를 향한 구심점이 있었던 모양입니다. 아무리 30년을 삭혔어도 좋은 시가 없다면 일고의 가치도 없었을 텐데 말입니다. 그러한 냉담은 시인의 의도적인 중단입니까?"

(허만하) "타율적인 것입니다. 과작이란 좋은 말은 아닙니다. 게으름은 제가 병리학에 집중했기 때문에 생긴 결과고요."

(김종해) "시가 꼴보기 싫었던 것은 아닙니까?"

(허만하) "아닙니다. 시에 관심을 계속 기울이고 있었습니다. 결국 로고스와 파토스가 제 안에서 지하수처럼 통해 있었던 것입니다."

(김종해) "허 시인께서 특히 여행을 하면서 시가 날카롭고 좋아졌습니다. 과학자에서 나아가 시인의 눈으로 보고 들어간 결과가 독자의 눈에 색달라 보인 것이지요. 단순한 여행시가 아니었습니다."

(허만하) "그 무렵 생각한 것이 있습니다. 옛날 동기창(董其昌, 명나라 화가)이 그랬습니다. '행만리로 독만권서行萬里路 讀萬券書'라고요. 내 큰 꿈이었습니다. 요즘은 정년 퇴직해서 세속적으로 이루어졌습니다. 풍경이나 믿음을 통한 것입니다."

(김종해) "의학자 생활을 끝냈으니 이제 시 생각만 하십니까?"

(허만하) "시에 대한 부채감과 갈등은 항상 있었습니다."

(김종해) "그러한 갈등이 시에 대한 감각을 무디게 하지 않았군요."

(허만하) "지방에서는 조금씩 쓰고 있었습니다. 게으름이라고 말할 수

있을까……."

(김종해) "시에 대한 태만이 아닐까요?"

(허만하) "모리스 블랑쇼가 그랬어요. 시를 쓴다는 것은 안 쓴다는 것과의 싸움이다."

(김종해) "괴롭지 않았습니까?"

(허만하) "실제로 괴로웠습니다. 내가 시인인가 봅니다. 허영심인 상태도 있었습니다. 그것이 빠져나가자 시인으로서의 느낌이 괴로움이 됐습니다."

(김종해) "태양이 직각으로 떨어지는 서울……"이라고 읊은 김경린 시인이 있었습니다. "비가 수직으로 서서 죽는다"는 것은 시각적으로 날카롭게 해야 했기 때문입니까?"

(허만하) "나는 너무 좋습니다. 김경린 시인의 시는 제가 잘 모르겠습니다."

(김종해) "수직, 죽는다, 이 두 마디가 매우 강렬했습니다."

(허만하) "비는 그저 은빛으로 내린다."

(김종해) "우리 시사詩史에서도 역동적인 표현을 끌어낸 것은……."

(허만하) "나는 무심코 나온 말인데……."

(김종해) "허만하 시인은 고희를 지나 어느덧 원로시인이 되셨는데 시만큼은 감각적으로 첨예해지고 젊어지고 있습니다. 우리 시사가 요구하는 언어의 긴장감을 드러내 보여주고 있습니다. 시를 쓰지 않고 지냈던 중년의 그 냉담기간 동안에도 익을 수 있는 것을 삭히고, 그것에서 뽑아내는 원숙함이 시에 나타나고 있습니다."

(허만하) "나는 굉장히 젊고 싶습니다. 새로운 것과 사귀어야 젊어질 수 있습니다. 외국 것에도 마음을 열고 있으면 항상 젊어집니다. 사랑을 갖고요. 낯선 것에 방어적인 자세보다 받아들이는 태도가 필요합니다."

(김종해) "외국 시 가운데 누구 시가 오래 인상에 남습니까?"

(허만하) "초기 영향은 오든에게서 받았습니다. 우리 나라 시들이 너무

약한 게 아닌가 하는 생각이 듭니다. 사회성이 있으면서 동시에 낭만적 감성도 있어야 독자를 끌어갈 수 있는 것이지요. 우리 나라 젊은 시에도 좋은 게 많습니다. 프랑스의 젊은 지성들에게서 배울 게 많을 듯합니다. 독일시는 너무 관념적이라는 인상을 줍니다. 프랑스 시는 지적으로 번뜩이는 게 있습니다. 고기 비늘 같습니다."

1999년 가을, 시집 『비는 수직으로 서서 죽는다』가 출간됐을 때, 한 평자는 이렇게 말했습니다. "한국문단은 그야말로 먹구름을 뚫고 쏟아져 내린 대못 같은 시편들에 폐부가 찔린 형국이었다. 문학의 위기니, 시의 죽음이니 하는 낭설들이 길바닥의 은행잎처럼 나뒹굴던 시절이었으니 오죽했으랴. 게다가 칠순의 노시인이 30년만에 발간한 두 번째 시집이라는 사실이 그 충격을 배가시켰다. 문단에서 거의 지워졌던 이름이 그야말로 유령처럼 홀연히 돋을새김했던 것이다. 문명의 역사와 우주의 질서를 한 눈에 꿰뚫어보는 혜안과 사물들의 내밀한 역학관계를 헤아리는 감식안, 따뜻하면서도 단단한 어조 속에 깃든 자유로운 정신 등 허만하 시인의 시는 수평적인 속도감에 도취돼 있던 20세기 막바지 한국문학의 심금을 뒤집고도 남을 정도였다." 또 어떤 평자는 "허만하의 시는 지난 천년의 막바지에 마치 스톤헨지의 유적처럼 발굴되었다"고도 말했습니다. 30년의 세월은 왜 그토록 필요했습니까? 견디는 시절이었습까? 삭히고 익히는 기간이었습니까?

"너무 많은 칭찬은 정말 욕입니다.(웃음) 지난 30년 동안은 상당부분 병리학자로서의 기간이었습니다. 동시에 시인으로서 전신轉身을 하기 위한 준비의 기간이기도 했습니다. 과학에 집중한 것도 결국은 시적인 전신을 위한 기간이었다는 뜻입니다."

1969년 첫시집 『해조』와 1999년 『비는 수직으로 서서 죽는다』 사이에 일어난 가장 큰 사건을 세 가지만 말씀하신다면요.

"……"

청마에게 결혼식 주례를 부탁했던 이유는 무엇입니까? 주례사 가운데 오늘 이 자리에서 기억나는 대목이 있습니까? 부인까지도 청마의 애독자이자 청마의 제자가 된 이유는요?

"정치가나 시장이나 국회의원 같은 주례가 싫었습니다. 나는 시인을 세우고 싶었습니다. 그 무렵 청마 시인이 가까이 있었던 게 계기였습니다. 그러나 처음에는 거절하시더군요. 자격이 없다면서요. 아마도 자기에게는 아들이 없다는 이유였겠지요."

강우방 교수는 허만하 시인에 대해 "절대시를 추구하는 세계적인 현대 시인, 시화동원(시와 그림은 근원이 같다)이란 고전적 명제를, 본다는 점에서 현대적 시각으로 치열하게 탐구해왔다"고 말했습니다. 선생님에게 미적 통찰의 한 방편으로서 '바라본다'는 것은 겉입니까, 속입니까? 움직임입니까, 멈춤입니까? 아니면 그것들이 내포하고 있는 어떤 의미입니까, 형태입니까?

"별로 생각해보지 않았습니다. 다만 시인은 보는 사람입니다. 총체적인 것을 보고 나서 아주 미세한 것을 봅니다. 또 그것을 재조립해서 전부로 봅니다. 풍경을 볼 때 그렇습니다. 저는 남들이 버리는 것, 그리고 묻혀져 있는 가치를 재발견할 때 좋습니다. 아름다운 것을 재발견하는 것, 의미 없는 것의 의미를 찾아내 재조립하는 것, 그것이 본다는 것의 절차입니다. 제가 오랫동안 전자현미경을 보아 왔는데, 그것이 굉장히 미세한 것을 보도록 영향을 주었습니다."

"허만하는 풍경의 시인이다"라는 말도 참 많이 하는 말 가운데 하나입니다. "누구에게나 저마다의 풍경이 저마다의 정신의 자화상 같은 것이다"라는 말씀은 무슨 뜻입니까?

"말라르메가 '세계는 책이다'라고 말한 것을 빌려서 표현해봐도 풍경이란 굉장한 것입니다. 그것은 하나의 책입니다. 책이 읽혀지기를 기다려야 책 속의 아름다움이 드러나는 것처럼, 아름다움이 보여지기를 바라고 기다리는 풍경이 있는 것입니다. '길 위에 선다'는 것이 그것입니다. 그 말은 메타포로 쓰기도 하지만, 실제로 풍경을 만나러 길 위에 있는 것입니다. 거기에 대해 더 공부하고 더 쓰고 싶습니다."

해부학 의사로서 죽은 사람의 심장을 꺼내는 일과, 시인으로서 산 사람의 심장을 만지는 일은 어떤 점이 비슷하고, 어떤 점이 다릅니까?
"시인은 심장을 꺼내는 게 아니고……"
(김종해) "없었던 심장을 만들어서 달아주는 것이지요."
"맞습니다."
「내가 문학을 하는 이유」라는 글에서 선생님은 "자연과학적 원리와 시는 내 안에서 동행했다. 두 길의 만남은 교차가 아니라 한 방향을 향하는 겹침으로 나타났고, 이 길 위에서 보편적인 진리가 아닌 구체적이고 고유한 가치를 보는 또 하나의 현미경이 있다는 사실을 깨달았다"고 하셨습니다. 시를 전적으로 지향하기 위해서 다른 쪽을 버려야 한다는, 혹은 버릴 수도 있다는 번민은 진정 한번도 없으셨습니까?
"처음엔 의학을 버리느냐를 심각하게 생각했습니다. 시의 길을 위해 결국 의학을 버리느냐 갈림길에 서 있는데, 참, 욕심이랄까, 양립할 수 있을 것이란 생각이 들었습니다. 괴테가 자연과학자이면서 『파우스트』를 쓴 시인이 됐듯이 말입니다. 양자를 가질 수 있으면 삶이 더 풍요로워지지 않느냐 굉장히 고민했습니다."

선생님은 독일의 종교시인 질레지우스를 인용하면서 "장미가 피는데는 이유가 없다. 그것은 피기 때문에 핀다"면서 시 또한 꽃처럼 피는 창조라고 말씀하셨습니다. 시가 선생님의 가슴 속에서 과학과도 겹쳐지고 종교와도 호응하는 것이라면, 시는 절대적인 섭리의 자리에서 내려설 수 없는 고귀한 것이고, 그만큼 접근하기조차 힘들어지는 것입니까?
(던지지 않은 질문)

최근 시인 박태일 경남대 교수가 「세상을 녹이는 납물의 언어」라는 글에서 "허만하 시인은 실재를 그리는 현상론자가 아니라 납물의 언어로 세상을 녹이는 언어 연금술사라고 규정하면서, 그의 시는 실재의 풍경이 아니라 그에 투사된 시인의 관념을 언어적 양감에 치중하여 표현하고 있다"고 비판했습니다. 이에 대해 선생님은 어떤 답변을 주시겠습니까?

"납물의 언어라는 말을 제가 이해할 수 없습니다. 커뮤니케이션이 안되니 대답을 못 하겠습니다."

김춘수 시인이 한국현대시 100년을 50여 편을 통해 정리한 『김춘수 사색사화집』이란 책을 냈습니다. 황동규 시인을 '당대 일급의 스타일리스트'라고 말하고, 허만하 시인에 대해서는 '전형적인 관념시'라고 말했습니다. 김춘수 시인에게는 어떤 답변을 주시겠습니까?

"저 자신의 체질을 살려 깊은 사유로 파고들어가겠습니다. 아직 젊으니까(김춘수 시인에 비해서?) 그 길로 나가겠습니다. 저 자신의 문체를 완성하기 위해, 사유의 층이 깊이 겹쳐진 질감도 중요하다고 생각합니다. 방법적 다양성을 살리고, 인식의 복안성(잠자리눈을 닮은)을 발전시키겠습니다. 그러면서도 이미지는 하나로 받아들이겠습니다. 단 선조적 인식이나 교조적 인식은 원치 않습니다. 시인이 되는 것은 독자적인 스타일을 만드는 것이라고 생각합니다. 그것을 못 하면 시인으로서 실패하는 것입니다. 제가 박태일 씨의 비판을 이해하지 못하는 것은 문체론적인 문제로 시인을 잡을 수는 없다고 생각하기 때문입니다. 저는 상당부분 의도적입니다. 세상은 은유로 존재합니다. 우리는 세상을 은유로 사귑니다. 아직은 헤매고 있는 단계입니다. 실제 생각하고 있는 게 잘 안 됩니다."

1997년에 병리학 교수직을 은퇴한 허 시인은 1999년 두 번째 시집 『비는 수직으로 서서 죽는다』에 이어 2002년 세 번째 시집 『물은 목마름 쪽으로 흐른다』를 펴냈다. 그 사이 산문집 『낙타는 십리 밖 물 냄새를 맡는다』(2000), 『청마 풍경』(2001), 『길과 풍경과 시』(2002)를 펴냈으며, 지금은 오로지 시만 쓰고 시만 생각하고 있다. 문단 사람들은 허 시인이 있어 부산 시단詩壇이 더욱 풍요로워졌다고 입을 모으고 있다. 그가 《부산일보》에 후배와 번갈아가며 쓰고 있는 문학편지 「아침숲길」도 인기 절정이다.

딸 둘(경혜, 경원)과 아들 하나(서구)를 두었는데, 모두 의학자로서 아버지와 같은 길을 걷고 있다. 큰딸은 UCLA 약리학 박사이고, 둘째는 콜로라도 대학 미생물학 박사이며, 막내는 진단방사선과 전문의이다.

허 시인은 얼마쯤 후 시선집 그리고 네 번째 시집을 낼 계획을 갖고 있다. 청마의 「깃발」이란 시를 볼 때마다 "우선 먼저 깃발과 수평선이 십자가처럼 교차하는 구도가 기하학적으로 보인다"는 허 시인은 아직도 감성에 묶이는 것을 경계하고 있는 거의 유일한 시인일지도 모른다.

이형기

1933년 경상남도 진주 출생. 2005년 작고.
1950년 《문예》 추천으로 등단.
시집 『적막강산』 『그해 겨울의 눈』 『심야의 일기예보』 『절벽』 등과
문학평론집 『시와 언어』 『현대시 창작교실』 외 다수 출간.
한국시협상, 윤동주문학상, 한국문학작가상, 대산문학상,
대한민국문학상 등 수상.

투병, 새롭게 시를 벼린다

'가야 할 때가 언제인가를 분명히 알고 가는 이의 뒷모습'이란 말은 한 시대 대한민국 교양인들의 덕목이 돼 있었다. 직장 샐러리맨들은 새해 인사철이면 꼼장어가 놓인 포장마차의 테이블을 소줏잔으로 내려치면서 아직도 '똥차'처럼 가로막고 서 있는 불퇴진의 선배들을 씹었다. 흔들리는 백열전구에 담배 연기라도 내뿜으면, '(그 뒷모습은) 얼마나 아름다운가'라는 후렴구가 그토록 어울릴 수가 없었다.

「낙화」라는 시가 상재된 게 언제였던가. 사람들은 2002년~2003년 최고의 화두가 된 '세대 교체'의 덕목을 이미 50년 전에 만들어낸 주인공 이형기李炯基 시인을 조금씩 잊어가고 있었다. 그는 벌써 10년 가까이 병석에 있었으니 강제된 은둔에 묻혀서 고희의 나이를 맞고 있는 셈이었다. 지난 1월 14일 저녁 문학세계사에서 일하는 김요일 시인과 함께 서울 방학동에 있는 그의 집을 찾았다. 해거름에 광화문을 출발했으나 그의 집에 당도했을 때는 이미 어둑어둑한 대기가 창밖을 점령하고 있었고, 형광 조명을 쓰지 않는 그의 집안은 연노랑빛을 띠고 있었다.

1994년에 쓰러진 이후 고비를 넘을 때마다 가족들이 수의까지 챙겨야 했던 이형기 시인은 작년에 받은 물리치료에 큰 효험을 본 듯 정말 거짓처럼 원기를 되찾고 있었다. 이형기 시인의 트레이드 마크가 되다시피 한, 그 정직하게 넓은 안경테 속에 갇힌 눈빛은 흔들림 없이 정확한 방향으로 상대를 마주했고, 자신의 생각을 펼쳐내는 발음은 정확했으며, 발화의 쉼과 이어짐, 그 사이의 보이지 않는 내재율까지 분명했다. 적당한 필기 속도를 지닌 사람들이 받아 쓰기 좋을 만큼 그는 천천히 말했다. 그가 의자에 정좌를 한 채 인터뷰 준비를 하고 있을 때, 김 시인이 사진기를 꺼내자 부인이 빗을 들고 와 희끗희끗한 머리카락을 손질해주었다. 그러나 그는 '도리우찌'를 갖다 달라 해서 머리에 썼다. 인터뷰를 하겠다고 방문한 자들은 참으로 염치없게도 도착하자마자 집주인께 음식을 시켜달라는 '만행'을 저지르면서, 배고프다는 사실을 떠벌였던 것 같다.

선생께서는 고희 기념 시선집 서문에서 "개미 한 마리가 광대한 사막 앞에 서 있는 막막함"이란 말로 시를 쓰려고 원고지 앞에 앉는 심정을 말했습니다. 그리고 그 막막함에 매료됐고, 그 막막함 속에서 살고 싶다고 했습니다. 시란 그토록 막막한 것입니까? 막막함에서 시를 쓸 수 있는 에네르기가 나옵니까?

"모든 사람이 각각 자기 나름의 생각을 갖고 있겠지요. 개미가 광대한 운동장 같은 사막 앞에 혼자 있다라는 생각은 하루 이틀도 아니고 한해 두해에 생긴 생각도 아니고, 오래 전부터 그랬어요. 늘 고통스럽고, 그러면서도 또 고통뿐인 것은 아니고, 해 놓고 나면 희열이 있고 그랬어요. 그런 희열이 없으면 누가 시 쓰겠어요? 돈 줄 테니 하라 하는 사람이 있는 것도 아니고 저 혼자 좋아서 하는 것이지요."

당신께서는 시가 '언어의 조직'이고, 세상을 새로 만들려면 여태까지와는 다른 방법으로 언어를 조직하지 않으면 안 된다고 말씀했습니다. 그러나 언어와 사물의 배치를 새롭게 하는 것, 그 선후 관계를 전혀 다른 방식으로 보여주는 것이 너무 어렵지 않습니까? 그와 반대로 시가 물흐르듯 자연스럽게 가슴에서 머리에서 용솟음칠 수는 없는 노릇입니까?

"나는 그렇지 않습니다. 물 흐르듯 저절로 용솟음쳐 흐르지를 못합니다. 난 시를 그렇게 생각하지 않습니다. 내 시는 달라야 한다고 생각했습니다. 너무 거창하게 보일지 모르지만, '시가 언어의 조직이다' 라는 것도 한 50년 동안 시를 써 왔는데, 겨우 얻은 결론이 그것입니다."

당신께서는 1933년 1월 6일 경남 사천군 곤양면 서정리 '솥골' 마을에서 태어나시고, 진주에서 유년시절을 보냈습니다. 일본어로 교육을 받아야 했던 환경에도 불구하고, 동화 구연이랄지, '소설 미치광이 3총사' 라는 별명이랄지, 아무튼 어릴 적부터 문학에 대한 열정이 남달랐던 것 같습니다. 그곳의 환경이 나중에 당신의 시세계에 어떤 영향을 미쳤습니까?

"거의 없습니다. 어릴 때 방학이면 한번 갔다 오고 했으니 마을 모양을 대충 떠올릴 수는 있지만 '솥골' 마을의 영향은 없습니다. 대신 진주에서 국민학교, 중학교까지 죽 살았기 때문에 진주의 기억이 머리에 꽉 차 있습니다. 솥골은 모르겠습니다."

당시 3대 명문이라고 불리던 진주농고에 진학해서 농업토목과에 입학한 것은 선생님의 인생에 어떤 계기를 만들었습니까? 그때 벌써 17살 어린 나이로 《문예》지에 시가 추천완료됐던데요. 당시 이병주 선생과의 만남은 어떠셨습니까?

"이병주 선생과는 묘한 인연이었습니다. 같은 학교에서 그분은 선생이었고 나는 학생이었습니다. 이병주 선생과는 유명한 에피소드가 있습니다. 그이가 영어선생이지만 과외활동으로 연극부 지도교사도 맡고 있었습니다. 개교기념일이 돼서 학교에서 연극을 하라는데, 레퍼토리가 「살로메」였어요. 그런 레퍼토리에 이의를 단 것부터 문학청년의 치기였습니다. 그 전에는 그분과 개인적인 친분이 없었습니다. 알고 지내는 사이가 아니었지요. 그런데 「살로메」라는 연극을 한다고 써붙여 있는 거야. 그래 이 선생을 찾아갔어요. 당시는 좌우투쟁이 굉장하던 때였지요. 내가 그랬어요. 「살로메」가 뭡니까, 오스카 와일드가 뭡니까, 라고 따졌지요. 오스카 와일드가 누군지, 「살로메」가 뭔지 읽어보지도 않고 떠도는 소문만 듣고 항의한 거예요. 그때 이 선생이 하시는 말씀이, 참 인연인가봐, 말씀이기가 막혀요. '좁은 문으로 들어가란 말이 있잖아. 좁은 문으로 들어가면 나올 때 출구는 탄탄대로다. 넓은 문으로 들어가면 출구는 아주 좁아져 한 사람이 겨우 지나갈 넓이다. 그런 사정을 잘 알면서 오스카 와일드는 일부러 넓은 문으로 들어간 사람이다. 자네도 내 말 명심해! 오스카 와일드를 다시 읽으라고!' 그때 내가 중학교 4학년이었으니, 내 지적 수준도 뻔했지요. 그러나 그 말을 잘 알아들었습니다. 그래서 이 선생의 말을 알아듣고 제법 감동을 받아 교분이 생기고 가까이 지내게 된 것이지요. 이 선생이 학교 신문의 주간도 했는데, 그런 인연으로 내가 그곳에 시도 쓰고 산문도 쓰고, 내가 원고를 보내면 늘 내주고 그랬습니다. 그분은 진주농고에 3~4년 계셨던 것 같은데 그후 진주농대가 생기면서 그리로 자리를 옮기셨지요. 지금의 경상대학입니다."

당시 《문예》지에 추천된 「비오는 날」을 한번 읽겠습니다.

오늘
이 나라에 가을이 오나보다.
노을도 갈앉은
저녁 하늘에
눈 먼 우화寓話는 끝났다더라.

한 색 보라로 칠을 하고
길 아닌 천리千里를
더듬어 가면…….

푸른 꿈도 한나절 비를 맞으며
꽃잎 지거라
꽃잎 지거라.

산 너머 산 너머서 네가 오듯
오늘
이 나라에 가을이 오나 보다.

당시 많은 사람들이 17세 소년의 시라고는 도저히 믿지 않는 노숙한 시심과 담담한 어조를 탄복해 마지않았습니다. 청록파의 적자로서 가장 탁월한 시적 성취를 보여주는 작품이라는 찬사도 있었습니다. 본인이 지금 보시기에는 어떻습니까? 조연현 선생과의 관계도 좀 들려 주십시오. 가장 절친한 문학적 친구라 할 수 있었던 시인 최계락 선생에 대한 얘기도 좀 해주십시오.

"회상하고 말고 할 것도 없는데…… 초기의 그런 시하고 벌써 결별했다고 할까. 내가 그때 그런 시를 쓰다니 대견하다는 생각도 전혀 없어요. 최계락 씨는 저보다 두세 살 위였는데 가까이 지냈습니다. 학교는 달랐습니다. 내가 제일 처음 글이라고 쓴 게 1949년 진주에서 개최된 영남예술제였습니다. 전국적으로도 그런 문학적인 모임이 처음이었을 것입니다. 왜 진주에서 했는가 하면 설창수라는 묘한 시인이 있었기 때문입니다. 이 양반이 진주에서 그것을 주최한 것입니다. 나는 당시 학생 때니까 제일 처음으로 영남예술제에 참가한 것이지요. 영남예술제는 6·25 전쟁 동안만 빼놓고 1951년부터 지금까지 해마다 하고 있습니다. 여러 분과가 있어서 무용과 연극도 했지요. 문학에서는 시 백일장이 처음 있었고요. 백일장이라는 말 자체가 아마 처음이었을 겁니다. 내가 생전 처음 콘테스트에 나간 셈이지요. 백일장은 시와 시조를 같이했는데, 내가 「만추」라는 제목으로 낸 시가 장원을 했고, 박재삼이 「남강」이라는 제목으로 낸 시조가 차석을 했습니다. 그때 박재삼을 알게 됐지요. 그런데 상을 받는 날, 저쪽에서 최계락이 걸어오는 거야. 나보다 나이가 많을 뿐 아니라 최계락은 그때 이미 꽤 유명한 아동문학가였어요. 그가 올라오더니, 아 반갑다, 자기가 최계락이다, 그리고, 나는 감히 먼저 인사도 못하고 있는데, 그가 인사하고 나더니 신문 하나를 내미는데 경향신문이었어. 1면에 《문예文藝》지 광고가 났는데, 「비오는 날」이 광고에 추천완료작으로 끼어 있는 거예요. 정말 깜짝 놀랐습니다."

러시아 철학자 셰스토프 그리고 훗날 더욱 극적으로 조우하게 되는 보들레르에 대해 말씀해 주십시오. 선생님의 시세계를 '일탈과 허무'의 철학이라고 평한 사람도 있습니다만, 가령 셰스토프의 아포리즘은 선생께서 최근에 펴내신 『존재하지 않는 나무』와도 일맥상통하는 바가 없지 않습니다. "만인 근성을 버려라 / 천재는 천재를 인정하지 않는다. / 모든 천재는 천재의 적일 뿐이다. / 죄 있는 자만이 죄 있는 자에게 돌 던질 자격이 있으며, 죄가 없는 자는 벌하려는 의식조차 없다"(셰스토프). 선생님의 말씀 중에도 '천재'가 있는데, 이렇습니다. "천재는 다른 천재를 인정하지 않는다. 시인은 천재이다. 그러므로 시인들 상호간의 관계는 일종의 천적의 그것과 같은 것이다. 천적은 상대방을 죽이면서 공생한다." 시인은 뭉치면 죽고, 흩어져야 산다는 말씀과도 같은 내용이지요.

"최계락이 나하고 친구가 되자 최계락의 친구도 자연히 나하고 친구가 됐어요. 그중 나이가 많아 학교에 있지 않고 일본에서 돌아온 귀환동포가 있었는데 그이가 헌책방을 하고 있어서 자주 가게 되었습니다. 헌책방에서 많은 책의 제목을 알았고, 책을 더러 사고, 셰스토프, 오스카 와일드, 고바야시 히데오 같은 이들을 알게 됐지요."

이때 부인이 시켰던 중국 음식들이 도착했다. 팔보채, 오향장육, 유산슬 같은 요리에다 자장면까지 음식상이 그득했다. 집에서 담갔다는 백포도주 향이 프랑스 특파원 이력에 기대서 전문가연하는 필자의 코에도 꽤 괜찮은 수준이었다. 우리는 막상 집주인에게는 제대로 권하지도 않은 채 버릇없는 막내아들처럼 냉큼 음식에 코를 박았다.

셰스토프의 「만인부정론」과 고바야시 히데오의 「역사추억론」이 후일 철저하게 허무를 추구하는 시인 이형기의 역사관을 형성했다는 주장에 동의하십니까?

"동의합니다."

선생님의 명편 중에서 오늘날까지 가장 애송되는 시가 바로 「낙화」일 것입니다. 마침 고희 기념문집의 제목도 그렇습니다만. 시가 발표된 1953년 당시는 전후 폐허 상황이 자리잡고 있는, 그래서 시인에게 성숙한 자의식과 고통의 인내가 적절한 센티멘털리즘과 더불어 예술정신으로 승화될 수 있었던 것이 아닌가 합니다. 그러나 최근까지도 이 시의 첫 연 "가야 할 때가 언제인가를/ 분명히 알고 가는 이의/ 뒷모습은 얼마나 아름다운가"는 세상에 대한 탐욕이나 노욕을 질타하는 정치적 아포리즘으로 정말 수백 수천 군데에 인용되고 있습니다. 본인의 소회는 어떠십니까?

"현실 문제와는 별로 결부시키고 싶지 않았습니다. 지금도 좋다고 하는 사람이 있구나 그런 정도의 생각이지요."

당시 첫 시집에 상재된 시 「비」를 한번 읽겠습니다.

    적막강산寂寞江山에 비 내린다.
    늙은 바람기
    먼 산 변두리를 슬며시 돌아서
    저문 창가에 머물 때
    저버린 일상日常
    으슥한 평면에
    가늘고 차운 것이 비처럼 내린다.
    나직한 구름자리
    타지 않는 일상…….
    텅 빈 내 꿈의 뒤란에
    시든 잡초 적시며 비는 내린다.
    지금은 누구나
    가진 것 하나하나 내놓아야 할 때
    풍경은 정좌正座하고

산은 멀리 물러앉아 우는데
나를 에워싼 적막강산
그저 이렇게 저문다.
살고 싶어라
사람 그리운 정에 못이겨
차라리 사람 없는 곳에 살아서
청명淸明과 불안不安
기대期待와 허무虛無
천지에 자욱한 가랑비 내린다.
아 이 적막강산에 살고 싶어라.

고독, 소멸, 허무의 아름다움이 흠씬 느껴지는 시인데, 50년이 지난 지금 다시 들어 보시는 느낌은 어떠십니까?

"내가 제일 처음 낸 시집의 제호가 『적막강산』입니다. 방금 읽은 그 시에서 따온 말이지요. '적막강산'이라는 말이 너무 좋아서 그렇게 된 같아요. 그때야 적막강산이 좋았지만 그에 상응하는 철학이 있었던 게 아니고 그저 막연한 것이었지요."

대한일보 정치부장에서 국제신문 논설위원으로 옮겨 일하고 있던 차에 나온 1971년 두 번째 시집 『돌베개의 시』에서는 세계를 향한 날카로운 자의식, 거부와 회의의 강렬한 도전, 시원의 생명에 대한 탐구가 보인다는 평론이 있습니다. 이어 1975년 『꿈꾸는 한발旱魃』은 "여기에 이르러 비로소 시인이란 자각을 갖게 되었다"고 토로하게 만든 시집이라고도 했습니다. 소멸과 파괴, 악마주의적 충동과 완전 연소를 꿈꾸는 허무에의 집념까지 이형기 시인의 독특한 독毒의 미학으로 발전했다고 돼 있습니다. 그중 대표적인 시로는 「랑겔한스 섬의 가문 날의 꿈」, 「루시의 죽음」 같은 시가 있겠습니다만. 왜 그렇게 지독한 곳까지 내려가셨습니까?

"처음 「적막강산」은 뚜렷한 자각없이 쓴 시들이고, 약간의 재주와 서정

그런 게 조금 섞여 적당히 된 것입니다. 그런데 자꾸 그런 시를, 계속 써 나갈 수가 없더란 이 말이에요. 자꾸 써 나가면, 또 적당히, 잘 써도 못 써도, 적당히 평가받아, 그냥 없어지고 말았겠지요. 그런데 그렇게 살 수가 없어서, 그러니까 시가 안 써져서 비평을 한동안 했습니다. 그리 하다가 시도 생각나면 쓰고 한 것이 두 번째 시집입니다. 첫번째와 다르지만, 그렇다고 세계가 정립돼 있는 것은 아니고 늘 불만이었습니다. 그러다가 시인을 강하게 의식한 시, 그런 시들의 세계를 발견하고, 그런 시를 쓰게 된 것은 보들레르를 제대로 읽으면서 많은 영향을 받게 된 덕분입니다. 시인의 자각이란 말은 보들레르의 영향을 의식하고 한 말이에요. 우리나라에 많은 사람들이 보들레르를 알고 있고, 이름을 모르는 사람이 없겠으나 보들레르의 영향을 제대로 받은 사람이 없는 것 같았지요. 단 한 사람, 서정주의『화사집』에 보들레르의 영향이 조금 있지요.『화사집』을 깊이 읽어본 일도 없고 하니까, 보들레르의 영향이 아무 데도 없다고 생각하고, 보들레르의 영향을 받아 '비로소' 시를 쓴다고 생각했던 거지요."

80년대 들어와 언론사를 접고, 대학 강단에 서면서 평론집, 수상집 그리고 여러 시집들이 줄을 잇게 됩니다.『풍선심장』(1981년)『보물섬의 지도』(1985년)가 뒤를 잇게 되고, 90년대 들어와『심야의 일기예보』(1990),『죽지 않는 도시』(1994),『절벽』(1998) 등이 있습니다. 이에 대해 우리 시문학사에 가장 독특하다고 할 수 있는 '허무와 권태'를 말하는 평자가 있습니다. 가령 여덟 번째 시집『절벽』에 실린「허무의 빛깔」을 한번 읽겠습니다.

    여기는 인적 없는 바닷가
    수많은 조개껍질 흩어져 있다
    주워봐라 그 중의 오래된 하나를

    파도가 일어서고 부서져 내리고

거기 햇빛과 또 달빛
그리고 어둠의 속살까지 속속들이 비쳐들어
십억 년 또는 이십억 년 까마득한 시간이 쌓인다

하필이면 조개껍질에
까닭을 알 수 없이 아로새겨진
오묘한 빛깔!

반투명의 흰 바탕에
엷은 분홍무늬 가늘게 곁들여져
파르스럼 떠올라 있다
십억 년 또는 이십억 년
덧없는 시간의 되풀이가 아무 뜻 없이
아름답게 녹아들어 하나된 그것은

없음이 만들어낸 없음의 빛깔
그래 그렇다 허무의 빛깔이다

덧없는 것만 해도 지독한데, 그것들이 되풀이되다니요? 없음 하나로도 벅찬데, 그 없음이 또다른 없음을 또 만들어내다니요? 가령 책 『존재하지 않는 나무』에 들어 있는 「티끌의 노래」 그리고 「존재의 의미」라는 항목을 보겠습니다. "모든 존재는 필경 티끌로 돌아간다. 이 사실을 자각하고 있는 존재는 인간이다. 그리고 이 사실을 영광스럽게 노래하는 존재는 시인이다."(「티끌의 노래」) "모든 사물은 언젠가 반드시 소멸한다. 그리고 이 소멸을 통해 사물은 존재의 의의를 획득한다. 만일 어떤 사물이 영원한 것이라면 우리는 그 사물을 기억할 필요도, 그 사물의 존재 자체를 의식할 까닭도 없는 것이다. 그렇다면 그것은 아무것도 존재하지 않는 것과 같은 상태가 되고 만다. 존재를 존재이게 하는 근원적 조건은 소멸이라는 존재의 결락 바로 그것이다."(「존재의 의미」) 소멸이 그토록 아름다운 것이라는 것을 몰랐는데요, 절망·폐허·불행이 아름다움이 되는 이치는 무엇입니까?

"절망을 절망으로 봐 버리고, 소멸을 소멸로 봐 버리면 살 수가 없을 것 같아요. 덧없음이 덧없음으로 그치지 않고 하나의 구원이라고 할까 그런 것으로 남을 수 있는 그런 세계가 그것이 아닌가 싶어요. 뭐, 희망도 아니고, 뭐라고 할까…… 참, 이 시가 어떤 대의명분과는 전혀 관계가 없는 것은…… 내가 그래서, 그렇게 되는 게 아닌가 싶어요."

선생님께서는 일정한 정도의 어려움, 난해성에 대해 "시는 최초의 언어이기 때문에 당시대에 통용되고 있는 상투성을 벗어나 있으며, 따라서 필연적으로 어려운 것이 되지 않을 수 없다"는 논지를 펴고 계십니다. 그러나 그 어려움을 정녕 쉽게 말하는 방법은 없겠습니까? 그 어려운 경지로 손잡고 이끌어서 정신적 장애인도 그곳에 도달하여 산 정상의 기쁨을 함께 누릴 방도는 없겠습니까?

"그렇게 했으면 좋겠는데, 난 잘 안 돼요. 남들이, 이를테면, 시가 좋더라, 그러면 기분이야 좋지요. 그러면서도 싫어요. 철저히 개인주의화한 것이지요."

이때까지 남편의 답변을 경청하던 부인께서 지나가는 투로 한 마디 껴든다. "예술가는 변덕쟁이들이에요." 사실 우리는 부인과도 많은 얘기를 했다. 그녀는 비록 사진 찍기는 싫어했지만, 젊은 시절의 열정이 아직까지도 고스란히 남아서 그녀의 얼굴빛과 목소리를 흔들고 다니는 듯했다. '부모 3년 병치레에 효자 없다'는 옛말이 있으나, 정말 10년 병치레를 해온 한 남자의 늙은 아내로서 어디 하고픈 말이 한두 마디일까마는.

김말봉 선생과는 어떤 관계였습니까? 대학생 시절 도움을 받았던 것으로 되어 있던데요. 양주동, 조지훈, 백철 선생들의 수업은 어땠습니까?

"6·25때 내가 평범사라는 출판사에 임시직원 노릇을 했는데, 대구 쪽에 출장을 간 일이 있습니다. 조지훈 씨를 처음 만났습니다. 저녁에 만났는데, 나는 학생이니까 술도 제대로 못 먹었지만, 하여간 술을 먹고, 조지훈 선생과 밤길을 걸었습니다. 늘 머리 속에 있던 말을 하지 않을 수 없었지요. 선생님, 어떻게 하면 시를 잘 쓸 수 있습니까? 조지훈 그 분 말이 방치하는 것뿐이지……예요. 나는 그 말에 깊은 감동을 받았어요. 방치하는 것뿐이지…… 그것이 시를 잘 쓰는 유일한 길이라 했던 게 늘 기억에 남아요. 김말봉 씨는 여자니까 그랬겠지만, 작가의 자존심이 느껴졌어요. 김 선생이 그때 신문에 연재를 하고 있었는데, 내가 지난번, 지지난번 것을 보지 못하고 그녀를 만나게 됐어요. 그래서 내가 지난번 것을 못 읽었는데 어떻게 됐습니까? 하고 물었지. 그랬더니 막 화를 내더라고. 그냥 아무 말도 하지 않고 있었으면 좋았을 것을…… 늘 기억에 있습니다."

연합신문사, 동양통신에서 기자로서의 경험은 선생의 시세계와 시창작에 어떤 영향을 주었습니까?

"별로 없어요. 나는 언론사에 있었을 때부터 늘 '이것이 아닌데 이것이 아닌데……' 하고 살았어요. 그것은 문학인데 하는 말이거든요."

고희 기념 시선집 서문에 "요즘 나는 병석에 누워 만사가 유심하게만 보인다"는 글을 적으셨는데, 육체적 불편함이 시인의 정신과 감성에는 어떤 파문을 가져옵니까? 그것이 그려내는 삶과 시상詩想의 변주된 무늬를 바라보는 것마저도 불편하신 것은 아니지요?

"그것은…… 전혀 불편한 것 없습니다."

가족들의 근황을 좀 말씀해 주십시오. 사모님이신 조은숙趙銀淑 선생님, 그리고 따님이신 이여경 씨에 대해서…… (이 부분에서 부인이 대신 대답했다.)

"너 '여'에 별 '경'을 쓰는 딸아이가 영어강사인데 내달에 시집을 갑니다. 우리 식구들은 4·19 탑 앞동네에 있는 조그만 반양옥에서 10년 정도 살다가 이 아파트로 이사와 7년째 살고 있습니다. 남편(이형기)이 94년 7월에 병이 나서 치료받고 조금 괜찮았으나 다시 안 좋아졌습니다. 97년인가 중국에 3개월 정도 치료하고 와서 뭔가 잘못됐는지 상태가 급격히 나빠져 수의까지 지어놓고 대기한 적도 있습니다. 지금은 아주 좋아지신 것입니다."

지난 일주일 동안 무슨 일을 하셨으며, 무슨 생각들이 지나쳤는지를 말씀해 주십시오. 되도록 요일별로 짚어 주셨으면 합니다.
"언제나 시 쓰는 것이지요. 지금도 쓰고 있었는데, 또 한 편 써야겠어요."
올해 꼭 해보고 싶다고 결심하고 있으신 일이 있으면 말씀해 주십시오.
"시 쓰는 것입니다."
올해 꼭 만나고 싶은 사람이 있습니까?
"특별히 없습니다."
올해 꼭 읽고 싶은 책이 있습니까?
"새삼스레 읽고 싶은 게 없습니다. 친구들이 보내 온 것이나 보는 정도지요."

우리들은 일어서기 전에 《시인세계》를 만드는 사람들에게, 《시인세계》의 독자들에게 덕담 한 말씀 해주시라 부탁했다. 이형기 시인은 오늘날 시 잡지가 하고많지만 그중 《시인세계》처럼 독특한 특집을 계속하는 잡지는 드물다고 말하면서, "우리나라 시를 개간해나가는 그런 면이 있다"고 말했다. 우리는 아저씨뻘되는 대선배 시인 앞에서 물색 모르고 우쭐했다. 우리가 그의 앞에서 우쭐하고 싶은, 그런 원로들이 우리 곁을 떠나기 전에 우리가 그의 존재를 좀더 깊이 느낄 수는 없을까.
이형기 시인은 지난 2~3년 동안 사경을 헤매다시피 혼을 놓고 있다가 작년 여름부터 물리치료 덕분에 이제는 혼자서 의자도 잘 올라가 앉고, 몸과 마음도 트이고 맑아져 생각하고 말하는데 전혀 불편함이 없다. 곧 아홉 번째 시집을 내겠다는 의욕을 갖고 있고, 그때면 인사동에 나가 문우들과 약주잔도 기울일 것이다. 그런 얘기들을 나누면서 노시인 부부와 방문객들은 금세 떠들썩한 유쾌함에 빠져들었다. 지금은 11시면 취침하고 새벽이면 가족 중 제일 먼저 일어나 조간을 펼쳐드는 이형기 시인이다. 오랜 언론인 생활로 옛날부터 몸에 밴 일이다.

이제 그가 날마다 날마다 새롭게 시를 벼리고 있다.

고 은

Zoom-in

1933년 전라북도 군산 출생.
1958년 《현대문학》 추천으로 등단.
시집 『피안감성』, 『고은 시전집』, 『만인보』, 『백두산』 등 다수의 시집,
산문집, 소설, 평전, 평론, 전집 등 150여 권의 저서 출간.
한국문학작가상, 만해문학상, 중앙문화대상, 대산문학상,
금관문화훈장 등과 다수의 해외 문학상을 수상.

시적 불운이 필요한 나대지 위의 고아

"시대를 매듭짓는 계기에는 맹목의 논리가 있는 것 같아."

그날 꼿꼿하게 허리를 세운 '짐승'에게서 비약이나 초월 같은 것들이 달려 나왔다. 논리적 설명을 요구하는 겁쟁이들의 애타는 시선을 그윽하게 감싸안는 그가 가볍게 걷고 있었다.

앞에는 김요일 시인과 장석주 시인이 탄 차가 선도를 하고 있고, 뒷차에는 필자와 전윤호 시인 그리고 고은 시인이 타고 있었다. 점심 식사를 하러 식당을 찾고 있는 중이었다. 우리는 이미 고은 시인의 집에서 포켓용 유리병에 들어 있는 보드카를 일회용 라이터만한 주석잔에 나눠 마시며 혀를 들뜨게 해놓은 상태였다. 돼지고기를 눌러서 얇게 썬, 프랑스 사람들이 '소시송'이라고 부르는, 우리 사전에는 그저 '큰 소시지'라고 돼 있는 안주를 비닐포장에서 꺼내 먹었다. 고은 시인이 스페인 여행길에서 사왔다는 그 소시송의 맛은 한마디로 '쥑'였다. 대학 시절 라면값을 아꼈던 때 이래 처음으로 우리는 개인별 안주 할당량을 통제하며 짐짓 낄낄거렸다. '달래'라고 불리는 강아지가 뛰어놀고 있을 마당에는 기고만장한 봄햇볕이 자신의 무법성無法性을 한껏 뽐내고 있을 것이었고, 거실에 빙 둘러앉은 우리는 무릎을 서로 비벼가며 좌로 우로 술잔을 돌렸다.

술병은 곧 바닥을 보였고, "자, 가자!"라는 말과 함께 무릎을 세운 우리는 안성에서 맛있는 집을 제일 잘 아는 장석주 시인을 앞세우고 점심 식당을 찾아 자동차에 올랐던 것이다. 큰길에서 식당이 있는 작은 길로 들어설 때 저만치에 호화분묘가 눈에 띄었다.

"끝이 안 좋아."

예? 끝이 좋지 않다니요? 무슨 뜻입니까?

"청춘의 생기를 잃어서일까. 불교든, 유교든……."

그래. 그럴지도 몰라. 끝이 불안한 짐승은 말년에 깃털을 더 호화롭게 가다듬는다지. 네 발로 엎드린 짐승이나 털없는 짐승이나 마찬가지다. 그것들의 영혼에 어설피 깃들인 종교도 결국 전체적으로는 짐승을 닮을 수밖에 더 있겠는가, 따지고 보면 문학도 마찬가지가 아니겠는가, 라는 말을 고은 시인은 하고 싶었을까?

점심 식당에서 다시 고기를 굽고 'ㄷ'자로 앉은 우리는 보드카로 들떴던 혀가 풀어지기 전에 소줏잔을 황급하게 돌렸다. "에이, 인터뷰는 다음에 내가 서울 갔을 때 하지 뭐, 오늘은 술이나 먹어"라고 말끝을 늘이는 고은 시인의 몸풀기 권주사勸酒辭를 들으면서 필자는 노트와 펜을, 그리고 김요일 시인은 카메라를 꺼냈다. 고은 시인은 김요일 시인에게 술을 따라주며 말했다. "손톱이 참 하얗구나."

고은 시인은 이 세상에서 무엇이 가장 궁금합니까?

"죽음이지 뭐. 세상에는 죽음을 미리 알아버리는 사람도 있기는 있어. 종교 창시자들은 생生과 사死를 일치시키고 있지. 그런 것에 연습할 필요가 없는 죽음, 고대 이래로 익숙한 언어를 걷어낸 죽음, 내가 태어났고, 내가 겪어야 할 나만의 죽음이 궁금한 게야. 내 아버지, 내 형들의 죽음 위에 내 죽음의 춤을 올려 놓을 수는 없지. 내겐 최고의 세계야. 그 세계가 궁금해."

고은 시인은 이 세상에서 누구를 가장 만나고 싶습니까?

"릴케! 죽음은 곧 삶이라고 말한 사람이니까. 이건, 한 잔 더 먹어야겠는데? (김요일)담배 좀 피우겠습니다. (고은)신고할 이유가 없어. 왜 물어봐? 내가 네 아버지 형제들을 잘 알지. 부산의 신화 아냐. 아, 그렇구나. 어머니가 참 잘한 분이시네. 난 모르고 있었어. 그대가 시인인 줄을……그냥 편집실 간부로만 들었지."

민주화 운동가로, 통일 운동가로 불꽃처럼 살다 간 늦봄 문익환(1918~1994) 목사 타계 10주년을 기념하는 추모 사진전 및 유품전이 지난 3월 31일 서울 인사동 인사아트센터에서 막이 올랐습니다. 이날 행사에는 문목사 부인 박용길 여사, 강만길 교수, 고은 시인, 함세웅 신부, 박형규 목사 등 지인들이 참석했습니다. 고은 시인에게 문익환 목사는 누구셨습니까? 민족문학작가회의 통일위원회 위원장을 다시 맡은 고은 시인에게 조국 통일이란 무엇입니까?

"그이는 본질적으로 시인이야. 정치가도 아니고. 세상과 한판 벌이려 마치 프로메테우스처럼 불빛에 달려드는 것이었지. 그의 아버지 문재린 목사는 북간도에서 독립운동가로 사셨는데, 나를 아들로 생각해 주셨지. 나이 차이에 관계없이 문익환 목사와 나는 나신裸身으로 둘이 만난 사이야. 그 양반이 어느 해 정월 초하루에 '나는 올해 평양 갈 테야'라는 내용의 시를 써서 나에게 전화를 해왔어요. 한번 들어봐 달라고. 그래서 내가 '피차 도청당하는 전화인데 왜 이러나' 하는 생각이 들었지. 나중에 만나 얘기할 것을. 그런데 그이는 자꾸 '이거 어때, 이거 어때' 하고 묻는 거야. 그런데 그해 바로 (북한에) 간 거야. 시詩로 가는 줄 알았는데, 그냥 가 버렸지. 가는 것 자체를, 국내 정세를 파악할 필요가 있다고 생각했는데, 그런 식의 내 인식 방법은 그에게 용납이 안 된 것이지. 그이는 누구와 의논해 가지고 그러지 않고 그냥 탁 갔어. 시대를 매듭짓는 계기에는 맹목의 논리가 있는 것 같아. 과학으로 판단하지 않고, 그 당시와는 상관도 없이…… 세상은 볼테르 이후 이성적으로 판단하는데, 그런 것과는 상관없이 맹목이 시대를 움직이는 커다란 힘이 되는 때가 있어. 맹목의 황홀함이라고나 할까. 그런 점에서 우리는 이성의 울타리에 갇혀 있지."

"(장석주) 우리 뇌에는 간뇌라는 것이 있는데, 이곳에서 예언의 능력과 초논리가 나오지요. 시인들은 간뇌가 발달한 사람들입니다."

"(고은) 직관의 뇌는 고대의 뇌인 것이지. 고대로부터 온 뇌질이 그쪽에 있다고 하지. 지금 우리는 책의 시대인데, 그때는 신명의 시대였지. 이것이 책 읽는 자의 불행이지. 고대 상고시대에는 석가, 공자, 소크라테스, 예수, 이 사람들이 시인들이야. 석가의 비유는 놀라워. 공자의 비유는 어떻고? 논어는 전부 시야. 논리어가 아니라 시어야. 예수의 말도 전부 시이고. 소크라테스가 예수보다 덜 유명한 것은 대화정신은 투철했으나 시재詩材와 시정신이 부족했기 때문이지. 시인들의 세계가 어떻게 가능했는가. 지혜가 전멸할 때 남았다가 전생의 유산으로 남는 것이지. 석가, 예수, 공자 들은 그 이전에 있었다가 남은 것을 우리에게 골고루 나누어준 것이지. 책의 바깥 세계가 무궁무진한 것이야."

얘기가 질문과 대답의 연결 울타리를 무시하고 다니니 참 좋습니다. 그렇더라도 대답을 듣지 못했으니 다시 묻겠습니다. 고은 시인에게 조국 통일은 무엇입니까?

"자유지. 자유! 50년대는 문학의 출발점이…… 50년대라고 하는 것은…… 나는 폐허로부터 시작한 사람이고, 고향은 폐허였어. 수식이 아니고 절절한 근원이었지. 이런 윤이 나는 식탁이 없고, 그저 밥 한 술 떠 먹으면 되는 시대로부터 내가 지금 여기까지 와서 앉았구나. 우리보다 더 처절한 게 평양이었을 것이다. 철저한 폐허였을 것이다. 이런 것을 볼 때 교훈과 부딪치지. 한반도, 남북에서의 전쟁은, 이것은 다시는 되풀이해서는 안된다는 것. 남도 북도 이길 수 없는 숙명이 존재한다는 것…… 북쪽이 우리를 통일시킬 수도 없고, 남쪽이 북을 통일시킬 수도 없어. 만나서 얘기를 해야 해. 그 얘기가 통일운동이야. 내 생에 그날이 있었으면 좋겠고, 아니면 내 딸이 사는 후대에라도 꼭 됐으면 좋겠으나, 내가 아무리 얘기해도 역사 진행에는 어떤 절벽이 언제 나타날지 몰라. 통합 사회가 꿈이지만, 그 여지를 거부하는 것은 아니야. 이 참담한 민족의 분리만은 어떤 형태로든 멈춰야겠다는 것이 내 꿈이야. 내가 살아 있을 때 통일이 된다면 나는 민족이란 말이 다시는 전혀 필요가 없게 될 거요. 다른 나라에 가서 살래요. 스페인령의 카나리아 제도에 가서 살 거요. 통일만 되면 나는 탈민족을 할 거요. 그때까지는 통일이라는 멍에를 지고 있어야지."

(김요일) 통일이 언제쯤 될 것으로 보세요?

"모르지. 나의 동시대일지. 요일이 자네가 나이 지긋할 때일지도 모르고……."

고은 시인은 오는 9월에 열리는 '제4회 베를린 문학 페스티벌'의 자문위원으로 위촉됐습니다. 베를린 문학 페스티벌은 베를린 국제영화제와 함께 독일에서 열리는 최대의 문화행사로 매년 전세계 50여개국의 유명 작가 150~200명이 참가하고 있습니다. 10여 명으로 구성되는 자문위원단은 초청작가 추천과 문학제 주제에 대한 조언 등의 역할을 맡습니다. 고은 시인이 해외 여행을 활발히 하면서 밖에서의 시간을 많이 할애하는 이유가 무엇입니까?

"미국 버클리에도 2년 있었고, 하버드에도 있었고…… 그런데 외국에 가보면 중국과 일본만 있고 한국이 안 보여. 여기에서는 한국 얘기하고 세계화 얘기하지만 그것은 우리 얘기일 뿐이야. 때로 한국은 있으되 연민의 대상일 뿐이지. 아프리카 어느 나라처럼. 그때부터 나 나름대로 짐을 지기 시작했죠. 지난번 스페인에 갔을 때 보니 중국은 오래 전부터 있었고 일본은 화려한데 우리는 안 보여요. 나는 외롭지만 갑니다. 남아메리카에 나 혼자 갔을 때도 일본 시인은 2~3명이 나왔지만 내가 진압해버렸지요.(웃음) (고은 시인의 화려한 제스처를 상상해볼 필요가 있다.) 그 뒤로 소문이 나니까 불려다녔지요. 그들이 제대로 한국을 만나는구나, 하는 느낌도 있었지요. 내 기교는 진실입니다. 서양놈들은 때로 요령의 극치를 보여주지만, 인간과 인간이 만났을 때 좋은 의미건 나쁜 의미건 요령은 그냥 드러나버려. 요령주의는 안 되고 진실주의로 해야 돼. 이렇게 술이나 한잔 하고 있을 때는 개인이지만, 나가면 국가가 돼버려. 노동운동 하다가 부딪친 게 그거야. 그리스의 알렉산드리아에 갔었던 적이 있는데, 그곳에 '삼성'이라는 간판이 걸려 있는 거야. 그때 얼마나 큰 힘을 얻었는데. 그 뒤로, 이렇게 기업의 힘이 통렬하구나, 하는 생각을 했어. 외국의 문학 모임 같은, 그런 데 갈 때 나도 간판이 되는 심정이야. 그리스, 한국을 모르는 그곳에 내가 가는 것이지. 그들은 우리를 처음 보는 것이야. 나는 내 한 몸을 나누어 주는 것이지. 슬프고 진실하고 그래. 임지현이가 어디다가 탈민족주의 얘기를 했던데, 철없는 놈들이야. 여권旅券이 어디서 나오는지도 모르는 놈들이지. 민족 규범이라도 하나 세워보고 난 후에 민족이 필요 없다고 한다면, 좋아. 탁석산이 하는 얘기도 웃기는 얘기들이야. 민족이라는 게 어디 쉽게 되나. 민족이 완성되는 것을 한번이라도 보고 나서 민족으로부터의 해방을 말해도 해야지. 나는 이렇게 야만적인 얘기가 나와야 해."

"3월 24일 서울 동숭동 한국문화예술진흥원 예술극장 대극장에서 열릴 〈사람과 사람들〉은 시문학을 무대예술로 되살려낸 새로운 형식의 공연이다. 시와 무대예술의 이종교배에 나선 이들은 명창 안숙선, 춤꾼 하용부, 영화인 문성근, 가수 이은미, 현대무용가 박호빈 씨 등 한결같이 한국을 대표하는 예인들이다. 노래와 시낭송이 어우러질 공연의 전반부는 고은 시인의 초기작들에 초점을 맞췄다. 김민기 씨가 작곡한 〈가을편지〉, 양희은 씨가 부른 〈세노야〉, 조동진 씨의 〈작은 배〉 등이 모두 그 노랫말을 빌린 데서 알 수 있듯, 짙은 서정성이 배어든 고은 시인의 작품들은 노래와 어렵지 않게 몸을 섞는다. 이번 공연에서는 가수 이은미 씨와 두 명의 어린이가 〈등대지기〉와 〈세노야〉를 부른 뒤, 고은 시인이 영화인 문성근, 연극인 오지혜 씨와 함께 「나그네」, 「자작나무 숲으로 가서」, 「백두산」 등의 시편들을 들려줄 예정이다. 2002년 민족문학작가회의가 주관한 '문학카페 명동'에서 시인과 인연을 맺은 가수 이은미 씨가 이번 공연의 사회를 맡는다. '문화게릴라' 이윤택 씨가 연출할 시극은 수많은 인간 군상을 담은 고은 시인의 연작시집 『만인보』에서 「대기왕고모」, 「머슴 대길이」, 「선제리 아낙네들」 등 세 편을 골라 무대에 올린다. 『만인보』에 녹아들어 있는 서사성을 무대 위에서 재현해낼 이번 시극에는 두 인간문화재인 안

숙선 씨와 하용부 씨, 그리고 연희단 거리패가 출연한다. 또 박호빈 씨가 "우리 모두 화살이 되어/ 온몸으로 가자./ 허공 뚫고/ 온몸으로 가자./ 가서는 돌아오지 말자./ 박혀서 박힌 아픔과 함께 썩어서 돌아오지 말자." (「화살」)고 '선동'하는 시인의 목소리를 어떻게 춤으로 표현해낼지도 관심거리다."(※한겨레 신문에서 인용) 이처럼 고은 시인의 시가 갖는 짙은 서정성과, 줄기찬 서사와, 자못 선동적이기까지 한 운동성은 시인의 내부에서는 어떻게 융합하고 어떻게 불화하고 있습니까?

"우선 나는 그런 공연이 마음에 안 들어. 다채롭게 해놓긴 했지만……. 융합이냐 불화냐 그것은 모르겠어. 다만 앞으로는 지금까지의 것 말고 다른 게 나올 것 같아. 앞으로 더 나올 것 같아. 예감이, 음, 예감이 그래. 내 인생이 후반기임에는 틀림없는데. 흔히들 인생에는 후반기의 삶의 방식이 있다고들 하지. 나에게는 그런 구도가 안 맞아. 내 후반기에는 해답 형식의 삶이 없어. 문학이란, 인생이란 이런 것이다, 라고 하는 식의 삶을 거부하고 있는 거라고. 나는 문제로서만 죽고 싶어. 내 몸에서 해답을 이끌어내는 게 아니라, 나는 문제의 와중으로 죽고 싶어. 내 시는 더 많은 문제의 제기로 죽고 싶어."

욕심이 너무 많으시군요.

"아이가 되고 싶은 거지. 우리 마누라가 나보고 애기라고 하거든."

시인이자 문학평론가인 한명희 씨(삼척대 문예창작과 교수)가 계간 《시와 시학》에 연재했던 문인 인터뷰집 『삶은 조심스럽게, 문학은 거침없이』(천년의시작)를 최근 냈습니다. 그 속에서 한명희 씨는 '고은! 아, 고은! 아-아-아아! 고은! 고은에 대해 도대체 무슨 말을 보탤 수 있단 말인가'로 시작되는 글을 싣고 있습니다. 이 글에 대해 경향신문의 한윤정 기자는 "인터뷰의 동업자(기자)로 하여금 공감을 자아내게 만든다"면서 "정말 필자의 말마따나 '고은에 대해 도대체 무슨 말을 보탤 수 있단 말인가.'"라고 묻고 있습니다. 과연 고은은 "38권짜리 전집을 내게 된 특별한 계기가 있는가"라는 질문에 "없어"라고 대답하고, 그 많은 작품을 쓰게 한 힘을 묻자

"예술은 광기 없으면 못해"라고 대답함으로써 민숭민숭한 대답을 듣고서도 인터뷰에게 모종의 영감을 받은 듯한 느낌을 주는 특유의 화술을 구사하는데, 그런 정황이 그대로 필자의 글에 드러난다고 쓰고 있습니다. 정말 무례하게 여쭙는다면, 이러한 모든 것을 "고은 시인의 큰 사기詐欺"라고 말하는 사람도 있습니다. 시詩로써 세상을 등쳐먹은 파계 승려의 삿된 포즈를 당신에게서 읽었다고 말한 후 뒤도 돌아보지 않고 가버리는 사람이 있다면 그를 불러 세우시겠습니까?

"괜찮은데. (좌중을 둘러보며) 제법 됐어. 거기쯤에 달이 뜨겠어. 삼거리쯤에 사기詐欺와 진실이 만나겠지."

"지난 2월에는 고은 시인이 권하는 〈오늘의 세계 시인〉 시리즈 1차분 두 권이 함께 출간됐다. 들녘출판사가 펴냈는데, 일본 요시마스 고오조(65)의 시선집 『어느 날 아침, 미쳐버리다』, 그리고 스웨덴 토마스 트란스트뢰메르(73)의 시선집 『기억이 나를 본다』였다. 이중 요시마스는 시적 공간을 무한대로 확장한 우주적 시를 써온 시인으로 알려져 있다. 1960년대 이후 일본 시단의 대표적 시인으로 자리잡아 왔지만 국내에서 시집이 발간된 것은 처음이다. 그는 2001년 6월 이탈리아 베로나에서 열린 '세계 시 아카데미' 창립회의에 초대받아 창립위원 60명 중의 한 사람으로 활약하고 있으며, 일본의 문화계간지 《캉環》에 「고은—요시마스 고오조의 왕복서한」을 연재하기도 했다. 이번 시선집에는 1964년 발표한 첫시집 『출발』 이후의 대표작 가운데 32편을 번역해 원문과 함께 실었다. 노벨문학상 후보로 자주 거론돼온 트란스트뢰메르는 스웨덴의 '국민시인'으로 불린다. 그의 시는 국내에 처음 소개되지만 지금까지 40여개 언어로 번역됐을 만큼 세계적 명성을 누리고 있다. 스칸디나비아 특유의 자연환경에 대한 깊은 성찰과 명상을 시로 써온 그는 50여 년간 200편 미만의 시를 발표했다. 이번에 원작자가 지정해준 영역본 시집 가운데 96편을 한국어로 번역했다. 〈오늘의 세계 시인〉 시리즈는 고은 시인이 오랫동안 교류해온 세계적 시인들의 시집을 비롯해 작품성을 인정받은 작가들의 시집을 계속 펴낼 예정이다."(※국민일보에서 인용) 고은 시인이 이렇게 세계 시인 시리즈를 내기 위해 시인들을 고를 때 어떤 원칙이 있습니까?

"하나는 살아 있는 시인들 중에서 현역으로 활동하고 있는 시인을 하고 싶은 게지. 단 80세 이내로만. 미국의 게리 스나이더 같은 사람. 나하고 형제간 같아. 나보다 두 살 위지만, 한국에 오면 우리 집에서 자고, 이런 처지니까. 그 나라의 원로 생존 시인을 소개하는 게 원칙이야. 계관시인 로버트 하슨 같은 사람, 프랑스의 본느푸아 같은 사람. 세이머 히스 같은 시인."

고은 시인의 친구이기도 한 그들을 전부 서울로 초대해서 시 잔치를 한 번 열지 않으시겠습니까?

"익어야 돼. 시절과 인연이 돼야 해. 누가 (지원해 주기 위해) 나타난다면. 자연 발생적으로 돼야 해. 휴전선 부근에서 평화시인전 같은 것을 하고 싶어. 죽이고 죽는 일이 다시는 없어야겠다는 뜻에서. 경기도 지사를 만나볼까. 3년은 계획해야 해. 알짜는 한가하지 않고, 내가 부를 수 있는 시인은 2년 정도는 일정이 잡혀 있으니까."

고은 시인은 술상에 있는 밥그릇에서 손가락으로 연신 밥을 퍼서 입안에 넣었다. "안주로 먹으면 참 좋아."

그것을 보고 있던 장석주 시인이 말했다. "고은과 다른 시인의 차이는 다른 시인이 나이와 함께 화석화할 때도 고은 시인은 현재화하고, 내면의 역동성을 키워간다는 점이에요."

'비틀어 말하기 전문' 인 필자가 말했다. "철이 없어서?"

아름다운 여인, 아름다운 술 한 병, 아름다운 시 한 수를 놓고 산신령이 하나만 고르라면 어떻게 하시겠습니까?

"술!"

왜요?

"취하게 하잖아. 오죽하면 주색酒色에서 주酒가 앞섰겠나."

만약 시인이 안 됐다면 지금 무슨 일을 하고 있을 것 같습니까?

"시인밖에 안돼. 아니지, 전쟁이 없었다면 화가가 돼 있었겠지. 평택에 화실 빌리려 하고, 안성에도 기회를 보고 싶기도 해. 떠들썩하게 말고 조용한 데 가서 해야지."

고은 시인은 최근 『한용운 평전』을 다시 펴냈습니다. 그리고 『이상 평전』, 『이중섭 평전』 또한 유명합니다. 고은 시인에게 선대의 평전을 쓰는 일은 무슨 의미였습니까?

"시에만 집착할 게 아니고 평전 자체를 한국에 열어보고 싶었지. 서양의 여러 평전들을 읽어보았는데, 그런 정도의 생의 깊이나 뜨거움이 우리에게도 없지 않다고 생각했지. 문일평(1888~1939)이 조선 문화 속에 살아온 예술인들의 전기를 그렸는데(『예술의 성직』이란 책으로 나와 있다), 그것만으로는 안 되겠다 싶어서 그때 나도 평전을 해보자고 생각했어. 이중섭으로 시작해 보자는 것이었지. 그래서 자꾸 하니까 출판사나 지인들이 신채호도 김승호도 해보라고 권했어. 그런데 나는 평전의 종이 되는 것 같았지. 그래서 끊어 버린 것이야. 그런데 김소월은 언젠가 쓸지 모르지."

"(장석주) 가령 최하림이 쓴 김수영 평전과 고은의 이상 평전은 큰 차이를 보이고 있습니다. 평전이라고 하면 생애에 대한 주체적 해석이 있어야 하는데……"

"(고은) 김수영은 내가 잘 알거든. 한동안은 나를 참 좋아했고…… 쓸 수 있겠는데, 김수영의 유행이 끝나면 생각해볼 것이야."

고은 시인은 지난 1월 하순 『만인보』 16~20권을 냈을 때 저와 인터뷰를 했습니다. 그때 말했습니다. "나의 고향은 폐허요. 옛날에는 텃밭이고 벽돌조각이었던 땅에 건물이 들어서고 저자가 만들어지는데, 그 기억의 근원에는 폐허가 있지요. 고향은 공간에도 있으나 시간에도 있지요. 1950년대는 압록강 주민이 목포를 체험하는, 민족사 초유의 이동이 있었습니다.

그 50년대가 저에겐 시간적 고향이고 폐허의 모습이지요." 이처럼 자신의 분위기를 비극화하는 이유가 무엇입니까?

"폐허란 과거와의 단절이야. 헤겔도 과거와 끊으라는 명제를 낸 적이 있지만, 내가 얘기하는 것과 어떻게 연결되는지는 모르겠으나, 그동안 선대들이 써온 게 다 무너지는 것, 절망 속에 희망이라는 작은 씨를 잉태하는 것이지. 고아라는 것은, 아버지, 할머니의 내력이 없으니 이 세상에 존재를 나 혼자 시작하는 것이야. 인간은 스승이 없는 존재라는 뜻도 돼. 불교사적으로 보면 무사승(스승이 없는 돌발적인 스님)이지. 처음도 없고 시작도 없는 것, 그런 가능성이 있는 것, 태초성이 있는 것을 말하고 싶어. 집도, 아버지 집이 없이 곧바로 내 집을 짓기 시작하는 것이지. 문학도 마찬가지야. 한용운 평전을 쓸 때도 나는 과거 지식이 하나도 없었어. 학부 때도 고전문학을 배운 게 하나도 없어. 지금도 삼국지를 안 읽어. 나는 세계문학도 안 읽었어. 그리고 지금 나는 동시대의 것을 읽고 있어. 세계문학을 안 만나고 내 문학을 한 것이지. 나대지 위의 고아로서 내 문학을 한 것이지. 나는 해방 후 언문도 동네 머슴한테 배운 것이야. 전쟁 후에 그것으로 문학을 했어. 그것이 폐허의 의미야."

우우우, '오만(?)'이 지나치시군요.

"오만이 아니야. 글을 알아야 오만인데. 그러나 그것이 아닌데 뭐. 내가 겨우 최근에 안 게 백석이니까."

고은 시인은 『만인보』의 제16권에 실린 '시인의 말'을 통해서 "『만인보』의 세계란 '너는 나이고 나는 너이고 너는 또 그이고 누구이고 그 누구는 또하나의 나이고…의 종결 없는 삶'이라고 말씀하셨습니다. 그것을 풀이하는 인터뷰에서 당신은 "인간 개체는 하나의 존재로 끝나는 게 아니고 다른 존재로 연결되면서 새로운 존재로 태어난다는 겁니다. 만인萬人을 한 개체를 통해 추출할 수도 있고, 만인이 한 개의 통일체로 수렴될 수도 있다는 것입니다. 내 꿈이지요."라고 말씀하셨습니다. 통상적인 독자들이 갖고 있는 고은 시인에 대한 선입관, 다시 말해 '불교적 세계관'을 이제 떼어내고 싶은 욕망을 느끼는 때는 없으십니까?

"아니요. 그러나 내 이름에서 불교란 이름이 없어지기를 바랍니다. 그것이, 그렇지만, 불교로부터 멀어지는 게 아닙니다. 불교는 그런 이름에 있지 않지요. 다만, 사회와 세상이 말하는 불교로부터는 이미, 진즉 벗어나 있지요. 종교집단이 만들어낸 가치도 내게 이루는 게 없어요. 후기 선종의 기계주의도 나는 거부합니다. 멋진 놈과 멋진 놈을 흉내 내는 것은 다릅니다."

이번 『만인보』에는 당대의 지배 이데올로기에 대한 시인의 증오가 꿈틀거리고 있었습니다. 우가 짓밟은 자리를 좌가 와서 찢어놓고, 좌가 강제했던 자리를 우가 와서 죽을 때까지 괴롭히기도 합니다. 이러한 인식 자체는 2004년에 새로운 각성이라고 할 수는 없을 것입니다. 그러나 『만인보』에서 드러난 고은 시인의 증오는 너무도 선명했습니다. 그리고 에둘러 가거나 간접화법을 구사하거나 이미지로 상징화하는 일을 하지도 않았고, 섣불리 그곳에 서정성의 깃털을 장식하지도 않았습니다. 왜 그렇습니까?

"『만인보』 5권 중에 「그 아낙」이란 시가 있어. 포탄이 떨어졌는데 살아남았어. 팔뚝이 떨어져 나갔지. 그것이 다섯 권의 시집을 표상화하고 있어. 거기에는 아무런 수사가 없어. 문학을 포기하게 했어. 어떤 장면의 처절함에는 문학이 오히려 장애가 됐어. 에둘러 가고 비유하고 간접화법을 쓰고, 문학이 쌓아온 문학의 화려한 표현양식을 할 수 없었어. 나야말로 운명의 비유인데, 내가 비유를 포기해버린 것이야. ……제일 형벌 같은 질문을 받았네."

당신께서 3년 전 서정주 시인에 대해 매우 비판적으로 쓴 「미당담론」은 한국 시단을 들끓게 했습니다. '그 뒤로 어떤 생각을 가지게 됐습니까?'라는 질문을 들을 때마다 고은 시인은 한사코 대답을 회피하고 있는데, 생각이 바뀌었다는 뜻입니까, 아니면, 그 생각은 조금도 변함이 없는데,

다만 되풀이해서 말하고 싶지 않다는 뜻입니까?

"그렇게 말하기 전에 화제 밖이야."

좌중은 이 대목에서 또 한번 소줏물을 넘기는 '캬—' 소리를 내기도 했고, '크크크' 라며 목안으로 끓어오르는 웃음을 삼키기도 했으며, '쥑인다 쥑여' 라는 추임새로 알듯말듯 인터뷰 장단을 맞추기도 했다. 술병이 1개 분대를 훨씬 넘어서고 있었다.

"나는 깨닫기 위해 온 게 아니라 취하기 위해 왔다"며 일본에서 술광고 모델까지 했던 술예찬론자 고은 시인은 '술도 언어' 라고 말한 적이 있습니다. "우리를 비약시키고, 착각하게 만들고, 때로 거칠게 만드는 오묘한 언어 같다"는 것이지요. 그렇지만, 건강이나 상황이 허락하지 않을 때는 무엇을 마셔야 합니까? 마약이라도 해야 합니까?

"아니죠. 아주 오래 전부터 차를 내 일상에 개입시키지 않았습니다. 나에게는 오로지 찬물과 소주지요."

언제 살의를 느끼십니까?

"그런 것 없어요. 왜냐하면, 내가 6·25때 살의 속에서 살았어요. 빨갱이건 흰둥이건 서로 죽이는 사이에 살았지요. 나는 살의를 포기했어요. 유신 때 박정희를 반대하면서도 한번도 박정희에 대해 살의를 품지 않았어요. 위선적이 아니고, 이것이 내 약점이라면 약점이요. 그래도 증오는 있어. 괴테의 말처럼 사랑보다 증오가 확실하기 때문인가."

아랍의 대의와 팔레스타인의 생존을 지키기 위해, 혹은 이라크의 민족주의를 대변하기 위해 진행되고 있는 테러리즘에 대해서 고은 시인은 명백히 반대한다는 뜻도 됩니까?

"아니지요. 우리는 미국이라는 커다란 테러리스트를 가지고 있어요. 다른 테러리스트는 똘마니야."

죽은 자 가운데 만약 단 한 사람을 살릴 수 있는 능력을 창조주가 주신다면, 누구를 무덤에서 일깨우고 싶습니까?

"정치적으로는 김구입니다. 리듬을 위해서는 김수영입니다. 무엇보다 우생학적으로 재주가 있는 놈들을 살리고 싶어."

제발 건강해야 할 텐데, 라고 생각하십니까?

"나는 70년대부터 조기축구회를 제일 싫어했어. 6개월 후에 죽을지도 모를 놈들이 생을 연장하려고 애쓰는구나, 라고 생각하던, 그때의 치기만만함이 지금도 지속되고 있어. 건강하려 애쓰는 것은 건강을 해롭게 만들어. 술 먹으면서 조심스럽게 먹는 놈은 술에도 건강에도 모독이야. 술은 죽도록 먹어버려야 하는 거야."

고은 시인에게 70, 80년대 들락거렸던 감옥이 있었다면, 지금 당신에게는 무엇이 감옥 역할을 하고 있습니까? 아니면, 감옥이 없습니까?

"그때도 감옥이 없었지요. 경험만 있었지요."

어떤 시가 잘 쓴 시입니까?

"두 가지가 있지요. 하나는 많이 읽히는 시가 잘 쓴 시요, 또 하나는 어딘가 숨어 박힌 시가 잘 쓴 시요. 요즘은 박혀 있는 시가 드물어요. 그게 있어야 하는데…… 시적 불운不運이 필요해요, 시에는……. 예를 들어 서정춘이 같은 놈, 아무도 알아주지 않으면서 진국인 놈……. 보면 아무 매력도 없는데 순금인 놈. 어딘가에 기가 막힌 게 있어. 뼛속에 무덤 기운이 가득해."

우리들은 술이 몸 안에 가득했다. 허리를 꼿꼿이 세웠건만 상체를 앞뒤로 그네처럼 흔들 때마다 위장 속에서 출렁이는 소리가 들렸다. 이제부터 뇌리는 단편적이다. '오스카 와일드 주의로 말미암아 죽음 때문에 빨려들어갔다'고 씌어진 노트를 내려다보면서 왜 그렇게 적혀 있는지에 대해 골똘히 생각하다가, 아, 이 술이 다 휩쓸려 내려가고 난 후에는 아무 생각도 나지 않을 것이란 데까지, 그리고 나중에 저 '시적 불운'이란 말을 어단가에 독하게 인용해야겠다, 그런데 기억이 나줄까, 라는 데까지 추론의 꼬리가 이어졌다.

고은 시인은 겨드랑이가 간지럽다고 했다. "기억의 양이 많아지면서 생기는 현상이야. 알랑가 모르겠어." 일행은 무척 흥겨워졌다. 고은 시인은 '2차'를 고집했고, 술병은 분대에서 소대를 향하고 있다. 방향이 불분명해지고 고은 시인은 일행 중 누군가를 향해서 소리쳤다. "이놈이 퇴폐를 알아. 한국에는 퇴폐가 없었어. 네가 한번 정착시켜봐. 이놈의 공자 때문에 일본에도 프랑스에도 중국에도 있는 퇴폐가 우리에게는 없어. 유교의 노예가 됐기 때문이야. 예술의 가능성은 퇴폐 없이는 안돼. 유교는 시를 압살했어. 황진이는 유교의 좌파야. 그것이 황진이의 위대함이지."

그리고 또 많은 술과 많은 얘기가 흘러갔다. 기록을 해야 해, 이때 나오는 말들이 제목감일지도 몰라, 라고 하는, 흘려 보내서는 안된다고 스스로를 재우치는 의무감 또한 점차 희미해져 갔다. 나중에 보니 이렇게 씌어 있었다.

"(시인이란) 모름지기 여자 앞에서 울 줄 알아야지."

신경림

1936년 충청북도 충주 출생.
1955년 《문화예술》지로 등단.
시집 『농무』 『새재』 『달 넘세』 『어머니와 할머니의 실루엣』 『뿔』
『낙타』 등과 『신경림의 시인을 찾아서』,
『민요기행』 외 산문집, 시론집 등 다수 출간.
만해문학상, 한국문학상, 공초문학상, 대산문학상 등 수상.
은관문화훈장 받음. 예술원 회원.

떠도는 자의 한평생 시쓰기

　인사동 한식집 '동루골'에서 그를 기다렸다. 이쪽 방 저쪽 방에 스님들의 모습이 보였다. 큰마루 쪽에 상을 펴놓고 목계牧溪 신경림 시인을 기다린다. 반팔 티셔츠를 입은 신경림 시인이 '약속 시각 정각'에 나타났다.
"어, 벌써들 와 있네?"
　사람들이 일어서서 그를 맞이한다. 주인도 나와 인사를 건넨다. 신경림은 요즘 외손주 최헌(8) 군과 보내는 재미에 푹 빠져 있다. "글쎄 녀석이 날 찾아와 할아버지 자전거 좀 봐주세요, 라고 말하면, 내가 그냥 자전거를 보고 있는 거야. 다른 놈들이 손대지 못하게. 아파트에서 녀석이 뛰어도 아무 말도 못 해. 혼내키기라도 했다가 놀러 오지 않으면 어떡해. 걔 때문에 내가 자장면, 스파게티, 피자도 참 잘 먹어요. 먹다 보니 맛있데."

　축구 좋아하십니까?
　"그렇게 좋아하지는 않습니다. 마침 어제 저녁에 한국과 이탈리아 경기가 있었지요. 후반전을 보다가 깜박 잠이 들었는데, 손주가 전화해서 계속 축구를 보라고 그러잖아요. 그래서 연장전을 보게 됐지요."
　요즘 1998년에 나왔던 시선詩選 해설집 『신경림의 시인을 찾아서』가 많은 사랑을 받고 있습니다. MBC에서 소개된 덕도 없진 않겠으나, 그보다는 '좋은 시'에 대해 설득하고자 하는 선생님의 간곡함이 많은 독자들의 귀에까지 들리고 있는 게 아닌가 합니다. 좋은 시란 어떤 시를 말합니까?
　"좋은 시란 독자와 의사소통이 돼야 합니다. 또 1회성보다는 오래 가야 합니다. 내가 읽어본 경험에 따르면 어떤 시든 그 시를 읽자마자 머리 속에 그림이 박혀 퇴색하지 않는 시가 좋은 시더군요. 많이 읽힌다는 것이 좋은 시의 기준은 아닙니다. 대중가요의 가사는 널리 읽히는 것이 목적이 겠지만, 시는 깊이 읽히는 것이라고 봅니다."

의사소통이란 무엇입니까?

"감동을 주는 것이지요. 시는 뜻으로만 읽는 게 아니고, 느낌으로도 읽는 것입니다. 느낌으로도 훌륭하게 의사는 통합니다. 이것은 쉬운 시만을 말하는 건 아닙니다. 난해시도 상징시도 마찬가지입니다."

"시를 잘 이해하려면, 그 시인이 어떤 환경에서 자랐고, 어떤 조건 아래서 살았으며, 그 시를 쓸 당시 무슨 생각을 하고 있었는가를 알아야 한다"라고 선생님은 말씀하셨습니다. 그렇다면, 시인의 의도와는 달리, 시만 별도로 떼어내서 독자의 취향대로 제멋대로 시를 읽어서는 안 된다는 말씀이신지요.

"물론 아닙니다. 시인의 의도와는 전혀 다르게 읽힐 수 있습니다. 그러나 배경을 알아야 도움이 됩니다. 시인의 의도하는 바를 안다는 것과 독자가 자기 나름대로 아무렇게나 해석한다는 것과는 다른 문제입니다. 그렇게 하기 위해서라도, 즉 자기 취향대로 읽어내기 위해서라도 시인의 환경을 아는 것은 도움이 될 것입니다. 가령 김종삼의 「묵화」라는 시가 있다고 할 때 그가 무슨 얘기를 하려 했는가를 알고, 그가 살아온 환경을 아는 것은 시 이해에 결국 도움이 된다는 것입니다. 독자가 자기 나름의 상상력을 보태서 읽는 것이고, 행간을 읽는 것이기도 합니다."

묵화墨畵

김 종 삼

물먹는 소 목덜미에
할머니 손이 얹혀졌다.
이 하루도
함께 지났다고,
서로 발잔등이 부었다고,

서로 적막하다고,

70년대 서슬 퍼렇던 시절, 이호철, 한남규, 구중서, 염무웅, 조태일, 황석영 등과 어울려 술판을 자주 벌였다고 했는데, 지금은 어떤 분들과 자주 어울리십니까?

"지금도 비슷합니다. 구중서, 염무웅과 자주 어울리는 셈이죠. 이호철도 가끔 보고요. 인사동에서 어울릴 때가 많습니다. 안종관, 현기영, 정희성, 이시영도 자주 보는 문우들입니다. 또 산에도 갑니다. 현기영, 정희성 등과 일주일에 한 번 정도 산에 갑니다. 주로 일요일이지요. 대개 북한산인데, 점심 먹고 술도 먹습니다. 특별한 계획이 있으면 좀 멀리 있는 산에 가기도 하고요."

바둑은 몇급이고 얼마나 자주 두십니까?

"3급입니다. 헐거운 3급이에요. 인사동에 있는 기원에 자주 다녔는데, 지금은 그 기원이 이사를 가서 자주 못 갑니다."

(※ "선생도 한때는 관철동의 한국기원에서 정근상의 물망이 된 적이 있었다. 당신의 그 수더분하고 후더분한 품성과 여유작작한 풍신을 바둑으로 보여주는 것인지도 모를 일이었다. 선생의 문학에 대한 신념은 만패불청이다." ─이문구)

선생님은 시인으로서, 평론가로서, 칼럼니스트로서, 사회운동가로서, 꽉 찬 삶을 살아 오셨고, 계속되고 있습니다. 그 열정과 에너지는 어디서 나오는 것입니까? 시가, 때로는 지겹지 않습니까? 등단이 1956년이면 시와 더불어 벌써 46년인데…… 혹 생존하는 시인 가운데 시력詩歷으로 치면 선배가 거의 없는 셈 아닌가요?

"아니야. 그렇지 않아요. 김남조, 김춘수, 조병화, 황금찬, 홍윤숙 선생들이 계시죠. 그리고 민주화 운동에 관한 얘기가 나왔으니 말인데, 내가 본격적으로 민주화 운동을 했던 것은 아닙니다. 시는 어떤 면에서 그 시대의 요청에 대한 응답입니다. 시라는 것이 사회 요청에 대한 응답이라는 측면이 있다는 것이지요. 그래서 시인은 그 시대에 대해 고민하지 않을 수 없습니다. 내가 민주화 운동 비슷한 것에 참여하게 된 이유지요. 만약 시인이 직관력과 감성이 뛰어나고, 그러한 점이 남하고 다르다면 시대에 대한 나름의 판단을 남에게 먼저 말해주어야 하는 의무도 있는 것입니다. 알려주는 역할이 중요한 것이지요. 나는 시가 사회 정의에 입각해야 한다는 생각을 전혀 가지고 있지 않은 사람입니다. 시가 항상 올바른 소리만 해야 하는 것은 아니지만, 하기도 해야 한다는 정도로 정리할 수 있을 것입니다. 솔직히 말하면 나는 시가 올바른 소리 하는 것을 가장 싫어하는 사람 중 하나입니다. 객관적이고 진보적이라는 지식인은 사회정의를 우선해야 할 것이라는 데 이의를 제기하는 것은 아닙니다. 그러나 최근 한국을 방문한 귄터 그라스를 보면서 좌파 지식인이라는 사람이 상업주의의 월드컵에 와서 축시를 하는 건 앞뒤가 안 맞는다는 생각을 했습니다. 좌우를 막론하고 너무 정치적인 사람은 진실성이 없어 보입니다.”

(※ ″70년대와 80년대에 걸쳐서 대표적 민중시인 혹은 참여시인의 한 사람이라는 세평을 얻은 신경림의 시편이 당대의 선행 시편에 대해서 갖는 관계는 대범하게 말해서 50년대 이후의 모더니즘 계열 시편의 추문화 醜聞化라고 요약할 수 있다. 그렇지만 신경림의 작품인 「겨울밤」의 경우 무엇보다도 놀라운 것은 방치되어 왔던 소재를 깔끔하고 환정喚情적으로 정리해놓은 작품 성취의 단아함이다. 작품의 됨됨이에 굳이 구애받지 않으려는다는 듯이 공적 감정이나 도덕적 열의를 앞세워 자칫 복음주의적 자기도취에 빠지거나 일종의 부재증명 작성으로 끝나는 것이 지난날 현실주의 지향의 시들이 공유하고 있던 취약성이었다. 그러한 맥락에서 위의 작품 「겨울밤」은 도전이자 하자보수의 모형이 되어준 것이다.' —유종호)

(※ "저는 신경림 선생님의 「농무」를 비롯한 뛰어난 민중시들을 그냥 단순히 사회시의 부활로만 봐서는 안된다고 생각합니다. 그것이 바로 선

생님 시와 아류적인 사회시들을 구분하는 점이 되겠지요."—최원식)

그 오랜 세월을 시를 쓰고 살아오면 때로 시가 지겨울 때는 없습니까?
"굳이 그렇게 말해보라면 80년대가 제일 지겨웠습니다. 시인이 시를 안 쓸 수는 없고 쓰긴 쓰는데 사회적으로 요구가 많다 보니, 즉 노동과 통일을 주제 삼아야 한다는 강압적 분위기가 있다 보니 시 쓰기가 어려워졌습니다. 나 개인적으로는 70년대 후반부터 80년대까지가 시적 성취도가 가장 떨어져 있던 시기였습니다. 그래서 산문을 많이 썼습니다. 그때 민요기행을 내기도 했지요. 시가 지겹고, 그 때문에 빚어진 영향도 있었기 때문에 민요를 통해 내 시의 새 축을 찾자는 것이었습니다. 내 시의 출구가 없으니 출구를 찾자는 의미도 있었구요. 그 뒤 90년대 들어와 시를 편하게 쓰자는 생각을 했습니다. 그러자 시도 좋아지고 내 자신도 즐거워졌습니다. 시는 시여야 되고 문학은 문학이어야 한다는 생각도 했지요. 그러자 후배들이 나보고 '문학주의자'라고 비난하더라구요. 그런 것을 극복하는 데, 아니 비켜가는 데 민요기행이 한몫했습니다."

(※ "신경림 시의 특장인 평명성平明性도 우의적인 시에서는 취약성으로 역전될 공산이 크다. 교훈이 너무나 명백히 드러나기 때문이다. 서정적 투명성과는 달리 우의적 명료성은 정서적 전염력이 취약하기 때문이다."—유종호)

등단 직후 십 년 동안 시 작업을 쉬었던 이유는 무엇입니까. 농사, 공사판, 광산일, 장돌뱅이 등등으로 전전했던 것은 먹고 살기 위한 방편이었습니까, 아니면, 의도적으로 선택한 바닥의 길이었습니까?
"먹고 살기 위한 방편이었습니다. 한 7~8년 했지요. 문학을 공부하는 과정으로 일부러 그랬던 것이 아니고, 살다 보니 그렇게 된 것이었습니다. 일부러는 할 수 없는 경험을 제대로 경험한 것은 그때였습니다. 내가 시골에서 태어나고 자랐지만, 지게만 지면 할아버지가 펄펄 뛰고, 나무도 못 하게 하고, 논에도 못 들어가게 했습니다."

『농무』 1973년, 『새재』 1979년, 『달넘세』 1985년, 『가난한 사랑노래』 1988년, 『길』 1990년, 『쓰러진 자의 꿈』 1993년, 『어머니와 할머니의 실루엣』 1998년, 그리고 장시 『남한강』을 1987년에 발표했습니다. 선생님의 시를 이해하는 일반 독자들의 뚜렷한 인상은 두 가지입니다. 하나는 '민중 현실', '민중 소재', '민중 가락' 이라는 '민중', 그리고 또다른 하나는 '리얼리즘적 표현' 입니다. 본인이 생각하시기에 이 문학연표에 내재적인, 혹은 시 표현기법에서, 혹은 문학관에서, 시를 바라보는 눈에서 어떤 분기점이 있었다고 생각하십니까, 있었다면 언제였습니까?

"글쎄, 분기점이라고 꼭 집어 말할 것은 못됩니다. 잘 생각이 안 나는군요. 일관된 입장이 있었다고 봅니다. 다만 시집 『농무』에서 『새재』로 넘어올 때 문학이라는 것이 보다 나은 삶을 만드는데 기여한다는 생각을 많이 했던 것 같습니다. 가난한 사람들에게 문학의 본연이 있다고 본 것이지요. 그런데 말이 나왔으니 따지고 보면 '리얼리즘' 이라는 것이 인식의 문제일 뿐 시 표현에는 있을 수 없다고 봅니다. 나의 경우도 어떤 시든 있는 사실을 그대로 쓴 시는 하나도 없으니까. 내 안에서 해체하고 그것을 다시 재구성해서 쓴 것들이지요. 리얼리즘은 인식의 문제이지 표현의 문제는 아닙니다."

(※ "시에서 역시 제일 중요한 것은 자기 문법, 자기를 어떻게 이해하는가, 자기 시를 둘러싼 세상을 어떻게 이해할 것인가, 이것이 문제일텐데 그걸 찾으려다 보니까 민요 속으로 들어가서 허둥대기도 하고, 장시에 매달려서 세월을 보내기도 했어요. 그렇지만 앞으로도 여전히 내 시는 어제의 나, 그리고 어제의 내 시와 싸우는 과정이 있어야 한다는 생각이지요." ―신경림)

많은 사람들이 시 「파장罷場」의 첫줄 "못난 놈들은 서로 얼굴만 봐도 흥겹다" 에 무릎을 치며 매료되는 것을 보았습니다. 이러한 시구는 어떻게 얻었던 것이었습니까?

"실제로 그런 것을 느꼈고, 모델도 있습니다. 내가 대학을 졸업할 당시에는 시골에서 노는 총각 건달들이 많았어요. 워낙 취직이 안 됐으니까. 그날도 친구들과 술추렴을 하다가 밤늦게 집으로 돌아가는데 앞서 걷는 두 사람을 배경으로 멧방석만한 달이 떠오르는 거예요. 마치 그 사람들이 달에 빨려 들어가는 것 같았어요. 그 사람들이 달에 끌려 들어가는 것 같은 광경이 너무 좋아서 눈물이 나오려고 했어요. 모르는 사람들인데 내가 가서 꽉 붙잡았지요."

파장罷場

못난 놈들은 서로 얼굴만 봐도 흥겹다
이발소 앞에 서서 참외를 깎고
목로에 앉아 막걸리를 들이키면
모두들 한결같이 친구 같은 얼굴들
호남의 가뭄 얘기 조합 빚 얘기
약장사 기타 소리에 발장단을 치다보면
왜 이렇게 자꾸만 서울이 그리워지나
어디를 들어가 섰다라도 벌일까
주머니를 털어 색시집에라도 갈까
학교 마당에들 모여 소주에 오징어를 찢다
어느새 긴 여름해도 저물어
고무신 한 켤레 또는 조기 한 마리 들고
달이 환한 마찻길을 절뚝이는 파장

농사를 짓는 것과, 시를 짓는 것은 어떻게 닮았고, 어떻게 다릅니까?
"전혀 다릅니다. 비슷하게 얘기하는 사람도 있으나 난 농사 잘 짓는 사람이 시 잘 쓰는 것을 못 봤습니다. 시는 역시 쟁이가 하는 짓입니다. 농민 자신, 노동자 자신을 시의 주체로 주장한 적이 있으나 헛된 소리들입니다. 역시 프로는 프로입니다."

「목계장터」를 다시 한 번 읽겠습니다. 선생님의 시 「목계장터」에 대해, 이시영은 "이 땅의 근대시 개업 이후의 전시사에서도 이만한 가락의 흐름과 언어 울림을 갖춘 시를 찾기는 어렵다. 겨레말의 아름다움을 이처럼 드높은 숨결로 형상화해낸 시를 나는 본 적이 없다"고 말했습니다. 염무웅은 "어느 한 군데 흠을 잡거나 틈을 노릴 여유를 주지 않는 꽉 들어찬 작품이며, 안에서 솟구치는 정감과 바깥에서 물결치는 가락이 기막히게 조화를 이룬 절정적 서정시"라고 격찬했습니다. 이 시에 얽힌 얘기를 좀 들려주십시오.

"고향 벗어나 큰 마을을 본 것이 목계가 처음이었습니다. 이른바 강장江場이라는 것이 열리는 곳이었습니다. 줄다리기가 유명했지요. 내가 처음 본 대처였습니다. 시골에서 안 살고 그런 데서 살아야겠다고 결심을 했을 정도입니다. 그러니까 내가 청주시를 보기 전이었습니다. 내가 한때 지명수배를 당했던 때가 있는데 도망다니다가 어리버리 잡히고 만 곳도 목계장터입니다. 그러나 「목계장터」라는 시 역시 리얼하게 표현한 게 아니고, 상징적으로 내용을 많이 감춘 시입니다. 목계는 나에게 그리움의 대상입니다. 순화의 고장이기도 하고, 또 버리고 싶은 기억이기도 합니다. 복잡하게 얽혀 있다고 할 수 있지요. 목계는 잊어버리고 싶은데 가끔 꿈에 나타납니다. 벗어나고 싶은데, 한 발자욱도 못 벗어나는 곳이지요. 그 정서도 추상적이고 상징적입니다."

(※ "그와 비슷한 예의 하나로 선생은 시중의 추어탕을 좋아하지 않는다. 선생이 치는 추어탕은 토방 툇마루에서 민물새우가 끓어 넘는 시 「목계장터」의 풍경처럼, 뜰팡에서 뜬숯이 끄느름하게 핀 풍로불로 오갈뚝배기에다 미꾸라지를 통째로 넣고 찌개를 안쳐서 끓인 것으로, 예전부터 충청도에서 먹어온 시절 음식이었던 것이다. 선생이 동네의 노은장터보다

더 사랑했던 장터는 목계장터이다. 목계나루를 보고 장이 섰던 목계장터는, 노은장터가 광부들의 등골을 빼먹던 장터였다면, 뗏목을 몰러 남한강을 흘러다닌 떼꾼들의 진을 빼먹던 장터였다. 선생은 목계장터를 '꿈의 고향'이었다고 말한다. ……이곳은 빗장이 걸린 객주집 앞에 색주가가 열렸고, 주막거리 나그네 드문 봉노방에도 투전꾼이 붐볐다. 또 옛날부터 하던 풍속이라 나루터에서나 볼 수 있는 온갖 굿판이 잦았다. 선생이 꿈의 고향처럼 그리워했던 이유였다." —이문구)

목계장터

하늘은 날더러 구름이 되라 하고
땅은 날더러 바람이 되라 하네
청룡 흑룡 흩어져 비 개인 나루
잡초나 일깨우는 잔바람이 되라네
뱃길이라 서울 사흘 목계 나루에
아흐레 나흘 찾아 박가분 파는
가을볕도 서러운 방물장수 되라네
산은 날더러 들꽃이 되라 하고
강은 날더러 잔돌이 되라 하네
산서리 맵차거든 풀 속에 얼굴 묻고
물여울 모질거든 바위 뒤에 붙으라네
민물새우 끓어 넘는 토방 툇마루
석삼년에 한 이레쯤 천치로 변해
짐부리고 앉아 쉬는 떠돌이가 되라네
하늘은 날더러 바람이 되라 하고
산은 날더러 잔돌이 되라 하네

먼저 시 「노래」를 한번 보겠습니다. 문학평론가 김윤태 씨는 이렇게 말했습니다. 「목계장터」에서 보인 현실성이 힘없는 농민들의 원망이 서린 비가였다면, 「노래」는 김남주에게서 볼 수 있었던 혁명적 낭만성으로 변화가 있었다고 했습니다. 이것이 선생님의 시 흐름에서 70년대와 80년대의 간극이라고 볼 수 있습니까?

"김남주와 나와의 차이라고 할 수 있겠습니다. 김남주는 혁명적이었던 것이고, 나는 혁명적이지 못했던 것입니다. 나는 겁이 많아 데모할 때도 항상 뒤에 처졌습니다. 그런데 묘하게 나는 잘 잡혀 갔습니다. 데모하자고 하면 안 나갈 수도 없어 나가긴 나갔습니다. 겁은 나는데 집에 가서 속으로 생각해보면 그 사람들 말이 맞는 것 같아서 안 나갈 수 없었던 것입니다. 나는 너무 섬약했던 것이 아닌가 합니다."

노 래

이 두메는 날라와 더불어
꽃이 되자 하네 꽃이
피어 눈물로 고여 발등에서 갈라지는
녹두꽃이 되자 하네

이 산골은 날라와 더불어
새가 되자 하네 새가
아랫녘 윗녘에서 울어예는
파랑새가 되자 하네

이 들판은 날라와 더불어
불이 되자 하네 불이
타는 들녘 어둠을 사르는

들불이 되자 하네

되자 하네 되고자 하네
다시 한 번 이 고을은
반란이 되자 하네
청송녹죽靑松綠竹 가슴으로 꽂히는
죽창이 되자 하네 죽창이.

현재 한국 상황에서 진보와 보수의 대립을 어떻게 보고 계십니까. 선생님의 자리는 어디쯤입니까?
"나는 중도 좌파쯤 될까? 그러나 예술·문화의 영역에서 진보―보수의 나눔은 무의미하다고 생각합니다. 물론 우리 사회가 진보냐 보수냐에 대해 어떤 입장을 갖기를 강요하고 있다고 봐요. 그런 것을 피해가면 욕도 먹게 되지요. 그러나 소아병적인 진보주의도, 그러한 보수주의도 문제입니다. 그들은 남을 전혀 이해할 줄 모릅니다. 적어도 문학이나 예술의 영역에서 그러한 소아병적 입장은 아무것도 얻을 게 없습니다. 주위에서 강요하는 분위기도 문제입니다. 내 친한 친구로 문학평론가 유종호가 있습니다. 그는 원래 진보적인 주장을 가진 사람이었는데 지금은 보수주의적인 입장이 강고합니다. 그는 우파 중에 중도적이고, 나는 좌파 중에 중도적이어서 통하는 바가 많습니다. 그가 간혹 친일파에 대해 너그러운 태도를 취하는 것처럼 보이는 때가 있습니다. 그것은 그가 충청북도에서 유명한 항일운동 집안이기 때문에 가능한 처신입니다. 말로는 반일反日한다는 사람이 옛날 실제 행동에서는 더했던 사람이 많습니다. 유종호는 친일을 어느 정도 용서해야 한다고 말할 자격이 있는 사람입니다. 고향에서 가장 존경받는 집안 사람입니다. 유종호에게는 동생이 있는데 그는 상당히 진보적인 민주교수협회를 이끌고 있는 유광호 교수입니다. 그에게 형이 보수주의자라고 말해주면 우스워 죽겠다고 합니다. 나는 유종호와 함께 대학시절 하숙을 했습니다. 그가 나보다 한 살 위인데 그냥 말을 텄습니다. 싸움도 많이 했지요. 가령 밥 먹은 후 누가 상을 내갈 것인가로 다퉜습니다. 그는 집이 유족한 편이 아니었는데도 이웃을 참 많이 도와주었습니다. 그의 어머니 때부터 이어 내려온 습관입니다. 지금 보면 남을 위하는 마음 없이 진보주의연하는 사람이 많습니다. 남을 위해 손끝 하나 까딱 않는 사람들입니다. 그런데, 유종호 같은 사람은 진보주의가 말로 하는 것을 행동으로 실천하고 있는 사람입니다. 노무현 씨의 인기가 하락하고 있는 것도 나는 이렇게 봅니다. 그 사람을 내가 잘 모르지만, 진보를 위해 몸바쳐 일해본 경험이 없는 사람이라는 것입니다. 그에 대한 실망이 있는 것입니다."

오늘을 기점으로 지난 1주일 동안의 행적을 소상히 좀 밝혀 주시겠습니까?

"아침엔 대개 6~7시쯤 일어납니다. 월요일은 강원도 원주시에 MBC가 주관하는 행사에 강연을 다녀왔습니다. 문학강연이었는데, '시를 어떻게 읽을 것인가'라는 제목이었습니다. 화요일은 동국대에서 종강 강의를 했습니다. 동국대에 내가 석좌교수로 있는데 지난 학기는 1주일에 3시간씩 강의했습니다. 시창작 강의입니다. 수요일은 그냥 집에서 글쓰면서 푹 쉬었습니다. 목요일은 6·13 총선 투표를 했습니다. 그리고 점심 때는 김지하와 같이 밥 먹었습니다. 김지하와 친합니다. 일산에 있는 찻집이었는데 그냥 잡담했습니다. 금요일엔 도스토예프스키를 제대로 섭렵해볼 요량으로 전집을 사서 읽기 시작했습니다. 처음으로 집어든 책은 『카라마조프네의 형제』입니다. 죽을 때까지 다 읽고 죽을 수 있을지 모르겠습니다. 토요일은…… 뭐 했는지 잘 기억이 안 납니다.(이때 질문자가 끼어든다. 혹시 데이트했던 것은 아닙니까? 그의 얼굴은 붉어진 듯했으나 술 때문인지 정곡이 찔렸기 때문인지 불분명했다.) 일요일은 결혼식에 다녀왔습니다. 작가회의 후배인 시인 장대송의 결혼식이었는데 유종호가 와서 가자고 해서 같이 갔다 왔습니다."

가족 상황을 말씀해 주십시오.

"두 번째로 만난 아내와 2년 전 헤어졌습니다. 아마도 김형이 우리 집에 전화했을 때 여자가 받았다면 내 누이동생일 겁니다. 첫아내와의 사이에 2남 1녀를 두었습니다. 큰아들 병진은 컴퓨터 회사에 다니고 있고, 다음이 딸아이 옥진이고 사위는 지금 《여성동아》 최호열 기자입니다. 나도 그렇고 딸네도 정릉에 살고 있지요. 그래서 외손주가 일주일이면 사나흘은 나한테 와서 같이 점심도 먹고 놀기도 하고 그래요. 막내 병규는 한국통신에 다니고 있습니다. 나 자신은 4남 2녀 중 장남입니다. 둘째는 미국에 가서 살고 있고, 셋째는 여수에서 살고, 넷째는 미국 메릴랜드 대학 교수인데 현재 한국에 들어와 있습니다."

혼자 사시면 식사는 어떻게 해결하십니까?

"아침은 빵이나 계란으로 합니다. 점심은 손주와 같이 먹지요. 저녁은 밖에서 먹는 때가 많고, 또 요즘 인스턴트 식품이 워낙 좋아서 별 애로 사항이 없어요. 내가 정릉에 있는 단독 주택에서 17년을 살다가 최근 어머니를 여의고 6개월 전에 아파트로 이사를 왔습니다. 처음에는 이상하더니 지금은 편하고 좋아요."

앞으로 계획을 들려 주십시오.

"7월에 시집이 나올 예정입니다. 창작과비평사에서 『뿔』이라는 제목입니다. 9월이나 10월쯤 우리교육에서 『시인을 찾아서』 속권을 낼 예정입니다. 10월에는 프랑스에 가서 한 1주일 머물 예정입니다. 프랑스 정부가 시인들을 초청했습니다. 고은, 황동규 씨와 동행합니다. 그리고 8월 중에 경주에 가서 1주일~열흘쯤 머물면서 경주 구경을 다시 하려고 합니다. 자세하게 보고 싶습니다. 강석경 씨의 산문집 『능을 찾아서』를 보고 난 후 경주를 다시 한번 보아야겠다고 생각했습니다. 말로만 우리 거라고 했지, 언제 한번 제대로 구경한 적이 없었습니다. 내년에는 여건이 닿는다면 외국에 나가서 아무것도 안 하면서 한 6개월쯤 살았으면 합니다. 중국이나 일본 둘 중 하나가 될 것입니다. 손주녀석 헌이가 보고 싶으면 어떡하나 걱정입니다. 데리고 나가면 안 될까?"

인터뷰가 있은 며칠 뒤 시집 『뿔』을 받았다. 지난 1998년 간행하여 좋은 평가를 받았던 『어머니와 할머니의 실루엣』 이후 4년만이다. 정희성 시인은 헌사에서 "이번 시집을 보면서 이분은 천생 떠돌이 시인이구나 하는 생각을 했다. '이쯤에서 길을 잃어야겠다' 는 말이 아프게 와닿는다. 오래 고생을 하셨으니 이제 좀 마음 편하게 사실 때도 됐지 하면서도 왠지 또 그래서는 안되지 하는 생각이 들기도 한다."고 썼다.

신경림은 시집 말미에 '시인의 말'을 실었다. "나는 요즈음 시도 한 그루 나무 같다는 생각을 한다. 그 아름다움을 아는 사람은 알지만 모르는 사람은 끝내 모르고 지나간다. 그래도 시는 그 자리에 나무처럼 그냥 서 있는 것이다. 그래서 나는 나무를 심는 마음으로 시를 쓴다. 한때는 고통스럽던 시 쓰는 일이 이제는 즐거워졌다."

2차를 가자고 신경림은 말했다. "우리 어디 가서 시원한 생맥주나 한잔씩 하고 헤어지지." 그는 맥주를 고집했다. "이제 나이 드니 독주毒酒가 싫어. 부담돼." 그는 열흘만에 술을 마신다고 하면서도 곧잘 잔을 비웠다. 우리는 인근에 있는 '평화만들기' 란 술집에 자리를 잡았다. 월드컵 여파 탓인지 한산했다(월드컵 때문에 잘 되는 집도 많았다지만). 우리가 첫 손님이었다. 이 자리에서 신경림은 서울시장 후보였던 김민석과 이문옥에 대해 비판적인 발언을 했다. 혹 비공식적인 자리이기 때문에 오프 더 레코드라고 알아들을까봐 그는 한마디 덧붙였다. "이거, 써도 돼. 써." 이문옥 씨에게 표를 던졌다는 그는 진보 진영에 있는 사람들이 유권자들의 신뢰를 얻기 위해서는 자기 자신을 전부 바쳐서 일한 전력前歷이 있어야 한다고 말했다. 그리고 기회주의적으로 처신해서는 안될 것이라고 말했다. 그는 이날따라 진보와 보수의 진정성에 대해 많은 이야기를 했다.

신경림은 오래 전부터 컴퓨터로 시 작업을 하고 있다. 1988년, 당시 박태순 씨의 권유로 이문구 염무웅 이호철 씨 등과 함께 최첨단 워드프로세서인 대우 '르모'로 시작했다.

신경림은 자천自薦 자작시 5편을 소개했다. 「파장」「농무」「목계장터」「어머니와 할머니의 실루엣」「떠도는 자의 노래」이다.

(※이곳에 인용된 말들은 구중서·백낙청·염무웅이 엮은 『신경림 문학의 세계』(창작과비평사, 1995)에서 발췌했음을 밝혀둔다.)

황동규

Zoom-in

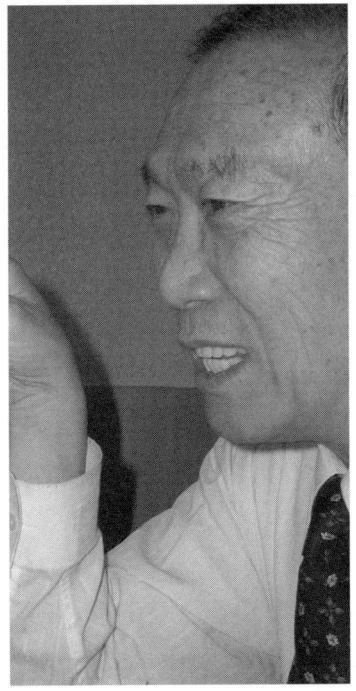

1938년 서울 출생.
1958년 《현대문학》 추천으로 등단.
시집 『나는 바퀴를 보면 굴리고 싶어진다』, 『풍장』, 『삼남에 내리는 눈』,
『우연에 기댈 때도 있었다』, 『미시령 큰바람』 등과
바이런, 엘리엇, 예이츠 등의 번역시집 외 시론집 등 다수 출간.
현대문학상, 한국문학상, 대산문학상, 미당문학상 등 수상.

몸에 병 많다 술 마심 주저하랴

10월 10일 저녁 황 시인을 서울 광화문에 있는 한 일식집에서 만났다. 이날은 마침 노벨문학상 발표가 있는 날이었다. 그의 곁에는 김요일 시인이 앉아서 질문을 거들고 사진촬영을 했다. 이날도 필자의 앞에는 행여 상상력이 줄어들까봐 문학적 긴장으로서의 조바심을 내고 있는 초로의 시인이 앉아 있었다. 등단 후 벌써 45년이 흘렀어도 마찬가지였다. 그의 몸은 유쾌했다. 그가 가장 흠모하는 시인인 두보가 시 「곡강曲江」에서 "꽃이야 피었다 금세 또 지는 것且看欲盡花經眼/ 몸에 병 많다 술 마심 주저하랴莫厭傷多酒入脣"라고 읊었듯이 그는 채워지는 잔마다 주저없이 비웠다.

필자는 황 시인을 대학 때 처음 만났다. 필자는 학교 신문사의 학생기자였고 황 시인은 자문교수였다. 그때나 지금이나 그가 내뿜는 인상은 '눈을 동그랗게 뜬 소년'이었다. 호기심과 기쁨을 가득 담은 눈길은 '비록 몸은 늙어가도 여전히 철이 안 들고 싶은' 욕망을 그대로 드러내고 있었다.

가을을 좋아하십니까? 가을에만 문득 생각나는 것이 있습니까? 가을에만 가보고 싶은 장소가 있습니까? 가을에만 떠오르는 사람이 있습니까?

"우리나라 사람들은 가을을 좋아합니다. 나도 우리나라 사람 중 하나입니다. 특별히 좋아하는 계절은 없습니다. 사계절을 나름대로 다 좋아합니다. 가을에 특별히 생각나는 사람도 없습니다. 가을에 가고 싶은 곳은 선운사 정도입니다. 가을에 두어 번 가보고 좋아하게 됐습니다. 이른 봄에는 선암사의 매화가 좋습니다. 내장사는 사람이 너무 몰려 가을에 피하고 싶더군요. 가을이 좋은 것은, 가을에 술맛이 나기 시작하기 때문 아닌가요. 여름보다는 확실히 술맛이 좋아집니다."

(황 시인에게는 「가을 어느날, 바보처럼 1」, 「가을 어느날, 바보처럼 2」, 「가을 어느날, 바보처럼 3」, 「가을엔」, 「가을의 편지」 같은 시가 있고, 그가 쓴 「비린 사랑 노래 6」, 「풍장 32」 같은 시도 가을의 정취에 흠뻑 젖어 있다.)

자선시 5편 가운데, 「조그만 사랑 노래」를 한번 읽겠습니다.

어제를 동여맨 편지를 받았다.
늘 그대 뒤를 따르던
길 문득 사라지고
길 아닌 것들도 사라지고
여기저기서 어린 날
우리와 놀아주던 돌들이
얼굴을 가리고 박혀 있다.
사랑한다 사랑한다, 추위 환한 저녁 하늘에
찬찬히 깨어진 금들이 보인다.
성긴 눈 날린다.
땅 어디에 내려앉지 못하고
눈뜨고 떨며 한없이 떠다니는
몇 송이 눈.

선생님께서는 "이 시의 화자와 그의 상대는 지금 이루기 힘든 사랑을 하고 있다"고 말씀하셨는데요, 화자와 상대가 실존 인물이 분명할진대, 이제 그 실명을 밝히실 수 있습니까?

"언제나 정도 문제가 됩니다. 진짜로 절박한 것은 아닙니다. 정신적 상황도 있는 것입니다. 스피커가 반드시 내가 아니거든요. 이 시는 우리나라 연애시에 대한 반발일 수도 있습니다. 대개 연애시에는 화자가 그 자리에 있고 애인만 떠나갑니다. 그래서 나는 둘 다 방황하는 상황을 만들고 싶었습니다. 내 시에 '내'가 많이 나오고 있는데 다 보편적인 인간입니다."

(황 시인은 처음엔 '보편적 상황론'으로 슬쩍 넘어가려다가 술기운이 오르면서 조금씩 털어놓는다. 옛 여인에 관한 얘기는 언제나 그렇다. 누군들 안 그렇겠는가.)

1958년 미당 서정주 선생의 추천을 받았던 데뷔작 「시월」을 한번 읽겠습니다. 마침 지금이 시월입니다.

　1
　내 사랑하리 시월의 강물을

　석양이 짙어가는 푸른 모래톱
　지난날 가졌던 슬픈 여정旅程들을, 아득한 기대를
　이제는 홀로 남아 따뜻이 기다리리.

　2
　지난 이야기를 해서 무엇하리
　두견이 우는 숲새를 건너서
　낮은 돌담에 흐르는 달빛 속에
　울리던 목금木琴 소리 목금 소리 목금 소리.

　3
　며칠내 바람이 싸늘히 불고
　오늘은 안개 속에 찬비가 뿌렸다.

가을비 소리에 온 마음 끌림은
잊고 싶은 약속을 못다 한 탓이리

   4
아늬,
석등 곁에
밤 물소리

누이야 무엇 하나
달이 지는데
밀물 지는 고물에서
눈을 감듯이

바람은 사면에서 빈 가지를
하나 남은 사랑처럼 흔들고 있다.

아늬,
석등 곁에
밤 물소리

   5
낡은 단청 밖으로 바람이 이는 가을날, 잔잔히 다가오는 저녁 어스름. 며칠내 며칠내 낙엽이 내리고 혹 싸늘히 비가 뿌려와서…… 절 뒷울 안에 서서 마을을 내려다보면 낙엽 지는 느릅나무며 우물이며 초가집이며 그리고 방금 켜지기 시작하는 등불들이 어스름 속에서 알 수 없는 어느 하나에로 합쳐짐을 나는 본다.

	6
	창 밖에 가득히 낙엽이 내리는 저녁
	나는 끊임없이 불빛이 그리웠다.
	바람은 조금도 불지를 않고 등불들은 다만 그 숱한 향수와 같은 것에 싸여 가고 주위는 자꾸 어두워갔다.
	이제 나도 한 잎의 낙엽으로, 좀더 낮은 곳으로, 내리고 싶다.

제 시낭송이 형편없었다는 말씀만 빼고, 데뷔 작품을 가을에, 시월에 다시 듣는 감흥이 어떠십니까? 책『시가 태어난 자리』에서 "나는 이미 시월의 세계에서 멀리 떠나온 것이다"라고 말씀하셨습니다만······.

"너무 감정에 지나치게 기댄 감이 있습니다. 모호한 말들을 쓰기도 했습니다. 가령 '아득한 기대' 같은 것입니다. 목금 소리라는 것도 애매합니다. 원래 목금이라는 것이 없는 악기입니다. 실로폰도 아닙니다. 감정에 호소하기만 하면 모든 것이 용서받을 수 있다고 생각하는 젊었을 때의 작품입니다. 지금은 내 스스로에게 더 엄격해진 것이지요. 그리고 '내리고 싶다' 같은 표현은 당시 내가 회현동에 있는 2층집에 살았기 때문에 가능했습니다. 시의 고향은 체험입니다. 유럽시처럼 내가 배운 구절에서는 나오지 않습니다. 그리고 미당 선생의 얘기를 잠깐 하면, 나는 매년 김현과 함께 미당에게 세배를 다녔습니다. 그러다 전두환 정권 초기에 선생이 외제차 타고 단장 짚고 다닐 때 몇년간 세배를 안 갔습니다. 그러다 다시 갔습니다. 우리 시 전체가 손해를 봐서는 안 된다는 생각이었습니다. 비극적인 인간으로 보이기도 하고, 토속적인 신앙의 존재로도 보였습니다. 뛰어난 시인의 존재가 한몸에서 싸운 것입니다. 샤머니즘적 윤리관을 가졌기 때문에 남이 쓸 수 없는 샤먼적 황홀을 낳을 수 있었습니다."

책『시가 태어난 자리』에 보면 "청소년 시절 내가 유별나게 손위 여자들을 좋아했다", "나를 발길로 찬 멋진 여자들이여, 제발 발 관절 계속 온

전하기를!' 이란 대목이 나옵니다. 「시월」에 나오는 "누이야 무엇하나/ 달이 지는데/ 밀물지는 고물에서/ 눈을 감듯이…"라는 구절의 '누이'를 설명하면서였습니다. 지금도 연상의 여인이 좋으십니까? 선생님의 시에서 연상의 여인이 주는 이미지나 서정은 어떤 것이었습니까?

"「즐거운 편지」라는 시는 내가 고3 때 쓴 시입니다. 1년 연상의 여인이 대상이었습니다. 실명을 밝히려면 그 여자에게 물어서 밝히든지 해야 할 것입니다. 발표하면 다른 사람들이 곁가지 얘기를 만들어 가기 때문입니다. 아직까지 얘기를 안 하고 있습니다. 그 여자를 나중에 한두 번 만났는데 술을 좋아하는 여자가 아니어서 오래 붙들어 둘 수가 없었습니다. 나는 연상의 여자들과 친합니다. 7~8년 연상과도 사귀고 친구 관계로 사귄 여자도 연상이 많습니다. 훨씬 편하고 세상의 많은 체험을 얻을 수도 있습니다. 제 연애시의 대상이 그렇다는 말씀입니다. 여담입니다만, 인생에서 삼말사초, 즉 30대 후반에서 40대 초반까지가 제일 아름다운 때입니다. 나도 그때 제일 신나게 살았던 것 같습니다. 나는 풋내라는 것을 과히 좋아하지 않습니다."

아버지(황순원)에게 지고 있는 문학의 빚은 뭡니까?

"있겠죠. 그러나 음악가 집안이 있고, 미술가 집안이 있지만, 문학은 조금 다릅니다. 베토벤도 모차르트도 아버지가 음악가였습니다. 플랑드르 지방에 가면 대부분 미술가들은 손자들까지 미술가로 키워냅니다. 그런데 문학은 거의 없습니다. 문학은 체험이 중요한데, 부자父子가 체험을 공유하기 때문에 아들에게는 치명적입니다. 알렉산드르 뒤마가 부자父子 모두 문학가였다고는 하지만, 아들 뒤마 피스는 서자였습니다. 내가 아버지에게서 배운 것도 많습니다. 그러나 내가 그만큼 반발하지 않았다면, 그 영향을 피하겠다고 노력하지 않았다면 지금까지 이렇게 시를 써오지 못했을 것입니다. 이것이 문학이 음악이나 미술과 다른 점입니다. 아버지는 내가 문학하는 것을 찬성하지 않았습니다. 법과대학이나 의과대학을 강

력히 바라셨습니다. 그러다 나중에 찬성하셨습니다. 내가 영문과를 간 이유는 번역된 해외문학이 없었기 때문입니다. 을유문고가 나오기 시작한 것이 내가 대학 3학년 때입니다. 원서가 아니면 세계문학을 체험할 길이 없었습니다. 그 덕분에 나는 도스토예프스키 전집을 영어로 읽을 수 있었습니다. 물론 당시에 해독이 잘 안 되는 부분은 젊음의 상상력으로 커버했지요.(웃음) 해석이 안 되는 부분일수록 신나게 상상력의 오역을 했을 겁니다."

귀 수술 이후 건강은 어떻습니까?
"회춘한 것처럼 힘이 생깁니다. 벌써 5년 됐습니다. 귀병은 내가 30년을 지니고 있던 병입니다. 수술 직후에 입이 삐뚤어지는 부작용이 있어서 고생했는데 곧 말끔해졌습니다."

술은 왜 마십니까?
"맛있으니까. 내가 젊었을 때는 술밖에 오락이 없었습니다. 대학 입학하고 같은 반에 한 여학생을 좋아했습니다. 커피 한잔 하자고 얘기했는데 거절당했습니다. 그 시절은 남녀가 다방에서 커피만 한잔해도 소문났습니다. 내가 애만 태우다가 그녀와 같은 테이블에서 처음 커피를 마신 것이 4학년 때 수학여행 가서입니다. 볼만한 명작 영화도 1년에 한두 개 수입되는 게 고작이었습니다. 노선에 따라 하루에 한 번만 운행되는 버스를 연결시켜 가면서 여행을 하는 것도 고역이었습니다. 그나마 여학생에게 같이 여행 가자고 하면 빼기 일쑤니 혼자 다닐 수밖에 없었고, 그때 형편상 맥주를 마시면서 사귀는 것도 불가능했습니다. 그래서 남자들끼리 술밖에 즐길 게 없었습니다."

고은 시인이 "최근의 시가 가슴에서 터져나오지 않고 머리에서 짜여 나오는 것은 술꾼 시인이 줄어든 현상과 무관하지 않다"고 말한 적이 있습니다. 술과 시는 도대체 관계가 있습니까?

"아무 관계 없습니다. 술마시고 취해서 쓴 시는 대개 나쁜 시입니다. 술이 시를 만드는데 도움이 된다는 것은 일반적이지 않습니다. 나는 술 먹고 쓴 시는 다 버렸습니다. 단 머리로 만드는 시는 반대입니다. 고은 시인이 지적했든 안 했든 체험에서 우러나지 않고 머리로 쓴 시는 반대입니다. 시인은 체험에 귀를 기울여야 합니다. 체험은 구체적인 것이고, 시 또한 구체적이어야 하기 때문입니다."

시론 「알레고리와 상징의 밀회」에서 말씀하신 '극서정시' 이론을 쉽고 짧게 설명하면 무슨 뜻입니까? 선생님께서는 스스로 말씀하시길, "시의 화자가 거듭나는 변화를 겪으면서, 그 거듭남의 변화가 작품 속에 일어나는 서정시를 극서정시라 부른다"고 하셨습니다. 이것을 쉽게 좀 말씀해 주십시오.

"서정시도 문학의 일부분인 한 넓은 의미의 윤리를 벗어날 수 없습니다. 인간의 변화, 심성의 변화, 미적 감각의 변화를 생각하지 않으면 좋은 시가 될 수 없습니다. 인간이 속박에서 벗어나는 일은 변화하는 수밖에 없습니다. 시가 그 변화에 도움을 주자는 것입니다. 우리는 언제나 자아에 갇혀 있으니 자아해방이 중요합니다. 말로 떠들어 해방되는 것도 아니고, 논리적 설득으로 해결될 수 있는 것도 아닙니다. 자기가 변화해야 합니다. 그 변화에 시가 가능한 도움을 주자는 것입니다. 나는 문학작품에서 그러한 변화의 자유를 겪었습니다. 나도 돌려주고 싶습니다. 그러나 너무 윤리만 앞세우면 우스워집니다. 작품의 진정성이 사람을 울리고 봐야 합니다. 변화는 그 다음입니다."

(이문재 시인은 시집 『버클리풍의 사랑노래』에 붙인 발문에서 극서정시론을 "시적 자아의 화학적 변화를 위한 시쓰기 전략"이라거나, "시공간의 몽타주를 통해 시의 시공간을 확대시키면서 시의 긴장 강도를 높인다"고 말했다.)

1958년에 등단해서 어언 45년, 문학적으로 가장 중요했던 시기는 언제였습니까? 가장 위험했던 시기는 언제였습니까? 가장 기쁘고 벅찼던 시기는 언제였습니까?

"젊었을 때는 포기할까도 여러 번 생각했습니다. 앞이 안 보일 때입니다. 내 시가 자꾸 반복이 되려고 할 때입니다. 에이, 그만 쓸까 하는 심정이지요. 시를 가지고 생활을 하는 게 아니기 때문에 그런 생각을 쉽게 하는지도 모릅니다. 이런 고민이 소설가에게는 더욱 힘든 문제일 것입니다. 나에게도 상당히 절실한 문제였습니다. 시 쓰는 게 생애에서 제일 중요한 일이었기 때문입니다. 『풍장』도 그때 시작된 것입니다. 요새 와서는 그게 조금 적어졌습니다. 하나 끝내면 '다음 것'이 생각납니다. 지난 15년 동안이 시를 가장 많이 쓴 시기입니다. 『풍장』 후반부, 그리고 『버클리풍의 사랑노래』, 『미시령 큰바람』이 다 그때 씌어진 것들입니다. 어떤 사람들이 그러더군요. 당신은 시를 적당히 접어둘 나이가 아니냐고요. 대답은 '나도 어쩔 수 없다'는 것입니다. 밤에 자다가 깼을 때 시적인 감상이 떠오르면 그것을 적어놓고 자거든요. 자동으로 되는 것이고, 괴로운 일입니다. 독립군이 조국에 생명을 바치듯이, 시가 그것을 요구하는 것입니다. 최선의 싸움을 요구하는 것입니다. 예술가가 겪어야 할 운명입니다."

시가 지긋지긋한 적은 없었습니까?

"왜 없었겠습니까, 있죠. 시 쓰다가 처음 시작은 기가 막히게 좋았는데, 한 두세 달이 지나도 완성이 안 되면, 그리고 그것이 서너 편이 그러면 지긋지긋해집니다."

시에 최선을 다한다는 것은 무슨 뜻입니까?

"가령 자다가 새벽 2시쯤 깼는데, 갑자기 생각나서 일어나 앉아 고치고 쓰면 한두 시간이 지나가 버립니다. 시키는데 어떡합니까. 그것을 안 하면 시가 쪼그라들기 시작할 것입니다. 그 시키는 사람이 옛날엔 뮤즈라고 했는데, 지금 생각하면 시를 아주 사랑하는 자아 중의 일부일 것입니다."

황동규 시인을 떠올릴 때 일반 독자에게 연상되는 단어 가운데 하나는

'홀로움' 입니다. 11번째 시집 『버클리풍의 사랑노래』의 제2부는 미국 샌프란시스코의 한 아파트에 머물면서 쓴 '홀로움'에 관한 노래입니다. 외로움이 외로움을 견딜 수 있는 '홀로움'이란 무슨 뜻입니까?

"외로움은 우리를 짓누르는 상처이고, 홀로움은 그 짓누르는 것을 즐기는 상태에까지 끌어 올리는 것입니다. 홀로 있는 것을 즐기는 상태입니다."

이성복 시인을 만났던 사연을 말하면서, (시적 긴장의) '링에서 내려가고 싶다' (황 시인은 복싱을 좋아한다)고 고백하고 위로받고 싶은 '문학적 선배가 없다'고 하셨는데, 문학에 선배가 없다는 것은 무슨 뜻입니까? 황 선생님의 바로 앞세대로 김수영, 김종삼, 김춘수가 있지 않습니까?

"내가 말하고 싶었던 것은 나하고 김수영 사이의 공백입니다. 다른 시인들이 들으면 화를 내겠지만, 김수영이 작고했을 때 그 공백감은 더했습니다. 김춘수는 술을 좋아하지 않으니 자주 자리를 함께 할 수 없었습니다. 김종삼은 「아리사」다방에서 만난 적이 있어서 인사를 했는데, 제가 계간 《문학과 지성》에 김종삼론을 쓴 이후 좋아하게 됐습니다. 참여파가 대시민주의자들이라 하고, 순수파는 소시민주의자라면서 판을 치고 있는데 이 사람은 무시민주의자다라고 내가 말했습니다. 그 글이 나가고 며칠 후 김종삼 선생이 내게 와서 손을 내밀며 '황 선생 감사합니다'라고 합디다. 그러면서 하는 말이 자기 사위가 그 글을 읽고 장인도 의미있는 일을 하고 있다고 생각하게 됐다는 것입니다. 그러면서 나보고 한잔 하자고 하더군요. 그러나 김종삼 시인은 형편상 술값의 95% 이상을 상대에게 신세지고 있던 터라, 그뒤 한번도 제대로 자리를 갖지는 못했습니다. 결국 김수영이 돌아간 다음 나에겐 마음을 기댈 선배가 없었는데, 이성복은 나보다 형편이 나은 셈이었다는 뜻입니다.

시는 경제 원리와 정반대입니다. 최대로 노력해서 최소의 효과를 보는 것이 시입니다. 일단 링에서 걸어 내려가면 다시 올라올 가능성은 거의 없습니다. 김명인 시인도 이 얘기에 감명 받아 악착같이 시를 써야겠다는 마음을 먹게 됐다고 하더군요. 시는 중간에 포기할 수 없습니다. 중간에 쉬었다가 다시 할 수는 없습니다. 릴케도 10년을 중단한 적이 있고, 발레리도 그랬다지만, 그러나 탐구와 습작은 계속했습니다. 다만 발표를 하지 않고 있었다 뿐이지."

시란 솔직한 것입니까? 솔직하게 말씀해 주십시오.

"솔직할 수도 있고 아닐 수도 있습니다. 언어유희도 있습니다. 진정성이란 인류가 만든 위대한 시에서는 다 나타납니다. 언어유희만 가지고는 큰 시가 될 수 없습니다. 언어유희마저 못하는 시인도 문제가 있고요."

문학동네 봄호에 실려 많은 관심을 끌었던 시 「적막한 새소리」를 한번 읽겠습니다. 여기서 선생님은 "개인 이익만을 추구하는 이 시대에 살고 있는 우리가 일상사에서 간과하는 것들을 두 성인의 대화를 통해 보여주고 싶었다. 원효는 나 자신이기도 하다. 자신의 내면을 성찰하고자 하는 사람을 상징화한 것이다." "나는 어려서부터 기독교적 교육을 받은 사람이다. 그러기에 나의 윤리와 나의 시각은 기독교적이다. 그러나 20여 년 전부터 난 선의 세계에 푹 빠졌다. 지금의 나에게 부처와 예수, 불교와 기독교는 모두 소중하다."고 말했습니다. 선생님의 시에서 선禪이란 관념과 실체 사이에 어떠한 문학적 균형을 추구하고 있는 것입니까? 누군가 말했듯 원효의 일체유심조 사상입니까?

"선의 기본 목표는 시를 초월하는 것입니다. 선시를 쓴다는 것은 시가 아닌 것을 쓰는 것입니다. 어떻게 보면 인간이 목표로 할 수 있는 목표 가운데 하나가 선입니다. 마르크스의 이상주의도, 기독교에서 넓은 의미의 종말론도, 불교에서 화엄의 세계도 같습니다. 선은 인간의 한없는 접근을 요구합니다. 이 한없는 접근이 사실은 원숭이로부터 인간을 만들었습니다. 나는 이 시대에도 새로운 접근이 필요하다고 생각합니다. 지금 우리 문단에서 선승 입장으로 시를 쓰는 사람이 있습니다. 어떻게 보면 신나는 일입니다. 그러나 어떻게 보면 나르시시즘입니다. 우리는 선에 접근하다가 죽기 때문에, 그러한 선이 인간에게 필요한 것입니다. 접근해서 성취(도달)하게 되면, 곧바로 끝 아니겠습니까."

선생님의 시는 여행에 얼마만큼 빚지고 있습니까?
"내 시에 여행의 풍물을 읊은 것은 하나도 없습니다. 여행이 소재가 되고 있을 뿐 여행시는 아닙니다. 여행은 판에 박은 생활에서 벗어나게 해주는 것일 뿐입니다."

노벨문학상에 대해 생각해보셨습니까? 그 거리를 가늠해보신다거나, 후보에 오를 때가 올 것인가라든가, 수상자가 될 경우에 대해서 말입니다.
"아직은 없습니다. 20년 전 한 신문에 글을 쓴 적이 있습니다. 당시 김동리 등 몇 분들이 노벨문학상에 관심을 갖고 로비를 하는데 그러지 말라고 당부를 드리는 내용이었습니다. 진짜 위대한 문학가들은 문학상을 못 탔다는 얘기도 했습니다. 가령 로렌스, 조이스, 프루스트, 릴케, 발레리, 입센 같은 분들입니다. 물론 주면 받을 것이고, 국가적으로 자랑도 되고 좋지요. 그러나 그것을 목표로 할 필요는 없다는 것입니다."

한시漢詩 모임은 지금도 계속되고 있습니까?
"이 선생이 은퇴하셔서 끝났습니다. 대를 이을 분이 없더군요."
(황 시인은 서울대 명예교수였던 한학자 창석 이병한 선생을 사부로 모시고 1992년 봄부터 서울대 인문대학 2동 3층 교수합동연구실인 자하헌에서 한시 공부를 해왔다. 이 공부방에는 영문과에서 황동규 이병건 이상옥, 국문과에서 조동일 민병기 김용직 심재기 안병희, 독문과에서 안삼환 교수가 참여했다. 그때 공부하면서 나누었던 정감어린 얘기들을 곁들여 이병한 선생은 2000년 초여름 중국 대시인들의 한시집인 『치자꽃 향기

코끝을 스치더니』와 『이태백이 없으니 누구에게 술을 판다?』 두 권을 출간했다.)

(오랜 친구로 알려진) 마종기 선생(시인이자 의사)과 「매기의 추억」을 같이 불러 본 적이 있습니까.
"많이 불렀죠. 그가 의과대학 다닐 때 내가 시험공부에 도움을 준 적도 많습니다. 시험 전날 내가 그의 방에서 "요 뼈의 이름은 뭐냐? 요 뼈는?" 하는 식의 질문을 던지면서 예습을 시켰거든요. 그가 나에 대한 여러 이야기를 하면서 이 얘기는 안 하더군요.(웃음) 정확하게 말하자면, 내가 의사가 아닌 사람으로서 의학 상식이 조금 있는 것은 전적으로 마종기 덕분입니다. 인간적으로 좋은 사람이고, 시인으로서도 정말 괜찮은 시인입니다."

'산문'과 '시'를 놓고 질문이 있습니다. 마종기 선생에게 쓰신 「편지」라는 시 가운데 이런 구절이 있더군요. "저녁에 한잔 생각하며 돌아오는 하늘가에/ 외로이 떠 있는 태양을 위해 쓴 몇 줄의 산문/ 산문이 뒤틀렸다 풀리며 탄력을 받아/ 만들어진 몇 마디 싯구들……" 또 "산문을 쓰지 않고 몇 달 몇 년을 지낼 수는 있어도, 시를 잊어버리고는 단 며칠을 보내기 힘들다" 하신 말씀도 어디서 읽은 것 같습니다. 나이 드실수록 산문와 시 가운데 어느 쪽에 더 마음이 가십니까?
"글쎄요. 아무래도 산문이 편하죠. 산문의 글귀가 풀리지 않아서 고민한 적은 없는 것 같습니다. 시는 몇 달 동안 연습을 안 하면 불안합니다. 이만 두어야 하는 게 아닌가 하는 불안이 엄습합니다. 뮤즈에게 채였다는 느낌이 들 때입니다."

현재의 가족관계와 근황을 좀 말씀해주십시오.
"어머님은 귀가 조금 어둡기는 하지만 건재하십니다. 딸아이 시내는 미국에서 결혼을 했고 지금 오하이오에서 작곡을 공부하고 있습니다. 아마 음악 이론 쪽으로 방향을 바꿀 것 같습니다. 사위도 공부하고 있습니다. 아들 순신이는 한국에 있는 마이크로소프트사에 다닙니다. 며느리는 조경사입니다. 우리집은 사위는 경상도 출신이고 며느리는 전라도 출신입니다. 아들 이름이 황순신인 것은 내가 이순신 장군을 너무 좋아하기 때문에 지은 이름입니다. 이순신은 전사한 것이 아니라 자살한 것입니다. 그때 그는 지휘하는 장수로서 갑옷도 입지 않고 싸웠습니다. 그가 그때 죽지 않았다면 선조 같은 임금 밑에서 또다른 곤욕을 치렀을 것입니다. 그가 수군통제사 시절, 적군을 잡으라는 명령을 듣지 않아 내리막길을 걷게 되는데, 저는 그 오만까지를 운명적으로 끌어안은 인간 이순신을 좋아합니다."

정년 이후의 설계도를 말씀해주십시오.
"아직 10개월 남았습니다. 내년 봄에는 아무것도 안 하고 보낼 계획입니다. (아무것도 하지 않는 것이 곧 앞으로의 계획이라고 당당하게 말할 수 있으려면, 우리는 얼마나 성실한 긴장 속에 젊음을 보내야 할 것인가. 그가 옆에 앉은 김요일 시인에게 술을 권한다.) 대한민국 남자들의 평균 나이 이상을 살고 싶은 생각은 없습니다. 여러 사람들이 오래 살려고 이상한 짓을 하고는 있지요. 나는 절대로 그러지 않을 것입니다. 단 평균 나이까지는 권리입니다. 권리 이상은 안 하겠습니다. 보약 먹는 짓, 장수촌 방문하는 짓을 하지는 않을 겁니다. 가급적 여행은 계속하겠으나 해외 장기체류 계획은 없습니다. 따져보면 우리나라도 참 좋습니다. 가 보면 항상 변해 있습니다. 부석사는 내가 제일 좋아하는 절입니다. 한번은 10년 세월을 두고 가게 됐는데, 건물 전체가 달라져 보였습니다. 우리나라는 참 갈 데가 많습니다. 어떤 이는 아는 것만큼 보인다고 했는데 위험한 말입니다. 부석사를 예로 들어 내가 무량수전의 아름다움을 보고 황홀을 느끼면 더 알아 뭐하겠는가 하는 것입니다. 그 뒤로 그 무량수전의 건축양식에 대해 많은 것을 배웠지만, 처음에 느꼈던 그 황홀에는 하나도 도움이 안 됐습니다. 내 또래 시인들 중에는 운전하는 사람이 없습니다만, 나는 운전을 즐깁니다. 은퇴 후 차몰고 다닐 데가 한두 곳이 아닙니다."

올 가을 들어 읽은 책 중에 독자들과 함께 말하고픈 책이 있다면……
"성석제의 『황만근은 이렇게 말했다』 정도입니다. 동인문학상 수상작으로 결정되기 전에 읽었습니다. 소설 환경의 극대화를 느낄 수 있었지요. 그리고 주인공 이름이 같은 황씨이기도 하고…….(웃음)"

지난 일주일 동안 요일별로 하셨던 일들을 기억나는 대로 설명해 주십시오.
"오늘이 목요일이니, 지난 금요일부터 말하겠습니다. 금요일에는 중앙일보에서 주관하는 미당문학상 시상식이 있었습니다. (황동규 시인은 제2회 미당문학상에 시「탁족」으로 수상자가 됐다.) 인사동 이모집에서 뒷풀이를 했는데 술을 많이 마셨습니다. 그래서 토요일은 자동으로 꼼짝 못하고 집에 있었습니다. 일요일에는 다음에 펴낼 시집 원고들을 손봤습니다. 내년 봄쯤 발간할 예정입니다. 월요일은 문화관광부 사람들을 만났고 저녁에는 무역센터 비즈바즈라는 곳에서 문학과지성사 사람들을 위해 김원일 씨와 같이 2차 뒤풀이를 했습니다.(김원일 작가 역시 중앙일보가 주관하는 제2차 황순원문학상 수상자다. 시상식에서 상을 같이 받고 뒤풀이도 같이 한 셈이다.) 화요일에는 학교에 강의가 있었습니다. 그런데 서울대 총장(정운찬 교수)이 미당문학상 수상을 축하하는 옥화란을 보내 왔습니다. 내가 전화로 감사의 뜻을 전했습니다. 옥화는 기품이 좋은 난입니다. 총장이 외부에서 상을 받는 교수에게 난을 보내는 일은 예전에는 없던 일입니다. 수요일에는 앞으로 낼 시집을 손보며 지냈습니다. 주말에 프랑스로 여행을 떠나는데 그 전에 손보고 싶었습니다. (이때 필자는 잠시 신문사로 전화를 걸어서 그날 발표된 노벨문학상 수상자를 물어 보았다. 헝가리의 임레 키르테스였다. 고은 시인이 후보로 올라 있다는 외신 보도가 있었지만……. 황 시인은 말을 이었다.) 노벨상이 갖는 아름다움 중 하나는 통계와 맞지 않는다는 것입니다. 따지고 보면 우리의 미적 감각이나 윤리적 감각을 조금이라도 바꿔 놓아야 예술가라고 할 수 있을 것입니다. 결국은 '어떻게 살 것인가' 라는 윤리적인 문제에 관여하지 않으면 예술가의 자리가 약해집니다. 우리가 위대한 예술가라고 부를 수 있었던 사람들은 다 관여했습니다. 예술은 미학이라기보다는 넓은 의미의 윤리인 것입니다."

『어떤 개인 날』(1961년), 『비가』(1965년), 『태평가』(1968년), 『열하일기』(1972년), 『나는 바퀴를 보면 굴리고 싶어진다』(1978년), 『악어를 조심하라고?』(1986년), 『몰운대행』(1991년), 『미시령 큰바람』(1993년), 『풍장』(1995년), 『외계인』(1997년), 『버클리풍의 사랑노래』(2000년)까지 선생님께서 내신 전작 시집들을 보면 희한하게도 정확하게 3~4년의 텀을 지키고 있습니다. 특별하게 의도하신 것입니까?

"의도한 것은 아닙니다. 다만 내 생애에 중요한 것들을 고르다 보니 양이 그만큼 나오는 것입니다. 나이로 따지면 두보는 나보다 3~4년 전에 죽었는데, 나보다 많이 썼습니다. 내가 두보를 너무 좋아했습니다. 「곡강」라는 시에서 그는, "꽃잎 하나 지면 봄이 그만큼 덜어지거늘 바람에 펄펄 꽃잎이 날리니 이를 어찌하랴!"라고 했는데, 그만한 감수성이 대체 세상 어디에 있단 말입니까."

앞에 열거한 시집들을 중심으로 독자들이 쉽게 이해할 수 있도록 선생님의 문학적 시대구분을 해주실 수 있겠습니까?

"정말 못 하겠어요. 그것이야말로 비평가들의 몫이지요. 어떤 시집이 나왔을 때는 '그전 시와 다른 시' 였지, '그전 기간과 다른 것' 은 아니었습니다. 앞에 말한 시집들을 분명히 나눌 수는 있겠으나 나 자신이 하는 것은 힘듭니다."

시 「풍장 27」을 한번 읽겠습니다.

> 내 세상 뜰 때
> 우선 두 손과 두 발, 그리고 입을 가지고 가리.
> 어둑해진 눈도 소중히 거풀 덮어 지니고 가리.
> 허나 가을의 어깨를 부축하고
> 때늦게 오는 저 밤비 소리에
> 기울이고 있는 귀는 두고 가리.
> 소리만 듣고도 비 맞는 가을 나무의 이름을 알아맞히는
> 귀 그냥 두고 가리.

(황 시인은 책 『시가 태어난 자리』 225쪽에서 이렇게 말했다. "풍장 풍습의 기이함이 나를 지금까지 내가 과거에 떠돈 곳들을 떠돌게 하는 것은 아니다. 「풍장」은 우리 삶 자체의 알레고리가 될 수 있는 것이다. 우리는 의식하고 있지 않은 사이에 계속 죽어가고 있다. 풍장은 구체적으로 우리가 어느 정도 죽어 있는가, 혹은 어느 정도 해탈(탈골)했느냐를 땅 속에 숨기지 않고 보여주는 장치이다. 다시 말해서 풍장은 계속 죽고 있는, 그러면서도 계속 죽음을 이기거나 죽음에 지고 있는, 우리 자신의 삶 자체인 것이다. 뿐만 아니라 원래 매장은 내세가 있다는 형이상학을 앞에 내세워 죽은 자를 산 자들의 삶에서 보이지 않는 곳으로 쫓아버리는 상징적인 행위였다. 그러나 그렇게 함으로써 삶과 죽음이 한 동전의 앞뒷면이라는 사실이 흐려지게 되었던 것이다. 그때 나는 그 사실을 흐리는 형이상학을 부숴버리고 싶었던 것이다.")

선생님에게 「풍장」이 완료됐습니까? 아니면 현재도 진행중입니까? 쓰

지는 않아도 정신세계에는 언제나 들러붙어 있는 것입니까? 그것은 선생님의 문학 연표에서 어떻게 자리잡아야 하는 것입니까?

"완료될 수 없는 것입니다. 제목은 아니겠지만…… 잠이 죽음보다 풍부하고 남는 게 있다는 것은 다 포기해도 포기 못할 게 있다는 뜻입니다. 가을비 소리 하나를 포기할 수 없다는 것입니다."

「풍장 27」을 자선시로 뽑은 이유는 "죽음을 담담히 받아들이면서도 한번 산 삶에 대한 고마움이 마음을 허물고 밖으로 나오기 때문"(『시가 태어난 자리』에서 인용)입니까?

"살아 있다는 고마움입니다. 지구도 어느날 무생물의 행성이 될 수 있습니다. '삶의 황홀'이라든가 '살아 있음'이라는 것은 그것이 없는 것보다는 훨씬 우위에 있습니다."

올 가을 겨울, 그리고 내년 봄 정말로 아무 일도 안 하고 보낼 수는 없지 않습니까?

"사실은 은퇴를 아는지 일을 많이 시키네요. 학교 수업도 있지만, 여기저기 서울과 지방에 있는 대학에서 많은 강연이 잡혀 있습니다. 대구에서 청탁한 발제는 끝내 사양해야 할 정도로 일이 많습니다. 조금 지나면 또 문학상 심사가 있습니다. 은퇴 후에 시골에 가서 살 계획은 없습니다. 옛날에는 와이프 말을 잘 안 들었는데 이제 조금 들어줘야죠." (황 시인의 부인 고정자 씨는 한성대 영문과 교수다.)

인터뷰를 마치고 밖에 나오니 아시안게임에서 한국 대 이란의 축구경기가 광화문 네거리의 전광판에 중계되고 있었다. 지난 6월 월드컵의 열기를 채 식히지 못한 젊은이들이 그때의 붉은 복장으로 응원을 하고 있었다. 황 시인은 "정말 유쾌하고 재미있는 자리였다"면서 손을 내밀었다.

정진규

1939년 경기도 안성 출생.
1960년 《동아일보》 신춘문예로 등단.
시집 『마른 수수깡의 평화』 『들판의 비인 집이로다』 『몸시』 『알시』
『본색』 『껍질』 등과 시선집, 시론집 『질문과 과녁』 등 다수 출간.
한국시협상, 만해문학상, 현대시학작품상, 공초문학상 등 수상.
대한민국 문화훈장 받음. 현재 《현대시학》 주간.

Zoom-in

느렸지만 시인의 눈길은 따뜻하고 팽팽했다

악수하고, 안부 묻고, 건강과 날씨 얘기하고, 앉으라고 권하고, 차를 따르고…… 하는 인사 말고, 다짜고짜 들이닥치는 인사를 하고 싶다는 변덕이 가끔 있다. 창틀 끝에서 떨어지려는 아기를 엄마가 붙들듯, 도망가는 소매치기를 경찰이 붙들듯, 나이든 과부가 변심한 애인을 붙들듯, 아니 그보다 더 긴박하고 절박하게 정진규 시인을 만나고 싶다는 갈망이 있었다. '몸'을 이야기하고, '알'을 이야기하는, 영원과 시간 사이의 통로를 무면허로 개설해버린 정진규 시인을 만나러 가면서, 이번에야말로 다짜고짜로 만나고 싶었다. 허허허 웃으며 사람 좋은 선배 시인으로 후배들에게 존경과 인기를 모으고 있는 정진규 시인을 만나면 그의 몸을 벗기고 싶었다. 존재에서 초월로 이행하는 필연적 연찬은 좋다 이겁니다, 그런데 어떻게 해서 당신은 살아 있는 몸 안을 헤집고 주검의 모습을 미리 보아버렸을까 궁금했습니다, 가 준비한 첫 질문이었다.

약속시간을 못 맞추고 너무 일찍 도착한 탓에 인사동의 수도약국 옆 골동가게 앞에서 유리창을 들여다보며 해찰을 하고 있었는데, 다정한 벗이자 문학평론가인 김요안 문학세계사 기획실장이 팔을 붙잡았다. 그는 황사 때문인지 마스크를 하고 있었고, 눈썹이 먼저 따뜻하게 웃고 있었다.
비어 있는 공간보다 책 쌓인 공간이 더 많아 보이는, 그래서 풍만하게 비좁은 《현대시학》의 사무실에서 잠시 머물다가 정진규 시인을 모시고 우리는 몇 발자국 근처에 있는 '뉘조'라는 한식집으로 자리를 옮겼다. 종업원이 주섬주섬 몇몇 반찬을 깔고 있는 사이에 준비한 첫 질문을 잠시 까먹고, 들이닥치고 싶다는 욕망만 남아서 정 시인에게 '현장 몸수색'을 시작했다. 우선 몸 안에 지니고 있는 물건을 전부 꺼내서 테이블 위에 놓으시지요. 그는 2인 1조 형사대에게 붙잡혀버린 현행범처럼 순순하게 몸 안엣 것들을 꺼내 놓았다.

어? 휴대폰 쓰시네요?
"휴대폰은 작년부터 가지고 다녔습니다. 직접적인 원인은,《현대시학》의 편집장 때문입니다. 주간인 내가 밖에 외출했을 때 물어볼 일이 있는데도 연락이 안 되니까 이걸 주데요. 써보니 편해요. 차범석 선생처럼, 나는 자동차도 없죠, 카드 안 쓰죠, 잡지 만들면서도 컴맹입니다. 내가 게으른 사람이죠. 근데 사실은 군대에서 운전했어요. 내가 군에 있을 때 AA 장갑차 부대에 배속됐었습니다. 그곳은 캐러번 50이라는 대공포를 쏘기도 했지요. 최전방이었습니다. 학보병이었는데, 1년 6개월 복무하는 대신 최전방에 간 거지. 그런데 부대에 운전병이 없는 겁니다. 시골 애들 아니면 학보병뿐인데 시골애들은 운전을 가르쳐 줘도 못 하니까 학보병인 내가 장갑차를 몰았습니다. 1960년《동아일보》로 등단하고 나서 혁명 났을 때 지원해서 학보병에 가고들 그랬죠."
이 열쇠는요?
"사무실 열쇠요."
재작년에 시집『본색』을 내고 인터뷰했을 때도 그렇고, 오늘도 이 목걸이를 매고 계시네요.
"딸이 예술종합학교 조소과 교수입니다. 그 애(정서영)가 독일서 공부했는데, 꽤 활동을 합니다. 비엔나 한국 대표작가였지요. 걔가 골라준 것인데, 이름 있는 사람 거라네요. 3년 됐습니다."
이건 뭡니까? 호두처럼 생겼습니다.
"그게 '가래' 라는 거요. 깨도 안에 알맹이는 없습니다. 손 운동하는 데 쓰지요. 마누라(변영림)가 이 소리를 듣기 싫어합니다. 뼈가 부딪는 소리 같대요. 처음 가졌던 것을 잃어버렸는데, 이것도 한 수년 됐습니다."

고급 볼펜도 가지고 다니시는군요.

"사실은 만년필을 가지고 있습니다. 잉크는 까만 색을 쓰지요. 파카인지 몽블랑인지 기억은 안 납니다. 볼펜도 독일제요. 그리고 지갑 안을 보세요. 그 안에 2달러짜리가 있지요? 미국 사는 동생이 준 것입니다. 그걸 갖고 있으면 재수가 좋대요. 500원짜리 지폐도 마찬가지고요."

이건 뭡니까? 만보기萬步機네요. 아주 고급스러워 보입니다.

"이제 모두 다 아는 얘기니까 말씀 드리지요. 제가 당뇨가 있잖아요. 늘 운동을 해야 합니다. 하루에 만 보를 꼭 걷습니다. 아침에 일찍 일어나 3~4천 보를 하고, 저녁 먹고 또 3~4천 보를 합니다. 내가 사는 인근에 한국 신학대학이 있는데, 흙 운동장을 한 시간 반 정도 걷습니다. 마누라가 건강책임자인데, 걸었나 안 걸었나 보지요. 어떨 때는 점심 시간에 운현궁 너머로 몇 바퀴 돌기도 합니다. 제가 제대로 걸었을 때는 마누라가 축하한다고 해요. 당뇨는 운동 안 하면 안 됩니다. 이 시계 겸용 만보기도 미국에 사는 동생이 줬습니다."

비단 만보기 덕분은 아니겠습니다만 혈색이 좋아 보이십니다.

"선체조를 배웠습니다. 혼자 할 수 있는 운동입니다. 본격적으로 하면 이상한 도인 같아 보입니다. 12가지 동작이 있습니다. 일종의 스트레칭 같지요. 아침에 합니다. 약도 계속 먹고, 병원에서 정기 검진을 받고 있습니다. 우리가 살면서 음식 먹는 즐거움이 큰 것인데 마음대로 먹지는 못합니다. 요즘 의사들은 뭐든 먹어라, 대신 양을 줄여라, 하고 말합니다. 음식보다 더한 것은, 글 쓰는 사람에게는 절정감이라는 것이 있어서 한창 쓸 때는 쓰다 보면 밤을 샐 수도 있는데, 겁이 나서 못 하니 괴롭습니다. 중간에 끝내야 하지요. 한창 신나고 있는데 끝나니…… 다른 것은 지장 없습니다."

선생님의 기록을 보니 1980년대 중반에 술회사인 '진로'의 홍보부장을 역임하신 적도 있더군요. 또 호주가로 소문나신 때도 있었던 것으로 압니다. 그 동안 마셨던 술의 이력서를 써 주실 수 있겠습니까?

"많이 먹었죠. 정현종이 그러더군요. 평생 먹을 걸 한꺼번에 먹었다고요. 그래서 병이 생긴 거라고요. 내가 '진로'에 간 것은, 술 때문은 아니고, 인연이 있었습니다. 장익용 사장이라고, 장진호 씨하고 사촌인데, 저를 알았습니다. 내가 글 쓰는 일로 도와준 적도 있고요. 그래서 홍보팀에 가게 됐습니다. 그 전에 중·고교 선생을 했는데, 그게 싫어서 회사로 간 거지요. 색다르게 해보자 싶었고요. 15년 가까이 있었습니다. 그럴 수밖에 없었던 게, 내가 참을성이 없어서 어디 가서 오래 못 있는데, 거의 타의적으로! 오래 있었지요. 물론 자의적이라고 볼 수도 있겠지만요. 자식들을 기르고, 대학에 보내려니 돈이 많이 들었습니다."

한창 때는 주량도 대단하셨겠습니다.

"2홉들이로 따지면 5~6병은 먹었던 것 같아요. 다들 그렇게 먹었지요. 같이 어울린 사람들은 대부분 시인들이었고요. 문학적 방향은 달랐지만 조태일하고도 많이 먹었습니다."

평자들은 1978년 산문시 「매달려 있음의 세상」을 경계선으로 해서 정진규 시인의 시가 많이 달라진 것으로 말하고 있습니다. 그때부터 본격적인 산문시가 시작됐고, 시에서 마침표가 없어졌습니다. 이유가 뭡니까?

"심정적으로는 마침표를 찍고 나면 끝나는 것 같았습니다. 구속감이 들었습니다. 문장의 구속감으로부터 자유롭고 싶었습니다. 실제로도 마침표를 찍으면 리듬 조절에 있어서 여운이 끊기는 것 같았습니다. 상상력의 공간이 좁아지고, 결정되어 버리는 느낌이었죠. 산문 형태의 시를 쓰면서 마침표까지 찍으면, 그렇지 않아도 운율이 반감되는데요. 그것을 극복하는 방편으로 마침표를 없앴고, 계속하게 됐습니다."

산문시 탄생의 인연을 평론가 홍기삼 선생에게서 찾을 때가 있으신데, 두 분은 어떤 사이입니까?

"그때가 홍기삼 씨가 《문학사상》 편집장을 하고 있던 때입니다. 이어령

씨 밑에서죠. 《문학사상》에서 발표한 작품이 「들판의 비인 집이로다」였는데 그때부터 산문시의 구체성이 나타나기 시작했습니다. 홍기삼 씨와 함께 얘기를 많이 했지요. 그는 문학성이 강했습니다. 지금은 출세한 인물이 됐습니다만……(웃음). 뭔가 기존 문단에 대한 저항도 셌습니다. 그때 내 고민은 이렇습니다. 그때가 소위 우리 문학에 집단성, 사회성, 민중성이 강조되기 시작한 시절입니다. 그러나 그 세계를 무비판적으로 수용할 수는 없더라고요. 왜냐하면 문학의 순수성을 생각하게 되니까요. 그 시절 학교에 다닐 때 조지훈 선생의 영향을 받았는데, 그분 말씀 중에 '시는 시로 해야 되지 않느냐'는 말씀이 있었습니다. 그분 역시 〈지조론〉 같은 현실 발언을 강하게 하셨지만, 시는 시이어야 한다, 아무리 사회적 관점으로 쓰더라도 거리로 나가면 시를 방매放賣하게 된다는 말씀을 하고 싶으셨던 거지요. 나도 한쪽으로 기울어갈 수 없어 갈등이 심했습니다. 참여 안 하면 비겁한 사람이 된다고 문단에서 겁을 주니 소외감을 느낄 수밖에요. 산문시도 그런 데서 시작됐습니다. 산문적인 이야기, 살아가는 이야기를 담다 보니 자연히 길어졌습니다. 맨날 똑같이 쓸 것이 아니라, 행갈이 연갈이 하지 말고 줄글로 시 써보자, 그런 얘기를 홍기삼 씨하고 많이 했습니다. 그러면서 내 산문시에 대한 합리적 근거를 찾게 됐습니다. 그때 읽은 산문시인 보들레르의 말이 충격적이었습니다. 지금도 또렷이 기억하는데요, '산문시지만 서정적 억양과 환상의 파도가 있어야 한다'는 얘기 말입니다. 그 구절이 하나의 금과옥조가 됐지요. 늘, 음악적인, 서정적인 리듬 조절을 하려고 했고, 사실적이고 지시적인 표현을 안 쓰려고 했습니다. 암시적, 상징적 표현에 의한 이미지 만들기로 시의 전개를 해왔던 셈입니다."

　산문시에 회의가 들 때는 없었습니까?

"한번은 김춘수 선생이 근데 뭐 좀, 다른 형태로 바꿔 보는 게 어떠냐, 는 말씀을 전해오신 적이 있습니다. 그러나 행갈이 연갈이를 하면 내것 같지가 않았습니다. 이제 인이 박인 것 같습니다. 산문 형태로 오다 보니 손해를 볼 때도 있었습니다. 시를 심사하는 분들이, 산문시는 본령이 아니다면서 제쳐 놓는 거지요. 특히 유종호 같은 분이…….”

정진규 선생께서는 대체적으로 자신이 쓴 시를 발표하기 전에 남에게 잘 보여주신다는 점이 아주 흥미로운데요. 다른 시인들은 오히려 감추는 경우가 많거든요. 왜 남에게 보여주세요?
"어쨌든 잘 보여주는데요. 저는 한 편의 작품을 쓰고 나면, 나중에는 착각인 것을 알게 되지만, 며칠 동안 스스로 감동에 빠지는 버릇이 있습니다.(웃음) 그래서 자랑하고 싶어서 보여주지요. 나중에 보면 허점이 발견되지만요. 또 하나는, 시가 밀실의 작업이라고 하지만, 저는 생각을 달리합니다. 남의 얘기를 듣고 고칩니다. 발표하기 전에 많이 고치죠. 특히 젊은 사람의 얘기를 들을 때 새로운 게 많아요. 잡지를 하고 있으면서 사실은 현실적으로 플러스는 없으나, 시 작업에는 절대적인 플러스입니다. 무엇보다 중요한 게 젊은 시인 작품을 많이 읽는다는 거지요. 우리 또래 친구들과 얘기 나누다 보면 그들이 젊은 시에 대한 독해력이 떨어진다는 것을 알 수 있습니다. 무슨 소리인지 모르겠다는데, 저는 알겠더라고요. 젊은 사람들의 시를 읽다 보면 이완될 새 없이 그 사람들의 탄력이 전이됩니다. 물론 작품 그 자체로 영향을 주기도 합니다. 내 시를 발표하기 전에 남에게 읽히면 마이너스도 있습니다. 그 사람에게는 내 시가 선도가 떨어지기도 하지요. 이미 읽었으니까요."

정진규 선생은 한 인터뷰에서 이렇게 말했습니다. '매일같이 씻고 닦는 것'이 '시의 행위'라고 하셨습니다. 그러나 시를 너무 만지고 퇴고를 거듭하다 보면 영원성으로 통하는 찰나적 감각이 너무 닳아서 없어지는 것 아니겠는지요.
"그럴 수도 있겠습니다. 너무 고치다 보면요. 처음 맛이 줄어드는 경험도 하고 있습니다. 절대적 감각을 살려야 하는데 고치다 보면 누더기가 되는 수도 있습니다. 그러나 얻는 게 더 많습니다. 그런 가운데 열고 나가는 것도 있으니까요. 어제 오늘 쓴 것 중에 「원적原籍」이란 시가 있는데, 그 시 마지막 부분이 고향에서의 기억을 떠올려서 쓴 것입니다. 어렸을 때 뒷산 풀숲에서 산짐승 암수가 짓거리(교미)한 자국을 만져보니 따뜻했던, 그 체온을 잊을 수가 없는 거지요. 그래서 '황홀의 무늬', '황홀의 흔적'이라고 썼습니다. 그런데 너무 관념적이란 느낌이 들었습니다. 어떻게 구체화할 것인가…… 그게 내 시를 읽은 사람과 얘기를 하다 보니 떠올랐습니다. '내 몸이 자라는 만큼 날이 갈수록 그 황홀의 무늬도 자랐다', 이렇게요. 처음에는 생각 못 하다가 얘기하는 동안에 고쳐 쓰기도 하지요."

'사랑은 마지막 선택이며 몰입이라는 것을 비로소 알았다.' 같은 선생님의 사랑시 구절은 일종의 아포리즘이라고도 할 수 있습니다. 사랑이란 이런 것이다, 시란 이런 것이다, 삶이란 이런 것이다, 라고 규정짓는 것이지요. 그러니까 정 선생께서는 우리가 살아간다는 것을 규정하는 것이 궁극적으로 시를 짓는 소임이라고 생각하십니까?

"동의합니다. 그런 얘기를 들어왔습니다. 잠언적 요소가 끼어드는 게 사실입니다. 제간에는 마음 공부를 통해 뭔가를 발견하고 있습니다. 불가佛家에서 말하는 깨달음도 발견이고, 존재에 대한 접촉이니까 그것이 성공적으로 표현되면 잠언으로 끝나지 않고 감동의 물살로 이어지는 것인데, 윤리적으로 규정짓는 어투가 되지 않으려고 하는데, 그것이 노출되기도 합니다. 제 뜻은 어디까지나 존재, 실체, 보이지 않는 것과의 만남, 발견을 하고자 했던 것입니다."

후배 시인들이 돈벌이가 되는 산문집을 낸다든지, 혹은 소설 쪽을 기웃거린다든지 하는 행위에 대해 매우 비판적인 목소리를 내신 것으로 알고 있습니다. 왜 그렇게 야단을 치십니까.

"말씀드리지요. 제가 한 젊은 시인에게 뭐라 했습니다. 사랑하고 좋아하지만, 걔가 시에 게을러요. 외출도 잘 안 하고. 요전에도 만났는데 얘기를 듣다 보니 소설 쓴다고 해요. 왜 그쪽으로 가느냐고 제가 싫은 소리를 했지요. 하나에 집중하지…… 젊은 시인들이 애써 소설 써서 당선된 친구들도 있습니다. 정작 읽어 보면 그렇게 썩 좋지도 않습니다. 역시 시인은 시를 써야지요. 성공한 작품을 쓰면야 좋지요. 그러나 분산된 느낌만 줍니다. 세속적 실리 추구를 하는 인상은 시인으로서의 본령은 아니지 않은가 생각합니다. 이해는 하는데……"

요즘 어떤 책을 읽고 계십니까?
"대단한 책을 읽는 것은 아니고요. 마침 오규원이가, 문학동네에서 냈나, 이상의 산문을 가려서 한 권으로 엮었더군요. 읽다 보니 이상의 산문이 재미있습니다. 내가 산문시를 써서 그런지 더 친근감이 듭니다. 이상의 글에서 시의 에스프리를 받으니 더 재미있고요. 그게 계기가 돼서 이상을 전체적으로 다시 읽고 있습니다. 제가 소구하는 세계와 엉뚱한지 모르겠으나 전에 느끼지 못한 새로운 세계를 만나기도 하고 그랬습니다."

누구를 만날 때 가장 즐거우십니까?
"즐거움은 오래된 친구지요. 내 마음이 밝아지는 것은 여성을 만날 때고요.(웃음) 그래도 오래된 친구를 만나면 스스럼 없으니까 즐겁고 좋죠. 그전에 술 한 잔 먹을 때는 친구와 자주 만났지요. 못 하는 얘기도 없고, 안 갈 곳도 다 가고요. 이제는 술을 안 먹고, 술 안 먹는 나이가 됐는지는 모르지만, 술자리가 생겨도 안 불러요. 그래서 소외감 느낍니다. 물어보니, 자기들끼리만 술 먹어서 부담스럽다고 하는데, 말은 그렇지만 실상은 지들이 취하면 지저분해지잖아요, 너는 말똥말똥하니 그게 부담스럽다는 뜻일 겁니다. 그래서 친구들도 그전 같지 않습니다. 이제는 혼사 같은 집안일이 있을 때나 봅니다."
한때 정진규 선생의 시에서 '에로스 지향성'을 읽어내는 평자들이 많았습니다. 아마 90년대 중반 이후를 말하는 것 같은데요. 에로스를 지향

한다는 것과, 에로 그 자체라는 것은 차이가 있을 듯합니다. 시를 야하게 쓰셨던 이유가 뭡니까.

"최근에 쓴 시에도 그러한 어조가 나왔는데,《문학사상》4월호에「입춘」이란 시입니다. 시어 중 '꼴린다' 는 단어까지 썼습니다. 제가 용기를 얻은 것은, 김용옥 씨가 방송에서 꼴린다는 참 좋은 말을 그대로 쓰고 있더라고요. 저거 참 좋은 말이다, 내가 그렇게 생각했지요. 어떤 절대적인 욕구, 추구를 가질 때 어느 쪽으로 내 마음이 꼴린다, 라고 쓰는 데 그게 어울립니다. 시에서 관능이 굉장히 중요한 미학입니다. 내가 대상과 접합하고 하나가 되는 행위이니까요. 접합의 미학은 관능의 미학입니다. 그때 생명감을 느끼게 되고, 그러다 보니까 때로는 야한 말, 야한 내용을 담게 되고, 그 근거는 안과 밖의 만남입니다. 제가 해온 '몸시' 라는 게 관능의 미학도 동원했던 게 아닌가 생각합니다."

전봉건 선생으로부터《현대시학》을 물려받으셨습니다. 주간 일은 언제부터 하셨습니까. 기록에는 1988년으로 돼 있습니다만.《현대시학》을 내면서 발생하는 적자는 어떻게 메우십니까?

"책을 다 만들고 나면 그 이튿날부터 고통입니다. 종이값, 인쇄비, 현실적인 일들이 따르니까요. 원고 청탁하고, 책 만드는 시간까지는 그렇게 행복해요. 그런데, 기독교적으로 생각하니 하나님이 옳아요. 좀 넉넉히 주면 좋겠지만, 하나님은 절대 넉넉히 안 줘요. 할 만큼만 주는 것이지. 그래서 재미있어요. 책 한 권 만들고 지불하고 나면 통장이 텅텅 비죠. 만드는 동안 구독료가 조금 쌓이고 어떻게 어떻게 돈이 조금 들어와 그것이 연속이 되지요. 어떻게 흘러왔는지 나도 알 수 없는 일이에요. 한번도 대차대조표를 만들 필요가 없던 일이지요. 맞춰 보았자지요. 한번도 제대로 따져 보지 않았습니다. 자료도 안 되고요. 그래도 여태까지 굴러온 것은 구독료가 주 수입이 되고, 광고료가 조금 들어오고, 후원회비가 조금 들어오니까요.《현대시학》을 후원하는 모임이 있습니다. '시울회' 라고요.

'시울'은 '시의 울타리' 혹은 '시의 활시울'이란 뜻입니다. 30명쯤 됩니다. 부자들은 아니고, 시 쓰는 사람들, 시를 사랑하는 사람들입니다. 돈을 모아서 1년에 한 차례씩 2천만 원쯤 후원금을 줍니다. 또 문화예술진흥원에서 지원을 받았습니다. 그런데 진흥위원회로 바뀐 다음부터 《현대시학》(에 대한 지원금)은 끊어 버렸습니다. 그들이 심사할 때 원고료를 제대로 지급하느냐 여부가 기준이 됐던 것 같아요. 우리는 원고료를 제대로 지불 못하거든요. 시인상, 문학상 등의 상금을 준다든지, 기획 청탁을 할 때만 고료를 주고, 대부분은 못 주고 정기구독으로 대체하고 있습니다. 이것은 모두가 알고 있는 일입니다. 원고료를 제대로 주지 못한다, 그것이 심사 조건에 문제가 됐던 것 같고, 그래서 끊어 버린 것 같습니다. 그러나 우리와 비슷한 다른 잡지는 주었더라고요. 진흥원 시절에 받았던 지원금은 연 3백만 원 정도입니다. 그쪽에서 잡지를 어디로 보내라, 하고 주소록을 주면, 우리가 우체국에 가서 발송 근거를 떼다 줍니다. 그러면 돈을 주지요. 그래도 현찰을 주니 도움이 됐습니다. 또 결국 정진규도 이렇게 저렇게 수입도 있고 대학 강사료도 있어 월 2,3백만 원은 되니 굴러간 측면도 있고요. 착한 사람들이 있어요, 그들이 《현대시학》이 어려운 줄 아니까 통장에 돈 십만 원씩 보내주기도 하고요."

그럼 앞으로 정 선생께서 《현대시학》을 떠나는 날이 오게 되면 어떻게 꾸릴 겁니까?

"그게 그만…… 내 나이에 시 잡지의 편집자로 있다는 것은 무리가 되는 일입니다. 활동성 떨어지고 기획력도 점점 감소된다고 봐야죠. 젊은 후진에게 이어가게 하는 것이 필연적인 일인데, 문제는 경제죠. 그게 제일 고민이죠. 마음에 점지해둔 후배는 있습니다. 맡기면 하기는 하겠죠. 고민을 안기는 것 같아서 발설을 못 해요. 내 나이가 정리해야 하는 나이임에는 분명합니다. 제 개인의 일도 시간적으로 정리해야 하고요."

김종해 선생이 정진규 선생을 왜 '시의 순교자'라고 했는지 알 것 같습니다. 그런데 정작 당신 본인은 스스로를 '염쟁이'라고 하셨던데 무슨 뜻입니까.

"염쟁이는 죽음을 다루는 사람들입니다. 역설적인 이야기죠. 시를 지켜가는 일은 죽음을 감수하는 일이라는 뜻도 있습니다. 저는 일단 씌어진 시는 시신(주검)이라고 봅니다. 그런 절대적인 과정을 통과해서 시인들이 만들어낸 것이 시이기에 염쟁이가 시신을 잘 갈무리하는 것처럼 저도 시 잡지를 갈무리하는 것입니다. 실은 너무 고통스러워서 그런 생각도 했던 것 같습니다. 염쟁이지만 행복한 염쟁이입니다. 누가 억지로 시키면 못할 겁니다."

(여기서 정진규 시인은 하나 빠뜨렸다면서 황급히 몇 가지 이야기를 했다.)
"지금은 여성시대인데요, 제가 지금까지 마누라 덕택에 살아왔습니다. 마누라가 집안 살림을 꾸려왔습니다. 그런(경제적) 고통을 덜어줘서 이쪽(시 전문지)에 집중할 수 있었습니다. 요새도 먹고 사는 것은 (교직에서) 명예퇴직한 마누라의 연금 덕택이죠."

시 인생 46년을 되돌아보면서, 그리고 12권의 시집을 내면서 후회되는 일은 없으셨습니까.
"줄곧 시 쓰는 행복 속에 살았기에 크게 후회되는 현실적인 일은 없습니다. 다만 누가 그렇게 물어요. 고려대 사람들이 그렇게 물을 때가 있는데, 열심히 공부해서 고려대에 (교수로) 있지 그랬냐고요. 그러나 절대 아닙니다. 자유롭게 시만 쓰는 게 생활에는 불안했지만요. 교수가 되지 않은 것을 후회한 적은 없습니다."
가장 기뻤던 일은요?
"한 일 중에 통틀어 《현대시학》 열심히 만들었던 것, 잘했다는 생각 듭니다. 이 잡지를 통해 시 쓰는 일에 많은 자극과 힘을 얻었고요. 상대적으로 젊은 시인들과 같이 할 수 있었고요. 새로운 시의 흐름을 형성할 수 있었던 것이 즐거움이고. 제 생애에 행복한 일이라 고맙다고 합니다. 특히 나의 아이들에 대해서도요."

말이 나왔으니, 자녀분들 자랑 좀 해주시죠.

"큰아들이 정민영, 독문학자입니다. 불행한 독문학자요.(웃음) 대학에 자리를 아직 못 잡았는데 훌륭한 학자입니다. 둘째인 딸이 정서영, 조각가인데 예술종합학교 교수입니다. 셋째아들이 정지영, 경영컨설턴트로 외국계 회사에 다니고 있습니다. 회사 이름이 길어서 나는 기억도 못 합니다.(웃음) 저희 엄마에게 용돈을 제대로 대주는 놈은 그놈밖에 없습니다. 그 녀석들이 고맙습니다. 스스로 알아서 공부했습니다. 아버지의 경제력이 시원찮으면 아이들이 삐뚤게 갈 수도 있는데, 시를 쓰는 저를 객관적 존재로 존경하고, 제 시를 열심히 읽어 주기도 하니까 그게 고맙습니다. 옛날에 어른들이 칭찬할 때 '고맙다' 고 했지요. 스스로들 잘 할 때 고맙다고 합니다. 시단 후배들이 좋은 시를 발표할 때 제가 '고맙다' 고 말합니다. 그 친구들이 뜻을 잘 모르는 것 같아요. '고맙다' 는 말이 참 좋습니다."

1965년 시집 『마른 수수깡의 평화』로부터 『유한有限의 빗장』, 『들판의 비인 집이로다』, 『매달려 있음의 세상』, 『비어 있음의 충만을 위하여』, 『연필로 쓰기』, 『뼈에 대하여』, 『별들의 바탕은 어둠이 마땅하다』, 『몸시』, 『알시』, 『도둑이 다녀가셨다』, 2004년 시집 『본색』에 이르기까지 어떤 변화의 굽이가 있었다고 보십니까.

"시 형식면에서 보자면 연갈이 행갈이 시절이 있고, 산문화 시절이 있다고 하겠습니다. 세분한다면 초기 《현대시》 동인 시절이 있습니다. 1960년에 등단해서 내면의 의식을 추구하던 때입니다. 산문화되면서는 일상과 삶에 대한 체험과 인식을 담아 왔습니다. 아까 잠언적 세계에 대한 지적이 있으셨습니다만, 존재에 대한 인식과 발견, 혹은 불가佛家적인 초월의식 같은 것으로 시화詩化해온 시절이 이어집니다. 그러면서 여기까지

왔습니다.『몸시』쓰면서 생명의 총체적 세계를 들여다보고 싶었고,『알시』에서 최근 시집『본색』까지 이어지고 있는 것 같습니다."

그러한 진행이 자연스럽다고 느끼십니까.

"자연스럽다기보다 필연적인 것이지요. 왜냐하면 어렸을 때(등단 초기를 지칭하는 듯)부터 내면에서 문제가 됐던 것은 소위 감성과 이성, 혹은 무한과 유한, 혹은 낭만과 고전, 혹은 집단과 개인, 혹은 문단적으로는 순수와 민중 같은 양분된 세계가 내면을 괴롭혔고 갈등을 갖게 했습니다. 그 인식의 굴레 속에 있었던 것은 완고한 유가 집안에서 태어난 영향, 사회적 교육의 영향 때문입니다. 이것은 해도 되고 이것은 해서는 안 되고 하는 굴레에 시달렸습니다. 윤리적 포즈라는 것이, 감성에 기우는 것은 안 되고 이성으로 가야 한다는 중압감을 줬습니다. 집단과 개인의 문제, 그리고 문단 흐름의 와중에서 어떤 코스를 잡아야 하느냐, 어떻게 극복하느냐에 고민하다가, 결국 결론적으로 도달한 세계가 '몸'이고 '알'입니다. 그것들은 본래부터 하나였습니다. 불가적인 인식체계라든지 유학에 이理냐 기氣냐 하는 논쟁이라든지, 현대철학에서 몸의 논쟁, 그리고 니체와 하이데거를 읽으면서 얻은 결론입니다. 결국 시라는 것은 몸이지 않느냐. 서로 다른 게 아니고 접속시키는 것이 아니냐. 안의 것과 밖의 것을 만나게 하는 것, 생명의 근원으로서의 알, 그것에 의지해서 왔던 게 아닌가 생각됩니다."

앞으로도 어떤 제3의 변화가 올 것이란 예감이 있으십니까.

"있습니다. 그것도 필연의 세계입니다. 생명과 죽음이 '몸'과 '알'에 있지만 시로 만나는 작업을 해야 하지 않을까 예감합니다. 죽음이라는 것의 실체가 아니라 주검의 그림자 같은 것, 그런 추상적인 것일 수 있겠으나 주검의 실체 같은 것을 절대적으로 예감할 때도 있습니다. 이때까지 보지 못한 것을 보기도 합니다. 나이가 70에 가까워지면서 일어나는 현상입니다. 의식 속에서 생명과 죽음의 만남을 구체적으로 쓰게 되지 않을까 합니다. 위대한 사람들이 쓴 책을 보면서 궁극에는 그러한 설정이 있나보다 하고 느끼게 됩니다."

늘 젊은 후배들과 함께 시 잡지를 만드시는 느낌이 정 선생님께 새로운 발언을 가능하게 하리라 생각합니다. 요즘 젊은 후배들의 시를 어떻게 보십니까?

"대개 크게 두 가지로 보는데, 흔히 미래파라고 하는 황병승, 김민정 같은 시인들이 있습니다. 또 하나는 어떤 보수적 세계라 할 수 있지만, 시의 본성이랄 수 있는 서정적 본질을 현대화하는 흐름이 있습니다. 그리고 세 번째는 그 양자를 아우르는 흐름이 있습니다. 솔직히 말해서 황·김 등이 새롭기는 합니다. 신선하고요. 그러나 안심이 안 됩니다. 왜냐하면, 새롭다는 것은 그런 현실적 구조와 표현이 새롭다는 것이지 시에 담긴 사유의 뿌리가 깊게 다가오지는 않는다는 뜻입니다. 왜 그런가 살펴보니 그들은 이미 존재하는 텍스트를 갖고 시로 구조화하고는 있지만 개인이 가진 사유의 근거가 애매합니다. 옛날에도 그 당시마다 모더니즘 같은 실험정신은 있었습니다. 50년대 후반기 동인에서 경험했습니다. 조지훈은 실험시가 새롭지만 위험하다고 말했습니다. '패敗즉 역적이요 성成즉 군왕' 인 것이지요. 상당히 위험하지 않느냐, 얼마나 오래 갈까, 시로써 설득력을 가질까, 라는 생각들을 하게 됩니다. 서정적 본질을 현대적으로 끌어가는 시인들로는 문태준, 유홍준, 이덕규가 생각나네요. 일차적으로 안심은 됩니다. 그들 역시 변형과 몸바꾸기가 있긴 하지만 계승된 면모와 근거가 있거든요. 익숙한 대목도 있고요. 서정적이라는 게 결국은 익숙한 거 아니겠습니까. 반면에 이들은 자신을 너무 유형화하고 있다는 느낌입니다. 실험성의 약화가 자기 자신을 유형화하는데, 이름을 가리고 보면 누구 건지 모르게, 그런 면도 조심해야 할 겁니다. 그러나 우리 때보다 말의 운용이나 시의 구조 형성에는 대단히 미시적인 데까지 언어를 가지고 가는 훌륭한 점이 있습니다. 우리 시가 그만큼 내밀화됐다는 뜻입니다. 발전적 면모지요. 흔히들 '감각' 이라고 말하는데, 감각의 산물만은 아니고, 뭔가 언어에 대한 추구와 사유의 접합이 없이는 안 되는 것을 만들어낸 것입니다. 우리 시의 발전이고, 고마운 일입니다. 젊은 시인들이 시에 집중하는 것, 요즘 계산법에 맞지 않는데(웃음), 그렇게 해주니 고맙지요. 근원적인 시적 세계를 버리지 않고 있는 게 소중해 보입니다. 다른 나라는 모르겠는데 적어도 우리나라는 시의 위기는 아닙니다. 많이 발전하고 있고, 시 창작하는 숫자는 줄어들지 않고 있습니다.《현대시학》에도 투고하는 편수가 날로 늘어나고 있습니다."

고려대 출신 문인들의 활약이 눈부시고, 또 고려대에 계신 문학 교수들의 영향력도 커서 우리 시단에 '고려대 사단'이라는 말도 있습니다. '고대 문인회'의 간부를 맡으셨던 정 선생님은 어떻게 보십니까.

"그런 말이 나올 수 있겠네요. 시인의 숫자가 그 어느 때보다 많습니다. 반대로 소설가 숫자는 적습니다. 직접적 영향을 준 선배들이 많습니다. 학교에서 보면 오탁번, 최동호, 김인환, 황현산, 김홍규, 이남호 같은 분들의 영향이 컸고, 고대 안에서 문우회를 만들어 활발한 활동을 펼쳤던 덕분도 있습니다. 그런 활동이 선생들의 자극을 받아 구체화됐던 기간이 있지요. 그 사람들이 전부 대학으로 진출하고, 시인·평론가가 됐습니다. 그 무렵 자극을 주었던 일에 정진규도 일조를 했습니다.(웃음) 시 잡지를 하고 있으니 자극을 준 것이지요. 최동호는《현대문학》주간을 했었고, 황현산도 시 잡지를 했고, 이남호는《세계의 문학》주간을 했지요. 중요 문예지의 주간을 했다는 것이 큰 자극입니다. 물론 그 위 선배로는 박희진, 박재삼 같은 분도 있습니다."

요즘도 붓글씨 많이 쓰십니까?

"일주일에 한두 번 붓을 잡습니다. 집에 서실을 만들어 놓았습니다. 서예가라는 의식은 약하지만 쓰기를 좋아합니다. 시가 제대로 안 풀리고 시에 공백이 생길 때 불안해지니까 그걸 해소하는 방편으로 글씨를 씁니다. 마로니에(문예진흥위 갤러리)에서 전시회를 한 번 하기도 했습니다. 주로 시인들의 시를 한글로 씁니다. 전통 서법이 아니라 문인지필이지요. 이 동네 사람들이 하는 말이 문인지필이 더 값이 나간다고 해요.(웃음) '간찰'이 비싸다는 거지요. 전시회에 내걸린 시 작품을 시인들이 다 사줘서《현대시학》의 기금으로 쓰기도 했습니다."

어떤 소원을 갖고 계십니까?
"첫째 소원은 좋은 시를 써서 좋은 평가를 받는 것입니다. 둘째는 나이 먹으니 건강했으면 좋겠고요."

석양빛이 조금 남아 있었지만 우리는 일어섰다. 정진규 시인은 여기저기에 아퀴를 짓고 있는 듯한 느낌을 주었다. 벌여 놓았던 일에 후임자를 생각하는 것은, 태어난 소임의 절반 이상일 것이다. 정진규 시인의 걸음은 다소 느렸지만 활달했다. 상대를 바라보는 눈길은 따뜻하고 팽팽했다. 젊은 시절에는 아마 적잖은 문우들을 저 넓은 가슴으로 부둥켜 안았을 것이다. 뜨거운 동지애였다기보다는, 어떤 안쓰러움 같은 것이었으리라 짐작해보았다.
이날 정진규 시인은 맥주를 두 컵 마셨다. 죄송하고 감사했다.

돌아올 길을
지우고 떠난
이유는…

김춘수
홍윤숙
김규동
김종길
김남조

김춘수

1922년 경남 통영 출생. 2004년 작고.
1946년 광복 1주년 기념사화집에 시를 발표하며 작품활동 시작.
시집 『구름과 장미』(1948년) 『꽃의 소묘』 『처용단장』 『거울 속의 천사』
『의자와 계단』 『달개비꽃』 등과 시화집, 산문집,
전집, 시론집 등 다수 출간.
한국시협상, 자유아세아문학상, 대산문학상, 청마문학상 등 수상.
은관문화훈장 받음.

언어로의 낯선 귀환

'시는 언제나 언어로부터 해방되려는 충동을 버리지 못한다.' 그러나 시가 자유를 얻으면 중력을 잃는다. 발바닥이 공중에 떠서 허둥댄다. 육체를 가진 인간의 비극적 유한함이다. 관념의 자유를 위해, 존귀하기 이를 데 없는 순수 무의미를 위해, 그렇게 존재론적 알레고리마저 다 뭉개 버렸던 허무주의 시인은 그 시절 내내 가면 무도회를 열고 있었다. 시신詩神을 닮고자 춤을 추면서 누구는 이미지 파괴를 읽고 가고, 누구는 바다 냄새를 맡고 갔다. 세월은 흘러흘러 무도회도 어느덧 새벽이 됐다. 올해 여든 둘의 나이에 도달한 김춘수는 이 무도회를 오래 견딜 수는 없다는 것을 이제사 깨닫는다고 쓴다. 언어로의 낯선 귀환을 선언하는 것이다.

> 울고 가는 저 기러기는 알리라
> 알리라,
> 하늘 위에 하늘이 있다.
> 울지 않는 저 콩새는 알리라,
> 누가 보냈을까,
> 한밤에 숨어서 앙금앙금
> 눈 뜨는,
>
> ―「달개비꽃」 전문

지난 1월 8일 오후 경기도 성남시 분당에 살고 있는 김춘수 시인을 찾아가는 길은 의외로 술술 뚫렸다. 목요일이라 그런가……. 세상의 온갖 간지러움을 참고 있는 듯한 표정의 김요일 시인은 우리나라 시인들이 가장 좋아하는 것으로 집계된 대중가요들을 한데 모은 CD를 넣고 자동차의 볼륨을 높였다. 그 여론조사에서 김춘수 시인은 〈목포의 눈물〉과 〈타향살이〉를 꼽았다고 했던가. 대륙성 기후의 매서운 맛을 잃어버린 겨울 햇살은 인터뷰 사냥을 떠나는 자들의 자동차 앞창이나 치고 들어와 간혹 강변북로의 출구를 헷갈리게 했으나 김요일 시인의 운전 솜씨는 가히 수십 년 경력의 택시 운전사를 방불케 했다.

분당 까치마을의 한 아파트에 살고 있는 김춘수 시인은 거실 의자에 앉아 담요로 무릎을 덮고 있었다. 그는 약속시간보다 15분쯤 늦게 도착한 방문객들의 손을 다습게 맞잡아 주었다. 어떤 옷을 걸쳐도 몸에 꽉 끼지는 않을 것만 같은 체구로 삶을 살아왔고, 지금도 내미는 손아귀에는 허튼 살집 하나 남아 있지 않았으나, 원로시인이 베푸는 온기는 엷으면서 그윽하게 이쪽 몸으로 건너와 금세 퍼져나갔다.

김춘수 시인은 《시인세계》에 게재할 사진을 미리 골라두었다고 말하면서 몇 장의 사진을 꺼내 보여주었다. "지금까지 어디에도 발표된 적이 없는 사진입니더." 개중에는 온가족이 함께 모여 동해안에 있는 해수욕장으로 놀러간 사진도 들어 있었다. 사진을 이리저리 설명하던 김 시인은 "시 쓰는 시아버지가 며느리들에게 인기가 없진 않았습니더"라며 웃었다. 그러다 대화는 훌쩍 《시인세계》로 건너간다. "요즘 시 잡지 하기가 힘들낀데……" 그는 김요일 시인의 아버지인 《시인세계》의 김종해 발행인을 걱정한다.

김춘수 시인은 "세월이 참 빠르다"면서 "내가 팔십이 넘었다는 사실에 깜짝 놀라는 때가 있다"고 말했다. 하늘색 풀오버에 청색 바지로 코디를 한 김춘수 시인에게 김요일 시인이 "아직도 스물아홉 청년 스타일로 멋을 내셨다"고 말을 건넸다. "그렇습니까? 어떤 여류께서 선사해준 옷인데요, 보기보다 따뜻합니더."

이윽고 몸풀기용 덕담 대화가 끝났다. 커피, 설탕, 프림 같은 넣을 것 다

넣은 다방식 커피를 두어 모금 마시고 슬슬 행장을 차렸다.

어제 오늘 무슨 일을 하셨습니까? 하루 일과를 좀 말씀해 주시죠.
"천편일률적입니다. 개미 쳇바퀴 돌듯 하지요. 일곱시쯤 일어나 아홉시쯤 가벼운 식사를 합니다. 그 전에는 마루에서 그저 왔다갔다 하다가 도수체조를 하기도 합니다. 커피를 한 잔 마시는 게 수십 년 된 습관입니다. 누구는 건강에 좋지 않다고 하지만 나에겐 그게 좋습니다. 신문도 보고, 화장실에도 갔다 옵니다. 커피는 자판기 커피 스타일로 마십니다. 그게 제일 맛있어요. 식전 커피를 끊지 못하고 있습니다."
식사하시고 나서는요?
"날이 따신 날은 열시나 열한시쯤 돼서 밑에 있는 동네 공원으로 산보를 갑니다. 숲도 있습니다. 40분~50분 정도 걷지요. 긴 의자에 앉아 쉬다가 걷다가 하지요. 거의 매일 되풀이합니다. 날이 춥고 그러면 오후에 갑니다. 오후 두시쯤이지요. 눈비만 안 오면 매일 다닙니다. 오전에 걷다 온 날은 점심 먹고 나서 소파에 우두커니 앉아 있습니다. 좋게 말해서 무념무상이지요. 낮에 TV로 운동경기 중계가 있으면 꼭 봅니다. 시원찮은 팀이긴 했지만 제가 중학교(경기중학교) 때 농구선수, 대학(일본 니혼 대학) 때 야구선수를 했습니다. 그러다 세네시쯤 글 쓸 게 있으면 쓰고…… 혹 청탁이 있으면 산문도 쓰고요. 산보 갔다 와서 점심 먹고 잠깐 낮잠을 잘 때도 있습니다. 시는 생각이 떠야 씁니다. 산문은 억지로 쓸 수 있지만. 그래서 시는 생각이 떠오르면 시도 때도 없이 씁니다. 저녁밥은 오후 다섯시 반쯤 먹고 아홉시 뉴스 보고 나서 잡니다."
잠은 잘 주무시고요?
"우리 나이가 되면 숙면을 못 해요. 푹 못 자는 게지요. 나도 두세 번 깨는데, 일이십 분 있으면 또 잡니다. 주로 오줌이 마려워서 깹니다. 중간에 깨고 밤새도록 꿈을 꾸는데 아침에 일어나면 하나도 기억이 안 나는 꿈입니다."

전혀 꿈을 꾸지 않고 자는 잠이 효과적이라는 이론은 옛날이고, 지금은 적당히 꿈을 꾸는 게 오히려 몸에 좋다고들 하던데요?

"아마 그럴 낍니더. 나는 요즘 꿈에 섹스를 합니더. 기분이 좋고 개운합니더. 카타르시스가 되는 것 같기도 합니더."

예? 섹스요? 어머나? 그래 상대는 누굽니까?

"생각이 안 나요."

식사를 하루 세 끼 정확하게 하시는 편인데, 메뉴는 뭐예요?

"내가 바닷가 출신이라 생선을 좋아하거든. 통영에서 나는 생선들이 가짓수도 많고 맛도 좋아요. 내가 오늘 아침에 먹은 것은, 꽁치 깡통하고 김치 그리고 무 시레기를 넣고 만든 찌개입니더. 배추 시레기 말고 무 시레기로 해야 됩니더. 그리고 묵은 김치를 칼로 잘라서 넣으면 안 되고 길게 손으로 찢어서 넣어야 됩니더. 반찬은 멸치볶음이고, 내가 또 생미역 좋아하니까 늘 밑반찬으로 올라오고 그렇지요. 국은 자주 바뀌는데, 장어국을 끓여 먹습니다. 민물장어가 아니고 바다장어국인데, 갈아서 끓이는 게 아니고 통영식은 그대로 모양을 살려서 끓입니다. 콩나물을 넣고, 무를 뻐져 넣습니다. 모양이 일정하지 않게 하는 게 좋아요."

(필자의 무식함 때문이라고 탓해도 할 말은 없지만, 한 가지 고백할 게 있는데, 코흘리개 때부터 김춘수 시인의 시를 암송하면서 자랐지만, 그가 단순히 입으로 설명했을 뿐인 무 시레기 꽁치 찌개를 들으면서 꼴깍꼴깍 삼켰던 침이 그의 시를 읽으면서 받았던 정신적 감동보다 훨씬 순수했다는 것이다. 슬쩍 옆을 보니 망연자실 김요일 시인의 표정도 똑같았다.)

바깥 출입은 안 하십니까?

"누가 차를 가지고 와서 데리고 가고 데려다 주어야지 그렇지 않으면 나가기 힘들어요. 귀찮기도 하고……. 11월초에 몇 군데 문학행사에 다녀온 적이 있습니다. 차를 가지고 왔길래 안 갈 수도 없었고. 그런데 그때 축사 하나 한 것이 조금 시끄러웠다고 하데요. 나는 컴퓨터 세계는 전혀 모르겠는데, 그 안에서 사람들이 논쟁을 주고받았다는 이야기도 들었습니다."

3남 2녀를 두신 것으로 알고 있습니다. 자제분들은 지금 어디들 사십니까?

"큰딸이 영희예요. 바로 앞 아파트에 살아요. 내가 이제 누가 돌봐주는 사람이 있어야 하거든. 서울 대치동에 있을 때도 그랬고, 이곳에 옮아 온 것도 딸이 여기로 이사왔기 때문이에요. 큰딸도 이제 육십이 다 돼가네요. 큰사위는 은행가였는데 벌써 정년퇴직했지요. 지금은 쉬고 있어요. 영애는 둘째딸인데 부산에 살고 있습니다. 경제지리학을 전공한 사위는 신라대학(부산여자대학) 교수입니다. 그 밑으로 큰아들이 용목인데, 건축기사입니다. 현장에서 시공책임자로 나가 있지요. 당최 연락도 안 하고 어디 지방에 나가 있어요. 충청도 어디에 나가 있다는데 전화만 더러 받지요. 다음 아들이 용욱이오. 대전에 있는 대덕연구단지에서 지질학 선임연구원으로 있어요. 그리고 막내아들이 용삼이오. 걔는 조각가요. 이탈리아의 유명한 대리석 산지인 까라나로 유학 갔다 왔지요. 그 나라의 신진작가 전시회에서 그랑프리를 받은 작품이 저기 있는 저 조각이오.(김춘수 시인은 거실에 있는 흉상 하나를 가리켰다.) 막내며느리는 치과의사입니다. 그러고 보니까 벌써 친손주가 다섯, 외손주가 다섯이네요."

참 다복하십니다.

"그렇지만도 않아요. 가지 많은 나무에 바람 잘 날 없다고, 걔들이 늘 건강한지 잘 사는지 걱정이 돼요."

(가족 관계에서 서로 걱정해주는 배려의 삼투압은 유사 이래 단 한번도 자식 쪽에서 부모 쪽으로 기울어본 역사가 없다. 이쯤에서 김춘수 시인의 시 세계에 대한 엿봄을 감행하기로 했다. 워낙 많이 알려진 얘기들이고, 뾰족하게 새로운 화두와 질문을 꺼낼 수 있는 용력도 없는 터여서 그냥 덕담 수준의 얘기를 두리뭉실 꺼내기로 했다. 어차피 시 전문가들에게는 이런 질문들이 전부 췌사가 돼버릴 공산도 크거니와, 또 비전문가들에게

는 언제 들어도 항상 알쏭달쏭한 얘기로 흘러버릴 위험도 있기 때문이다. 인터뷰의 구색 맞추기용으로 꺼내지 않을 수도 없는 질문이어서 심드렁한 기분으로 몇 말씀 여쭈어 보았는데, 아뿔싸 후반으로 갈수록 김춘수 시인이 예의 명강의를 펼치게 될 줄은 정말 몰랐다.)

요즘에도 왕성한 시작詩作을 보여주시고, 또 강력한 정신 세계를 놓지 않고 있는 선생님을 뵈면서 많은 후배들이 두 배, 세 배 긴장하게 되는 것 같습니다. 특히 2004년 새해 《현대시학》 신년호에도 「파롤과 랑그, 혹은 시와 이성」이라는 권두시화卷頭詩話를 실었고, 이어 8편의 신작시를 발표하고 계십니다. 젊은 시인도 따라가지 못할 열정이요 노력이라 하지 않을 수 없습니다.

"근자에 시를 많이 쓰게 됐습니다. 그쪽 주간을 맡고 있는 정진규 씨가 시를 좀 보내달라길래 스톡해 놓은 게 있어서 보냈습니다. 산문도 같이 보내달라고 해서 보냈더니 권두에 실었더구만."

근자에 시가 잘 써지는 이유라도 있습니까? 그러한 열정은 어디에서 옵니까?

"열정은… 무슨. 저 영감탱이가… 했겠지. 특별한 이유랄 것은 없지만도, 아내를 잃고 나서 아내를 생각하니 자꾸 시와 연상되는 것 같습니다. 아내 생각에서 촉발되는 것 같아요. 이번 신년에 발표한 8편의 시도 밑바닥에는 그게 깔려 있습니다. 소월의 「먼 후일」이란 시를 보면 '…오늘도 어제도 아니 잊고/ 먼 후일 그때에 잊었노라' 라는 대목이 있지요. 그가 일찍 죽어서 몰라서 그랬겠는데, 갈수록 더해요. 처음에는 (부인이 죽고 난 후) 어리벙벙했는데, 사람 그리운 정은 갈수록 더해져요. 우리 정서의 한을 이제사 알 것 같아요. 왜 그때 그리 못했을꼬, 왜 그때 그리했을꼬, 그리 하지 말았어야 했을 텐데……. 지금은 돌이킬 수 없다는 것, 한이란 게 그게 아닐까 싶습니다. 한국 사람들은 핍박받은 민족이니까 그게 참 많을 것이고요."

그 권두시화에서 선생님은 "시는 언제나 언어로부터 떠나려는 해방되려는 충동을 버리지 못한다."고 쓰셨습니다. 파롤을 맨 왼쪽에, 그리고 맨 오른쪽에 랑그를 놓는다고 해 볼 적에 시의 언어는 오히려 파롤보다 더 왼쪽 어느 곳에 존재한다는 말씀처럼 이해됐습니다. 일곱 가지 무지개 색깔을 파롤과 랑그까지의 영역이라고 한다면, 시어는 적외선이나 자외선 같은 언어라는 뜻이 아닐까 상상해 보았습니다. 이를테면 가청 주파수가 아니라 불가청 주파수로 방송하는, 그래서 선생님 말씀처럼 '단순한 의미의 전달이 아니라 영적 교섭을 추구하는 것'이 아닐까 하는 것이지요.

"그 재밌는 표현이네요. 아무튼 내가 무의미 시라는 것을 한 30년 추구하다 보니 언어로부터 해방되려는 몸부림만 남고, 그 끝물은 언어도단의 세계에 도착합디더. 언어로부터 해방되는 순간, 시는 없어져 버리더라구요. 해방은 해방인데 시가 없는 세계라니, 이보다 더한 패러독스가 어딨습니까. 나는 그것을 실제 경험한 것이지요. 언어를 추구하다 보니 언어로부터는 해방됐지만 시가 없어져 버리는 언어도단의 세계지요. 다시 랑그와 손잡은 이유가 그것입니다. 파롤의 끝물에 가보니 결국 랑그의 처음으로 이어집디더. 랑그로 새로 시작해야 시가 됩니다. 그것이 인간의 한계요 육체의 한계입니다. 육체를 떠나면서 언어는 없어지고 시도 없어지면…… 사람은 그렇게 할 수 없는 것이지요."

결국 랑그와 화해하면서 만들게 된 시들이 아내를 그리워하는 시, 이중섭에 대한 시, 중국 유적에 대한 시 같은 최근작들입니까?

"변증법적 과정이지요. 해방이 된 다음 되돌아가는 것. 그냥 되돌아가는 것은 무의미하고, 파롤을 끝까지 추구한 다음에 되돌아가는 것, 다시 말해 '지향된 되돌아감'이지요."

알아들을 듯, 못 알아들을 듯합니다.

"나 자신도 말은 그렇게 하지만 사실은 알쏭달쏭해요. 어찌 딱 잘라 말할 수가 있겠어요. 그 미묘한 세계를 변죽만 울리는 게지요. 우리 또래 사람 중에도 시를 쉽게 써서 산문 쓰듯이 하는 사람이 있는데, 그런 생각을 갖고 있다면 그것은 시를 모르는 소리입니다. 시는 알쏭달쏭할 수밖에 없는 거예요. 시가 논리정연하면 재미없어요."

《현대시》에 새로 발표한 시 가운데 「찢어진 바다」를 읽어 보겠습니다.

    비가 오고 눈이 오고
    바람이 불고
    물새들이 울고 간다
    저마다 입에 바다를 물었다
    어디로 가나,
    네가 떠난 뒤
    바다는 오지 않는다.
    새앙쥐 같은 눈을 뜨고
    아침마다 찾아오던 온전한
    그 바다,

선생님에게 바다는 무엇입니까? 통영의 바다가 아니더라도요. 제가 고등학교 시절에 읽었던 선생님의 바다는 시 「부두에서」 나오는 바다였습니다.

    바다에 굽힌 사나이들.
    하루의 노동을 끝낸
    저 사나이들의 억센 팔에 안긴
    깨지지 않고 부서지지 않은
    온전한 바다

    물개와 상어떼가 놓친

그 바다

바다는 언제 선생님의 시적 이미지 곁에서 출렁거립니까?
 "바다가 내 시에서는 언제나 라이트모티브(주제선율)가 됩니다. 어릴 때부터 바다에서 자랐고, 떨어질 수 없는 환경이 됐습니다. 통영 앞바다는 호수 같습니다. 잔잔한 바다지요. 파도가 웅장하지는 않지마는 쪽빛이었다가 연둣빛이었다가 사금파리처럼 반짝이기도 하고요. 젊었을 때 윤이상(작곡가) 전혁림(화가)과 함께 어울려 다니기도 했는데, 그들의 음악과 그림에도 통영 앞바다의 코발트 블루가 있지요. 고향 바다가 있는 것이지요."

 선생님은 작년 11월 1일 제17회 〈시의 날〉 행사에서 '세계 속의 한국시'를 주제로 기조강연을 했습니다. 그때 "시단 100년사에서 아직도 큰 시인은 나오지 않았다. 서정주·정지용·이상 등은 좋은 시인이기는 하지만 큰 시인은 아니다"는 말씀을 하셨고, 그 말의 폭발성 때문에 큰 화제가 됐습니다. 이 말씀의 진의는 무엇이었습니까? 파장이 컸기 때문에 많은 독자들이 선생님 말씀의 참뜻을 듣고 싶을 것입니다.
 "미리 준비해서 얘기한 것은 아니고, 전혀 생각 안 한 것도 아니었습니다. 그 말을 하고 싶어서 간 것도 아니었고요. 평상시 비슷한 생각을 하고 있던 차에 나온 것뿐이지요. 그러나 신문 기사에는 내가 얘기한 것 중에 중요한 부분이 빠져 있더군요. 핵심이 빠진 셈이었지요. 내가 현학적인 얘기를 좀 했거든요. 18세기 독일 낭만주의 시대에 장 폴이라는 소설가가 있었어요. 이 사람이 이름은 프랑스식이지만 독일 사람이었어요. 이 사람이 강조한 말 중에 독일어로 후모르가 있습니다. 영어로 유머지요. 이것을 부연해서 설명하기를 '로맨틱 아이러니'라고 했어요. 시인의 입장에서 보면 인간의 제반사가 코미디다, 그러나 인간의 입장에서 보면 인간사 모든 게 비극이다, 그래서 인간사는 희비극의 이중성을 갖고 있다는 거지요. 인간존재는 아이러니컬하다는 거지요. 그런데 (인간과 삶에 대한) 그런 해석이 우리에게는 없어요. 동양과 중국 계통의 문화권에서는 그런 말을 안 씁니다. 그런 논리의 입체성이 없다는 게지요. 그 사람만 그런 말을 한 게 아니고, 신학자 라이홀트 니버 같은 이도 이율배반성을 말했습니다. 신학에서조차 인간은 천사도 악마도 될 수 있다는 게지요. 한자 문화권의 전통에서는 단순논리에 빠지기 쉽습니다. 우리 선비들도 조정에 들어서면 공맹지도孔孟之徒가 되고 야野에 묻히면 노장老莊의 도徒가 됐습니다. 이게 매치가 안 되고 분리돼 있으니 자꾸 단순화되는 것입니다. 논리의 단순성이 나오는 것이지요. 민주주의가 잘 안 되는 게 그런 데 원인이 있습니다. 내 코드만 생각하지 남의 코드는 생각을 하지 않는 겁니다. 매치가 안 되는 단순논리는 적대시로 빠져 버립니다."

우리 시단의 거장이신 선생님께서 하시는 말씀이라 숙연한 느낌마저 들었습니다. 그렇지만 인생이나 인간성을 시가 추구해야 할 최고의 가치로 통찰하신 선생님의 말씀에 대해 찬성하지 않는 사람도 있을 수 있고, 또 '시단 100년'을 한 마디로 폄하하실 자격이 선생님에게 있는가라고 대들 젊은이도 있지 않겠습니까?

"간혹 내 귀에 들려 오는 얘기가 있습니다. 특히 나를 폄하하려는 사람 중에서 그런 말을 많이 합니다. 내가 (전두환 정권 때 국회의원을 한 것에 대해) 입을 다물고는 있지만, 내가 처했던 일을 전체적인 상황논리로 봐야 하지 않나 생각합니다. 특히 도덕적 측면을 따지게 될 때는 정치 논리나 단순 논리로만 보지 말고 복합적으로 봐야 합니다. 그 사람(전두환 정권 때 권정달 같은 사람)들이 나를 데리고 갈 때 '징용해 간다'는 말을 사용할 만큼 강제적인 상황이었습니다. 그냥 전화로 통보해서 그리 됐으니, 그리 아시오, 하는 투였지요. 내가 정치에 관여한 것은 실수지만, 내가 정치할 사람도 아니고, 또 개인으로서도 굉장히 큰 손해를 봤어요. 그때 내가 영남대학교의 학장으로 있었는데, 학장 봉급이 국회의원 봉급보다 많았다고."

그 부분에 대해서는 몇 년 전 이유경 시인이 선생님을 인터뷰한 기사에도 소상하게 나와 있더군요. 그건 그렇고, 아까 말씀하신 '큰 시인' 얘기로 돌아가서 선생님은 라이너 마리아 릴케, T. S. 엘리엇 같은 시인을 칭송하셨던데, 거기에는 어떤 이유가 있습니까?

"그 사람들의 인간관이 단순 논리가 아니고 아주 복합 논리로 해석된 인간관이니 볼륨이 있고, 그 바탕에서 나오는 시는 복합적이라는 거지요. 서양의 일급 시인의 밑바탕에는 그것이 있어, 그런 경향이 있는 시가 큰 시라는 거지요. 우리 시는 그런 바탕이 없으니 단순합니다. 그냥 서정시요, 좋은 시라고는 말할 수 있고, 잘 된 시라고 할 수는 있지만, 큰 시라고 할 수는 없고, 큰 울림도 없다는 겁니다. 내가 그런 시인으로 「두이노의 비가」를 쓴 릴케, 그리고 「황무지」를 쓴 엘리엇을 예로 든 것이지요."

이승훈 시인은 김춘수 시인의 시 세계를 네 시기로 나누었다. 첫째 시기는 「꽃」「꽃을 위한 서시」「나목과 시」 같은 작품에서 보듯 존재에의 탐구다. 둘째 시기는 「부두에서」「봄바다」「인동잎」에서 보듯 서술적 이미지의 세계다. 주로 50년대 말에서 60년대 전반까지다. 셋째 시기는 「처용단장 제2부」에서 드러나듯 탈이미지의 세계다. 무의식의 세계로 전환되는, 이미지조차 마침내 소멸되는 시기다. 한 이미지가 다른 이미지에 의해 소멸되는 세계이며, 어떤 이미지든 탄생하는 순간 제3의 이미지로 치환될 운명에 처하는 단계이며, 나중에는 그러한 되풀이로 인해 오로지 리듬만 남게 되는 단계다. 넷째 시기는 70년대 말부터 80년대 초까지다. 「이중섭」 시리즈, 「예수」 시리즈, 「중국 유적지」 시리즈에서 읽을 수 있듯이 종교 혹은 예술에 대한 담담한 성찰이라는 것이다.

선생님은 스스로의 문학세계를 말씀하시면서, 1940년대를 암중모색 습작기, 1950년대를 릴케의 영향을 받은 관념적 색채와 실존주의적 철학 경도 시기, 1960년대는 관념으로 굳어지기 이전의 어떤 상태, 즉 설명이 아닌 묘사의 시기, 존재 그대로의 모습을 그리기 시작한 때였다고 구분하셨습니다. 아무것도 상징하거나 비유하지 않는, 서술적인 이미지를 통해서만 순수한 존재, 무의미한 존재가 드러난다는 말씀이셨습니다. 그 이후에 어떤 변화가 있으셨습니까? 이미지는 늘 관념의 그림자를 거느리게 되므로 이미지마저 없애서 리듬만 남게 하겠다는 의지는 어떻게 관철되셨습니까?

"내가 이미지를 둘로 나누었습니다. 하나는 서술적 이미지, 하나는 비유적 이미지입니다. 서술적 이미지는 이미지의 배경과 관련이 없습니다. 그러나 비유적 이미지는 관념을 비유합니다. 시의 이미지는 언어로 하는 것이니까 음악이나 미술과는 다릅니다. 그런데 언어는 늘 관념을 가집니다. 의미의 그림자가 따라다닌다는 것이지요. 무의미의 제2단계는 그 서술적 이미지마저 없애는 것입니다. 그러면 리듬만 남게 됩니다. 거의 주문呪文과 같은 시가 되는 것이지요."

그것이 마지막 단계입니까? 거기까지 따라가서 선생님의 시세계를 이해하면 이제 졸업해도 되겠습니까?

"리듬만 갖고 시를 써봤더니 아 글쎄 낱말은 늘 있더라고요. 낱말이라는 것은 의미를 갖고 있기 때문에 이것까지 없애야겠다고 생각했습니다. 낱말을 음절 단위로 해체해야겠다, 그래서 소리로만 남겨야겠다는 것입니다. 마치 동물들의 울음소리처럼, 저희들끼리 신호와 의사소통이 되는, 그러한 소리로만 남는 시를 쓰겠다는 것이었습니다. 그러나 낱말까지 음절단위로 해체해버리니 언어도단의 세계에 도달해버리더군요. 한참 하다 보니 그것을 깨닫게 된 것이지요. 참 어리석은 노릇이었습니다. 30년 동안 그것을 해보았더니…… 시를 쓰려면 의미로 돌아와야겠다는 것을 알게 된 것입니다. 따지고 보면 제가 거쳐온 무의미 시만 대충 세 단계가 있습니다. 하나는 서술적 이미지 단계, 둘째는 그것이 가지는 의미의 그림자마저 없애서 주문과 같은 시를 쓰는 것, 셋째는 낱말도 해체해서 소리로만 남는 것……. 그런데 평론가들은 대충 김춘수 하면 무의미의 시인으로만 말하니…….”

 선생님의 말씀을 들으니 무엇인가 분명하게 떠오르는 것이 있는 것 같으면서, 또 한편으로는 갈수록 범접할 수 없는 세계를 무리하게 넘보고 있는 것 같기도 합니다.
 "아이고, 나도 이런 얘기를 하면 숨이 가빠요. 내가 뭐할라고 시를 쓴다고 했을꼬. 장사나 하든지 아니면 맹 검사나 하든지 법학이나 하든지 할 것이지…….”

 (이때 김요일 시인이 눈을 반짝이면서 한마디 질문을 던졌다. '뭐할라고 시를 쓴다고 했을꼬'라는, 다소 자조 섞인 한탄을 대선배 시인의 입에서 듣게 되는 후배 시인은 그냥 지나칠 수 없을 게 분명했다. 만약 저러한 말씀이 이 시대의 시인됨을 통탄하는 말씀이라면 그것은 후배 시인들의 정체성마저 한번에 흔들어 버릴 수도 있기 때문이다. 아니면 그날 저녁 큰 술이 필요하거나.)
 다시 태어나면 절대로 시인이 안 되겠다는 말씀인가요?
 "아니야. 그렇지는 않아요. 다시 태어나도 시인이 돼버릴 수밖에 없을 것 같아요. 이제는 시를 하고 싶어.”

 선생님은 통영의 부유한 집안에서 태어났고, 그래서 세상 물정 모르는 귀공자였다는 얘기가 있던데요.
 "할아버지가 만 석을 했습니다. 엄청났지요. 선친이 구남매 중 막내셨는데도 삼천 석을 하셨어요. 큰 부자였습니다. 나는 학생 때 다른 학우들보다 두세 배는 돈을 썼어요. 돈 아쉬운 줄 몰랐지요. 학생 때 동경 거리 싸돌아다니면서 캐시미어지로 새까만 더블 해입고 이태리제 폴리사리노 모자를 썼어요. 알랭 들롱이 나오는 영화를 보면 그게 1930년대 갱들이 쓰던 모자라. 그걸 학생 때 쓰고 동경 거리를 쏘다녔으니…….”
 연애도 많이 했겠네요?

"근데 별로 없어요. 내성적이고 부끄럼이 많아서였던가봐요. 맘에 드는 이성異性 앞에서는 말도 옳게 못하고, 먼발치에서 피해서 가고 그랬습니다. 이성관계는 별로 없었습니다."

선생님의 청년 시절에 대해서는 별의별 이야기가 많습니다. 양복과 구두와 모자가 몇 벌씩 될 만큼 멋쟁이였느니, 요정 출입이 많았고 미식가였느니 하는 얘기들이죠.

"미식가라는 말은 납득이 안 갑니다. 나는 그저 술도 반주로 조그만 잔에 한 잔씩 했을 정도입니다. 매실주 같은 과일주가 취향이죠. 모자는 대여섯 개 됩니다. 대구에서 대학에 재직하고 있을 때 같은 또래의 짓궂은 친구가 가발을 하자고 했어요. 그 사람은 나보다 더 대머리였습니다. 그래서 잠깐 가발을 했습니다. 그런데 집사람하고 딸아들이 영 보기 싫다고 해서 한 번 쓰고 내버렸습니다."

선생님은 대학 강단에 서 계실 때 명강의로 소문이 자자했습니다. 강의 시간을 넘겨 다음 시간 교수를 복도에 세워놓을 정도로 교수와 학생들이 강의 재미에 푹 빠지기도 했다고 들었습니다. 시인과 시론 강의는 어떤 관계가 있습니까?

"시론 강의는 시 의식에서 오는 것입니다. 현대 시인에게는 그것이 있어야 합니다. 단순한 사회가 아니라 복잡 미묘한 사회에서는 이것을 시로 만들려면 의식이 따라가야 합니다. 좋은 시인을 보면 대개 의식이 따라가고 있습니다. 타고난 천재가 아니라면, 시론을 안 가진 좋은 시인은 없다고 말할 수도 있습니다. 보통 사람은 시의식이 시작詩作하고 따라가야 합니다. 강의란 시를 어떻게 따라가느냐를 말해주는 것입니다."

그런 시론을 가진 시인으로 누구를 꼽으시겠습니까?

"오규원, 이승훈, 그리고 젊은 시인 중에는 박상순 같은 이들이 있지요. 시론이 받침이 된 시를 쓰고 있습니다. 나하고 비슷해요. 경향은 다를지 몰라도."

《시인세계》가 이번호의 특집으로 마련한 여론조사 때 선생님은 우리 대중가요 중 어떤 노래를 좋아한다고 답변하셨습니까?

"고복수 노래인 〈타향살이〉, 남인수 노래인 〈애수의 소야곡〉 그리고 이난영 노래 〈목포의 눈물〉이 있습니다. 난 때로 〈번지 없는 주막〉도 좋아해요. 간혹 술좌석에서 누가 시키면 〈애수의 소야곡〉을 부르지요."

진부하지만 생략할 수 없는 질문이 있습니다. 후배들에게 한 말씀 부탁드립니다.

"신통한 말이 있겠습니까, 어데…… 여태까지 한 말이 그게 그건데. 굳이 한마디 한다면, 지 쓰고 싶은 것, 쓰고 싶은 대로 써라, 입니다. 눈치보지 말고 써라. 나도 그렇게 해왔다. 무의미로 시를 쓴 사람이 어디 있느냐. 무척 많은 오해도 받아 왔지만 나는 썼다."

김춘수 시인은 정말로 말을 맛있게 잘 했다. 그가 깡통 꽁치를 풀어서 무 시레기와 묵은 김치로 끓인 찌개를 설명할 때는 실제 눈앞에 찌개가 설설 끓고 있는 느낌을 받았다. 김요일 시인과 필자는 허공에다 상상력으로 찌개 냄비를 그리면서 염치도 없이 침을 삼키고 있었다. 김춘수 시인에게 "턱수염이 적당하게 멋있다"고 말씀을 드리자, 그는 "마누라가 하는 말이 내가 얼굴이 빈상貧相이어서 수염을 기르면 낫겠다 하대요, 그래 길렀습니다"라고 대답했다. "욕심을 부리지 않으니, 그리고 스트레스 없이 살고 있으니 마음이 편하다"는 얘기를 덧붙였다.

그는 "2004년에는 소설을 한번 써 보았으면……" 하는 계획을 갖고 있었다. 《현대시》에 자전소설 「꽃과 여우」를 연재한 적이 있는데, 그 소설의 내용이 1960년에서 끊어졌다는 것이다. 그래서 그 뒤를 잇는, 생의 후반기를 자전 소설로 다시 연재해 보았으면 하는 것이다. 김춘수 시인은 《현대문학》이나 《문학사상》 같은 월간지를 염두에 두고 있는 듯했다. 그러면서 들릴 듯 말듯 혼잣말처럼 중얼거렸다. "써놓고 가야지……"

그러나 그와 헤어지면서 그가 소설을 안 썼으면 좋겠다는 생각을 잠시 했다. 써놓고 간다고 했으니, 쓰지 않으면 못 갈 것 아닌가. 김춘수 시인 댁에 머물렀던 방문객들은 아파트 뒷마당을 돌아나와 자동차에 오르면서 "오늘 인터뷰는 참 개운하다"는 얘기를 주고 받았다. 말이 불필요하게 뒤 엉키거나, 분위기가 끈적거리거나 하는 느낌이 전혀 없었다. 김춘수 시인 은 지금 당장 그 어떤 젊은 시인과 토론을 벌이더라도 체력에서 열정에서 그리고 탄탄한 시론에서 결코 뒤지지 않을 것이 분명해 보였다. 심지어 그의 시와 삶에 대해 매우 비판적인 논객을 만나더라도 그는 성내지 않고 여유 있게 오랜 얘기를 이끌 수 있는 자신감으로 얼굴이 빛나고 있었다. "쓰고 싶은 대로 써라"라는 말을 후배 시인들에게 남길 때 그의 입가에 떠오르던 미소가 오랫동안 잊혀지지 않을 것 같았다. 그 미소는 참으로 경묘했다.

홍윤숙

1925년 평안북도 정주 출생.
1947년《문예신보》에 시 발표, 1958년《조선일보》신춘문예 희곡 당선.
시집 『려사麗史시집』『풍차』『장식론』『경의선 보통열차』『낙법놀이』
등과 시선집, 전집, 산문집 등 다수 출간.
공초문학상 등 수상, 대한민국 문화훈장 받음. 예술원 회원.

평생 채워지지 않고 목이 마른 항아리

 단아하고 꼿꼿한 모습으로 기억에 남아 있는 홍윤숙 시인을 만나러 가는 길은 조금 긴장되었다. 어떤 문학 행사장에선가 먼발치에서 뵌 기억, 신문 잡지에서 사진과 캐리커처로 보았던 기억이 불분명하게 섞여 있었다. 준비를 많이 해야 될 것 같았고, 말실수를 하면 안 될 것 같았다.
 홍 시인은 우리나라에서 가장 화려하고 풍족하다는 동네에서 홀로 아파트살이를 하고 있었다. 그러나 올해로 팔순을 넘어서는 홍 시인에게는, 조금 시詩스럽게 말한다면, 항아리도 비어 있고, 의자도 비어 있고, 집도 비어 있었다. 육신의 기운이 팔팔할 때 동료와 후배들의 일에 마음을 쓰던 그녀에게 이제는 모든 것이 평화롭게 비어 있었다. 시선도 비어 있었고, 걸음걸이도 비어 있었다.
 홍 시인을 만나던 1월 12일 오후 3시 무렵, 회색 하늘은 낮게 무릎을 꿇고 앉아 창끝처럼 매섭게 파고드는 겨울바람에 속수무책으로 당하고 있었다.
 최근 홍 시인이 생각의 꼬리를 이어가고 있다는 「항아리」 연작시에서 보듯, 항아리를 닮은 우리들도 비어 있어야만 담아두고 싶은 마음이 생기는 것이고, 비어 있어야만 담아두고 싶은 무엇인가를 기다릴 수 있다는 의미 조각들이 머릿속을 떠다녔다. 홍 시인이 살고 있는 3층 아파트의 거실에는 여러 개의 흔들의자가 있었는데, 그 역시 비어 있었기 때문에 앉을 사람을 초대할 수 있었던 게 아니라, 사람을 초대하고 싶어서 일부러 비워 놓았을 것이다. 홍 시인은 의자를 권했다.
 서울 강북에서 40년을 살았다는 홍 시인은 이제 강남에서 10년째 살고 있다고 했다. "와서 보니 생활이 참 편리해요"라면서 홍 시인은 "산책로,

시장, 우체국, 문방구 같은 게 가까이 있습니다"고 말했다. 아파트 앞 꽤 넓은 마당에는 홍 시인이 한동안 후박나무로 잘못 알고 있었다는 칠엽수七葉樹들이 벗은 몸으로 서 있었다. 여성성을 지닌 닮은 나무들은, 참, 여름철에 입고 있어도 예쁘고, 겨울철에 벗고 있어도 아름답다.

1947년《문예신보》에「가을」이 등단작으로 되어 있으니까, 문학 인생으로만 따져도 어언 환갑의 나이를 맞으셨습니다. 어떻습니까? 시인으로 살아오신 지난 60년을 되돌아본 소회를 말씀해 주십시오.
"힘들고 괴로웠지만 기뻤어요. 힘든 고통 속에서도 시는 기쁨을 길어올리는 고통이었습니다."
무슨 뜻입니까? 고통에서 기쁨을 길어올리다니요?
"작업이 힘들지요. 시 한 편이 아무것도 아닌 것 같지만 한 편이 한 세계나 다름없이 자신의 전심전력을 다 바쳐야 합니다. 말 한 마디에 몇 밤씩 고민하기도 하니까요. 김광섭 시인도 말씀하셨잖아요. 시가 뭐관데 산도 옮겨 놓을 만한 나이 30의 사내가 한 마디 말을 찾지 못해 밤잠을 잃고 있다고요. 절대 유일어를 찾는 작업이 고통입니다. 뭔가를 하는 작업은 문학만이 아니겠지만, 고통을 치르다 보면 형태가 만들어지고, 그 다음에는 환희가 되는 것입니다. 고통이 고통으로 물러가는 게 아니라 고통에서 기쁨을 만들어줍니다."

1958년《조선일보》신춘문예에 희곡「원정園丁」이 당선됐으니까 극작가이기도 하시고, 또『모든 시대의 모든 이의 노래』『나의 아픔이 너의 위안이 된다면』같은 수필집으로 많은 독자를 갖고 계신 산문가이시기도 합니다. 시극 운동을 펼치신 문단 이력과 산문가의 추억은 어떠신지요?
"내가 20년쯤 시를 써왔을 땐데, 나를 만나는 사람이 내가 시인이라는 걸 몰라요. 어느날 펜 대회를 갔다 왔는데요, 말하자면 태어나서 제주도도 못 가 본 여자가 11개국인가를 돌아다니다 왔습니다. 돌아와 보니 내

가슴에 그 나라들의 풍물, 그리움, 동경 등이 안타까움으로 떠올라 참을 수가 없었어요. 그래서 그 그리움들을 풀어내기 위해 밤마다 원고지에 적어 나갔습니다. 그게 1400매쯤 쌓였다가 수필집 『자유 그리고 순간의 지상』(1972년)이 돼서 나왔습니다. 그 수필집이 그렇게 많이 나갔습니다. 나를 만나는 사람마다 수필집에 대해 인사를 했습니다. 그래서 내 시를 수필을 통해 알리자고 마음먹었습니다. 수많은 여성지 청탁도 거절 않고 다 썼습니다. 그렇게 해서 수필집을 9권이나 냈습니다. 내 욕심은 시를 위해 수필에 헌신하자는 것이었습니다. 그러다 보면 시도 알게 되겠지 하는 생각이 들었어요."

희곡은 어떻게 쓰게 되셨습니까?
"내가 대학 다닐 때는 학원이 좌우로 갈라져 있었습니다. 논쟁도 굉장했지요. 처음엔 나도 좌익쪽 운동권 학생이었습니다. 학교 나가면 강의는 없고, 교수님은 안 나오시고, 강의실은 잠겨 있기 일쑤였습니다. 그래서 연극부를 만들었습니다. 50여 명이 모인 가운데 여학생은 4~5명밖에 없었습니다. 그런데 나를 지명해서 연극부 부장 자리에 앉히는 것이었습니다. 많은 남학생들이 선망하는 자리여서 다투지 말라고 여학생을 시켜서 일부러 완충지대를 만든 게 아닌가 싶기도 하고요. 그때 처음으로 학교 무대에 올린 작품이 월북 좌익작가인 함세덕 씨의 「갈매기」였어요. 당시 사범대학은 빨갰습니다. 지방에서 머리 좋고 가난한 학생들이 올라왔으니까요. 그때 나한테 정식 프로 배우로 연극을 하지 않겠느냐는 제안도 있었습니다. 무대에서 울리는 목소리래요. 또 한번은 중앙방송국에서 학생극을 모집했는데 러시아 작가의 「마르타」라는 작품을 번안해서 연출에 주연까지 맡아 보기도 했지요. 참 무모한 만용이었습니다. 그 방송사의 문예부장이라는 이가 나에게 방송사에 들어올 생각 없느냐고 묻더라고요. 연예부에서 같이 일해보자고요. 그러면서도 나는 시에 대한 향수가 더 컸습니다. 나도 잘 모르는 선배들이 나를 시인 아무개로 소개할 때면 너무 쑥스러워서 아무 말도 못 하고 가만 있던 시절이었습니다. 그러다가 6·25가 터지기 직전인데, 좌익 학생운동에 너무도 지쳐서 더 이상 안 하겠다고 결심했습니다. 그래서 당시 장리욱 학장 선생님에게 가서 다시 학교에 받아주시라고 부탁드렸지요. 그랬더니 '지금 6월이니, 곧 학기말 시험 보고 나면 강의가 없다. 그러니 신학기에 와라. 그러면 받아주마.' 그러시더라고요. 그래서 학교 갈 준비를 하고 있었는데, 그만 6·25가 터진 것입니다."

아이고, 공부하려고 마음먹었는데 전쟁이 말렸군요. 고향이 평안북도 정주이신데, 6·25는 어떻게 넘기셨습니까?

"석 달을 집구석에 박혀 있다가 전쟁이 끝나갈 8월 중순 무렵 서울시 인민위원회에 잡혀 갔어요. 동지를 배반했다는 변절자로 몰려서 그들에게 체포된 것입니다. 나는 남로당에 입당한 적도 없는데 다만 글을 쓰는 관계로, 그전 1947년에 여자사범대학 교수의 권유로 문학을 좋아하는 여학생 몇이 미도파 백화점 건너편에 있는 2층짜리 붉은 빌딩으로 따라갔었고, 거기서 무슨 입회원서를 한 장씩 써서 지장을 찍어 낸 적이 있는데, 그곳이 바로 문학가동맹이라고 했습니다. 그곳에서 고 이병철 시인을 만났고, 정지용 선생, 이용악 선생을 만나기도 했지요. 그리고 이병철 선생의 소개로 시를 발표하게 되었던 겁니다. 그것이 1947년 가을이었어요. 그후 1948년에 《신천지》《민성》《민주일보》《예술평론》, 1949년에 《새한민보》《상아탑》 등에 시를 발표하면서 6·25 동란을 맞았던 겁니다. 결국 잡혀간 서울시 인민위원회에서 몇날 며칠 밤을 새워 심사를 받고 구사일생으로 살아나왔어요. 그때 얽힌 이야기를 지금 여기서 다할 수는 없습니다. 언젠가 내 손으로 쓸 것입니다. 1·4 후퇴 때는 피난을 못 가서 애를 쓰는데 어떤 분이 배를 주선해 줘서 인천으로 갔습니다. 작은 배에서 큰 배로 올라타다가 그만 보따리 일곱 덩어리 중에 세 개를 바다에 빠뜨리고 말았습니다. 깜깜한 그믐밤이었는데, 어머니의 전재산인 싱거 미싱 머리, 그리고 내 원고 두 보따리를 잃었습니다. 우리 어머니가 그 미싱에 의지해서 가정을 꾸려가셨는데 말입니다. 내 아버지라는 분은 우리와는 왕래도 없었고, 이혼도 안 한 상태였지만 가족을 돌보지 않았습니다. 어머니가 딸 둘을 데리고 고생고생하며 사셨는데…… 원고 보따리에는 발표작, 미발표작이 섞여 있었는데 다 없어져 버린 것이지요. 6·25가 터지고 나서 단편소설을 두 편 썼는데, 그것도 없어지고요. 그중 시가 짧은 것은 다 기억이 나서, 노트에 옮겨 적었습니다. 나머지는 다 버렸지요. 피난을 부산으로 갔으면 연합대학에 들어갈 수 있었을 텐데 사정이 있어서 대구로 갔습니다. 학교를 못 다니게 된 것이지요. 내 생애 첫번째 좌절이었습니다. 학생운동을 한 것도 좌절이었고."

2005년 1월 1일부터 오늘(12일)까지 새해 들어 하신 일들을 기억나는 대로 말씀해주실 수 있습니까?
"요새는 내 몸과 싸우고 있습니다. 내 몸의 불균형 때문이지요. 병원에 입원해 있다가 작년 그믐에 퇴원했습니다. 그랬다가 낙상해서 손목 다치고, 또 침실에서 넘어져 뇌진탕이 아닌가 걱정했습니다. 여기, 여기 머리에 혹이 났습니다. 그 일 말고는 「빈 항아리」라는 모티브를 잡아서 지난 겨울부터 시 몇 편을 쓰고 있습니다. 《창작과 비평》에도 보냈고, 《동서문학》에도 보냈습니다. 또 《시안詩眼》과 《현대문학》, 그리고 《문학과 창작》에 보낼 「빈 항아리 5」 초를 잡고 있어요."

항아리? 항아리가 어쨌다는 거지? 아둔한 머리에 금세 대꾸해서 이어갈 만한 질문이 떠오르지 않아서 버버거리고 있는데, 이리저리 위치와 각도를 바꿔가며 사진을 찍고 있던 김요일 시인이 정말 고맙게도 슬쩍 거들어준다.
그러니까 비어 있는 걸 보면, 꽃 말고도 두루마리 종이, 막대 같은 걸 꽂아두고 싶다는 그 항아리 말씀이지요?
"예, 그거예요. 처음에는 그게 '나'라는 생각을 하면서 시작한 것은 아니에요. 지금 이곳에 쓸데없는 항아리 20여 개가 있는데, 수십 년을 가지고 다니면서 그 쓸쓸한 모습을 보니, 그것이 '나'라는 생각이 들더군요. 텅텅 비워놓고, 문 열어놓고, 가슴이고 문이고 다 열어놓고, 혼자 앉아 있는 빈 항아리가 나 자신의 영상으로 들어왔습니다. 지난 겨울에 2편을 쓰고 이번에 3편을 쓰게 됐습니다."

하루 일과는 어떻게 되십니까? 잠자리에서 일어나서 잠들기까지를 말씀해 주시지요.

"아무것도 못 해요. 안이 울면 우는 것 지켜보고, 바람이 가면 가는 것 지켜봅니다. 밤 12시가 넘어 수면제 먹고 잡니다. 아침엔 6시 반에서 7시쯤 깨고요. 아침 10시까지 3가지 약을 먹어야 합니다. 혈압약, 그리고 뭘 좀 입다심하고 난 후 신경약을 먹습니다. 3년 전 공황장애라는 병을 앓았는데 그때부터 신경약을 먹습니다. 요기를 하려면 식전식후로 또 약을 먹어야 합니다. 다른 생각이 없고 그저 약 먹는 생각만 하게 됩니다. 이러다 치매가 오면 아무 약도 못 먹을 것 같아요. 약 먹고 나서 서재에 가서 조금 읽습니다. 읽어서, 마음 안에 씨가 내려야 뭐가 돋아나도 돋아나기 때문입니다. 그러나 책 앞에 조금 앉아 있으면 머리가 깨지려고 합니다. 돌아와서 침대에 눕지요. 한두 시간 누웠다가 12시에서 오후 2시 사이에 산책을 하러 나갑니다. 해가 지면 못 하니까 해가 뜨거울 때 합니다. 강 쪽으로 좋은 산책로가 있어요. 둑 안쪽에 있는 길을 40~50분쯤 걷고 들어와서 세수도 하고, 약속이 있으면 나가고, 없으면 다시 책 읽다가 문득 떠오르면 쓰다가, 하고 싶은 대로 하고 삽니다."

저녁 드시고 난 후 밤 시간에는 뭐 하세요?

"옛날에는 〈아씨〉도 못 보았는데 지금은 초저녁부터 TV 앞에 앉았지요. 〈이것이 인생이다〉에서부터 3개 방송국의 드라마를 다 봅니다. 〈왕꽃선녀님〉 〈봄날〉 〈토지〉 같은 것을 다 봅니다. 11시 되면 뉴스 듣고 수면제 먹고 자리에 들어갑니다. 요새는 만판이지요. 후회없이 살려고요.

그런데 눈이 아파서 외화가 나오고 자막이 나오면 그 영화는 못 봅니다. 예전에는 우리 영화를 안 보고 외화만 봤는데. 그리고 토론회 같은 것도 빼놓지 않고 봅니다. 재미있거든요."

고향이 평북 정주이신데, 근년 들어 북한을 방문해보신 적이 있는지요? 금강산은요?

"금강산은 3년 전에 가본 적이 있는데, 고향에는 안 갔습니다. 이북5도 청에서 가보자고 권했으나 안 갔습니다. 가봐야 친가 쪽은 아무도 없을 것이고, 외가 쪽이 있을 텐데, 그립기는 하지만, 옛날의 모습이 하나도 없을 것만 같아서 두렵습니다. 400그루가 넘던 밤나무 동산이 남아 있을 리가 없지요. 가서 깨뜨리기보다는 머릿속에 환상으로라도 가지고 있고 싶어요. 6·25 때 외사촌도 끌려가 죽었거든요. 괴로워서 가기 싫어요."

평북 정주에서 태어난 어린 시절 이후 평생, 아니면 어릴 적 그때, 아니면 경성여자사범학교 시절, 아니 해방공간에서 《문예신보》에 「가을」이란 시를 발표하면서 등단했던 이후로 시인으로서 선생께서는 총체적으로 불행했다고 생각하십니까?

"소녀기가 특히 불행했어요. 10살 때까지는 행복했는데요. 그후부터는…… 어머니가 14살 때 아버지에게 시집을 왔는데, 20살 때 저를 낳았다고 해요. 그런데 어머니가 30살이 되도록 아들을 못 낳자, 아버지가 딴살림을 내고 따로 살았습니다. 할머니도 그 집에 가 살았지요. 할머니조차 그리 가서 사는 것을 보고 너무 절망했습니다. 할머니와 아버지를 미워하다 보니 나는 암울하고 참담한 나락으로 떨어지는 심정이었습니다. 기쁠 일이 없었습니다. 아버지가 우리를 먹고 살게 하기는 했는데, 어머니와 나는 서울에 남았고, 아버지는 인천으로 내려가 살았습니다. 아버지는 초등학교 5학년이던 나를 인천으로 내려오라고 했습니다. 기차를 타고 인천에 내려가면 생활비로 돈 20원을 주었습니다. 너무 치욕스러웠습니다. 한강다리를 건널 때면 기차와 함께 빠져 죽고 싶었습니다. 그렇게 인천에를 한 달에 한 번씩 왔다갔다 했는데, 내 소녀기와 사춘기는 먹물로 칠해진 새카만 시절이었습니다. 내가 나중에 운동권 학생이 된 것은 자연스러운 일이었지요. 외가에서 우리에게 끊임없이 먹을 것을 대주었습니다. 겨울이면 외가가 있는 고향에 가서 놀고 쉬고 오고 했는데, 그때는 서울 사는 '홍네' 왔다고 반가워들 하셨는데, 분단이 되어 남북한으로 갈라지니 더 이상 갈 수가 없게 됐습니다."

「나의 삶, 나의 문학」이라는 글에서 '부실부실'이라는 말로 선생의 문학을 정의했습니다. "나의 삶도 문학도 골방 구석에 숨어서 혼자 아무도 모르게 남들처럼 화려하지도 빛나지도 못하면서 그렇다고 도중에 중단한다는 것도 생각하지 못하면서 그저 부실거리며 평생을 살아왔다"고 하셨습니다. "흡사 골목안 구멍가게 좌판 같은 정황이라고나 할까"라고 하셨는데, 너무 겸양을 차리신 자화상이 아닌지요?

"아니에요. 그렇지 않습니다. 그게 내 모습입니다. 우리 할아버지는 역마살이 있으신 분이었는데, 만주 북간도 조선팔도 일본 대판 나고야까지 돌아다니셨다고 합니다. 3·1만세 통에 할아버지는 장에 갔다가 만세에 합류했고, 주재소로 끌려가 죽도록 얻어맞아 업혀 왔다고 해요. 할아버지는 3년을 앓다가 돌아가셨습니다. 우리 아버지가 사실은 일찍 깬 분이었던 것 같습니다. 읍내 초등학교까지 왕복 40리를 걸어다녔고, 나중에 중학교에 들어갔는데, 할아버지가 돌아가신 후 아버지는 학교를 마치자마자 농사도 집어치우고, 일찍 일본말을 깨친 덕분에 단신으로 서울로 올라와 일본인 회사에 취직했다고 합니다. 그렇게 자리를 잡자 외아들로서 책임감을 다하려 했는지 식구를 서울로 부른 것이지요. 당시 할머니는 딸, 아들을 하나씩 두셨는데 서울 간 아들에게서 소식이 없다가 아들 편지가 오자, 농사 짓던 땅을 거의 나눠 주다시피 하면서 처분을 하고 서울로 오셨다고 합니다. 겨우 세 살이던 나를 업고 오셨다고 해요. 그렇게 해서 나는 1928년쯤부터 청엽정, 지금 청파동의 첫째 굴다리 안에 살았습니다.

어머니는 나를 문 밖에 못 나가게 했습니다. 왜 그랬는지, 당시에는 짱꼴라가 애들 잡아간다고 해서 문 빼꼼이 열고 밖을 내다보던 일, 그리고 할머니 등에 업혀 고향 친구네 집에 다녀오던 일이 떠오릅니다. 또 종로 야시장에서 바나나, 수박 같은 걸 사다 먹기도 했던 기억도 있습니다. 그렇게 10살 이전은 햇살이 쨍쨍했고, 아버지가 딴살림을 차리는 10살 이후는 칠흑 같은 밤이 됩니다. 그 여자(작은어머니)가 들어와 아들을 낳자, 우리 어머니도 아들을 낳았지 뭡니까. 그런데 우리 어머니가 낳은 내 남동생은 그만 폐렴으로 죽고 말았습니다. 어머니는 서울대 병원에서 약을 타오셨는데, 품안에 넣어 두었던 약을 잃어버리고 말았던 때문입니다. 내가 자서전을 꼭 쓰려고 합니다. 나 죽은 뒤에 출판해도 좋습니다. 내 어머니를 생각하면 안 쓸 수가 없습니다."

선생님의 생애는 그 어느 예술가도 부러워하지 않을 수 없을 만큼 다양한 형태의 비참스러운 것들이 훑고 지나갔습니다. 그러한 비참들이 선생으로 하여금 좀더 고양된 형태의 시적인 것들을 추구하도록 문학적 에너지를 공급했다고 여겨지는 측면도 있습니다. 선생께서는 먼저 사춘기에 겪었던 대동아전쟁, 광복된 조국에서 겪었던 6 · 25 전쟁의 기억을 커다란 불행으로 들고 계신데요.

"그래요. 내 의식 속에, 내 잠재의식 속에 이 세상과 사회에 대한 도전과 항거 같은 게 있을 겁니다. 보통 여성 시인들이 정치 사회적인 것을 안 건드리는데 나는 핵, 구로공단, 여성문제, 우리들 시대의 아들 사우디아라비아 산업전사, 동작동 국립묘지 등을 썼습니다. 10대 아이들이 빨간 깃발 매고 철모 쓰고 싸우는 것을 보고 나는 그런 것이 목에 가시처럼 걸려 쓰지 않고는 견디지 못했습니다."

두 번째 불행이라고 할 수 있는 남북 분단과 실향의 상심은 서울을 끝까지 객지로 만드는 상황이 됐습니다. 평안북도 정주군 마산면 신오리에서 태어나고 세 살까지 자라신 건데요, 고향은 어떤 마을이었습니까? 아니 질문을 바꾸겠습니다. 좋은 시는 고향에서 쓰는 것입니까, 아니면 타향에서 쓰는 것입니까?

"있는 곳이 문제는 아닐 겁니다. 고향에서 쓰는 시는 포근하고, 타향에서 쓰는 시는 목 마르고 채워지지 않을 것 같기도 합니다. 나는 평생 채워지지 않고 목이 말랐습니다. 명절날 사람들이 옷 차려입고 자동차 타고 어디론가 가는 것을 보면 나는 세상에 집이 없는 사람처럼 고독했습니다."

어떤 글에 '타협을 하지 않을 수 없었다' 고 고백하신 부분이 있던데요, 시인으로서, 아니면 양심을 지키고자 했던 지식인으로서 현실과 타협한 적이 있으십니까? 어떤 경우였습니까? 시인의 타협과 지식인의 타협은 다른 것입니까?

"타협이라…… 애매모호한 일입니다. 그렇지만 박정희 대통령 시절을 예로 들면, 그런 독재는 용납해서는 안 되는 것이었지요. 용납할 수 없는 사람이 청와대 오찬에 부르면 가서 먹었습니다. 가면 안 되는 건데. 욕 하면서 가서 얻어먹고, 돈 주면 받았습니다. 노태우 때도, 전두환 때도 그랬습니다. 미당이 잘못이 없다고 생각했습니다."

그 글에서 "하나의 운동은 다른 운동으로 이어지며 사라져버릴 뿐 영속하는 것은 오직 문학 그 자체일 뿐이라고 나는 믿고 있다"고 쓰셨습니다. "문학이 시대와 역사의 조류를 넘어서 살아남을 수 있는 것은 오직 문학성, 시류적 성향을 초월한 문학성에 있다고 믿는다"는 말씀이 이어졌습니다. 두 가지를 여쭙겠습니다. 첫째 문학성이란 무엇입니까? 그리고 그러한 말씀은 시대가 강제한 인간성 패배와 파멸을 끌어안고 그것의 시적 형상화에 매달린 선생으로서는 너무 한쪽으로 쏠린 단언이 아니겠는지요?

"한때 참여 문학인들이 구호 같은 시들을 많이 썼습니다. 1980년 5·18 때 그때 어떤 시들은 홀라당 옷을 벗었고, 북한 선전문구가 그대로 나와 있는 것 같은 시도 있었습니다. 그것이 아무리 진실이라고 해도 문학은 아닙니다. 문학은 심금을 울리고, 감동을 주고, 아름다운 정서가 배어 있어야 합니다. 선전 구호로 채워진 시가 생명을 얻어서 영원히 존재할 수 있다고 볼 수 없습니다. 나도「사는 법法」 연작을 통해 광주항쟁을 썼지만 구호 같은 시를 쓴 것은 아닙니다."

선생께서 15권의 시집을 내시면서 여러 평론들이 뒤따랐습니다. 초창기에는 '젊은 시절의 회한과 정열과 환희와 고독을 현란한 언어로 표현했다' 는 말들이 있었고, 그 다음 단계에 오면 '얼마간 생활과 사물에 거리를 두고 다소 체념적인 태도를 보였다' 는 평도 있었습니다. 그렇지만 제 마음에 꼭 드는 평은 한국현대문학 작은 사전에 실린 것처럼 '생활시인, 인생시인으로서 내면추구의 심도가 깊어가는 시인' 이라는 평입니다. 이러한 평들에 대체로 동의하십니까?

"평자들이 내 시의 전체를 보지 못하는 경우가 많습니다. 일부분만 보는 것이지요. 내 시를 전체로 보았을 때 나는 서정시인이지만 전통적 서정시인은 아니거든요. 후배 시인 나희덕이 최근에 쓴 글을 보니 얼마간 핵심적인 부분을 말했다는 생각이 들더군요."

거실에서 대화를 나누던 홍 시인은 방으로 들어가 나희덕의 평이 인쇄된 A4 용지 한 장을 들고 나왔다. 도대체 뭐라고 써 놓았길래 대선배의 마음에 드는 이야기를 했을까 궁금했다. 여기 간략하게 옮긴다.

홍윤숙의 연작시 『약력略歷』에는 그의 집안의 내력이 드러나 있는데, 연작의 첫 시인 「뿌리」를 보면 그는 '평북 정주군 마산면 오봉산 기슭' 에서 태어났으며, '조부는 일찍이 만주 북간도로 현해탄으로 타고난 역마살 바람으로 풀다가' 기미년 만세를 부르다 고초를 당해 돌아가셨다. 그의 아버지는 '파산한 가계의 명운을 지고 곤충 같은 목숨의 혈족들을 끌고 약속도 없는 땅을 유랑했다' 고 되어 있다. 그 한恨이 '내 잔가지 어디쯤 어두운 핏줄에 닿아 있을' 것이라고 말하는 그의 시에는 어디에도 안주할 수 없는 떠돌이로서의 비애가 강하게 나타난다. 그 비애는 구체적인 고향의 상실에서 오는 것이기도 하지만 동시에 일회적인 삶 속에서 지상은 영원한 타관일 수밖에 없다는 인식 때문이기도 하다.

그러나 홍윤숙의 시가 단순히 유랑의 기억을 복원하는 데만 바쳐지고 있는 것은 아니다. 그는 덧없는 여정 속에서도 삶을 견디게 하고 그 허무의 어둠을 밝혀줄 지혜의 빛을 발견한다. 사물의 궁극적인 본질에 도달하려는 구도적 성향 한편에 현실에 대한 끊임없는 관심과 반응이 시인으로 하여금 체관의 거리와 미학을 가능하게 하였던 것이다.

1980년대를 지나면서 전쟁의 상처 속에서 지녔던 역사의식이 보다 분명하게 드러난다. 『사는 법法』 연작은 광주 항쟁을 참담한 심정으로 지켜보면서 씌어진 시들이다. 또한 「꿈을 찍는 소녀들―구로공단에서」와 같은 시들을 통해 소외된 계층에 대한 지속적인 관심을 드러내기도 하였다.

홍윤숙의 시세계는 유랑하는 딸에서 시대의 어머니로 변화하는 궤적을 보여주었다고 평가되고 있다. 그 과정에서 추상적 사유와 현실적 체험, 또는 개인의 실존적 고통과 시대의 역사적 고통은 서로 역동적 관계를 맺으면서도 잘 정제된 시어들을 생산해냈다. 홍윤숙의 시에 나타난 사회의식의 발현은 70년대 이전의 여성 시인들에게서 좀처럼 발견하기 어려운 독자적인 목소리를 그가 일찍이 확보하고 있었음을 의미하는 것이다.

김광림 시인은 시집 『이 한 마디』(푸른사상 출간)에서 시로 쓰는 시인론을 펼쳤습니다. 그 가운데 보면 김남조 시인과 홍윤숙 시인을 대조하는 표현이 나옵니다. 김남조 시인은 "가슴에 가득한 정념을 전통적 서정에 담아낸 시인"으로 그렸고, 홍 선생님을 "강렬한 발상과 의지적 · 직접적 표현"으로 그렸습니다. 맘에 드시는지요?

"그렇게 봤으면 그분의 생각이니 내가 뭐라고 하겠어요. 그런데 대체로 그렇게들 보는 것 같아요."

15권 시집 가운데 시詩의 신神인 뮤즈를 만나러 가면서 자작 시집을 한 권만 고르라면 어떤 시집을 선택하시겠습니까?
"못 골라요. 도저히 버릴 수 없는 시집이 여러 권인데, 어떻게 골라요. 자식이 여럿인데 하나만 고르라면 골라지나요?"

우, 악! 이 대목에서 질문자는 또 한번 천하에 바보 같은 질문을 던지고 말았다는 자괴감 때문에 저도 모르게 비명을 지르게 된 것이다. 옆에 앉아 있던 또 한 명의 시인인 김요일 문학세계사 이사도 멀뚱하게 쳐다보고 있었다. 세상에 단 한 편의 시를 발표한 적도 없고, 단 한 권의 시집을 가져본 적이 없는, 천둥벌거숭이 문학담당 기자만이 던질 수 있는 질문이었다. 뮤즈여, 용서하시길!

(아무리 그래도 그렇지. 그렇게 무안을 주실 건 또 뭐람, 하는 생각이 들어서 이렇게 말하는 것은 절대 아니라는 점을 밝혀둔다.)

한국 현대 여성 시인들의 면면을 역사적 시각으로 돌아보면, 일제시대의 나혜석, 노천명, 이영도 등을 출발기 시인들이라고 한다면, 그 뒤를 이어서 1950년대 홍윤숙, 김남조, 모윤숙 선생을 말씀드릴 수 있겠고, 다시 1960년대로 넘어와 강은교, 김후란, 노향림, 문정희, 신달자, 유안진, 허영자 같은 분들로 이어지는 것 같습니다. 각각 세대별로 해낸 역할이 있다면 어떤 것이었다고 보십니까?
"그 시대의 요청에 맞게, 그 시대에 필요한 것을, 그 시대 상황에서 자기네들의 맡은 일을 충분히 했다고 봐요. 지금은 생각도 다르고 감각도 다르지요. 이 시대가 요청하는 바에 따라 표현도 달라지고요."

지금까지 시를 써오게 한, 그 깊은 곳의 원동력은 무엇이었다고 생각하십니까? 솔직하게 말씀해주십시오.
"업業이에요. 업. 타고난 업이었어요. 그러니까 나한테 천만금을 준다고 해도 못 할 일이 있고 한푼 안 주어도 하는 일이 있는 것처럼, 시는 마치 배냇병 같은 것이었지요. 시를 써야만 했어요. 김광섭 선생을 보면 말년에 그 연세에도 노구를 이끌고 기억도 희미해지는데 뭔가에 들린 사람처럼 마지막 시를 쓰셨어요."

진부한 질문이지만 생략할 수 없는 질문이 있습니다. 후배들에게 한 말씀 해주십시오.
"후배들이 더 잘 알아서 잘 하고 있어요. 나희덕, 정끝별, 김혜순, 최승자, 김승희 같은 이름이 떠오르네요. 정말 자기 시세계를 확고하게 지니고 열심히들 하고 있습니다. 내가 잘 이해할 수 없는 시를 쓰는 것은 내가 모르는 영역을 쓰고 있는 것일 뿐이지요. 자기들은 잘 아는 내용일 것입니다. 시는 각자가 자신에 대한 책임을 가지고 최선을 다할 수밖에 없는 사명감 같은 것을 지니고 있습니다. 시인은 누가 시킨 게 아니고 스스로 최선을 다하는 것입니다. 시인은 깨어 있는 사람이고, 깨어서 무엇을 해야 하는지 알고 있는 사람입니다. 그런 뜻에서 엘리트입니다."

처음에는 가만가만 걷고, 다소곳하고, 차茶도 조심스럽게 따르고, 조금은 냉정한 듯한 이마를 반듯하게 세우고…… 그런 모습을 재삼 확인하면서 주눅이 들고 있었는데, 그런 분인 줄로만 알았는데, 대화가 진행되면서 홍 시인은 세상에 둘도 없는 열정적 달변가로 변해 있었다. 김요일 시인과 필자는 깜짝 놀랐다.
홍 시인은 너무나도 뜨겁게 속에 있는 말들을 토해냈다. 어디에 저런 불덩이들이 숨어 있을까. 어떻게, 무슨 힘으로 저런 불덩이들을 안에다 누르고 다스리며 살고 있을까, 홍 시인의 집을 나서면서 또다른 의문이 싹텄다.
어머니뻘 되는 연세의 홍 시인은 작별 인사를 드리는 우리에게 "가다가 저녁 사 먹으라"면서 돈을 주셨다. 우리는 두 번 이상 사양할 수 없었다.

김규동

1925년 함경북도 종성 출생.
1948년 《예술조선》 신춘문예에 시를 발표하며 등단.
시집 『나비와 광장』 『현대의 신화』 『깨끗한 희망』 『오늘밤 기러기떼는』
『느릅나무에게』 등과 평론집 『어두운 시대의 마지막 언어』 등이 있음.
자유문인협회상, 만해문학상 등 수상.
은관문화훈장을 받음.

좋은 시는 채우는 것이 아니라 비우는 것이다

　　서울 대치동에 사는 김규동 시인은 아파트 문을 반쯤 열어 놓고 기다렸다. 주름살이 먼저 웃는다. 작은 얼굴, 갸름한 턱선, 그리고 작은 몸집에 작은 키다. 세상의 모든 것에게 그들의 공간을 넉넉히 남겨 놓기 위해 자신은 최대한 작게 차지하고 있다. 주름에게 양보한 얼굴이 나중에 반긴다. 방문객보다 두 배쯤 나이를 많이 먹은 사나이의 얼굴 주름은 방문객의 허리를 곧추세우는 위엄을 지녔다. 시인의 주름은 경건하고 포근하다. 주름 한 고랑에 시 한 편이 패였을 것만 같다. 어떤 시인에게는 시 한 편이 염통의 핏줄 하나를 말라붙게 했을 것이고, 어떤 시인에게는 시 한 편이 허파꽈리 한 떨기를 졸아붙게 했을 것이며, 어떤 시인에게는 시 한 편이 얼굴에 깊은 고랑 하나 만들었을 것이다. 시인은 영혼의 고독을 위해 주저없이 몸을 파는 족속이다.
　　김규동 시인은 몸무게가 36kg이다. 김규동 시인은 그 험했던 싯푸른 시절의 손아귀들이 말을 잘 듣지 않는 시인들을 가두려 촘촘하게 막아놓았던 그물을 통과하려고 그리 작은 몸을 지녔는지도 모른다. 김 시인의 부인이 녹차를 한 잔씩 놓아 준다. 창가에 자리한 둥근 탁자를 사이에 두고, 김 시인은 천천히 입을 연다. 질문을 기다리지 않는다. 할 말이 고여 있으면 전혀 망설이지 않고 자신의 이야기를 들려준다. 그 이야기가 그토록 재미있고 흥미진진할 줄은 동석하고 있는 김요일 시인도 미리 짐작조차 못했다고 고백했다.
　　거실에는 여기저기 목각으로 파여진 시구들이 수십 점 놓여 있었다. 그것들은 걸려 있거나 누워 있었다. 김규동 시인이 여가로 시작해서 지금은 전시회를 열만큼 일정한 경지에 오른 작품들이다. 2001년에 전시회를 했고, 그 이후 작업들이 이어져 지금은 50점 정도를 더 만들었다. 특히 다탁茶卓으로 쓸 수 있게 만든 목각 시구들이 30여 점 만들어져 있었다. 벽면에는 김규동 시인의 영정용 사진이 걸려 있다. 김 시인은 그 사진을 따뜻한 눈빛으로 바라본다. 그 사진이 흰 장갑을 낀 장손의 손에 들려지는 그날이 결코 두렵지 않다는 눈빛이다.

제각각 별난 모양으로 몸을 사리고 있는 조각도가 20개쯤 되고, 벽 쪽으로 김규동 선생의 애장 파이프 세 개가 나란히 놓여 있다. 그는 지금도 가끔씩 파이프를 즐긴다. 한때는 모더니즘의 빛나는 신동이었다가, 한동안 60년대를 하얗게 공백으로 뛰어넘더니, 칠십년대 중반부터 민주 저항시인의 약여한 모습으로 길거리에 나섰던 김규동 시인이다. 지금은 조각도를 손에 들고 서서 그때 그 시들은 헛것이었다고 반성을 하고 있다. 시는 채우는 것이 아니라 비우는 것일지도 모른다는 것을 알아내기까지 대략 80년이 걸린다. 헛것이라는 것을 알기까지, 겨우 80년이…….

"보통의 재주밖에 가지지 못한 문인은 간단하게 살아야 유지가 된다고 생각합니다. 적게 먹고 적게 살아야 하지요. 그래야 글을 쓸 수 있습니다. 김기림 선생도 생활 때문에 하도 괴로워하길래 부인이 기계로 양말을 짰다고 해요. 화신백화점에 위탁 판매를 했다고 하더군요. 김기림 선생 말씀이 쌀은 말(斗)을 팔아서 살 수 없다는 것이지요. 힘으로, 손으로 하는 노동을 통해 사와야 한다는 것이지요. 그분 식구가 여섯이었는데도 그렇습니다. 그 당시 국문학자 양주동 씨가 계셨는데, 그 양반이 자전거를 타고 동국대로 중앙대로 하루 3곳을 다니며 강의를 하셨습니다. 그렇게 해서 양식을 벌었지요. 글을 전혀 못 쓴 이유입니다. 양주동 씨는 처음엔 시인이었습니다. 임화가 자신의 앤솔로지에 양주동의 시를 넣기도 했습니다. 그러나 문인이 다른 일에 열중하게 되면 결국 산만해져서 중심 있는 일을 못 합니다. 나도 양주동 씨를 여러 번 만나고 얘기를 나눴는데, 그분이 돌아가실 때 벌어온 돈을 소파에서 세다가 돌아가셨다고 하더군요. 그때 문인은 돈과 관련되면 좋지 않구나 생각했습니다. 저도 출판사를 7~8년 해보았는데 자영업은 좋지 않습니다. 회계를 해보니까 돈을 센다는 것은 시와는 굉장히 멀다는 것을 알았습니다. 그때 저는 저녁에 들어오면 반드시 목욕을 했습니다. 그래야 독소가 빠졌습니다. 집사람은 욕심이 나서 계속하자고 했지요. 집사람 때문에 끌려가 8년을 했는데, 결국은 크게 다투고 나서 처남에게 주어버렸지요. 그리고 나서 출판사 일에서 손을 떼고 돌아왔는데 4·19부터 10년 동안 글을 못 쓰겠더라구요. 시인 소설가들을 만나서 잡담도 하고 어울리다 보니 조금 나아졌습니다. 상인하고 어울리면 안 됩니다. 「와사등」의 김광균 선생이 사업을 크게 했는데 그분이 이런 말을 했습니다. "김형이 사업을 한다고 하는데, 어렵습니다. 시를 못쓸 각오를 하십시오." 그땐 그게 무슨 말인가 했는데, 그분 수필을 엮어서 『와우산』이란 책을 낼 때 보니까, 그분 역시 서문이 안 돼서 고생하셨습니다. 그 책을 내가 편집도 하고 편집자로서 교섭도 하고 그랬는데, 300페이지쯤 됐지요. 거기에 서문 10장을 써야 하는데, 김광균 선생 말씀이 "내가 산에 가야 하는데 산에 가기 전에는 글이 안 됩니다"라고만 하셨습니다. 산에 가서 머리를 식혀야 글이 된다고 하신 말씀이지요. 겨우 원고 10장 받는데 꼬박 1년이 걸렸습니다. 사업이라는 게 시인으로는 어려웁지요. 김광균 선생은 사업에 회의를 느끼고 고민을 많이 했습니다. 김기림과 오장환을 많이 도와주었지요. 오장환은 완전히 건달이었잖아요. 취직도 안 하고 룸펜으로 살았습니다. 그래서 좋은 시를 썼지요. 시인은 구걸해서 살아야 좋은 시를 쓰나봅니다. 천상병도 시가 좋잖아요. 그이가 요즘 돈으로 1,000원, 2,000원 정도를 꾸었고, 그 정도로 족했지요. 하루를 즐겁게 살 수 있거든요. 그런 언저리의 생각이 시로 돼서 나오거든요."

김규동 선생님께서 곧 시집을 낼 것이라는 얘기가 들리던데요. 오랜만이시죠?

"1945년 해방 이전이 신시新詩 50년이고, 그 이후 또 그만큼의 세월이 흘렀다고 한다면, 전반세기와 후반세기의 시문학을 전망해보건대 다재다능한 인사들의 세계가 펼쳐져 있음을 보게 됩니다. 해방 이전에는 정지용, 이상화, 이상, 그리고 평론에는 임화, 불교 쪽으로는 한용운 같은 이들이 있고, 그들은 책이 겨우 1,2권인데, 해방 이후까지 우리에게 남는 것이 신비롭습니다. 저는 해방 이후 문학을 한 쪽인데, 우리는 책을 5~6권 냈다 말입니다. 밤에 누워서 가만 생각해보면 정지용, 이상화, 임화가 남긴 흔적에 가까이 갈 수 있는 본질적인 것, 전시되고 맞설 수 있는 게 있느냐, 나는 걱정이 많습니다. 저는 1991년에 책을 내고 책을 안 냈습니다. 원고를 달라고 해서 발표는 했습니다. 스크랩을 보니 한 350편쯤 됩니다. 집사람 말이 죽기 전에 책을 내시오, 죽은 후 누가 알아서 내줄 것이냐고 하길래, 책을 내기로 했습니다. 최근에 와서 영정 사진도 찍었습니다. 저기 벽에 걸어 놓았지요. 아이가 수의壽衣도 해왔습니다. 내가 책을 내야겠구나, 라고 생각했습니다. 14년 만에 책을 냅니다. 교정을 다 봤습니다. 서문에 그렇게 썼습니다. '그동안 두려워서 책을 못 냈다. 시들이 다 죽을 텐데, 다 쓰러질 텐데, 심판이 무서워서 못 냈다'고 썼습니다. '이 다음에 한 편이라도 남아서 누구라도 읽어주면 그것으로 감사하겠다'고 말했습니다. 쓸 때는 신이 나서 썼는데, 후일에 보면, 10년 후에 보면, 이게 시인가 낙담하게 됩니다. 다시 해보면 그게 다시 어려웁고, 어려우면 시가 되지 않겠나 하는데, 시간이 지나면 또 아무것도 아니라는 생각이 듭니다. 그것이 되풀이되는 것이지요."

올해 육신의 나이로 팔순을 지나셨는데요, 요즘 어떻게 보내십니까. 시인으로 살아오신 인생으로만 57년째니 문학의 나이로도 어느덧 환갑에 이르고 있습니다만.

"건강이 아주 썩 좋은 것은 아닙니다. 제가 지금 36㎏입니다. 비정상이지요. 조금 육체적인 일을 해야만 밥도 조금 먹고, 잠도 잘 잘 수 있습니다. 매일 아침 6시쯤 일어나 조각을 3시간쯤 합니다. 오후에는 아침에 전화온 것에 따라서 친구도 만나고, 원고도 쓰는 척합니다. 밤에는 책을 조금 읽습니다. 하루 2시간 정도요. 후배들이 보내주는 책을 봅니다. (거실에는 정도상 소설 『모란시장 여자』가 놓여 있었다.) 김수영 전기 같은 것도 읽고요. TV는 거의 안 봅니다. 뉴스는 조금 보는데, 광고가 많아 가지고……. 외출은 출판사나 잡지사에서 만나자는 연락이 있으면 나가서 잡담도 조금 하고, 후배와 소주도 한 잔 먹습니다. 그리고 1주일에 한 번 정도 목재를 구하러 춘천 쪽으로 갔다 옵니다. 목재소가 여러 곳에 있는데, 하도 여러 번 가서 이제는 얼굴을 알아봅니다. 내가 누구라는 소리는 한 번도 안 하고, 그냥 조각을 만들어서 갖다 주면, 그이들이 처음부터 말씀하지 않고 왜 그러셨냐고 하지요. 지금은 돈을 내지 않아도 나무를 주어서 갖다 말리고 있습니다. 차 운전은 셋째아이가 같이 가 줍니다."

시인이 시구를 다듬는 일보다 시의 글자 자체를 조각가처럼 아로새기는 작업에 더 매달리는 근본적인 이유는 무엇입니까. 손가락의 섬세함보다는 지성과 감성의 날카로움을 더 벼리고 있어야 하는 것은 아닌지요.

"시가 안 돼서 이것을 하는 경우가 많습니다. 탈출구가 없으니 뭔가 고통스러운 것을 해야 하는데 이것을 하면 마음에 결심 같은 것도 생기고 정신이 산만하던 것이 정리가 됩니다. 참고 하다보면 가슴이 후련해지지요. 내가 뭘 써야겠다는 생각이 정리되는 것 같습니다. 시 청탁이 자꾸 오는데 왜 안 써주냐고 집사람은 채근을 하지만, 그러나 나는 목각을 하면서도 늘 시를 생각하고, 첫줄부터 늘 그것을 생각하고 있습니다. 마감날에 머리 속에 정리된 것을 써서 보내는 것일 뿐입니다. 형상화 원칙과 리듬과 내용을 마지막에 쓰면서 검토해보는 것이지요. 발표를 한 후 한 달 뒤에 보면서 이것을 없앴어야 하는데, 저것을 없앴어야 하는데 하다가 그냥 팽개쳐 두는 것이지요. 그렇게 해서 쌓인 스크랩이 350여 편이고, 그중에서 골라보니 83편이 됐습니다. 출판사에서 80편은 넘어야 한다고 해서 그렇게 됐습니다. 창비에서 내는데 4월 20일경에 나올 것입니다. 책제는 『느릅나무에게』올시다."

14년 만에 시집을 내시니 설레고 떨리십니까?

"겁나죠. 83편은 나의 작은 군단입니다. 다 쓰러지고 하나도 안 남으면 지휘관인 나는 어떻게 되는 것입니까. 시인의 책이 나와 시가 퍼지는 것은 전장戰場에 나가는 것이지요. 승부가 있어야지 전멸당하면 지휘관은 뭐하겠습니까. 지휘관은 손을 들고 마는 것이지요. 제가 「백지」라는 시를 만든 적이 있습니다. 아는 분이 아무것도 씌어 있지 않은 하얀 책을 한 권 주시면서 낙서장이나 시 연습장으로 삼으면 감사하겠다고 해서, 나는 '대적이 안 되는 시는 쓰지 않겠소, 라는 서문을 썼다'는 시를 쓴 적이 있습니다. 지금은 시가 너무 문란하게 취급되는 게 안됐습니다."

시가 문란하다고 말씀하시니 후배들이 들으면 가슴 시리겠습니다.

"시는 일품요리는 아니지만 간소하게 아름답게 남을 수 있는 알뜰한 것이 되어야 하는데 그러지 못하는 세태입니다. 시라는 것은 이상을 추구하는 것인데, 이상 추구가 꼭 시를 통해야 하는 것은 아니지만, 그 자신에게 이상 실현을 하필이면 시를 통해서 하는가에 대한 대답이 있어야 합니다. (거실에 놓인 추사 글씨의 목각판을 가리키며) 추사의 글씨도 일종의 투명한 시정신입니다. 저런 경지에 도달해야 하는데, 저런 자신감과 향기와 원칙과 저런 힘이 소중한 것입니다. 추사는 오리지널이 있기 때문에 스타일이 있었던 것입니다. 우리는 거꾸로 스타일은 있고 오리지널리티가 없습니다."

그것이 어디 쉽겠습니까. 또 아무것이나 오리지널리티가 되겠습니까, 어디?

"시도 그가 아니면 못 내는 소리를 내야 합니다. 그것이 예술에는 필수적입니다. 지용의 「향수」 같은 시를 보면 '그곳이 차마 꿈엔들 잊힐리야'라는, 평소 그 구어체 말이 그대로 옮겨지면서도 어떻게 음악, 열정, 힘, 그리움이 되는가, 그 비밀을 시인들이 체득해야 합니다. 시의 맛을 알고 시를 써야 합니다. 대충 알고 쓰면 시의 맛을 못 내는 것입니다."

시의 맛이라는 말은 알 것 같기도 하고, 모를 것 같기도 하고…… 어떻게 보면 선배가 후배에게 남기는 다소 무책임한 충고처럼 들리기도 합니다. 조금 더 자세히 말씀해주십시오.

"제가 「광주의 음식맛」이라는 시를 쓴 적이 있는데, 광주 깍두기 맛은 삼천리를 다 통틀어 봐야 표준이다, 는 것입니다. 깍두기 하나로도 밥을 거뜬히 다 먹습니다. 그것은 비결이 아니고 정성입니다. 제가 태어난 함경도 음식은 형편이 없습니다. 깍두기를 허옇게 담습니다. 전라도 깍두기는 뻘겋고, 보기 좋고, 매콤하고, 그렇습니다. 우리 어머니는 물김치인지 깍두기인지 그 중간쯤에 해당하는 것을 담그셨지요. 나는 서른 살이 넘어서야, 그리고 광주에 가서야 처음 음식맛을 알게 됐기에, 내 혀가 처음으로 맛을 알게 된 것입니다. 그래서 30이 될 때까지 나는 글을 맛있게 못 썼겠구나, 라고 생각하고 있습니다. 광주 출신들이 창唱이면 창, 글이면 글, 퉁소면 퉁소를 잘 하는 것은 바로 맛에서 오는 것입니다. 나는 좋은 시인들은 전라도에서 나온다고 생각합니다. 그것은 어떻게 할 수 없는 것 같습니다. 이런 것을 정성이라고 하는 것입니다. 다 까닭이 있습니다. 그곳에 가면 6천 원짜리 밥상이나 1만 원짜리 밥상이나 나오는 반찬 가짓수가 비슷합니다. 1만 원짜리에는 생선구이가 하나 더 얹어 있다는 정도지요. 그러나 전반적인 맛은 거의 같습니다. 그만큼 수준 이하로 빠지는 게 없습니다. 저는 음식 솜씨가 먼저 있고, 그 다음이 시라고 생각합니다. 음식 솜씨가 없는 시인이 어떻게 시를 잘 쓸 수 있겠습니까. 음식을 잘 해내는 솜씨가 글에도 작용합니다. 음식을 아무렇게나 하는데 글을 잘 쓴다고 하는 시인은 이상합니다. 우리 집사람보다 내가 밥을 잘 합니다. 내가 집사람에게 말하지요. '당신은 연속극은 잘 보아도 글은 못 쓰지 않느냐.' 라고요."

함경북도 경성 출신으로 돼 있으신데, 경성은 어떤 고장인가요. 그곳에 다시 가보신 적은 없으신지요. 그곳에서 나시고 성장하시고, 해방 직전 경성고등보통학교를 졸업하셨는데요. 김기림 선생과 만난 곳도 그곳이고요.

"태어난 곳은 종성입니다. 나중에 경성고보를 나왔지요. 김기림 선생에게 영어를 배웠습니다. 그분과 개인적으로 친했다기보다는 제가 문학도였기 때문에, 그러니까 글짓기를 잘하니까 저 녀석은 장차 글 좀 쓰겠다는 식으로 눈치로 봐 주었지요. 시를 쓰라 마라 말은 없었고, 영어를 잘하라고 했습니다. 그래야 나중에 대성한다고 했습니다."

경성고등보통학교 졸업 후 연변의과대학를 수업하고, 평양종합대학교 중퇴하신 것으로 돼 있습니다. 그러한 경로는 어떻게 된 것입니까.

"만주 연변의과대학 총장이 김광찬이라는 분인데 같은 집안입니다. 그분 말씀이 글 쓰지 말고 아버지의 대를 이어 의학 공부를 하라고 했습니다. (김규동 시인의 부친은 의원을 경영했다.) 그래서 억지로 저를 학교에 넣지요. 적을 두고는 있었지만, 학교에는 얼마 나가지도 않고 글쓰는 연습을 많이 했습니다. 그러다가 김일성대학 조선어문학과 2학년에 편입시험을 치러 합격했습니다."

아니, 기록에는 평양종합대학교라고 돼 있는데요.

"내가 김일성이란 말을 싫어해서 그렇게 적어 놓았는데, 그게 김일성대학이에요."

졸업을 안 하신 겁니까, 못 하신 겁니까.

"편입시험에 합격한 후 1948년 1월에 월남했지요. 김일성대학 모자를 쓴 채로 38선을 넘었습니다. 학교에는 38선 시찰 간다고 해놓았지요. 넘어오다가 포천(그 당시는 이남땅)에서 경찰에 붙잡혔습니다. 어떻게나 때리던지……. 내 배낭에서 임화, 이태준의 책이 나왔거든요. 당시로는 그들이 모두 빨갱이였고, 나보고도 새빨간 놈이라고 했지요. 의정부 경찰서로 넘겨져서 보름 정도 고생을 했습니다. 그러다 남조선에서 아는 사람을 대라고 하지 않겠어요. 그래서 김기림 선생의 이름을 댔지요. 오장환, 이태준, 김남천 다 월북하는데, 왜 그분은 넘어오지 않는가, 내가 찾아뵙고 싶은 분이 그분이다, 정지용, 김기림, 박태원 같은 분을 만나러 왔다,고 했지요. 그분들은 월북을 안 했지 않느냐, 라고 했습니다. 그들이 전화로 김기림 선생에게 물었고, 아마도 '나쁜 아이는 아닐 것이다' 는 답변을 들은 모양입니다. 그 다음 다음날인가 트럭에 싣고 와서 서울 을지로 입구에 내려줍디다. 그런데 갈 곳이 있어야지요. 그래서 이화동 김기림 선생 댁을 찾아갔습니다. 그랬더니 '노모를 이북에 두고 왜 남조선에 왔느냐. 여기는 신문이 60가지나 나오는데 문인이 글 쓰는 데는 한 곳도 없다' 고 하더라구요. 그러면서 '문학을 하겠다는 사람이 왜 남조선에 왔느냐' 고도 합디다. 내가 물었지요. '왜 정지용은 안 오느냐(월북을 안 하느냐).' 그랬더니 '나는 모른다. 그것은 그분의 생각이다. 얼마전 이태준은 갔고(월북했고), 내가 38선까지 전송을 해주었는데, 나는 조그만 애들을 데리고 월북할 자신이 없었다' 라고 말했습니다. 김기림 선생이 나에게 김일성대학은 빼고, 경성고보와. 연변의대를 넣어서 이력서를 다섯 통을 써오라고 했지요. 일주일도 안 돼 연락이 왔어요. 상공중학교(지금의 중앙대 부속고)라고 상과와 전기과가 있는 학교인데, 5년제였습니다. 그곳 교장이 김기림 선생과 친구였어요. '기림이한테 얘기 들었소. 우선 의식주를 해결해야 할 것 아니오. 좌익 선생들이 그만둔 자리가 서너 자리 있소.' 라고 말합디다. 그래서 김기림 선생에게 영어를 배웠다는 표시를 내려고, 영어 교사 자리를 냉큼 선택했지요. 나도 참 대단하지요. 고등학교 때 배운 영어로 다시 고등학교 영어를 가르치겠다고 했으니……. 그런데 그 학교 교장이 나에게 떡하니 5학년 영어를 맡기지 않겠습니까. 한 일주일 진행하는데 하루는 교장이 뒷자리에 앉아서 듣더라구요. 나는 나름대로 밤새 열심히 준비도 하고 콘사이스를 보고 했는데, 교장이 '나 좀 보우' 하지 않겠습니까. 교장실로 따라가는데 가슴이 철렁했지요. '김 선생, 영어가 좀 짧소. 아이들이 밤에 우리집에 와서 선생을 바꿔달라고 하지 않소. 하소연을 하오. 어떻게 하겠소. 국어는 어떻겠소?' 국어야 내가 전문이 아니겠습니까. 영어에서 국어로 바로 바꿨지요. 그리고 3학년 국어를 맡았습니다. 국어를 가르치는데 아주 살겠더라구요. 처음부터 그럴 것을,

아, 김기림을 읊느라고……(영어를 택한 것).”
　행복한 국어 선생님이 되셨겠네요. 좋은 시도 쓰면서 말이죠.
　“2년 반을 하니까 6·25가 터졌지요. 인민군이 서울에 들어왔는데, 나는 갈 데 없이 죽었다는 생각이 들더라구요. 낙심이 됐지요. 김일성대학을 빠져나와 월남한 사람이니 잡히면 어떻게 성하겠습니까. 그러나 나는 피난도 안 가겠다, 운명이다, 여기서 사생결단을 내겠다고 생각했습니다. 교장이 나를 부르더라구요. ‘조용히 할 얘기가 있소. 지금 우익 선생이 다 도망가고 좌익 선생만 남았는데…… 나하고 학교를 지킵시다. 인민군이 들어와도 함께 삽시다.’ 이렇게 말했지요. 그 당시 내가 좌우익이 섞여 있는 학생들에게 어중간하게 했거든. 무난하게 했지요. 좌익 학생들만 등교를 했습니다. 그러다 석 달 후에 국군이 들어왔습니다. 교장이 잡혀갔지요. 좌익에서 적극적인 선생들도 잡혀갔고요. 그런데 내 이름은 없었습니다. 앞에 적극적으로 나서지 않았기 때문입니다.”
　38선을 넘어 월남한 김일성대학 출신이 서울에서 6·25 동안 우여곡절을 통과했다는 것이 신통한 일에 가까웠을 것 같습니다.
　“다시 1·4 후퇴가 다가왔지요. 중공군이 다가오는데, 나는 시내에서 조지훈, 장만영, 조병화 같은 이들과 함께 모여서 어디로 피난가야 하는지를 상의하고 있었지요. 1·4 후퇴 전날까지 명동에 나가 잡담을 했습니다. 그때 조병화가 《경향신문》에 시를 발표했는데, 조영암, 조지훈, 장만영에게 신문 한 부를 주면서 ‘내 시가 났어. 한 번 봐.’라고 말하니까, 장만영이 ‘중공군이 미아리까지 왔다는데 무슨 시야’라고 대꾸하더군요. 조지훈이 한 잔 먹고 호언장담을 했습니다. 국군에 아는 사람이 있어 차를 한 대 낼 수 있다는 거예요. 다음날 내가 짐을 싸서 명동에 갔더니 아무도 없었어요. 그래서 할 수 없이 인천에 가서 LST 타고 부산에 갔지요. 그곳에서 김광섭, 이헌구, 김동리, 조연현, 조향, 박인환, 김수영 등을 만났지요.”
　신문기자 생활을 시작하신 게 부산에서부터인가요?

"피난 중에 부산 남포동을 지나는데 기자 모집이라 써붙어 있어요. 한 번 해보아야겠다고 생각했지요. 항구쪽 선창가 2층집 연합신문사로 찾아갔습니다. 나중에 간첩죄로 사형당한 정국은 씨가 편집국장이에요. '이흡'이라는 시인을 아느냐고 하면서, 어떤 시를 쓰느냐고 묻더군요. 그래서 내가 그 사람의 시는 신통치 않다고 대답했지요. 그랬더니 정 국장이 그러면 당신은 이흡보다는 잘 쓴다는 얘기로군, 내일부터 와서 일하시오, 라고 합디다. 당시 《연합신문》이 이승만 박사에게 비판적이었는데, 나중에 9·28 환도 이후 정 국장은 김창룡에게 살해됐습니다."

1955년 《한국일보》 신춘문예에 당선되셨고, 그때 역시 시집 『나비와 광장』, 그리고 1958년 『현대의 신화』를 내셨습니다. 전쟁을 시적 제재로 삼기는 하되 기계문명과 자연을 대비한 감상적 색조를 띤 작품들이 많았습니다. 그때를 어떻게 회고하시겠습니까.

"아이구, 《한국일보》 신춘문예 한 것은 말 말아주시오. 상금이 궁해서 익명으로 냈던 작품이오. 내 대신 다른 사람이 나가서 상금을 받았고, 그 친구와 상금을 나누어 썼소."

문학평론가 이동순 씨는 선생님의 문학 이력을 비교적 명확한 울타리를 세워서 구분하고 있었습니다. 첫째는 1948년 등단 때부터 1950년 초까지가 첫 시기입니다. 그리고 1951년부터 1959년까지 모더니스트로서 왕성하게 활동하셨던 때가 두 번째 시기입니다. 그리고 약 10여 년 동안 공백기가 있은 다음, 1975년 이후 '민족분단의 현실과 학생운동, 노사문제 등 사회적인 문제를 적극적으로 형상화하면서 역사의식과 사회의식을 토대로 하는 사실주의적 민중시를 추구하는 민족문학작가로 활약'하게 됩니다. 도대체 그 15년 동안(1960년대부터 1970년대 전반) 무슨 일이 있었습니까.

"가정에서 비롯됐지요. 당시 아이 둘이 대학을 다니고 있었는데, 교육

비가 적지 않았습니다. 대학 보내는 데 벅차서 상황이 막다른 골목이었습니다. 글을 써도 안 되고, 출판사는 집어치웠고, 사회적으로는 학생운동이 크게 일어나 학생들이 참여적으로 나오기 시작했습니다. 4·19 때부터 그랬지만, 4·19 이후 10년이 경과하고 학생의 현실참여가 대단히 적극적이었고, 우리 아이들도 관심이 많아지던 때였죠. 가정에서부터 사회 비판적인 기풍이 생겨서 이대로는 안 되겠다는 의견들이 많았습니다. 그래서 해결책은 뭔가, 자꾸 현실의 추세에 관심을 가지게 되고, 그런 방면의 선배 동료 후배와 자꾸 접촉하게 되고 그렇게 돼 간 것입니다. 글쓰는 것은 제쳐놓고, 매일같이 다방에 가서 쑥덕쑥덕하고, 저녁에는 한푼 없는 상태로 집에 돌아오고, 가장이 제대로 생활을 못 하니 가정도 우울해지고, 밖에서도 집에서도 사람이 사는 것이 어두워졌지요. 절망은 아니지만……. 탈출구가 없는 것이지요. 그 대신 위로를 받는 것은 그런 것에 관심을 갖는 동료들이었습니다. 생산적인 것은 없었고, 쓴 차와 담배로 그런 세월을 10년을 보냈습니다. 그러면서 자유실천문인협의회 같은 데에는 자꾸 내 이름이 들어가는 겁니다. 자원한 것은 아니지만 자꾸 나오라고 하고 집합하라고 하는데 나가봤자 최루탄 맞고 빈털터리가 돼 돌아오는데 집에는 형사가 기다리고 있고, 안사람은 반기지도 않고 돌아앉아 있고, 궁지에 빠진 것이지요. 답답한 세상이었습니다. 그렇다고 군사정부가 곧 무너지는 것도 아니었고, 그냥 지지부진한 세상이었습니다. 그런 때에 밤에 쓰면, 그냥 오늘 겪은 일이 되는 거야. 슬로건 같은 격시檄詩가 되는 거야. 달란 데가 있거든. 신문이건 잡지건, 그리고 김영삼이 하던 《민주전선》에도 숱하게 써주었어. YH 사건 때도 시를 쓰라고 해서 시를 써주었어. 그러다 보니 잡동사니 시인이 된 것이지. 어떤 이는 나에게 '민주전선 시인'이라고도 해. 생활이 그러니까 그렇게 된 것이지. 할 수 없어서 그렇게 된 것이오. 내가 먼저 신문사를 찾아가서 그렇게 쓴 것은 아닙니다. 예춘호 같은 국회의원이 찾아와 내일 아침 시위 현장에서 낭송하겠다고, 꼭 한 편 써달라고 하니까 썼지요. 부산 피난 갔을 때 내가 예춘호 씨네 현관에서 살았거든. 1년을 살았어요. 그 뒤에 자유실천문인협의회 고문도 하고, 김지하 석방운동도 하고, 시 낭송도 하고, 징을 잘 친다고 해서 징도 좀 치고, 남대문 시장에 가서 흰 바지 저고리 사오라고 해서 그것을 입고 징을 쳤습니다. 얻은 것요? 아무것도 없어요. 거기서 출연료를 줍니까, 원고료를 줍니까. 아무것도 없어요. '자실'에서 같이 일하던 채광석 시인이 있었지요. 그이가 어느날 혼자 다방에 앉아 있어요. 웬일이냐고 물었더니, 일곱 살짜리 아이가 있는데 오늘이 생일이라고 해요. 케이크 사갖고 들어간다 약속했는데 돈이 없어 고민이라는 겁니다. 그래서 내가 1만 원을 주었습니다. 돈을 받더니 벌떡 일어나 나가더군요. 얼마 안 있어 그는 교통사고로 죽었습니다만……. 그이가 민청련 총무도 하고, 자실에 관계도 하고 그랬습니다. 문인들 시위가 있는 날이면 그이가 나더러 보신각 양우당 서점 앞에 서 있으라고 합니다. 서 있다 보면 벌써 양쪽에서 플래카드를 들고 유인물을 뿌리고 함성을 지르고 하지요. 나는 몸집이 작아서 잘 맞지 않았는데, 그이들은 형사들에게 참 많이 맞았습니다. 그런 상황이 나도 모르게 계속되었습니다. 노 정부 들어설 때까지 그랬습니다. 지금은 그런 것 없어요. 지금은 반성하는 시기지요. 내가 시의 본질적인 것, 시의 향기, 시의 영원성을 등한히 한 것이 사실이거든요. 시라는 것은 결코 격문이 아니거든. 격문만 많이 쓰다 보니 좋은 시를 못 쓴 거예요. 이번에 새로 시집을 엮으면서 보니까 민주화 운동 시절의 시는 한 편도 건질 게 없어요. 민주화 운동은 그때그때 메시지로서 전달되는 것이지요. 그냥 경력인 것입니다. 시의 생명성이 너무 결여돼 있는 것이지요. 다시는 그런 시절이 오지 않았으면 합니다. 그런 시절이 오면 다시 거리에 나가 휩쓸리게 될까 걱정입니다. 이제 좋은 시를 쓸 수 있는 시간도 얼마 남지 않았는데 말입니다."

애창곡이 김정구의 〈눈물젖은 두만강〉이라고 하시는데요. 한번 불러 주시겠습니까.

"내가 두만강 강변에서 자랐기 때문에 좋아합니다. 그런데 그 노래는 가사가 잘못됐습니다. 두만강은 아주 급류입니다. 언제 손수건 흔들 사이가 없습니다. 손수건을 흔드는 것은 압록강이나 백마강에서 할 일입니다. 그럴 겨를이 없습니다. 내가 김정구 선생에게 말했습니다. 두만강에서 자랐지만 작사가가 강을 못 보고 썼나 보다. 두만강은 푸른 물이 아니라 항상 홍수 진 것처럼 황톳물이 흐릅니다."

황명걸 시인이 쓴 「점등사點燈士」라는 시가 있습니다. 읽겠습니다.

> 담배 한 갑
> 시위장 같은 데서 가끔 만나면
> 불쑥 호주머니에 쑤셔 넣어주시던
> 김규동 선생의 백양담배 한 갑
> 그것은 후배에 대한 사랑을 넘는
> 열심히 하라는 격려였다
> 작은 키 깡마른 몸집에
> 소년같이 가벼워 보이는 선생의
> 천근 바위 같은 사랑의
> 잠자리 같은 실천
> 실바람처럼 경쾌하구나
> 솜털처럼 부담없구나
> 젊어서는 모더니스트
> 늙어서는 통일 일꾼으로
> 열심히 사시는 선생
> 타박타박 성내를 돌며
> 거리의 등불을 밝히는
> 등이 굽은 점등사여

함북 경성 사람
서울 대치동 사람
김규동 시인

어떻습니까. 선생님의 모습을 제대로 짚어낸 시 같은데요. 이 시 구절 중에 동의하지 못하시는 부분이 있습니까? 후배들에게 담배 인심이 후하셨나요?
"후배들에게 담배는 잘 사주었지요. 내가 워낙 담배를 좋아했지요. 김병걸도 그렇고 박태순 소설가도 그렇고 만날 때마다 사주었지요."

가족 관계를 말씀해주시지요.
"집사람은 강춘영이요. 큰아들 김윤은 사무생산성센터라는 경영컨설팅 회사를 하고 있습니다. 둘째 김현은 미국에서 공부했고 지금은 국제변호사로 일하고 있지요. 법무법인 세창의 대표입니다. 셋째 김준도 컨설턴트로 일하고 있습니다. 큰며느리 안보숙, 둘째며느리는 백경미이고, 손녀가 셋, 손주가 하나입니다."

아까 아버지께서 의원을 하셨다고 했는데요.
"함경북도 종성에서 세창世昌의원을 하셨습니다. '하' 자 '윤' 자 쓰시는 분이었습니다. 우리 형제는 내가 장남이고 위로 누님이 두 분, 아래로 아우가 하나 있습니다. 누님은 10년 위, 4년 위인데, 아직 생사를 모릅니다. 두 살 아래인 아우는 김일성대학 의학부를 졸업하고 의사가 됐을 텐데 소식을 모릅니다."

아니, 이산가족 찾기 운동본부 같은 곳에 신청서도 안 내셨습니까.
"나만큼 이북 사정을 잘 아는 사람도 없을 것입니다. 3년 동안 이북에서 다해봤는데, 그래서 김일성대학에 합격할 수 있었는데, 나는 이미 50년 동안 남조선에서 살아왔습니다. 내가 이북에 간다고 하면, 조카들을 만났을 때 그 조카들의 심정이 어떻겠는가 생각합니다. 그들이 나중에 무사할까, 그런 염려가 나를 못 가게 하는 것입니다. 그 동안도 무소식으로 살았는데, 지금 와서 밝힐 것이 무엇이 있겠는가. 남조선에서 내가 시를 쓰고 있다고 해보아야 그애들에게 아무 도움이 되지 않습니다. 그들이 신문사에 있거나 학교에서 일하고 있다고 해봅시다. 그 조직에 있는 친구들이 '남조선에 사는 너희 큰아버지가 왔다 갔다면서, 너희 큰아버지는 남조선에서 뭐해?'라고 묻는다고 할 때 그애들이 당하게 될 사정을 생각해 보아야 합니다. 그런 일이 전혀 없다가 새삼 물어본다는 것 자체가 고통스러운 일이 됩니다. 함부로 덥석덥석 갔다왔다 할 일이 아닙니다. 저 사회는 한 시간도 행방불명으로 있지 못하는 사회입니다."

인터뷰가 끝나고 김규동 시인은 초밥을 시켜왔다. 처음에 예상했던 시간보다 두 배 이상 얘기가 길어졌다. 창밖은 벌써 어둑어둑하다. 캔 맥주가 두 개 놓여 있었다. 목이 탔다. 김 시인은 자신의 몫인 초밥을 다시 김요일 시인과 필자에게 덜어 주었다. 눈망울이 어린아이의 그것을 연상케 했다. 조심스럽고 겁이 많아 보였다. 상대를 찬찬히 쳐다본다. 그러면서 김규동 시인은 김요일 시인과, 그의 아버지와, 그의 집안과, 그의 식구들과, 그가 사는 곳을 하나씩 챙겨서 물어준다. 손가락이 가늘었다. 저 손가락으로 조각도를 들고 아침마다 시구를 다듬고 있을 것이다. 펜으로 다듬는 시와, 조각도로 다듬는 시는 아침마다 저녁마다 김규동 시인을 에워싸고 있을 것이다. 부인은 다른 약속이 있다면서 먼저 집을 비웠다. 김요일 시인은 김규동 시인이 준비해 놓은 사진들 중에서 잡지에 쓸 몇 장을 추리고 있었다. 그러한 일들도 끝나고 김규동 시인을 혼자 남게 하고 방문객들은 아파트를 나섰다. 그런데 마음이 아쉽기 그지없었다. 다른 때는 전혀 느낄 수 없었던 감정이었다. 달콤한 아쉬움의 이유가 떠오를듯 말듯 했다. 이상한 일이었다.

김종길

1926년 경상북도 안동 출생.
1947년 《경향신문》 신춘문예로 등단.
시집 『성탄제』 『하회에서』 『황사현상』 『달맞이꽃』
『해가 많이 짧아졌다』 등과 시선집, 번역시집, 시론집 등 다수 출간.
육사문학상, 고산문학상, 청마문학상 등 수상. 예술원 회원.

산악을 품었으되, 깊은 물이 흐른다

어떤 강고한 늙음을 마주하고 앉아 있을 때면 그동안 잊고 있었던 내 몸의 젖비린내가 갑자기 끼쳐오는 듯하여 나도 모르게 코를 큼큼거리고 있었는데 그날 저녁이 그러했다.

내가 태어났을 때 이미 한국 문단에 일가一家를 이루고 있던 큰 분을, 그분 평생 이력履歷의 겨우 삼분의 일쯤 되는 이력을 갖게 된 내가 마주 앉았을 때, 솔직히 고백하면 어떤 캄캄함 같은 것, 혹은 어떤 환함 같은 것이 번차례로 눈앞을 어지럽히기도 하고, 나도 이젠 볼모레면 오십줄인데도 불구하고 자꾸 몸이 배배 꼬이는 증세가 나타나기도 하는 것이어서, 어디서부터 말문의 문고리를 쥐고 첫 질문을 밀쳐 보아야 할지 도무지 엄두가 나지 않는 것이었다.

그러니까 지난 7월 5일 오후 5시쯤 서울 인사동에 있는 어느 한정식 집에서 미리 와 있던 김요안 문학세계사 기획실장과 나는 김종길 선생이 곧 약속 시간에 맞춰 당도하실 것이란 기대감과 불안감을 어떻게 할 도리가 없어서, 나는 서둘러 나 역시 김종길 선생을 처음 뵙는 자리라고 고백을 하고, 또 지금은 잘 기억도 나지 않는 무슨 얘기를 김요안 실장과 주고받았던 것인데, 그런 긴장감 속에서 나누는 얘기는, 솔직히 말하면 뇌腦로 하는 게 아니라 그저 귀와 입술과 혀와 눈짓이 지들끼리 알아서 주고받는다는 느낌을 지울 수가 없어서 더더욱 대화 내용이 기억나지 않는다.

지금 생각컨대 김요안 실장은 내심 말문의 문고리를 열어젖힐 첫번째 말 열쇠를 가지고 있었다는 사실이 밝혀졌는데, 그는 김종길 선생이 이윽고 방에 당도하셨을 때 기다렸다는 듯이 자신의 아버지인 김종해 선생의 하명을 이행하는 것으로, 그러니까 무려 30여 년 전에 김종해 선생이 김종길 선생으로부터 받아 두었다는 취필醉筆 한 점을 들고 와 낙관이 빠져 있으니 낙관을 찍어 달라 부탁의 말씀을 사뢰는 것으로 말문을 트고 있었던 것이다.

내가 그 자리에서 약간 혼동을 일으키고 있었던 사유는, 첫째 내가 취필이란 붓을 쥔 사람이 술로 거나하게 취흥이 오른 상태에서 쓰는 글씨라는 뜻임을 얼른 알아듣지 못하는 천하무식으로 무장한 채 내심 엉뚱한 상상을 굴리고 있었다는 것이오, 둘째로, 아니 어떻게 된 양반들이, 그래, 30년 전에 받아 둔 글씨를 포갬포갬 간직하고 있다가 그때 코흘리개였을 둘째 아들이 장성하자 그의 손에 들려서 낙관을 받아오라는, 이 세월을 훌쩍 뛰어넘는 멋진 심부름을 시킬 수 있는가 하는 점이었고, 셋째로는 가방을 열고 낙관이 든 상자를 꺼내는 김종길 선생이 "음, 취해서 쓴 글씨로는 내가 다시 갖고 싶을 만큼 잘 된 글씨네."라는 말씀으로 글씨의 값어치를 그 자리에서 세 배쯤 올려 주고는 붉은 도장을 화선지 세 곳에 꾹, 꾹이 아니라 내 귀가 울릴 정도로 쾅, 쾅 찍어주실 때까지도 나는 그 글씨가 무슨 글귀인지 전혀 알지 못하고 있었다는 데 있었다.

워낙 성분부터가 불학不學이 하늘을 찔러도 뻔뻔스러운 얼굴 숙일 줄 모르는 터라, 기자의 숙명은 깐족거리는 데 있고 모르면 물어서 찾아가는 일로 봉급을 받는 직업이라고 스스로 안면 치레를 하고는 있었지만, 그리고 또 하나를 들자면, 그래 문학동네에서 세기를 넘겨 몸을 굴리고 있느니만큼 김, 종, 길 함자 석자면, 대표작 「성탄제」 정도는 떠올리고, 또 그 분이 고려대 영문학자로 오래 계셨고, 또 한문에 조예가 깊은 분이라더라, 정도의 하지하 기본 소양은 없는 것은 아니었다.

내가 예의범절의 문리를 내려 놓지도 못하고 들고 서 있지도 못한 어정쩡한 상태에 있을 때 김종길 선생은 "어따, 그러니까네 이것이 이태백의 칠언절구 중 앞에 두 줄만 쓴 것이었네."라고 말씀하심으로써 내 두텁디 두터운 까막눈을 십분지 일쯤 틔워 주셨고, 나는 그것이 무슨 광명이나 찾은 듯 호들갑을 떨 찬스로 알아듣고는, "아니 그래 30년 만에 낙관을 받아가면서 김요안 선생은 아버님으로부터 낙관 값은 들고 오셨소?"라는, 내 나름의 말문 문고리 따기를 시도해보았으나, 김종길 선생의 무표정적인 표정으로 보나, 김요안 실장의 일부러인 듯한 어리둥절한 눈 연기로 보나 시쳇말로 그 썰렁~함에 이가 시릴 정도였다.

한복 저고리를 간동하게 올려 입은 술청 아낙들이 왔다갔다 하면서 "말씀들 나누시니 음식은 천천히 들이지요." 하는 것을 그 자리에 불러세워, "무슨 소리, 어서 술 가져 오시오."라는 말로 나는 시린 이를 달래볼 요량을 피웠으며, 그렇게 조금 녹여진 틈을 타서 김종길 선생에게 "오늘 예술원 회의에 다녀오셨다지요?"라는, 사실은 준비했다가 까먹고 있었던 도입용 말씀을 드리고 있었다.

선생께서는 곧 있어 『해가 많이 짧아졌다』는 신작시집을 낼 예정입니다. 1947년에 데뷔하셨으니, 아휴 벌써 57년이네요. 노익장이라는 말도 어설프고, 그냥 감탄입니다. 육신의 나이 팔순을 별모레 바라보며 새 시집을 내는 선배는 후학들에게 엄청난 자극이 될 것 같습니다. '시인의 말'에도 쓰셨다시피 젊어서 과작이더니 나이 드셔서 다작을 하신 결과인데요, 대개 보통 시인들과는 거꾸로 보이는 일입니다. 왜 그런 일이 빚어졌습니까?

"나는 원래 젊었을 때든 어떤 때든 내가 시를 쓰고 싶어 썼소. 내 시는, 내가 경치를 보거나, 혹은 오늘은 시가 되겠다 싶을 때 시의 소재를 머리에 넣어 두었다가, 청탁이 오면 마음에 넣어 두었던 소재를 갖고 시를 만드는…… 이런 식으로 시를 써왔소. 요즘은 많이 쓰는 셈이오. 학교에 있을 때는(고려대 교수로) 바빠서 맘껏 못하다가 정년 후 많이 쓰고 있어요. 워드프로세서, 컴퓨터 같은 것들 때문에 인쇄가 쉬워졌고, 시잡지와 시 동인지도 많아져 청탁에 응하다 보면 많이 쓰게 되오. 내적 욕구라기보다 외적 사정이라 할 수 있는데, 늙으니까 긴장과 조탁을 안 하고 안이하고 풀어지는 게 있어 달갑지는 않은데 늙은 대로 별 욕심 없이 순탄하게 수수한 이야기를 한다 하는 태도로 쓰고 있소. 나이에 기대서 편하게 쓰고 있다고나 할까. 썩 마음에 드는 작품도 없지만, 이왕 썼으니까 시집을 묶어보는 것이지."

김우창 선생은 이 시집의 해설에서 김종길 선생님의 시 낭독을 소개하면서, 낭독의 음악이 감탄스럽다, 하고 말씀했습니다. 리듬이 있고 말이 다듬어집니까, 아니면 말이 있은 후에 리듬이 우러나옵니까? 음악과 시는 결국 한몸이면서 다른 몸이라고 할 수 있겠는데, 그래서 노래라고 할 수 있겠는데, 선생님의 경우엔 어떠십니까? 김우창 선생은 "배경과 인품과 언어감각 모두가 뒷받침되어서 가능해진다"면서 "그것은 절제된 감정에서 비롯된다"는 요지의 말씀을 하셨습니다만……

"같은 과에 있다 보니 시구를 이야기하는 것을 많이 들었던 모양이오. 나는 이야기하듯 한 말인데 그분에게는 시 낭독처럼 들린 모양이오. 그런데 시 쓸 때의 사정을 내성적으로 돌이켜보면 역시 나의 경우는 의미의 시적인 계기가 앞서는 것이오. 의미가 제대로 효과적으로 드러나도록 하기 위해 말의 리듬, 운율, 가락을 태우는 것이오. 시작詩作 과정을 솔직히 말하면, 노래에 비유컨대, 작사를 미리 해놓고 곡을 붙이는 것이오. 박목월 시인은 의미보다는 가락을 미리 만든 분이었지요. 대구 공평동에 그이 사무실이 있었는데 빈 사무실을 왔다갔다 하면서 허밍 비슷한 것을 하고 있는 경우가 있었소. 바로 시를 생각하고 있으면서, 가락에 의미를 태우는 일을 하고 있는 것이지요. 나는 의미에다가 가락을 얹는 사람이고…… 앞뒤를 말하라면, 의미가 앞선다고 할 밖에요. 박목월 얘기를 조금 더 하자면 그이는 현대시사에서 가장 기교파라고 할 수 있소. 대학 노트에 연한 연필로 희미하게 가볍게 써놓아 두었다가 꺼내서 손질을 했소. 그의 아들인 박동규 교수에게 대학 노트 수백 권을 남겨 주었을 텐데 시 자료로는 매우 진귀한 것이오. 박 교수가 잘 보관하고 있는지 궁금하오. 특히 외국 시인들에게는 귀중한 연구 과제이자 자료일 것이오."

방금 박목월을 말씀하셨습니다만, 박두진, 박목월, 조지훈 같은 청록파 시인들과 교류가 깊었던 분으로서 김종길을 기억하는 독자들이 많을 것입니다. 그들은 김종길에게 누구였습니까? 또 그들에게 김종길은 누구였습니까?

"그들은 내게 중요했소. 그들에게 내가 중요했는지는 모르나…… 사실은 해방 후 학교 다니다가 기성시인으로는 박두진 시인을 맨먼저 만났소. 1946년 봄으로 기억하오. 을유문화사에서 윤석중 선생이 《주간 소학생》이라는 잡지의 주간 일을 맡고 계셨는데, 마침 동시 현상모집이 있길래 나도 「바다로 간 나비」라는 시를 응모했고 입선이 됐소. 상을 타러 을유문화사에 갔더니 거기에 박두진이 교정부원으로 근무하고 있었소. 개인적으로 접촉을 하게 된 거지. 얼마 있다가 조지훈을 만났소. 경북 영양이 같은 고향이라서 그랬던 점도 있지요. 그곳에 '주실'이라는 마을이 있는데 한양 조씨 집성촌이오. 소설 쓰는 이문열 씨 고향이기도 하고, 또 내 외가가 그곳이오. 몇 집 건너 있는 가까운 곳이오. 조지훈과는 처음 인사하고 고향 얘기를 했소. 그이와 나는 나이가 6년 차이오. 우리 시골에서는 알만한 세가 있는 집안에서 나이 7년까지는 허교許交를 한다오. 그래서 조지훈이 나에게 '자네'라고 말을 놓고 허교를 했지. 연장자가 먼저 말을 트자고 제안을 하면 말을 놓고 지내는 사이가 되는 것이오."

박목월과는 어떻게 알게 됐습니까?

"1946년 6월 20일이었소. 당시는 좌익계인 '문학가동맹'이 압도적 우세를 보이고 있었소. 우익인 '문인협회'와 '청년문학가협회'가 있었는데 청록파 세 시인은 청년문학가협회 소속이었지. 나도 동시 모집에 입선하고 청년문학가협회 아동문학분과 소속으로 아까 말한 1946년 6월 20일, YMCA에서 열린 '문학의 밤' 행사에 참가했소. 홍사용, 양주동, 박종화, 김영랑 같은 선배들이 참석했고, 나는 학생복 차림이었소. 유치환 선생이 사회를 봤지. 그이는 김동리보다 몇 해 위였는데, 청년문학가협회에 간부로 있었소. 그날 밤 김동리는 '순수시의 사상'이란 제목으로 강연을 했소. 시 낭독을 할 때 다른 이들은 음악적으로 한다고도 하고 영탄조도 많이 쓰는데, 나는 말을 정확하게 전달하면서 조용하게 하오. 김우창 교수는 거기에서 음악을 느낀 모양이구려."

아니, 그런데, 1946년 6월 20일이라니요, 그리고 그날 밤 김동리의 강연 제목하며, 사회자나 참석자 면면하며, 어떻게 그렇게 정확하게 기억을 하시는지요?

"아, 별거 아니오. 그날이 나에겐 실제로 문단 데뷔라고 할 수 있기 때문이오."

시로 등단하신 것은 그 후인가요?

"1947년 《경향신문》으로 당선이 됐소. 그때는 당선자를 1석과 2석으로 두 명을 뽑았는데 나는 1석이 아니고 2석이었소. 선자選者는 《경향신문》 주필로 있던 정지용 선생이었소. 최근에 유종호 선생이 그 신문지면을 구해 주어 보았는데, 내가 쓴 청록파 투의 「문」이라는 2석 시가 먼저 게재되고, 1석 시가 나중에 났더군요."

2석으로 뽑힌 게 아쉽지는 않으셨나요?

"1석 시는 리얼리즘이 있는 시로, 담벼락 밑에서 군밤을 굽는다는 내용이었소. 정지용은 순수시인이었지만 문학가동맹의 김기림, 이태준 등과 관계를 했거든. 정지용도 해방 후엔 그런 시적 취미를 상당히 가졌고, 현실성 있고 생활이 있는 시를 더 우선시했던 것 같소."

청록파 시인들 중 특히 가까웠던 조지훈과는 어떻게 알게 됐습니까? 아까 말씀하신 허교하는 사이로 발전하게 된 데는 특별한 사연이 있을 것 같은데요?

"지훈은 해방 후 경기여고 교사를 했다가 다시 고려대 의과대학 전신인 '여의전'에서 전임교수를 했지요. 그런데 1947년 가을이었소. 고대 국문과에서 지훈을 초빙하려고 했소. 국문과의 구자겸 교수가 나에게 연락을 해왔소. 내가 영문과 출신이긴 하지만 지훈과 가깝다는 것을 알고, 지훈을 초빙하는 것을 나한테 시킨 것이오. 내가 지훈을 찾아가 구자겸 교수의 심부름으로 왔다고 하니, 스물여덟 살 먹은 지훈이 덤덤하게 듣고 있더니, '고려대학과 아무런 인연이 없는데 그리고 대단한 학력도 없는데 나를 부른 것은 뜻밖이다'라고 합디다. 그렇게 해서 그이가 나중에 결국 고려대로 오게 됐소."

(김우창 교수는 이렇게 말했다. "김종길 선생의 사실적 관찰은, 감정이나 의미의 장식이 없는 호프만스탈의 한마디 말에 유사한 데가 있다. 그런데 호프만스탈의 저녁이란 말이 감흥을 일으키는 것은 그것이 저녁때의 말이기 때문이다. 인생에 의미가 있는 것이든 아니든 그것은 인생을 되돌아보는 말이기 때문에 의미를 얻는다. 김종길 선생의 이번 시집의 사실적인 시는 삶을 전체적으로 끊임없이 되돌아보는 일의 일부라는 데에서 깊은 느낌을 준다.")

시 「고향길」을 한번 읽겠습니다.

철길섶 마른 풀잎
잎 진 가지들
그 위에 펼친 하늘
피는 흰 구름

한나절 육백 리 길
하염없고나

앞으로 몇 번이나
오르내릴지

그런데요, 철길, 길, 구름, 오르내린다 같은 말들의 리듬에서 느끼는 것은 세월의 아득함 같은 것, 혹은 삶에 대한 낭만적 관조 같은 것인데요, 그것은 김종길 선생님이 이제는 이러한 시를 읊어야 하는 때가 되었음을 스스로에게 시간적 존재처럼 확인하는 방식인가요?

"가끔 그런 시를 써 봤는데, 1997년 시집 『달맞이꽃』에 「등잔불」이라는 시도 그렇소. (이 대목에서 김종길은 이 시를 줄줄 외웠다. '까만 심지'와 '지치신 할머니'와 '새운 긴긴 밤', '낡은 등잔대' 같은 시구가 줄줄 이어졌다.) 그러한 것들이 '낭만적 관조'는 아니고, 그저 일종의 늙은 사람의 넋두리 같은 것이오. 앞으로 얼마나 살지 모르는 나이인 것이지요. 나이 먹어 고향 갔다 기차로 올라오는데, 찻길 섶 풍경에 시선을 던지면서 내가 얼마나 더 살아서 고향길을 오르내릴까. 사실은 서글픈 얘기요. 늙은이의 푸념 같은 것이라 그런 얘기요. 반드시, 그런 시에 만족하지 못했다기보다, 만족, 불만족 이전에 넋두리, 푸념, 혹은 늙은이로서의 수작이라고나 할까."

영문학자로서 시를 번역하는 것, 더 나아가 자기가 전공하고 있는 외국어로 시를 써보는 것은 해볼만한 일입니까? 더구나 기억력이 비상하신 김 선생님께서는 한번 마음 먹음직한 일이 아닌지요?

"기억력 좋다는 얘기는 잘 모르겠고…… 나는 우리 시를 영어로 번역도 많이 했는데, 외국어로 시를 쓴다는 것은 불가능에 도전하는 것이라고 봐요. 물론 나는 영어로 쓴 시가 영국 신문에 실린 적은 있소. 영시 번역은 주로 내것을 하기도 했는데, 한국 펜에서 영어 잡지에 시 몇 편을 번역해 달라고 해서 실었고, 그 뒤에도 내 시를 몇 편 번역해서 갖고 있었소. 이번에 메인 대학 세미나에 갔을 때는 내가 번역한 내 시, 그리고 김춘수의 시를 낭독했소. 나는 내 시가 일본어나 영어로 번역되는 것에 전혀 야심을 안 갖는데, 작년 가을에 독일에 사는 서정희라는 독문학 하는 사람이 『달맞이꽃』에 실린 내 시 118편을 번역해서 괴팅겐에서 출간했소. 주간지 《디 자이트》에서 내 시집에 대한 리뷰를 싣고, 시 「등잔불」을 소개했소.

역자가 그 서평을 번역해서 보내주었는데, "머지 않아 한국인이 노벨상을 탈지도 모른다. 때는 왔다."고 돼 있었소. 왜 이런 소리를 하고 있나 하는 생각이 들었소. 다만 내 시에 대한 독일 서평을 보면 '단순하면서도 굉장한 암시성을 갖고 있다' 는 얘기를 하고 있소."

'건조한 사실주의' 와 '회고의 우수' 가 예술가들에게는 늙어감의 정체로 드러날 경우가 많다는 관찰이 있습니다. 눈물이 마르는 것이 아니라, 마른 눈물을 흘린다고 할 것입니다. 그대로 끝입니까? 혹은 앞으로 어떤 변화를 예고하는 것입니까?

"건조하다고 하는 것은, 내 원래 시어가 건조하다고 할 수 있소. 물기가 있다거나, 수식이 있다거나, 과장이 있는 게 아니라, 아무렇지도 않게 쓰는 것이오. 1910년대 영시에서도 강렬한 이미지를 토대로 건조하고 메마른 시를 내세운 경향이 있었소. 고대 이남호 교수 같은 이는 나를 이미지스트라고 하면서 정신성이 있다고 했소. 단순 이미지스트와는 달리 이미지즘의 배후에는 동양적인 정신성이 있다는 것이오."

김종길 시인은 서양 언어와 문학을 전공하는 것으로 문학적 호흡을 시작한 측면이 있다. 서양의 문학과 비교했을 때 일반적인 분석은 서양의 것이 자연과 인간의 교류를 끝없이 탐색하는 것이라면, 동양의 그것은 좀 더 자연 절대적인, 그러니까 생태학의 본류에 그 맥을 잇고 있는 것으로 파악하려 드는 경향이 있다. 그러나 김종길 시인은 정반대로 동양의 문학이 자연 자체에서 문학적 은유를 드러내기보다는 어떻게든 인간과 관계를 맺는 데서 의의를 찾았다는 생각을 피력하고 있다.

이렇게 만나뵌 김에 독자들이 선생님의 존함과 더불어 가장 많이 기억하고 있을 「성탄제」라는 시를 한번 읽어 보겠습니다.

　　어두운 방 안에

바알간 숯불이 피고
외로이 늙으신 할머니가
애처러이 잦아가는 어린 목숨을 지키고 계시었다.

이윽고 눈 속을
아버지가 약을 가지고 돌아오시었다.

아, 아버지가 눈을 헤치고 따 오신
그 붉은 산수유 열매

나는 한 마리 어린 짐승
젊은 아버지의 서느런 옷자락에
열熱로 상기한 볼을 말없이 부비는 것이었다.

이따금 뒷문을 눈이 치고 있었다.
그날 밤이 어쩌면 성탄제의 마지막 밤이었을지도 모른다.

어느새 나도
그때의 아버지만큼 나이를 먹었다.

옛 것이란 거의 찾아볼 길 없는
성탄제聖誕祭 가까운 도시에는
이제 반가운 그 옛날의 것이 내리는데

서러운 서른 살 나의 이마에
불현듯 아버지의 서느런 옷자락을 느끼는 것은
눈 속에 따 오신 산수유 붉은 알알이

아직도 내 혈액 속에 녹아 흐르는 까닭일까.

일반적인 평은 "김종길 시의 뿌리를 이루는 것은 유가적儒家的 전통"이라는 점입니다. "이 시에서 절제된 감정과 시어, 명징한 이미지와 고전적 품격 등은 모두 유가적 덕목을 이루는 요소들"이라는 것입니다. 선생님이 삼십대에 지었던 시를 지금에 되돌아보시면, 아버지는 어떤 모습으로 떠오릅니까? 장년이었을 때 회상하는 아버지와, 지금처럼 반세기가 더 지난 후에 떠올리는 아버지는 어떻게 다릅니까?

"김우창과 유종호 같은 이가 그렇게 말하고 있소. 그렇게 되풀이 말해서 틀린 얘기는 아닌데, 나에게 유가적 체질이 배어 있을지는 몰라도 의식적으로 유교적 전통을 내세우는 것도 아니고 숭상하는 것도 아니오. 아버지의 모습은 근본적으로 달라지지는 않는 것 같소. 젊으셨을 때 아버지 이미지, 중년기 때 아버지 모습이 다르지만, 근본적으로는 다르지 않은 것 같소. 아버지는 한학을 하셔서 한시도 잘 하시고, 젊었을 때는 사업을 하다가 실패도 하셨소. 사업은 한약국이었소. 시 「성탄제」는 우리 가족사가 배경이 되고 있소. 나는 양가 증조부모의 제사를 모시고 있소. 증조부는 남매를 두셨는데, 조부가 스물 넘어 요절을 하셨소. 그래서 조모는 임신 한번 못 해보고 청상으로 사시다가 52세에 돌아가셨소. 증조부께서 조카의 둘째아들을 양손養孫으로 들이셨고, 그 가운데 내가 태어났소. 내가 두 살 때 어머니가 돌아가시자 세 노인이 완전히 나한테만 매달리셨소. 「성탄제」, 「등잔불」이란 시가 다 관계가 있지요. 내가 네 살 때쯤 폐렴을 앓았는데, 귀한 자손 없앤다고 해서, 세 노인의 헌신으로 내가 살아났소. 증조부는 내가 국민학교 6학년 때에 76세로 돌아가셨고, 증조모는 내가 대구사범 3학년 다니던 국화 필 무렵에 82세로 돌아가셨소. 나중에 증조모의 장롱을 뒤져보니 나한테 남기신 유서가 있었소. 내 본명이 김치규인데, 유서에 이런 쪽지가 있었소. '규야. 내가 너 때문에 3년은 더 살았다. 네가 못 잊혀서 3년은 더 살았다.' 어느 집 자손이고 귀하지 않은 자손은 없으나 나는 특별히 귀하게 자랐소."

젊은 학생들에게는 육사 시론에 관한 김종길 선생님의 글을 읽고 자란 기억을 갖고 있을 것입니다. 선생님이 이육사에게 남다른 관심을 쏟았던 이유는 무엇입니까?

"음음, 꼭 이육사만 모시는 것은 아니오. 박목월, 조지훈에 관한 책도 냈고, 박두진에 대해서는 1994년 번역 지원을 시작하기도 했소. 안동 출신인 이육사는 나와 동향이고, 또 그는 퇴계의 후손인데, 퇴계 가문과 우리 가문은 혼인관계를 촘촘히 주고받을 만큼 가깝소. 또 육사의 외숙 한 분과 특히 가까웠는데, 《조선일보》 기자도 했던 이병각 씨란 분이오. 이병각 씨도 서른한 살에 요절했소. 그런 것도 있고 해서, 또 고향 분이고 해서 각별해진 것이오. 《현대문학》 금년 4, 5월호에 쓴 것도 있소. 내가 대구사범 다닐 때 1, 2학년은 학교 기숙사에 있었지만 3, 4, 5학년 때는 하숙을 하는데, 육사의 5촌 되는 집안 댁에서 하숙을 했소. 1994년 육사기념사업회가 안동에서 결성됐는데, 그때 강연을 하러 내려갔다가 회장으로 뒤집어씌움을 당했지요. 올 7월 31일~8월 3일 사이에 '육사 탄생 100주년 기념행사'가 있소. 동네 뒷골짜기에 21억 원을 들여 생가를 복원하고, 육사 전집과 추모시집을 출간하게 되오. 내가 자문위원장을 맡고 있소. 두 가지 목표를 갖고 있소. 육사의 생가 지역이 수몰됐는데, 그때 그 집의 재목을 사서 안동 시내에 이관한 이가 있소. 그것을 다시 회수해서 육사의 동네에 복원하는 것이오. 소유주가 비싸게 받으려 한 점 때문에 협의가 좀 있었소만, 목표한 것보다 더 거창하게 해결이 됐고, 기와집을 두 채 짓게 됐소. 두 번째 목표는 이육사 이름으로 된 문학상을 제정하는 일이오. 다행히 안동에서 한방 종합병원을 하는 강보영 이사장이 금년부터 1천만 원을 출연하기로 했고, TBC 대구방송의 문화재단이 지원을 해주고 있소. 8월 1일 첫 수상자가 나올 예정이오. 내가 심사위원장을 맡고 있소."

어릴 때 한학을 익히면서 배운 동양적 선비정신, 다른 한편에는 T.S. 엘리엇에 젖줄을 대고 있는 영미문학의 모더니즘의 세례, 그 양날개를 가지고 그려낸 한폭의 수묵담채화가 바로 김종길의 시다, 라고 말하는 사람도 있습니다. 어렸을 때 한학은 누구에게서 얼마나 배우셨습니까?

"한학은 무슨…… 조금 아는 걸 가지고…… 바깥에서는 내가 깊은 것처럼…… 원래 집에서는 내가 보통학교 들어갈 때까지 이태 남짓 증조부한테서 배웠소. 집안에서는 머시매들 한문 가르치는 것을 '입학'이라고 했소. 나도 여섯 살 동짓날 입학을 했소. 이날은 특별히 잔칫날처럼 해서 옛날 어른들을 우리 집에 모셔서 아침 식사를 했지요. 그분 가운데 동네서 학식이 높으신 분이 집전 비슷한 역할을 맡으시고, 하늘 천을 따라 읽게 하면 그것을 따라 읽는 의식이 있었소. 그때 잠을 병, 마루 종자를 쓰시는 수산秀山 김병종이란 분이 집전을 맡으셨는데, 나는 이미 그때 천자문을 반쯤 알아 버린 상태에 있었거든. 그분이 하늘 천 하고 따라 읽으라고 하시니, 나는 고집이 있어 뻔히 아는 걸 싱겁게 연주하는 게 싫어 끝내 안 따라 읽었지. 여전히 입 다물고 있었던 게야. 당숙들이 큰일났다고 공갈치고 했지만 그냥 있으니까, 도리없다고 하면서 그분이 포기했지."

요즘을 일컬어 시의 전성시대라고 말하는 평자들이 있습니다. 시 창작이 요즘처럼 개화된 때도 드물었고, 요즘처럼 시인들의 활동이 활발한 때도 없었다는 판단입니다. 또 그에 덧붙여 그 시인들의 면면을 볼 때 고려대 출신들의 활약을 강조하는 사람도 있습니다. 선생님께서도 연전에 고대문인회 고문을 맡으신 적도 있습니다. 그 직함이 여전합니까? 어떠세요, 고려대 얘기 좀 해주십시오.

"한동안 고려대에 시 쓰는 사람이 없었는데, 근간에 들어와 많아졌소. 나는 시를 아껴서, 시단에 대한 발언을 할 때면 우리 시가 너무 많이 나오는 것을 부정적으로 봤소. 인구 비례로 봤을 때 시 인쇄물의 총량이 우리나라가 1위 축에 들 거요. 최근 일본에 다녀오고 미국 시학회에 가보니까 그 생각이 바뀌게 됐소. 우리나라뿐 아니라 전세계적으로 시 쓰는 사람이 굉장히 많아졌소. 컴퓨터로 인쇄가 쉬워지니 시 쓰는 사람이 대거 쏟아져 나오는 것이 세계적인 추세가 된 것이오. 별의별 것이 다 있겠지만, 인간의 표현 욕구는 근원적으로 생명력과 직결돼 있다는 느낌을 지울 수가 없소. 시 쓰는 것은 인간 생명력의 발현 같은 것이오."

김종길 시인은 오탁번 시인의 신춘문예 당선작 「순은純銀이 빛나는 이 아침에」에 얽힌 뒷이야기를 세세하게 밝힌 적이 있다. 세 명 심사위원 중 한 분이었던 김종길 시인은 고대학보사 원고지에 쓴 작품이라 아무래도 제자 같아서 뽑지 않으려고 했지만 다른 심사위원(조지훈과 박남수)이 최고의 작품을 사제지간이라고 해서 안 뽑아준다는 것은 순리가 아니라고 해서 당선작으로 결정했다는 것이다.

지금도 김종길에 대해 가지고 있는 인상 중에는 감흥이 일면 시를 읊는 사람, 그러니까 보통 자유시라고 말하는 서양적 음률이 아니라, 감흥을 기다렸다가 그것을 한시로 옮겨 놓는 시인의 모습으로 기억하는 사람들이 많습니다. 특히 언젠가 무등산에 가셨을 때도 그러한 모습으로 어떤 필자를 감동시켜 놓은 글을 본 적이 있습니다. 감흥이 일어날 때 한시를 지으시는 일이 자주 있으신지요?

"요즘도 한시 짓는 모임이 있어요. '난사蘭社'라는 모임인데 한 달에 한 번씩 모이지요. 성균관대 한시 전문가이신 벽사 이우성 선생, 토목학회장이신 김동한 씨, 서울대 고병익 씨, 조순 씨, LG전자 회장하셨던 이헌조 씨, 김용직 교수, 삼보컴퓨터의 이용태 회장, 김호길, 유혁인 씨, 한전사장 이종훈 씨 등 여덟 사람이오. 다달이 한 번씩 모이는데, 이번 달은 모레 저녁 유정집에서 모임이 있소. 요령은 그 전달 모임에서 공통된 운자韻字를 냅니다. 팔행율시에는 운자가 다섯 개가 필요하고, 절구를 지을 때는 세 개가 필요하지요. 이번 달 운자는 볕 양, 서늘할 양, 대들보 양, 갈 행, 화랑 랑이오. 난사 155회 운이오. 백거이 시의 운자인데, 이것을 '원운'이라고 부르지요."

새해를 맞을 때마다 선생님께 저작권료도 안 내고 여기저기 인용하는 시가 있습니다. 한번 읽겠습니다.

"매양 추위 속에 해는 가고 또 오는 거지만/ 새해는 그런대로 따스하게 맞을 일이다/ 얼음장 밑에서도 고기가 숨쉬고/ 파릇한 미나리싹이 봄날을 꿈꾸듯/ 새해는 참고 꿈도 좀 가지고 맞을 일이다./ 오늘 아침 따뜻한 한잔 술과 한 그릇 국을 함께 하였거든/ 그것만으로도 푸지고 고마운 것이라 생각하라/ 세상은 험난하고 각박하다지만 그러나 세상은 살만한 곳/ 한 살의 나이를 더한 만큼/ 좀더 착하고 슬기로울 것을 생각하라/ 아무리 매운 추위속에 한해가 가고 또 올지라도/ 어린것들 잇몸에 돋아나는 고운 이빨을 보듯/ 새해는 그렇게 맞을 일이다."

「새해는 그렇게 맞을 일이다」입니다. 세상은 살만한 곳이라는 희망과 위로를 그리워할 때면 꼭 암송하는 시입니다. 혹시 이 시를 읽다가 배신감을 느끼는 헐벗은 사람도 있지 않겠습니까? 해마다 희망 품기를 반복해왔으나 세상은 여전히 암울하다는 절망감이 엄습한다면, 선생님께 달려와서 내 인생, 물어내라, 고 할 수도 있지 않겠습니까?
"그런 독자는 있을 것 같지 않은데…… 설날 아침 시 잘 보는 사람 있을 때, 낙천과 긍정의 시로 보거나, 거의 절망에 빠져서 간신히 기어 올라오는 심정에서 그런 소리를 했어요. 70년대 전반, 고려대학신문에서 신년시를 써달라고 해서 쓴 시요."

김종길 시인은 지금 서울 수유리의 뜰이 있는 단독주택에 27년째 살고 있다. 그 전에 살았던 곳을 여쭈었더니 역시 컴퓨터 기억력답게 "지금 사는 집 전에도 수유리에 5년 살았고, 그 전에는 창문동에 2년 살았고, 그 전에는 고려대 뒷문 옆에 11년 살았다"는 주거지 이전移轉 기록들이 마치 인쇄된 것처럼 죽 흘러나왔다. 김종길 시인은 아들 둘 딸 셋을 두었다. 딸 둘 낳고, 다시 아들 둘 낳고, 마지막에 막내딸을 낳았다. 자제분들은 다 뭣들 하세요? 하고 여쭈었더니, 또 큰사위부터 이력 사항이 죽 흘러나왔다. "맏사위는 서울대 물리과 교수고, 둘째사위는 대구 영남대 경제과 교수고, 큰아들은 마산 경남대 법과 교수고, 근데 그 아이는 고대 법과 졸업해서 고대 박사를 하고 96년에 미국 위스콘신대에서 박사를 또 해서 뉴욕 변호사인데 한국에는 혼자 있다가 방학때면 미국으로 간다"고 했다.

김종길 시인의 자손들은 전부 교수였다. 큰며느리도 박사고, 둘째아들은 숙명여대 일본어학과 교수인데, 둘째며느리 역시 일본 국립대에서 일본 근세사로 박사학위를 갖고 있다고 했다. 막내사위 역시 순천향대 현대사 교수다. 그리고 맏딸은 고대 불문과, 둘째딸은 이화여대 국문과, 막내딸은 고려대 간호학과를 나왔는데, "모두 집안에서 살림을 한다"고 김종길 시인은 말했다. 김종길 시인이 결심만 하면 웬만한 대학 하나를 세울 수도 있을 것 같았다.

김종길 시인은 스스로 '몰취미하다' 면서 "바빠 죽겠는데 언제 취미생활을 하느냐"고 되물었다. 한번은 김상협 고려대 총장이 "낚시 안 하느냐?"고 묻길래 김종길은 "무식한 놈들이나 하는 짓"이라고 내뱉었다가 마음 고생을 한 적이 있을 정도다. 유일한 낙이라면 백련사를 오르내리는 일인데, 작년부터는 척추 허리 부분에 퇴행성 관절염이 생겨 왼쪽 엉덩이가 시큰거린다. 등산을 못하게 된 것이 아쉽다.

김종길 시인은 평생 가장 호기로웠던 술친구로 청마와 지훈을 꼽았다. "밤새 먹어도 별로 취하지도 않고, 주사도 없었고, 담론은 풍부했던 사람들"이다. "지훈은 특히 키도 훤출하고 몸도 허약했는데, 그가 마흔아홉에 돌아가고 나서 일지사에서 지훈 전집을 낼 때 보니 그렇게 술 먹고 언제 그렇게 썼나" 싶더란다.

김종길 시인은 인터뷰가 기분 좋았던지 요즘은 입에 대지 않는다던 술잔을 연이어 비우고 있었다. 표정을 크게 변화시키지 않고, 몸을 크게 흔들지도 않고, 목소리를 크게 내지도 않고, 그저 깊은 물이 흐르듯이 음의 고저장단을 내재율로만 묶어 놓은 채 하고 싶은 이야기를 끊임없이 이어가고 있었다. 주자학과 공산주의에 대해 무슨 이야기인가를 이어가다가 그는 "뭐든지 한국에만 들어오면 세계에서 제일 지독한 것이 되어 버린다"는 말도 했다. "여유가 없어서 어떡하나, 좀더 유연성이 있어도 될텐데……" 하고 말하며 지금 흘러가고 있는 세태에 대한 생각을 드러내기도 했다.

최근 김광림 시인이 시집을 냈다. 그 중 김종길 시인을 노래한 시가 있는데, "좀처럼/ 희노애락을 드러내지 않는/ 천지현황天地玄黃만을 지탱하고 있는 듯한/ 바로 그런 산세랄까"이다.
김종길 시인은 1998년 문학계간지《문학과 의식》가을호에 「난초꽃」이란 시를 실었다.

    서양란은 꽃이 화려하지만
    향기가 나지 않는데,
    동양란은
    꽃은 볼품 없지만
    강한 향기를 풍긴다
    따라서 먹물의 농담만을 그리는
    동양의 난초꽃에서는 향기가 나야만 한다.
    며칠 전 호암 아트홀에서 본
    높다란 탁자 위에 피어 있던
    석파의 그 난초꽃처럼!

관조와 무념의 깨달음을 담고 있다고 할 수 있을 것이다. 또 함양 남계서원에서 본 백일홍 고목을 떠올리며 "나무로 치면 고목이 되어버린 나도/ 이 8월의 폭염 아래 그처럼/ 열렬히 꽃을 피우고 불붙을 수는 없을까"(「목백일홍」)라는 생각도 드러내고 있다. 불붙는 것을 먼 곳에 두어버리는 그윽함과, 다시 한번 불붙겠다는 열망은 어느 쪽이 더 시적일까? 어느 쪽이 더 김종길의 시에 가까울까?

김남조

Zoom-in

1927년 대구 출생.
1950년 《연합신문》에 시를 발표하며 등단.
시집 『목숨』, 『겨울 바다』, 『사랑 초서』, 『동행』, 『빛과 고요』
『바람세례』, 『희망학습』 등이 있고,
산문집 『잠시 그리고 영원히』 등 다수와 꽁트집, 시선집, 전집 등 출간.
서울시문화상, 대한민국문화예술상 등 수상.
국민훈장모란장, 은관문화훈장을 받음. 예술원 회원.

이 세상에 진정한 연인은 위대한 시인뿐

지난 4월 11일 금요일 해질 무렵이었다. 서울 효창동에 있는 김남조 선생 댁을 찾았다. 참나무를 가운데 품고 있는 2층 양옥집은 근처 동네에서 단연 눈에 띌 만큼 품격이 있었다. 계단을 올라 선생의 서재로 안내를 받았다. 물론 곁에는 언제나 다정한 동반자 김요일 시인이 함께 있었다. 김남조 선생은 "숙명여대 앞에서 제일 맛있게 하는 집에서 주문했다"면서 김밥을 차려 놓고 기다리셨다. 아무리 어머니 같고 막내아들 같은 연치라지만 뻔히 저녁 식사때인 줄 알면서 선생 댁으로 약속을 정하는 뻔뻔함(!)을 우리는 이번 인터뷰에도 고수하고 있었다. 밥때는 친구집 방문조차 피하라는 것이 어릴 때부터 받아온 선친의 교육이 아니었던가. 게다가 우리는 하다못해 과일 바구니 하나 손에 들고 있지 않았다. 그것도 원래 약속 시간에서 한 시간이 늦겠다고 말씀드린 뒤 무조건 문턱을 넘어 천둥벌거숭이같이 쳐들어가는 꼴이라니.

선생은 집에서 살림을 거드는 아주머니의 솜씨라고 자랑하면서 마파두부와 닭다리 튀김까지 올려 놓으셨다. 밥에 국에……. 선생은 "시장할 테니 우선 먹고 나서 슬슬 시작하자"고 말씀하셨다. "오늘밤은 시간이 괜찮으니 밤 12시까지라도 실컷 얘기하고 놀다 가라"는 것이었다. 우리는 방 안에 있는 김세중 선생의 조각품을 감상하는 척하거나 실내 분위기에 흠뻑 빠진 듯한 표정을 짓고 있었지만 사실은 김밥, 마파두부, 닭고기 등속을 최대한 빠른 속도로 많은 양을 입속에 밀어넣기에 여념이 없었다. 선생은 몇 젓가락 뜨지도 않은 채 우리를 물끄러미 바라봤으며, 김요일 시인이 아주 어렸을 때의 기억나는 모습을 이야기하기도 했고, 김요일 시인의 아버지인 김종해 시인과 35년 문우로서 쌓아온 여러 추억담을 말씀하기도 했다.

　인터뷰는 언제 시작할지 말지 옆으로 팽개친 채 소파로 자리를 옮겨 녹차를 한 잔씩 앞에 두었을 때 선생은 요즘 심경을 담담히 말씀하고 계셨고 우리는 포만감에 적당하게 내려오는 눈꺼풀을 즐기면서 안에서 올라오는 트림을 삭이고 있었는데, 그렇게 넋을 잃어가듯 선생의 다정한 목소리에 취해가고 있다가 아차, 하고 머리를 치듯 정신이 퍼뜩 깬 것도 선생 덕분이었다. 선생은 그냥 노트와 연필만 있는 우리 휴대물을 한번 살피더니 "녹음기가 없어도 괜찮으신가봐요?"라고 말씀하셨고, 우리는 '지금 놀러 온 게 아니지'라는 깨달음이 불현듯 솟구쳐 올랐다. 김요일 시인은 카메라를, 필자는 서둘러 수첩을 펼쳐 들었다.

　선생은 요즘 "사는 게 참 좋다"는 말씀을 여러 차례 했다. 우리는 솔직히 알아들을 수 없었다. 반세기를 문학과 더불어 살아온 노시인이 "이제야 사는 게 좋아졌다"라고, 굳이 낮은 목소리로, 그리고 평화롭게 읊조리듯 말씀하시는 단아한 모습을, 이제 마흔을 갓 넘긴 우리가 송두리째 이해한다면 그것이 거짓일 것이다. 그래서 차라리 어렵고도 편했다.

　요즘 어떠세요?
　"산다는 게 좋습니다. 대형 무대 앞에 있는 관람석에 앉아 있는 기분입니다. 연대기로 보더라도 몇천 년 역사에서 지금은 속도감 있는 국면을 지나고 있다고 봅니다. 살다가 죽는 것이 이제 전혀 억울하지 않습니다."
　지금(당시로서) 지구촌은 전쟁이 한창인데요.
　"나는 솔직하게 말씀드려 반전反戰 심정이 아닙니다. 한 번 있어야 될 일이라는 생각마저 듭니다. 남의 나라를 치는 것이 좋은 일은 아니지만 20조 원에 달하는 개인 재산을 쌓아놓는다든지, 이조 왕권처럼 권력이 자식까지 세습된다든지 하는 것은 범죄사의 연속입니다. 전쟁이 좋은 과정은 아니지만, 그들(독재자)에게도 새로운 시대의 자각이 있어야 된다고 생각합니다. 한 번은 있어야 할 홍역입니다. 우리 국민들도 너무 한쪽으로 휩쓸려서는 안 됩니다. 만약 미국에서 반한 감정이 치솟아 태극기를 불태우고 있다면 우리 감정이 어떠했을지를 생각해야 합니다. 자꾸 원수 지간이 되면 상업이 안 됩니다. 국기를 태우는 광기는 참 무서운 것입니다. 나는 어느 쪽이라기보다 놓여진 자리에서 나무가 순응하여 수백 년을 지탱하듯이 주어진 여건하에서 호흡하는 법을 배우고 내재적 자유를 유지하자는 것입니다."

그래도 '좋은 전쟁' 이란 없지 않겠습니까?

"물론입니다. 사상자 나오면 가슴 아프고, 팔다리 없는 아이들의 인생도 생각해야 하고……. 그러다 보니 나 같은 사람이 소위 보수우익인 모양이네요. (웃음) 나는 남북 문제만 해도 그래요. 만약 이북에는 누굴 위해 죽을 수 있는 정신무장을 갖춘 사람 100만 명이 지금도 있다면 우리 교육은 예속과 순교 정신과는 거리가 멀잖아요. 그래서 그들과 우리가 부드럽게 이어지지가 않을 거라는 생각인 것이지요. 섞어 놓으면 안될 것 같습니다. 때로 서로 좋은 나라로 안온하게 선한 이웃이었으면 좋겠다는 생각마저 듭니다. 내 나라이기 때문에 덜 긁히고 덜 상처내고 싶습니다. 품위를 잃지 않으면서 말입니다."

진보적인 젊은 후배들은 선생님의 그러한 생각에 반발하기 쉽겠는데요?

"10여 년 전에 명동에 있는 가톨릭대학 학생들을 상대로 강연을 한 적 있습니다. 그때 행사에 어떤 학생이 극좌적 내용의 시낭송을 했습니다. '아홉고리 피묻히는 악귀……' 같은 표현도 있었습니다. 강평 시간이 돼서 내가 마이크 앞에 섰습니다. 나는 너무 괴롭고 비통해서 할 말이 생각 안 날 정도였습니다. 내 마음은, 모름지기 신학생이라면 상대방에게 공격을 받아 한 팔이 절단돼도 눈빛은 선량해야 된다는 것이었습니다. 이제 우리 문학은 어떻게 될 것이냐고 걱정하는 말을 했더니 누군가에 의해 마이크의 전기가 꺼졌습니다. 그곳을 나오면서 참 비통했습니다. 그날 밤 학생들은 길거리로 나가 시위를 할 예정이었던 모양입니다."

지금도 그렇게 정치적이고 이데올로기적인 대립의 국면 때문에 신경이 많이 쓰이십니까?

"그렇지 않습니다. 젊었을 때는 불면이 잦았지만 노년에는 참 편안합니다. 어떤 충격도 온화하게 옵니다. 초봄 햇볕이 좋아요. 얼음 벌판에 앉아 있어도 겨울 햇빛이 얼마나 좋은지 느낄 수 있게 됐습니다. 지금도 그리고 앞으로도 시간이 허용하면 시를 쓸 것입니다. 내 언어에서 계속 광택을 줄이고, 언어를 줄여나갈 것입니다. 회색을 쓰는 것도 좋지요. 그것이 어울립니다. 《시와 시학》에 시 5편을 주었는데 곧 나올 예정입니다."

선생께서 최근에 지으신 「부상병 시절」이란 시를 한번 읽어보겠습니다. "나의 부상병 시절에/ 다른 부상병 있어/ 옆의 침대에 머물렀다/ 그래서 좋았다// 다시금 부상 입고/ 다친 이 또 있어/ 그가 내 옆에 있었다/ 이때에도 좋았다// 세월 깊어지면서/ 부상의 건수 촘촘히 늘고/ 매번 옆자리 충만하여/ 언제나 좋았다// 차차로/ 부상에도 익숙해져/ 성한 날 아픈 날의 날씨가/ 비슷이 온화하여/ 이 일도 고마웠다// 바꾸어 말하면/ 당신이 부상했을 때/ 내가 함께 있었다/ 친구여" 부상당한 사람의 곁에 누군가 함께 있어 준다는 것만큼 삶이 더불어 간다는 것을 잘 깨닫게 해주는 일도 없을 듯합니다. 요즈음 우리에게 가장 상처 깊은 '부상'이란 무엇이겠습니까?

"부상은 자아로부터 받는 것과, 내부와 외면이 충돌할 때 받는 것이 있습니다. 내재하는 고뇌가 반이고 나머지는 외부와의 관계와 그 갈등에서 옵니다. 여러 종류의 아픔이 있습니다. 사랑하는 만큼 아프다든가. 부모와 자식 사이에도 상처는 있습니다. 그러나 중요한 것은 상처만큼 위로가 있다는 점입니다. 상처에는 반드시 처방이 있습니다. 처방보다 더 혹독한 상처는 결코 입지 않습니다. 그렇다면 '위로'가 뭐냐고 궁금할 것입니다. 위로란 서로의 관계에서 성숙하고 익숙해지는 연민스러움입니다. 삶에 철이 들었다고 할까요. 나도 나이 70을 넘기면서 내 안에서 화해가 이루어져 가는 것을 느꼈습니다. 젊었을 때 쓴 수필을 보니, '내가 신을 용서

한다'는 구절이 있더군요. 일종의 저항이었지요. 지금은 하느님을 용서한다는 것은 외람된 일이고, '아유 당신이니까 제가 참아 드리지요'라는 식입니다. 그러다 보니 삶의 고통이 별로 없습니다. 《문학사상》 2월호가 원로들의 건강을 특집으로 꾸미면서 김성곤 교수가 날 찾아왔습니다. 내가 대답했습니다. 나는 세상에 태어나 학교 체육 말고 특별하게 운동을 해본 적이 없습니다. 마음이 편해서 커버가 되는 측면도 있습니다. 우리가 낯선 동네에 가면 어색하고, 오래 살아온 동네는 익숙합니다. 나도 내가 살아온 삶에 대해 정이 들었구나, 이제 겨우 삶 안에서 편안해졌구나, 70을 넘기니까 삶이 익숙해진 의복처럼 편안해졌구나 하는 생각인 것입니다. 갈등이 줄어들고 위로를 많이 느낍니다."

어차피 종교 이야기가 나왔으니 한 가지 여쭙겠습니다. 선생의 문학 행로에 대해 이런 분석이 있었습니다. '초기작은 인간성의 긍정과 생명의 연소를 바탕으로 한 정열을 주로 표현하였으나, 차츰 종교적 사랑과 윤리가 작품의 배후에 확고한 자리를 잡기 시작하였다. 후기에 올수록 한층 신앙적인 심저心底로 내려앉아 엄격한 절제와 더불어 인내와 계율의 정서적 표출을 볼 수 있다.' 신앙과 시창작은 서로 도와주는 관계입니까, 서로 부담을 줍니까, 아니면 훼방하는 관계입니까?

"저는 원래 개신교였는데 결혼하면서 김세중 교수의 가톨릭을 따랐습니다. 내가 신앙심이 깊은 편은 못 되지만 그 안에서 양분을 많이 먹은 것 같습니다. 위로를 느낍니다. 시인은 물론 문학적 가치관을 가져야 합니다. 나는 가톨릭적 가치관도 가지고 있습니다. 전화나 전등이 있으면 전선이라는 원점이 있듯이, 나의 생명 또한 피조물이기에 조물주의 전류를 받고 있는 것입니다. 시를 쓰려면 감동의 수원지가 있어야 하는데, 나에게는 그리스도와 막달라 마리아의 관계가 평생을 써도 다 못 쓸 만한 충분한 수원지가 되고 있습니다. 내가 성서적 지식이 부족해서 못 하고 있을 뿐, 사실은 그분들을 마음에 모시고 전작 시집을 쓰고 싶었습니다. 평생을 먹어도 남을 만큼 감동의 수원지인 셈이지요. 작은 눈물은 큰 눈물

안에서 치유되는 것입니다. 거인의 수모와 고통과 고독 속에는 모든 인간이 취할 수 있는 게 다 들어 있습니다. 나는 처음부터 끝까지 그 안을 떠나지 않았습니다. 물론 주여, 주여 한다고 해서 곧바로 시가 되는 것은 아닙니다. 나의 사랑시는 신앙시이고, 신앙시는 사랑시입니다. 그 둘을 뒤집어 보면 믿음입니다. 삶의 존엄이라는 공통분모 위에 놓여 있는 것입니다."

김남조 선생은 비오 신부, 자크 마르탱 신부 같은 분들의 얘기를 오랫동안 했다. 비오 신부는 45년 동안 그리스도와 똑같이 신체의 다섯 곳에 못 자국이 있었고, 가슴에서 피가 흘렀다. 그러나 구경꾼들은 비오 신부 앞에서 사진 찍고, 못구멍 안에 손도 넣어 보았지만, 상처의 내면을 보지 못했고, 보려 하지도 않았다. 선생은 비오 신부의 책을 읽으면서 좋은 의미의 전율을 느꼈고, 정화를 받았다. 그것은 전기 충격처럼 체질을 변혁시킬 수도 있는 힘이 있었다. 마르탱 신부 역시, 정신과 육체의 욕구가 있다면, 정신의 발현에 자신을 바친 분이었다. 이 시대에도 그분처럼 성성聖性을 가진 이가 있다는 것은 신이 그러한 모델을 존속시킨다는 뜻이다. 모델은 바뀌더라도 그 항목은 바뀌지 않을 것이다.

선생의 이러한 얘기를 듣고 있으면, 조금 엉뚱한 현상이지만, 듣는 이의 내면이 두 갈래로 분열하는 것을 느낄 수 있다. 하나는 선생의 말씀에 공감하든 안 하든 그 논리적이면서 시적인 내용에 빠져든다는 점이고, 다른 하나는 선생이 자신의 이야기를 풀어가는 그 형식에 매료된다는 점이다. 이 글에서 특히 김남조 선생의 담화 형식에 대해 언급하고 싶은 이유는, 적당한 톤의 목소리, 더 이상 더하고 뺄 수 없을 만큼 황금비로 배합되는 어조상의 온기와 냉기의 병치, 그리고 망아와 몰입으로 끌고 가는 선생 특유의 언어 리듬감이 너무도 아름다웠기 때문이다.

선생의 육성 녹음으로 된 시 낭송집에서「아침 은총」,「봄에게」,「바람」

같은 작품을 들었습니다. 시낭송이 거의 낭송 전문가, 혹은 전문 성우들을 능가하시던데요. 자작시 낭송이 시인에게 주는 감흥은 어떻습니까? 녹음된 낭송을 나중에 들어보시면 어떤 느낌이 드십니까? 저는 「봄에게」라는 자작시 낭송을 들으면서 그 시가 내재하고 있는 단아하고도 약간은 냉정한 정조와 선생님의 목소리가 너무나도 절묘하게 맞아떨어져서 깜짝 놀랄 지경인데요.

(「봄에게」 1 / 아무도 안 데려오고/ 무엇 하나 들고 오지 않은/ 봄아, / 해마다 해마다/ 혼자서 빈손으로만 다녀가는/ 봄아, / 오십 년 살고 나서 바라보니/ 맨손 맨발에 포스스한 맨머리결/ 정녕 그뿐인데도/ 참 어여쁘게 잘도 생겼구나/ 봄아, // 2 / 잠시 만나/ 수삼 년 마른 목을 축이고/ 잠시 찰나에/ 평생의 마른 목을 축이고/ 봄햇살 질펀한 데서/ 인사하고 나뉘니/ 이젠 저승길 목마름만 남았구나/ 봄이여/ 이승에선 제일로/ 꿈만 같은 햇빛 안에/ 나는 왔는가 싶어)

"조병화 선생하고 나하고 예당음향에 200만 원씩 받고 매절로 녹음했습니다. 녹음을 하다 보면, 그러니까 내 시를 내가 낭송하다 보면 참담할 때가 있습니다. 건드리고 싶지 않은 상처를 다시 건드리는 것이지요. 열병에 빠졌던 그때 신열의 상태를 회상하듯 말이에요. 아픈 것이 찡하게 그리고 둔탁하게 금이 그어지는 것 같은 아픔이 있습니다. 앞에 읽으신 시 중에서 특히 이런 대목입니다. '수삼 년 마른 목을 축이고/ 잠시 찰나에/ 평생의 마른 목을 축이고/ 봄햇살 질펀한 데서/ 인사하고 나뉘니/ 이젠 저승길 목마름만 남았구나' ……"

선생님의 말씀을 듣다보면, 그리고 시들을 되돌아보면 젊은 시절에 꽤 많은 연애 경험이 있었을 것 같습니다. 이 자리에서 조금만 풀어 놓으시지요.

"시인에게는 촉매가 있어야 합니다. 시인은 일종의 기술자이기 때문이지요. 감정을 배양하는 기술자입니다. 감정을 방치하지 않고 음악도 들려주고 꿈도 꾸어주어야 합니다. 물론 천성의 시인은 기교가 없을 것입니다. 미소 짓듯이, 바람 불듯이 말입니다. 나 같은 사람은 노작하는 시인인 만큼 상당히 기술이 필요합니다. 내가 지금까지 시를 1천여 편을 썼는데, 이제 겨우 기술이 주어졌다는 느낌입니다. 그러나 기술이어서는 안 되는데……. 보통은 잘못하면 시가 너무 어휘에 빠지게 됩니다. 그러나 등걸과 뿌리와 잎사귀가 있다면, 거기에 달린 말들을 잘 잘라야 합니다. 나는 수필을 쓸 때도 15% 정도는 전지를 합니다. 글이 좋아지고 선명해지지요. 수식에서 수식으로 줄타기를 하는 것은 글이 공허해집니다. 말은 아무쪼록 질박하고 검소하게 써야 합니다."

김남조 선생은 연애 경험을 들려주는 대신 잠언을 들려 주었다. 니체는 이렇게 말했다는 것이다. "나는 사치가 한 가지뿐인데, 인간관계 사치뿐이다." 또 이런 문장도 있었다. "나는 그대 통곡을 들었다. 그를 사랑함이 모자랐다." 김남조 선생은 이런 구절은 여럿이 읽으면 안 되고 숨겨 놓고 읽어야 한다는 말씀을 했다. 그리고 "통곡과 참회가 있어야 진짜 사랑이 되는 것"이라는 말씀을 했다. 선생은 자신이 수필을 슬프게 썼는데, 그렇게 쓰기 위해서는 '가상적인 애인'이 필요했다고 말했다. "서정시를 쓰는데 너무 배고프면 못 쓰고, 촉매가 있으면 옷을 입혀 가슴에서 배양해야 한다"고 말했다. 우리는 조금씩 마시기 좋게 식어가는 녹찻잔을 돌리면서 말머리까지 함께 돌려서 선생의 처녀적 시절로 돌아가 보았다.

선생님의 연보를 보면, 1940년 대구에서 초등학교를 졸업하시고, 1944년 일제 말기에 일본 후쿠오카福岡시 규슈여고九州女高를 졸업하신 것으로 나와 있습니다. 아마 그 시절부터 시인이 될 수밖에 없는 열망과 통증이 선생님의 흉중을 어지럽히고 있었을 것 같습니다만.
"일본에서 학업을 4년간 하다 와서 서울대 사범대학 예과 2학년에 들어갔습니다. 당시 규슈여고에는 입학생과 졸업생이 1,500명 정도였는데 한국 학생은 나밖에 없었습니다. 전쟁 말기여서 봉사활동도 많이 시키고 공장에 가서 실감기를 하기도 했습니다. 학생들을 정신운동으로 다그쳐서 출석률은 항상 100%를 유지해야 했지요. 나는 몸이 약해서 장기 결석을 하게 됐는데, 학교에서 퇴학을 권했습니다. 전체적인 출석률 때문이었습니다. 두 달 동안 권고 퇴학 상태에 있었는데, 그때 타고르 시집을 읽었습니다. 폐병을 앓으면서 나는 이런 세계도 있다는 것을 발견하고 충격을 받았습니다. '선善은 문을 두드리나 사랑은 문이 열려 있음을 안다.' 타고르의 시를 읽고 너무나 감격스러웠습니다. 그는 서양이 아닌 동양 사람인데, 숲그늘 같은 아름다움, 으슥한 품의 그늘진 골짜기 같은 안식과 더불어 있는 감동이었습니다. 그가 명상했다고 하는, 차가운 돌 위에 앉아 사념에 빠지는 것이 참 좋았습니다."

김세중 전 서울대 교수와 선생님은 조각가 남편으로서, 시인 아내로서 한평생을 살아 오시다 김 교수께서 먼저 세상을 뜨셨습니다만, 두 분이 서로에게 예술적으로 문학적으로 영향을 주고받은 바가 적지 않으셨을 것으로 여겨집니다만, 맞습니까?

"하하하. 둘이 다 착각을 가졌던 셈이지요. 둘이서 나눌 시간이 미래에 있을 것으로 착각했습니다. 그러나 결국 둘이 여행 한번 제대로 한 적이 없습니다. 아이들이 커가면서 차례로 진학하게 되자 나는 수필집을 하나라도 더 내려고 방학이면 글쓰기에 매달렸습니다. 그러다 한 사람이 세상을 뜬 것이지요. 나는 대체로 많이 기다렸고요. (김세중 교수는 밤 12시 정각을 맞춰 귀가하는 것으로 유명했다.) 세월이 지나고 보니 그가 나를 기다리게 했다는 게 거꾸로 볼 수 있다는 생각도 듭니다. 그가 어쩌다 일찍 들어오게 되는 날도 나는 사람이 없는 방에 가서 불을 켜고 글을 쓰고 있었는데, 그것이 그에게 편했겠는가 하는 생각입니다. 건성으로 같이 TV를 보는 척할 때가 많았습니다. 다른 방에 가서 부스럭거리며 안식을 주지 않은 쪽은 오히려 나였습니다. 내가 아들을 결혼시키고 보니 결혼 후에 측은하고 외로운 쪽은 남자라는 생각이 듭니다. 내가 박목월 선생에게 술과 담배가 위안이 되십니까, 라고 물은 적이 있습니다. 그이가 대답하시기를 '여자에게 애가 있는 것의 몇 분의 일도 안 되지요' 라고 하더라구요."

아내로서 반성이 된다는 말씀이십니까?

"아들을 키워 보니 나 같은 사람이 며느리로 바람직한가라는 생각이 듭니다. 지나고 보니 내가 김세중 교수한테 준 것이 없다고 여겨집니다. 손뜨개 장갑 한 켤레 떠준 게 없고, 맛있는 음식도 해준 게 없습니다. 우리는 그냥 사무적인 동료였는데, 그러나 끝나고 생각하니 부부연이 얼마나 큰 것인가를 알게 됐습니다. 그래서 나는 손자에게도 할아버지의 이름을 말하게 하리라 다짐하고 있습니다. 부부의 위상, 부부의 본질이 참으로 운명적인 끈이라는 것을 깨닫고 있습니다. 그것은 인생의 인연 중 가장 지독한 끈입니다. 잠언집에 보면 '참으로 훌륭한 여자는 좋은 남편을 만드는 천재여야 한다' 는 말이 있습니다. 나와 내 남편은 서로를 만들어준 부분은 없지만, 끝에 이르러서는 서로를 깨달았지요."

선생님이 쓰신 시작詩作노트에 이런 말이 있습니다. "시가 사람의 마음을 그려낼 수 있다고 나는 생각하지 않는다. 정신의 오지奧地란 깊고 후미진 것이어서 어림없을 것 같고, 다만 사람이 스스로 찾아내고 닦아가는 방편 중에서는 시가 상당한 것일 수가 있다. 시는 항상 미묘한 비밀이어서 작자 자신도 이를 풀이하거나 하는 일이 불가능하다." 선생님께서 이렇게 말씀하신 이유는 사람의 마음은 혹시 신의 존재를 드러내는 거울과 같은 것이기 때문입니까?

"사람이 시를 쓰는 질료가 언어입니다. 언어는 마음과 생각의 부분입니다. 심리학자는 마음이 사진처럼 찍혀 언어로 표현된다고 하는데, 그때 사진은 수백만 컷이 되겠지요. 그 중 몇 오라기가 시를 뽑듯이 뽑혀 나오는 것입니다. 그것도 무의식은 빼고 의식 부분만 뽑혀 나오는 것입니다. 그러나 시는 상징성이 있기 때문에 사람과 사람 사이에 말해진 것 이상도 느끼게 되는 것입니다. 그곳에서 시의 이해라는 가능성도 생겨납니다. 그런데 요즘은 시가 안 느껴집니다. 단지 여러 세대에 걸친 소수의 독자가 있기를 바라는 심정입니다."

　선생님의 시 가운데 대중 독자에게 잘 알려진 시가 「그대 있음에」일 것입니다. "그대의 근심 있는 곳에/ 나를 불러 손잡게 하라./ 큰 기쁨과 조용한 갈망이/ 그대 있음에 내 맘에 자라거늘./ 오! 그리움이여/ 그대 있음에 내가 있네./ 나를 불러 손잡게 하라" 이 시에 곡을 붙여 노래를 부른 송창식 씨를 만나 보신 적이 있는지요?

　"물론입니다. 요즘도 노래방에서 인기리에 불리는 시詩 노래가 두 개가 있는데 하나는 서정주의 「푸르른 날」이고 다른 하나가 바로 「그대 있음에」라고 하더군요. 그 덕에 미당 선생과 나는 작사료를 받아 왔어요. (웃음) 1년에 200~300만 원쯤 됐지요. 나는 송창식 씨를 좋아합니다. 작사, 작곡, 노래에 그만한 재주가 참 놀랍습니다."

　선생님의 시세계에 대한 일반적인 평가들을 종합해보면, 대개 세 시기로 나누고 있습니다. 먼저 처녀시집 『목숨』에서 세 번째 시집 『나무와 바람』까지 1950년대는 '생명을 노래하는 시'가 주류를 이룬다는 것이고, 네 번째 시집 『정념의 기』에서 열 번째인 『빛과 고요』에 이르는 1960년대는 '그리움, 목마름 같은 사랑의 주제'가 지배했다는 것이며, 그 후 근작시집 『바람세례』에 이르기까지는 '통회와 구원의 접맥을 통해 삶과 죽음을 꿰뚫어 노래하면서 화해와 평화를 기원'하고 있다는 것입니다. 선생님 스스로는 문학적 절정기가 언제였다고 생각하십니까?

　"우선 내가 시를 써온 과거 세월을 그런 식으로 단면으로 나누는 것에 나는 찬성하지 않습니다. 베를 짤 때 아무리 여러 필을 짜더라도 실은 하나입니다. 하나의 흐름이라는 것입니다. 절정기를 말하라 한다면, 나는 '40대 찬양자'라는 대답을 우선 하고 싶습니다. 30대까지는 음산한 바람의 광야에 있었다면, 40대 후반부터 나는 내가 달다는 것을 느꼈고, 내가 달아서 못견디겠다고 생각했습니다. 나는 「범부凡婦의 노래」라는 시에서 이렇게 말했습니다. "사랑만으로는 결코/ 배부르게 못해줄/ 지금 세상의 사나이를/ 신이/ 한 가지만을 주신다 하면/ 나는 역시 한 남자를 갖겠다"고요. 또 한번은 김세중 교수 죽고 난 뒤 시집 『바람세례』 속에 실린 「나에게」라는 시를 썼을 때입니다. (「나에게」 1 / 가려거든 가자/ 천의 칼날을 딛고/ 만년설 뒤덮인 정상까지 가자/ 거기서 너와 나/ 결투를 하자// 사생결단 그쯤을 넘어서서/ 영혼의 등가等價인/ 사람의 진실 겨루어 보자/ 참말로 죽기 아니면/ 사랑하겠느냐/ 참말로 죽기 그 아니면/ 살아 내겠느냐// 가려거든 가자/ 화약가루 자욱한/ 땡볕에라도 나서자……)"

김남조 선생은 김세중 교수와 사별한 후 '두 번 답안지를 낼 수 없는' 세상의 이치에 대한 깨달음을 계속 이야기했다. 선생은 인생과 시의 절정기를 말하듯 하다가, 이윽고 여러 시편들을 훑어가듯 했다. 이야기는 정점도 없이, 문턱도 없이, 이 방과 저 방을 들명날명하다가 이윽고 「평안을 위하여」라는 시에 이르러 한동안 머물렀다. "평안 있으라/ 평안 있으라/ 포레의 레퀴엠을 들으면/ 햇빛에도 눈물난다/ 있는 자식 다 데리고/ 얼음벌판에 앉아 있는/ 겨울 햇빛/ 오오 연민하올 어머니여// 평안 있으라/ 그 더욱 평안 있으라/ 죽은 이를 위한 진혼 미사곡에/ 산 이의 추위도 불 쬐어 덥히노니/ 진실로 진실로/ 살고 있는 이와/ 살다 간 이/ 앞으로 살게 될 이들까지/ 영혼의 자매이러라// 평안 있으라"

한 가지 신기한 것은, 김남조 선생은 옛날에 지은 시들도 거의 한 자 한 자 완벽하게 암기하고 있었다. 이런 일을 신기하다고 말하는 이유는, 일부 젊은 시인들이 시의 이미지가 스쳐 지나간 심상의 무늬에만 치중한 나머지, 혹은 주지주의적 선언 의식에 짓눌린 나머지, 자신의 신작 시집이 출간된 직후에도 자신의 시를 단 한 편도 외우지 못하는 현상을 늘 보아왔기 때문이다. '자작시 암송暗誦의 미학' 같은 것은, 일견 별로 중요하지 않은 단순한 일인 것 같으면서도, 필자처럼 시의 아마추어리즘에 머물러 있고 싶은 문학 담당에게는 매우 특별한 일로 보이는 것을 어찌할 수 없었다. 새로 태어난 시詩가 모태를 기억하지 못하고, 모태 또한 제 몸에서 태어난 시詩를 기억하지 못하는, 배앓이 없는 출산의 관계에 대해서 필자는 아직 배우지 못했다.

선생님의 등단 시집의 표제작인 「목숨」(1953)을 읽겠습니다. "아직 목숨을 목숨이라고 할 수 있는가/ 꼭 눈을 뽑힌 것처럼 불쌍한/ 산과 가축과 신작로와 정든 장독까지// 누구 가랑잎 아닌 사람이 없고/ 누구 살고 싶지 않은 사람이 없는/ 불붙은 서울에서/ 금방 오무려 연꽃처럼 죽어갈 지구를 붙잡고/ 살면서 배운 가장 욕심 없는/ 기도를 올렸습니다// 반만 년 유구한 세월에/ 가슴 틀어박고 매아미처럼 목태우다 태우다 끝내 헛되이 숨져간/ 이 모두 하늘이 낸 선천先天의 벌족罰族이더라도// 돌멩이처럼 어느 산야에고 굴러/ 그래도 죽지만 않는/ 그러한 목숨이 갖고 싶었습니다" 이 시를 썼을, 지금부터 꼭 50년 전 당시의 심사가 어떻게 기억되십니까?

"희망이란 말을 잃어버렸던 때였습니다. 그런데 나는 최근에 14번째 시집인 『희망학습』(1998)을 냈습니다. 시인이 희망을 버리면 희망이라는 말이 침묵하고 맙니다. 서늘한 가슴에 피가 통해야 하는데, 체온이 너무 부족하면 안 됩니다. 좋은 의미의 긍정주의로 갔으면 좋겠다는 생각을 요즘은 하고 있습니다. 두 사람 사이의 은장도를 치워야 합니다."

올해 특별한 계획이 있으십니까?

"올해를 어떻게 살겠느냐? 내 대답은 '작년과 똑같이 살겠다' 입니다. 다만 최선을 다해 살겠다는 것입니다. 진진한 삶의 맛을 보고 싶습니다. 진진한 말과 고요함 가운데서 도취 같은 게 옵니다. 미당도 갔지만, 나는 그가 갔다고 생각지 않습니다. 그의 시와 정신이 살아 있는 것입니다. 한번 만남은 소멸이 안 됩니다. 결정적인 만남들은 이별 뒤에도 희석되지 않습니다. 결정적인 사랑 또한 그 감격이 내 안에 고인 채로 남아 있는 것이고, 삶이 끝나도 내 영혼이 그것을 물려받아 갖고 갈 것입니다. 내가 비극 의식이 없다는 것이 아닙니다. 비극 의식이 있음으로 해서 희열이 더 크다는 뜻입니다. 칼릴 지브란의 글에 이런 말이 있습니다. '나무꾼들이 길을 걷다가 강 건너에 있는 사람을 보고 말했습니다. 강 건너에 있는 저 두 사람은 누구지? 그러자 다른 나무꾼이 말했습니다. 두 사람이 아니고 한 사람인데.' 그 이야기에서 강 건너 두 사람은 기쁨과 슬픔입니다. 다른 하나가 없이는 또 다른 하나도 없다는 뜻입니다. 우리 안에 섞여 있는 것입니다."

선생과의 인터뷰는 가족 근황, 건강 이야기, 그리고 요즘의 일과 쪽으로 옮아 갔다. 큰딸(김정아)은 경원대 불문과 교수, 큰아들(김녕)은 서강대 정치학 교수, 큰며느리는 상담심리학을 전공한 숙명여대 강사, 둘째아들(김석)은 컴퓨터 그래픽 작가, 막내아들(김범)은 조형미술가로 활동하고 있다. 선생은 둘째, 셋째며느리에 대한 칭찬도 빼놓지 않는다. 인터뷰가 있기 며칠 전 서울시 문화상 심사를 했고, 그날 저녁에는 음악회에 다녀오기도 했으며, 주초에는 오랫동안 봉직했던 숙명여대에서 〈나의 삶, 나의 글〉을 주제로 특별 강연을 하기도 했다. 요즘 읽고 있는 책은 『50천사』라는 가톨릭 신부의 이야기였고, 한 달에 30종쯤 배달돼 오는 각종 문예지를 살펴보기도 하며, 나이 차이가 조금 있기는 하지만 선생이 '절친한 친구'라고 소개하는 이영자 씨와 왕래하며 같이 외출하기도 한다. 종종 어울리거나 마음에 담고 있는 여성시인으로는 허영자, 신달자, 강은교, 김후란 같은 이들이 있다. 인터뷰를 끝낼 때가 됐다. 어쩌면 하나마나한 진부한 질문, 그러나 묻고 싶은 질문이었다.

도대체, 시란 뭡니까?

"쉽게 말하면 노래지요. 그러나 시는 노래 이전의 마음이겠지요. 마음을 확대하고 다른 마음과의 사이에 연결과 통로를 만들었지요. 타고르는 말했습니다. '이 세상에 진정한 연인은 위대한 시인뿐이네.' 예수 그리스도 또한 더 큰 시인이셨습니다. '들에 핀 한 송이 백합이 솔로몬의 영화보다 아름답다'고 했는데, 얼마나 기발한 상징이요, 대담한 비유인지 말할 수 없습니다. 너무 시인스러운 분이셨습니다. 시란 진선眞善한 곳을 향해 가는 끝없는 보행입니다."

후배들에게 하시고 싶은 말씀은?

"오백 번도 더 들은 질문인데, 그때마다 대답이 달라집니다. 나 스스로에게 묻게 되기 때문입니다. 현재 젊은 시인들은 마음이 없이 시를 쓰는 것 같습니다. 지금 사람들은 마음이 있나요 없나요? 네다섯 살 먹은 어린이조차 제가 조작하는 기계와 마주 앉아 놉니다. 사람의 심장이 기계조작이 돼가고, 언어도 기계조작적으로 변하고 있습니다. 그들이 짓는 시는 마음의 실오라기를 따라 흘러가는 감동이 없습니다. 요즘 젊은이들은 언어를 참 잘 씁니다. 우리 때는 한국어가 너덜하고 추운 언어였던 시절이었습니다. 우리의 밑천은 심정적인 것이었습니다. 비극적인 것이 많았기 때문입니다. 찢어지는 심장과 서투른 언어로 시를 썼습니다. 지금은 잘 직조된, 그리고 겹겹이 의식층을 가진 언어들 속에 있는데, 거기에 있는 심정心情만은 자꾸 가늘고 작은 것을 엿가락처럼 늘리고 있습니다. 조금 두께가 있는 서정, 건강한 감성, 감성에 대해 질서를 주는 품격 있는 지성으로 채워 갔으면 합니다. 우리가 읽고 났을 때 '얻어먹는 게 있는' 시를 고대하고 있습니다."

일어설 때가 됐다. 선생은 옆방으로 가더니 자작시 녹음 테이프와 CD 그리고 시선집을 한아름 선물로 주셨다. 들어갈 때 '빈손' 들은 떠나올 때도 염치가 없게 됐다. 말로라도 때워볼 심사는 절대 아니었지만, 김요일 시인이 "선생님은 10년 전과 똑같으시다"고 말씀드리자, 선생은 대뜸 "아니 내가 10년 전에 벌써 이렇게 생겼었단 말이에요?"라고 응수한다. 우리는 졌다. 어른들의 이야기가 끝나가는 분위기임을 간파한 선생의 큰손주(준민)가 아까부터 문을 빼꼼히 열고 동정을 살피더니 이윽고 방에 뛰어들어와 할머니 무릎과 테이블 사이를 뛰어다닌다.

　그 전날 무심코 "할머니가 죽으면 어떡하지?"라고 운을 뗐다가 하루 종일 준민이가 울고불고 다니는 바람에 할머니는 큰 감동을 받았다. 우리는 졌지만, 원로 여시인을 능히 이길 수 있는 사람은 현재로선 다섯 살 준민이밖에 없다는 점을 보고 드린다.

4

울음에서 웃음으로 뛰어내린 사람들

정현종
최하림
이근배
김종해
서정춘
김지하

정현종

1939년 서울 출생.
1964년 《현대문학》 추천으로 등단.
시집 『사물의 꿈』『한 꽃송이』『떨어져도 튀는 공처럼』
『사랑할 시간이 많지 않다』『갈증이며 샘물인』 등과
시론집 『숨과 꿈』 외 시선집, 번역서 등 다수 출간.
현대문학상, 대산문학상, 미당문학상, 공초문학상 등 수상.

모든 순간이 꽃봉오리인 것을…

아침부터 찬비가 뿌렸다. 가을이 짧아졌다는 말이 실감났다. 목을 움츠리고 겨울을 생각했다. 몸 속에 들어 있는 뼈들이 벌써 서늘한 기운을 느끼고 있었다. 10월 19일 금요일이었는데, 설악산 대청봉 언저리에 눈발이 비쳤다는 뉴스가 있었다. 정현종 시인을 만나기로 한 장소는 호텔 안에 있는 한정식집이었다. 그 쪽으로 가려고 사무실 밖에 나서 보니 아니 이게 웬일인가. 비행기를 타고 전혀 딴 나라에 순간적으로 날아온 것처럼 하늘에 구름 한 점 없었다. 길바닥에 물기는 남아 있었지만 하늘은 언제 그랬냐는 듯 시치미를 뚝 떼고 있었다. 자리에 앉자마자 그 얘기를 했다. 정 시인은 "허, 허, 허…" 하고 웃었다. 심심한 웃음이 텅 비어 있었다. 몇 년 전이나 몇 달 전이나 10월 19일이나 그의 머리칼은 여전히 하얗게 빛을 발하고 있었다. 안색이 좋았다.

김요안 문학세계사 기획실장이 자리를 함께 했다. 먼저 도착한 두 사람은 《시인세계》에 실릴 사진을 고르고 있었다. 많은 후배 시인들은 말한다. "나도 정현종처럼 늙을 것이다." 그건 일종의 경배다. 문학적이고도 인간적인 시샘을 선배에게 올릴 때 선배는 크흠 크흠 기침을 한다. 시인은 은퇴가 없지만 직장인은 은퇴가 있다. 그래서 정 시인은 "시간이 많다."고 말했다. 하긴 그 동안에도 정 시인이 시간에 쫓기듯 다급하게 서두르는 모습을 본 적은 없다. "간단한 걸로 하지 뭐." 하는 말로 식사를 주문하고, 반찬이 놓이고, 술잔을 채웠다. 김치찌개와 갈치구이가 중앙에 자리를 잡았다. 그 사이에 정 시인은 몇 번인가 "허, 허, 허…" 하고 또 웃었다. 저 텅 비어 있음에 빠지면 안 된다는 생각이 계속 들었다.

작년 여름 교보빌딩에 붙어 있는 광화문 글판으로 선생님의 시 귀절을 인용했던 기억이 남니다. "모든 순간이 꽃봉오리인 것을/ 내 열심에 따라 피어날 꽃봉오리인 것을…" 하는 대목입니다. 매 순간을 열심히 살아라. 이런 뜻으로 들렸습니다. 독자에게 열심히 살라고 말하는 시인은 비관적 운명론자에 가깝습니까, 아니면 낙관주의자라고 보아야 합니까?

"참 독특하네. 그러나 작품에는 운명론이네 낙관론이네 하는 말들을 갖다 붙이기가 좀 뭣 하지 않은가. 그렇게 하기보다는 우리가 살면서 매 순간 놓치는 것들이 많지 않나 하는 생각에서 시작해 보는 게 좋을 것 같아요. 게, 사실은, 구체적인 체험 같은 것과 관련이 있어. 미국 아이오와에 갔을 때야. 74년도였어. 영어 회화도 서툴고 얘기를 충분히 못하니까 답답하더라고. 그때로 한정된 얘기는 아니고, 일반적으로 우리 인생 전체를 살아가면서 그런 느낌을 가질 때가 많아요. 마음이 성실하지가 않아서, 그냥 데면데면해서 뭘 소홀하게 지나쳐 넘기는 경우가 많지 않나 하는 것이지. 사실은 순간이 영원이 되는 것은 진리입니다. 어떤 순간에 마음이 모아질 때에 우리가 겪거나 얻는 에너지는 대단하다고 생각해요. 시라는 것이 그런 순간의 소산이고…… 또 그런 순간에 인간의 운명이 바뀌기도 하고…… 얘기를 하다 보니 어떻게 연관되기도 하네. 매 순간을 전부인 것처럼 살면 좋은데 그게 안 돼요. 얼마나 어려운 일입니까. 그래서 시나 쓰는 거지. 그 시를 중고등학교 교과서에 실어서 애들이 보고 하나 봐요. 어디 얘기하러 가면 학생들이 배운다고 하면서 읽고 있는 모양이라. 교육용으로는 나쁘지 않을 것 같아. 시가 그런 기능도 하는 거니까."

말을 할 때 끝을 오므려 가며 하는 스타일이 있고, 이야기의 전방을 향해 한없이 벌려가며 이야기하는 스타일이 있다. 정 시인은 오픈된 형태로 말을 이어갔다. 말을 하면서 두세 걸음 앞서 해야 될 이야기까지 머리 속으로 들어와 웅성웅성하는 스타일이다. 평소에 말이 많지 않은 천재형 시인들에게서 이런 현상이 나타난다. 정 시인은 12시쯤 시작하는 점심이 조금 이르다고 했다. 보통 아침을 8시쯤 먹으니 자연히 점심 시간도 오후 1시를 넘기는 때가 많다는 것이다.

1939년 서울에서 태어났는데, 다시 경기도 화전에서 중학교 졸업 때까지 사신 것으로 돼 있습니다. 아버지는 정재도 씨라는 분이고, 어머니는 방은련 씨라는 분입니다. 3남 1녀 중 셋째셨더군요. 아버지는 무슨 일을 하시는 분이었습니까? 경기도 화전은 어떤 곳인가요?

"내가 어디 다른 곳에 쓰기도 했는데, 아버지는 일제 때 판임관이라는 일을 했어요. 말단 병참관리가 아닌가 해요. 군수 물자를 지키고 관리하는 일이었던 같아. 형제들은 위로 형, 누나가 있고, 그 다음이 나고, 밑으로 동생이 하나 있었어요. 어머니가 여럿 낳으셨는데 반은 죽었어. 반타작 하신 게 아닌가 해요. 아버지는 한 팔십 사시고 돌아가셨어요. 내가 숫자에 밝지를 못해. 그래서 가족관계 일도 정확하게 말을 못 해요. 우리가 어렸을 때는 통신 수단은 없었고, 라디오가 제일 좋았어요. 라디오가 있는 집은 문화적인 혜택을 받은 집이었지. 그렇게들 생각했어. 발음도 라디오가 아니라 나지오야. 어려서 학교도 다니기 전에 긴긴 여름날 나지오에서 나오는 판소리, 창, 타령 같은 것을 틀어댄 것 같아. 그런 기억이 있어. 내가 태어난 곳이 경기도 고양군 신도면 화전리인데, 그곳이 나에겐 유토피아야. 유토피아라는 건 집단적으로 만들어지는 게 아니고, 미래에 있는 것도 아니고, 각자의 어린 시절이 각자의 유토피아지. 우리들이 쓰는 시의 영감과 원천도 거기에 뿌리를 내리고 있어요. 그 얘기는 잡문에다가도 더러 썼는데, 아 『이슬』 시선집 뒤의 산문에도 썼어요. 내가 살던 고향에서 나는 안 잡아본 게 없을 정도로 많은 생물들을 잡아 봤어요. 따 먹고, 손으로 만지고, 맨발로 다니며 느낀 것이니까. 온몸으로 살아 있는 자연을 느낀 거니까. 거기서부터 내 작품의 생기 같은 것, 에너지 같은 것이 거슬러 내려가는 게 아닐까. 감각의 고고학이라고 이름을 붙여 봤는데…… 내 살던 집은 일자집 관사였어. 한 열 채쯤 있었지. 한 채에 세 세대쯤 살았던 것 같아. 바닥이 푹 꺼진 부엌이 있고 말이야."

(정 시인이 술잔을 들었다 놓았다.)

요즘도 술은 많이 하십니까?

"술? 아 평생 먹은 것이지. 지금도 친구 만나 기분 좋으면 생맥주 500씨 씨짜리로 두어 조끼 하지. 포도주를 마시기도 하는데 그렇게 즐기는 것은 아니고."

대학은 왜 철학과를 선택했습니까? 자신의 선택이었습니까. 아니면 주변의 영향이 있었습니까.

"혼자서 선택한 것이야. 문학 소년이었으니까. 문청이니까. 말하자면 고교 때부터 철학에 관심이 있었어. 고등학교 때 실존주의가 유행했지. 김준섭 교수가 쓴 『실존 철학』이란 책을 읽었는데 아주 탐독한 책 중에 하나야. 그 양반이 실제로 프랑스에 갔다 와서 쓴 책이라. 입문서 비슷한 책이었어. 터무니없이 심각했어. 근거는 없었지. 허, 허 허… 성질, 성향 이런 것이 그런 쪽에 있지 않았나 해요. 강연에도 많이 쫓아다녔지. 함석헌 선생의 강연을 참 많이 들었어. 6·25의 폐허 위에 이 나라를 재건하자는 내용과 민족주의 성향이 강했지. 고1 때는 농촌계몽도 다니고, 민족주의 열정이 있었다고. 고교 때부터 《사상계》를 읽었어. 사춘기의 지적 호기심과 갈증을 참 많이 채워준 잡지 중 하나야. 함석헌 선생은 당시에 「생각하는 백성이라야 산다」, 「한국 기독교는 무엇을 하는가」, 「죽을 때까지 이 걸음으로」 같은 글을 쓰셨어. 박 독재정권을 비판하고, 기독교를 비판하는 글도 썼는데, 구어체, 특히 말하듯 쓰는 구어체에 매료됐어. 당시에 윤형중 신부와 논쟁이 붙은 적이 있는데, 윤 신부의 글은 규격과 형식과, 이런 틀 속에서 논리를 전개하는 글이었는데, 함 선생 글은 펄펄 뛰는 글이었지. 어투와 문장이 완전 구어체였어. 거기에 매료된 거야. 매달 《사상계》를 기다리며 살았다고나 할까. 또 《세계》라는 번역 전문지가 있어 지적 갈증을 채워주었지. 유럽, 미국의 문학, 철학 등에 관한 글들이 번역 소개됐어. 함 선생은 《사상계》 폐간 이후 개인 잡지 《씨알의 소리》를 알

꽉하게 냈지. 혼자의 글로 채웠는데, 그것도 내가 거의 다 읽었고…… 또 사춘기 때 윤동주 안 좋아하는 사람 없잖아. 《현대문학》 같은 잡지, 거기 나온 시들 읽고, 번역된 것들도 읽었지. 내가 중학교 다닐 때는 번역도 조잡하고, 종이도 누런 밑씻개 종이 같은 것으로 나왔어. 장만영 같은 분들이 바이런, 하이네를 번역한 것을 읽었던 게 기억이 나. 내가 철학과를 선택한 이유를 물었지만, 그때 시대는 개인의 취향과 폐허라는 것이 섞여 있었어. 어릴 때 전쟁을 경험하면서야. 유복한 나라의 문인이 살았던 경험이 아니라고…… 가난과 전쟁과 피폐 같은 것이 배경에 있어. 상당히 철학적이 되지 않았을까…… 실존주의 문학인 『이방인』, 『시지프스 신화』, 『페스트』 그리고 성장소설인 헤세나 지드의 소설도 읽었어. 대학에 오면서 도스토예프스키를 읽었지. 임춘갑, 김형석 번역으로 된 키에르케고르 등을 읽기도 했어. 대체로 일본어에서 중역한 것들인데 한국 번역도 괜찮았어. 그때나 지금이나 번역 문제는 참 힘든 일이야. 대학 와서 니체도 읽었지. 그것이 내 사춘기와 청년 시절의 분위기였던 것 같아. 잘 모르면서 기분만 심각했으니까."

대학생 시절에도 시를 쓰셨습니까.

"그럼. 교지, 학교신문 같은 데 발표하고 그랬지. 연세 문우회 친구들이랑 같이 어울리기도 하고."

이때 정 시인과 김 실장이 사진에 관한 얘기를 주고 받았다. 정 시인은 자신이 갖고 있는 모든 현상들을 시적인 해석으로 연결시키는 습관을 지니고 있었다. 사진을 만지작거리면서, 그것이 몇년도에 찍은 것인가에 관한 질문만 나와도, 시라는 것은, 하고 말문을 열어서 사진과의 관계를 규명하는 방식으로 얘기를 풀어갔다. 시라는 것은, 특히 서정시라는 것은, 그것은 그야말로 현재, 지금 막, 현재의 꽃이라고도 하지…… 과거를 열정적으로 추적할 필요는 없어요. 그래서 나는 역사에 대한 흥미가 별로 없어요. (그래서 나는 그 사진이 몇년도에 찍은 것인지 잘 몰라요.) 그렇지만 정 시인이 따로 꼼꼼하게 챙기는 것이 있을 것 같기도 했다. 대개 젊은 시절의 트라우마 같은 것들이 끈덕지게 남아 있을 가능성도 있었다. 아무튼 멋있었다. 저 텅 빈 포즈가 그에게 시를 쓰게 하는 한 가지 요인이 될 수도 있을 것이라는 생각도 들었다.

사회에 첫발을 내디딘 직업은 기자이셨더군요. 잡지사 기자도 하고, 또 일간지 기자도 하시고요. 물론 문화부 기자이셨을 것으로 압니다. 기자로서 어떤 추억을 갖고 계십니까. 재미있으셨습니까? 직업으로서 기자, 혹은 시인이 밥벌이로 겸직하고 있는 기자라는 직업 말입니다. 예전에는 기자 중에 시인이 많았는데, 요즘은 거의 드물어지고 있습니다만…….

"졸업하고 신태양사에 들어갔지. 『세계사상대계』라는 책을 냈어. 대학의 철학 강사들, 조교수급 학자들이 역자였어. 내가 대학 4학년 때부터 그 일을 했어. 박영식 전 총장 같은 분들이 당시에는 전임강사급이었지. 나는 원고 교정 보는 일을 했어. 시험은 적당히 다른 애들 노트 보고 치르고, 나는 번역으로 된 그 다섯 권짜리 책 만드는 일에 매달렸지. 플라톤부터 20세기 철학에 이르기까지 말하자면 요약, 다이제스트였어. 그런데 그 일을 하는 것이 강의 듣는 것보다 공부가 된 것 같아. 지금도 그 전집은 좋은 책으로 대접받을 수 있을 거야. 영문과 대조하면서 교정을 보니, 영어 공부도 되고 철학 공부도 되는 양수겸장이었어. 그 뒤에 여성잡지 기자도 했어. 《동서춘추》라는 종합지 기자도 하고, 《서울신문》에도 몸담았는데 《타임》지 같은 주간지를 기획하고 있다고 해서 갔는데 일하다 보니 그게 아니야. 그래서 그만두고 한 1년 놀았나. 다시 오라고 해서 어디요? 하고 물었더니 이번에는 문화부라고 해. 그래서 갔지. 그리고 한 1년여 있었나…… 그때는 시인이 먹고 살 곳이 없다 보니 신문사, 출판사, 잡지사 같은 곳에 많이들 들어갔어. 시험을 치기보다는 알음알음 소개로 들어가고들 했어. 이제는 시인들이 그런 곳에 거의 없다고 하니 아마 산문시대가 된 것 같아."

1965년 《현대문학》을 통해 등단하셨으니까 벌써 43년 동안 시를 써오고 계십니다. 또 시론에도 남다른 정진을 보이셔서 그 결과물들을 서너 권의 책으로 내기도 하셨고요. 무엇보다 선생님은 예이츠, 네루다, 로르카 같은 해외 시인들의 시 번역에도 발군의 재능과 실력을 독자들에게 선보이기도 하셨습니다. 그렇게 왕성한 문학적 상상력과 열정으로 일관한 시집과 저작들을 어떤 평론가는 한 마디로 "정현종의 언어들은 정해진 의미의 감옥을 견디지 못하고 언제나 요동치고 들썩거린다"고 말했습니다. 시간의 경계든, 공간의 경계든, 무엇이든 사물과 생명의 '형태를 결정짓는 가두리'를 무너뜨리려 한다는 것입니다. 왜 그렇게 하셨습니까.

"비교적 잘 이야기한 것 같은데…… 내가 변모했다고 보나? 글쎄. 나이 먹고 늙어가고에 상관없이 그야말로 사물과 세상을 그때그때 새롭게 느끼고, 새롭게 보고, 그렇게 쓰인 거니까. 그래도 시가 가진 성질은 변함이 없지 않을까. 다만 문장, 어투, 말의 쓰임새 같은 것은 변화가 있을 수도 있지. 어, 어…… 그 속에 들어 있는, 시의 언어가 그런 거니까…… 갇힌 언어가 아니라, 끊임없이 새로 태어나, 자유롭고자 하는 거니까…… 거기서 시의 탄력과 생명력 같은 것이 나오겠지. 시의 활력이라고 하는 것을 우리가 시에서 감지하는 것은 그리 쉬운 일이 아닌 것 같아. 해설만 가지고 안 되고, 시어 하나하나와, 조직과, 음영과, 뉘앙스에서 정말 배어 있느냐 아니냐가 정말 중요한 것 같아. 예를 들어 육화되지 않은 경우가 참 많아요. 진짜냐 가짜냐를 구별할 수 있느냐도 문제가 되겠지만, 수십 년을 읽고 쓰다 보니, 벌써부터 구별할 수 있지. 심지어는 문학 담당 기자들도 잘 모를 때가 있더라고. 이름 때문에 휘둘리기도 하고…… 엄격하게 하면 많지 않아. 진짜라는 것 말이야. 말 속에 배어 있어야 하는데…… 숨겨져 있는, 육체적이라고 할 만큼 살아 있는 언어의 결, 켜라 할지, 그런 섬세 미묘한 움직임이 다 합해서 한꺼번에 와요. 느낌이 오죠. 술 익는 듯 익어서 나오는 것이고, 우러나오는 것이기도 하고, 우려내진 것이기도 하고… 여러 예를 들 수 있겠으나 가령 사랑에 대해 시를 썼다고 할 때 그것이 인류애에 관한 것이든 연애에 관한 것이든 말이야. 연애시는 연애를 해봐야 좋은 게 나오는 거거든…… 도통한 이야기를 쓴다 할 때도 감동을 주려면 그 사람의 삶 자체가 그런 삶이어야 한다는 것이기도 해요. 말은 그럴 듯하게 하는 듯해도 실제 삶과 인품이 멀다 하면 그게 가짜거든요. 우리의 감정이나 생각이 그야말로 자기 것, 자기의 살이 되고 피가 됐느냐, 외적 내적 체험이 살이 되고 피가 된 이후에 쓰인 글이나 구절이냐 하고 따지는 것이지. 흐름이 아무리 바뀌어도 영원히 바뀌지 않는 척도지. 익어서 자연스럽게 우러나와야 하는 것이지. 단 한 편을 쓰더라도 그래야 하지 않을까. '자유'에 대해 쓰려면 그 사람 영혼 자체가 자유로워야 하는 것이지. 말과 삶의 거리가 멀지 않을수록 좋지 않을까. 언행일치는 인간에게 힘든 일이지만, 시는 그렇다는 거요. 예술의 진정성은 그곳에서 나오는 게 아닌가. 젊은 비평가 중 '진정성'을 낡은 것처럼 말하는 사람이 있는데 그건 오해요. 진정성 없는 아방가르드, 새로운 실험은 금방 잊혀집니다. 이상李箱을 봅시다. 그 장난과 제스처가, 거기 들어 있는 뭔가가 질질 짜는 정신이 아니라, 그곳에 시대와 개인의 고통이 들어 있고, 또 진지하게 대결했기에 이상인 것이요. 요새 전위적인 시들이 얼마나 또 몇 사람이나 남을지 모르겠어요. 진정성은 시대가 바뀌어도 가치가 없어지는 게 아닙니다. 예술이라면, 그러니까 미술도 음악도 마찬가지입니다."

1960년대, 그러니까 정현종 시인이 스무 살을 넘기던 그 시절은 불안과 불온과 불운이 세상의 대기 속에 가득하던 시절이며, 한없이 문학적인 시절이기도 했을 것 같습니다. 그때 사귀었던 사람들이 김현, 김치수, 김승옥 같은 분이었을 것 같은데, 술 많이 드셨습니까? 주로 무슨 얘기를 나누셨습니까?

"문학 얘기가 제일 많지 않았나 싶어요. 잡담도 많았고, 때로는 시시덕거리기도 했고, 문단 얘기도 했지요. 그때 드나들던 술집이 청진동, 종로 뒷골목, 광화문 뒤 무교동 낙지골목 같은 곳이지. 김현 같은 친구들과 술 마시면서 열정적으로 문학 얘기를 했어. 서로 상대의 글에 대한 이야기도 했고…… 네가 어떤 시인을 초현실주의자라고 했는데 나는 동의할 수 없다, 초현실주의 지식을 먼저 가지고 있으면서 거기에 어떤 작품을 두들겨 맞추고 있다며 야단을 치기도 하고 말이오. 자신의 믿음에 대해 열변을 토하던 시절이 아닌가 해요."

시절이 시절이었던 만큼 참여주의적 문학, 또는 민족문학 진영으로의 편입 같은 문제를 놓고 적잖은 고민도 하셨을 것으로 짐작됩니다만, 그쪽의 운동권에는 정현종 선생님의 이름은 거의 보이지 않았습니다. 그 쪽과 적극적으로 몸을 섞지 않은 것은 문학적으로 어떤 이유가 있으십니까. 1970년대 초반 자유실천문인협의회에 참여하시고, 이런저런 고초도 겪었던 분께서 그 후로는 그 쪽과 담을 쌓은 듯이 보이시기에 드리는 질문입니다.

"그게 내 생각에는 어떤 그룹 활동에 섞여 지내든지, 이념적 신념이 투철해서 그런 일을 벌이는 사람도 있겠으나 대개는 그냥 어울리다 보니 그렇게 된 측면이 더 많을 거야. 그때나 지금이나 그렇게 돼 가는 것이 아닐까. 시대를 살아가면서 정치적 견해나 입장을 안 가질 수는 없겠으나 그 때 어울리는 사람들에 따라 그렇게 되는 사람도 있는 것이겠지. 나는 집단적인 움직임, 혹은 조직에 들어가는 것을 좋아하지 않았어요. 운동 같은 것이 체질도 아니고…… 그러나 정치적 느낌이나 의식을 시에 쓰기도 했었지요. 참여시나 민족문학 하는 사람들의 직설적 표현이 아니더라도 조금 더 간접적인 표현으로 정치적 시라 할만한 것을 여러 편 쓰기도 했지요."

요즘은 무슨 일이 가장 재미있으십니까?

"음악 듣는 일이 가장 즐거워요. 주로 서양 고전음악을 듣지. 주로 기악이야. 바흐, 모차르트, 베토벤이지. 거대한 세 산맥들은 다른 작곡가에게 못할 짓을 한 셈인데…… 물론 어느 때나 민속음악이 제일이고…… 그리고 주말에는 산에 가. 청계산을 주로 가는데 성석제와 가끔 같이 가기도 하고……"

정 시인과는 그 질문을 마지막으로 인터뷰를 끝냈다. 준비한 질문이 몇 가지 더 있었으나 묻지 않았다. 묻지 않은 질문에 더 함축적인 의미를 둘 수도 있겠다. 특히 신문기자가 하는 인터뷰는 직정적인 무례함을 통해 당사자를 괴롭힘으로써 독자들이 지불한 책값에 복무해야만 할 터인데도 묻지 않았다. 나중에 후회가 될 것 같았다. 그때나 지금 당장은 아니지만…… 정 시인은 오히려 그런 질문을 기다리고 있었는지도 모르겠다. 헤어질 때 그가 잡아준 손이 참 따뜻했다.

최하림

Zoom-in

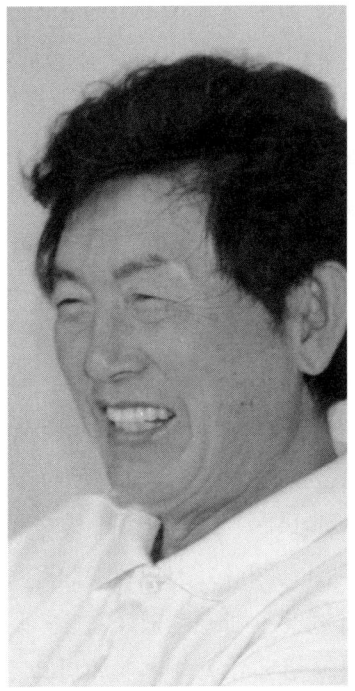

1939년 전라남도 목포 출생.
1964년 《조선일보》 신춘문예로 등단.
시집 『우리들을 위하여』 『작은 마을에서』 『겨울 깊은 물소리』
『굴참나무숲에서 아이들이 온다』 『속이 보이는 심연으로』 등과
시선집, 산문집, 평전, 동화집 외 다수 출간.
이산문학상, 조연현문학상, 불교문학상,
2005올해의 예술상 문학부문 최우수상 등 수상.

풍경 속에 녹아 있는 시인의 눈

오후는 문학적이다. 햇살이 적당하게 힘을 잃어가는 시간이다. 역사상 어떤 악당도 이런 오후에는 선전포고를 할 수 없었을 것이다. 지나치게 에너지가 많은 역동적인 것들조차 평화롭게 비껴 있을 것만 같은 그 시각쯤 최하림 시인을 찾아가니 그곳엔 시인이 다섯이나 살고 있었다. 최하림 시인은 물론이지만, 그의 부인도 시인이었고, 그가 키우고 있는 세 마리 포유류도 시인이었다. 경기도 양평군 서종면 문호리에서 그는 언덕 위에 흰색 이층집을 짓고 살고 있었다. 지붕은 담홍색으로 이국적이었다.

그날은 조금 불안한 마음이었다. 꼭 그렇기 때문은 아니었지만 김요일 시인과 필자는 부지런히 서울을 빠져 나갔다. 점심 때쯤 북한이 핵실험 실시를 발표한 날이라 도심은 뒤숭숭했다. 그런 날일수록 국가와 민족의 명운이 경각에 달리는 일들이 연달아 발생하고 있다는 중압감에서 탈출하는 방편의 하나로 산속에 묻힌 시인을 찾아가는 일이 제격이기는 했다.

최하림 시인이 서 있는 마당에 자동차가 들어서니 그가 천천히 다가와 손을 내밀었다. 지나고 보면 이 세상은 그 무엇도 서두를 필요가 없다는 것을 이제 깨달은 게 틀림없다. 그는 매우 천천히 걸었다. "건강은 이 정도겠죠"라고 담담히 말하다가, 그리고 김종해 시인과의 추억을 이야기했다. "회사 일을 깐깐하고 야무지게 할 거야."

물론 '회사 일'이란 김종해 시인이 주간으로 있는 문학세계사 출판 일을 두고 한 말이다. 김종해 시인의 맏아들이자 같은 출판사에서 이사로 일을 하고 있는 김요일 시인과 옛이야기꽃이 피어올랐다. 최하림 시인도 한때 '날리는 출판인'이었기 때문에 자연스레 출판에 관계된 몇 마디가 인터뷰의 꼭지를 따주는 역할을 했다.

그러니까 "70년대는 머리가 돌아갔으나, 80년대 지나면서 못하겠습디다."라고 말할 수 있는 추억이 그에게는 있었던 것이다. 최 시인은 "속도가 들어오니까 못 하겠더라"고 말했다. 기획을 세우면, 기획을 검토하고, 여러 사람의 의견을 취합하면서 그것을 다시 음미하고, 독자들에게 진정 도움이 될지를 되새기고, 원래 출판을 시작했을 때의 철학과 맞는지를 확인하고, 그렇게 해서 기다리던 원고가 들어오면 있는 힘을 다해 편집과 디자인을 진행하는 일들을 짧게는 6개월에서 길면 몇 년씩 진행하던, '에둘러 가는' 출판이었다. 그런데 H출판사에서 선도했듯이 어제 기획으로 꺼낸 이야기가 불과 며칠 만에 책으로 나오는 판국이 전개되는 출판의 현기증을 최 시인은 견딜 수 없었다고 말했다.

그러다가 대화는 다시 집 짓는 이야기로 돌아갔고, 문호리의 아름다운 풍광에 대한 이야기로 이어졌다. 최 시인은 집 짓는 데 설계비로 얼마가 들어갔고, 건축비로 얼마를 치렀으며, 대지가 몇 평이고 건평이 몇 평이라는 이야기까지 자세히 곁들였다. 그는 별로 자랑할 게 못 된다고 하는 것 같은 태도를 보이면서 결국은 자랑을 하는 방식으로 이야기 전략을 구사하고 있었다. "빼어난 경치는 시인에게는 안 좋습니다. 화가에게는 좋을지 몰라도요. 시인에게 풍경은 조금은 빈 곳이 있어야지요. 여기는 완벽할 정도로 아름다워요. 서종면(양평군)에 바치는 헌사지요."

가만 두면 아마도 밤새도록 경치와 인근 친구들과 집에 대한 자랑으로 줄줄이 이어져갈 것 같았다. 그래서 이야기 허리를 끊고 준비해간 질문으로 돌입했다. 김요일 시인도 카메라를 집어 들었다.

목포에서 2남 1녀 중 장남으로 태어났으나 아버지가 일찍 돌아가시면서 가산이 기울고 엄청 고생을 많이 하신 것으로 돼 있습니다. 아버지께서는 어떤 일을 하시던 분이셨습니까?

"농사도 하고 장사도 하고 그랬습니다. 아버지 말고 큰아버지께서는 광주학생운동을 하셨지요. 큰아버지는 중학교를 못 가셨지만 머리가 뛰어나셨어요. 큰아버지의 절친한 친구 중에 권수동이란 분이 있었는데, 그가 광주학생운동의 주모자 중 한 사람이었습니다. 독서회 회원이었지요. 두 분이 목포 서부지역 섬들을 조직했습니다. 나중에 그분은 집안이 사촌 육촌까지 싹쓸이하다시피 다 죽어 나갔는데, 우리 집은 아버지가 해방 후 3년 만에 돌아가시는 바람에 화를 면할 수 있었습니다. 우리 할머니가 마지막까지 하시던 말씀이 '사상 하지 마라'는 당부였습니다. 나중에 권수동이란 분의 부인이 살아 있다는 이야기를 듣고 인터뷰를 하고 싶은 생각이 있었습니다. 왜냐면 광주학생운동의 지방조직이 여파를 가지고 있다고 들었기 때문이지요. 목포 인근의 섬들뿐만 아니라, 제주까지 뒤져보고 싶은 생각이었습니다. 그것을 이루지는 못했습니다만 우리 어머니도 6·25가 일어나니 먹고 살 수가 없어서 무진 고생을 하셨습니다. 나도 어머니를 위해서라면 국민학교만 졸업하고 공장 직공이 돼 있어야만 했을 것입니다. 공장 노동자가 되지 않고 여기까지 오려니 아주 힘들었지요."

"젊은 시절, 목포와 광주 사이의 밤이면 캄캄할 뿐인 국도에 그 생생한 꿈을 묻어두었던 아름다운 청년 최하림"이라고 황현산 교수가 쓴 적이 있습니다. 가난과 굶주림, 그리고 신문배달 같은 고학으로 점철된 유청년 시절이라는 말을 들었습니다. 그때의 고생은 어떤 내용입니까.

"신문 배달 같은 아르바이트지요. 여름 방학이면 목포에서 생산되는 소금배를 타고 전국 해안을 돌기도 했습니다. 6·25 뒤로는 목포가 소금 집산지였거든요. 광양만 소금이 목포 부근으로 옮아온 것입니다. 고향 간척지에 소금을 해서 소금 부자들도 생겨났습니다. LST 같은 해군 배를 이용해서 소금을 싣고 마산, 삼천포나 주문진까지 가기도 했습니다. 그곳에서 소금 가마니를 부리면서 숫자를 세는 역할을 했지요. 지금 떠오르는 장면은, 소금 실은 배를 타고 가는데 낮에 고기들이 따라오더라고요."

목포고 시절 교유했던 원동석, 김병곤, 김중식, 윤종석, 정일진 같은 분들이 있다는 기록이 있던데요, 지금 생각나시는 그 시절 친구들이 있습니까?

"미술평론도 하고 시, 소설을 썼던 친구들입니다. 고교 문예반이라고 보면 될 겁니다. 군대에 갔다 와서 그 시달렸던 경험 때문에 글을, 시를 못 쓰게 된 친구도 봤습니다. 친구 정일진의 집에는 문학 책이 참 많았습니다. 양철지붕 밑 다락방에 누워『카라마조프네 형제들』같은 책들을 다 읽었던 기억이 납니다."

이때 김요일 시인이 밖으로 나가자고 했다. 햇살이 아직 남아 있는 동안 옥외 사진을 찍으면 근사할 것 같기도 했다. 마당에는 양몰이 개 콜리 종인 세 살배기 올가, 그리고 마르티즈 계통의 잡종견인 다섯 살배기 똘똘이가 놀고 있었다. 눈빛들이 선했다. 최 시인은 특히 키가 작은 똘똘이 자랑이 대단했다.

"어디를 가든 따라옵니다. 내가 차를 타고 속력을 내서 그 녀석을 떨어뜨리면 그 다음 마을을 찾아다닙니다. 산보할 때면 꼭 앞장서서 다니지요. 산보를 안 나서면 거실 창가에 와서 짖습니다. 아침에는 마누라가 산보를 가고 나는 오후 3시쯤 나갑니다."

시인 최하림의 1960년대를 말하면서 김현과 김승옥, 김치수, 곽광수, 염무웅, 강호무 같은《산문시대》동인들을 떠올리지 않을 수 없습니다. 시인 최하림에게 평론가 김현은 어떤 사람이었습니까?

"김현을 말하자면 동인지《산문시대》로 이야기를 풀어나가야겠지요. 처음《산문시대》는 김현, 김승옥, 김치수 그리고 나 이렇게 넷이서 하기로 했던 동인지였습니다. 타이프를 쳐서 내기로 했는데, 그 일을 할 여성까지 구해 놓았습니다. 김현 집이 부자였거든요. 그런데 내가 타이프로는 세상에 내밀기가 좀 그럴 것 같으니 전주에 있는 출판사에서 인쇄로 찍자고 했지요. 그 출판사 이름이 가림출판사였습니다. 김현은 무슨 말인지 금세 알아듣고 동조했습니다. 김현은 참 독특한 능력을 가진 친구였습니다. 세계문학전집에 끼어 있는 명작들도 우리가 이틀 동안 읽어야 할 두

꺼운 페이지를 서너 시간이면 다 읽어냈습니다. 밤새 술을 먹어도 새벽이면 일어나 책을 읽었습니다. 그는 생각과 몸이 똑같이 나갔던 친구였습니다. 우리가 발상 정도의 수준에서 얘기를 하고 있으면 그는 벌써 움직이면서 실행에 옮기고 있었으니까요. 김현은 글쓰기로서의 문학과 운동으로서의 문학을 함께 하면서 한국문학을 개신하자는 것이었지요. 문제는 김치수였습니다. 그는 학생의 순수성을 주장하면서 동인지를 인쇄하는 것은 상업성에 물드는 행위라고 했습니다. 그래서 그가 빠져나갔기 때문에 첫 동인지는 김현, 김승옥, 최하림, 이렇게 셋이서 했습니다."

전주에 있었다던 가림출판사의 사장은 어떤 분이었습니까.

"전주에 갔더니 키가 자그마한 김종배 사장이라는 분이 있었어요. 그분 말씀이 '내가 인쇄를 공짜로 해줄 터이니 제본은 너희들끼리 해라' 하시는 겁니다. 제본까지 가르쳐 주시겠다고 하더군요. 그래서 《산문시대》 4집까지를 공짜로 냈습니다."

지방에 있는 출판사라 인쇄가 아주 좋은 편은 아니었겠습니다.

"정반대입니다. 그때 전국적으로 서울에 있는 삼화당과 평화출판사의 활자가 제일 좋았는데, 새 활자가 나오니 그 출판사에서 쓰던 것을 전주에 있는 가림출판사에 주었던 겁니다. 그분들이 같은 전주분이었던 거지요. 그래서 가림출판사의 활자는 전국적인 수준으로 봤을 때도 어디에 뒤지지 않을 만큼 훌륭했습니다. 한 번 낼 때마다 300~500부 정도 찍었던 것 같습니다. 책이 팔려 나가는 걸 보고 놀랐습니다. 광주에 학원서림이란 책방이 있었는데, 광주 가는 길에 우연히 들렀더니 20부씩 세 번 보낸 책값을 전부 지불해주더라고요."

어떤 내용들이 실렸습니까?

"처음에는 소설을 6편 정도 실었습니다. 각광은 김승옥에게 돌아갔죠. 종로통에서 우연히 백철 선생을 만났는데, 승옥이를 불러서 '소설 굉장히 좋았다. 단지 경력 때문에 동인문학상에서 떨어졌다'고 하더라고요. 술자리마다 김승옥 이야기가 많았습니다. 내가 《조선일보》 신춘문예로 등단했던 1964년 시상식 자리에 가니 선우휘 선생이 임중빈 선생과 대화를 나누면서 '산문시대가 뭐냐?'고 묻자 임 선생이 '내가 얘기할 자리가 아니고 여기 최하림 씨가 있다'고 대답하더라고요. 그러자 선우 선생 말씀이 '만나는 사람마다 산문시대 얘기를 하더라'고 합디다."

나머지 동인들은 언제 합류했습니까?

"김치수, 염무웅, 곽광수, 강호무는 2집 때부터, 그리고 서정인은 4집 때 합류했습니다."

『굴참나무숲에서 아이들이 온다』는 시집을 보면,「김현을 보내고」라는 시가 있습니다. "별은 멀고/ 밤은 어둡고/ 얼굴은 붉었다"로 이어지는 시입니다. "양수리 물가에 너를 묻어두고/ 고속버스를 타고 캄캄한 길을 달려/ 광주로 일하러 갔다 바람이/ 소리치며 창밖으로 달리고 반고비/ 나그네길이라고 했던 네 책표지가/ 유리창에 나타났다 사라졌다"고 돼 있습니다. 두 분은 어떤 사이셨습니까.

"김현은 대학 때부터 달랐습니다. 다방에 들어오는 모습조차 달랐습니다. 톱밥을 때는 난로 옆에서 니체의 『짜라투스트라…』를 얘기하고 있었는데 김현이 끼어들었어요. 그러다가 이야기가 『비극의 탄생』으로 넘어갔고, 우리는 다른 사람들이 우리 이야기를 따라오지 못하는 측면이 있길래 그 다방을 나와서 옆에 있는 다른 다방으로 갔지요. 우리는 한창 문학에 취해 있었습니다. 발레리를 말하고, 베게트를 토론했지요. 그날부터 만나고 또 만나고 며칠 동안 서로를 끌고 다니다 헤어졌는데 어느날 서울에서 김현이 편지를 보내왔어요. 함께 동인지를 하자구요. 그래서 동인을 시작한 겁니다. 김현과의 관계를 생각해보면 후반기 15년 정도는 소원한 관계였던 것 같습니다. 김현은 계속해서 문학의 중심에 머물러 있었고, 나는 신춘문예에 당선하고 90년대 말까지는 프로다운 시인은 못됐던 셈입니다. 먹고 사는 문제가 훨씬 화급한 문제였습니다. 사실 시를 본격적으로 다시 쓴 것은 광주에서 직장(《전남일보》논설고문직) 그만두고 충북 영동으로 이사한 후로 오늘까지입니다. 김현이 나를 못마땅하게 생각할 만도 했지요. 공개적으로 나를 비난했던 적도 있습니다. 그러나 김현이 내 맘에서 떠난 적이 없다는 생각이 듭니다. 그가 떠난 뒤에도 나는 그의 꿈을 여러 번 꾸었습니다. 김병익에게 그 꿈 이야기를 했더니 김현의 꿈을 꾸었다는 사람이 더러 있더라고 하더군요. 김현을 만나지 않았다면 아마도 나는 그저 평범한 시골 문사로 그쳤을지 모릅니다. 이후의 내 문학은 김현의 추동력에 의해 빚어진 것이라 해도 됩니다."

그런데 광주에 있다가 왜 충북 영동으로 이사를 가셨습니까?

"광주에 함께 살자는 사람도 많았습니다. 그런데 5·18 이후 많이 거칠어져서, 나는 앞으로 시를 쓴다는 생각은 안 하고 그냥 조용히 숨어 살겠다고 생각했습니다. 그런데 시간 가는 것이 내 마음에 여전히 남아 있었던 것 같습니다. 그래서 시를 조금씩 쓰게 됐고, 청탁 오면 용돈 벌려고 또 시를 쓰고 하게 됐지요."

평론가 김치수는 말했습니다. 두 번째 시집 『작은 마을에서』의 해설을 통해서입니다. "최하림은 우리 시단을 주도해왔던 두 경향의 어느 쪽에도 치우치지 않으면서 순수와 참여의 분리를 극복하려는 의지를 시의 완성이라는 목표에 연결시키려 했다."고 말입니다. 최하림 시인은 우리 시대의 다난한 역사의 현장을 크게 벗어난 적이 없지만, '논의의 중심'에 들어가는 방식이 아니라 '시의 중심'에 들어가는 방식으로 그 자리에 서 있었다는 겁니다. 이 말씀을 황현산 선생도 다시 인용했더군요. 최 선생님께서 이 말에 동의한다면, 이 경우 논의의 중심과 시의 중심은 어떻게 다른 겁니까.

"논의의 중심은 생각 안 해 봤는데, 시의 중심은 얘기할 수 있을 것 같습니다. 나와 현실은 '창비적' 요소가 많았던 것이 사실입니다. 나는 발레리로부터 시작했지만 발레리적인 것이 내 목소리일 수는 없었습니다. 처음 나는 발레리의 「젊은 빠르크」와 「해변의 묘지」 등을 읽다가 한계를 느끼고 발레리의 초기시인 「구시첩」을 읽었습니다. 그러나 나는 '무희'

라든지 '내면' 같은 이미지를 따라잡을 수 없었습니다. 나는 '말' 이라는 명제에 처음 부딪친 것입니다. 우리 말은 우리 현실과 우리 문화와 우리 역사를 떠날 수가 없다는 것을 깨닫게 된 것이지요. 다시 말하자면 나의 시는 가난한 내 현실의 목소리로 말해야 된다는 것이지요. 발레리의 역반응으로 눈을 뜬 셈입니다. 시가 어려워서는 안 되겠다, 지금껏 내가 쓰던 것들을 지우지 않으면 안 되겠다는 깨달음이었습니다. 내 개신 작업과 더불어 우리 역사를 굉장히 열심히 읽었습니다. 역사책이라면 죄다 읽었습니다. 그리고 나는 '창비'에서 첫시집을 냈습니다. 「60년대 시인의식」과 「시와 정신」을 발표한 뒤, 어느날 백낙청 씨가 내게 말하더군요. 여러 가지로 도움이 됐다구요. 내가 창비로 들어간 것이 아니고 창비와 내 거리가 가까워진 것입니다. 이런 작업이 내 '시' 속에서 이루어진 것이지, '논의' 속에서 이루어진 것이 아니라는 뜻입니다."

그러면서도 최하림 시인의 작품에는 또 다른 요소, 그러니까 좀더 근대적 서정으로 진전해 들어가는 요소 같은 것이 있었다고 할 수 있겠죠.

"창비에서 시집을 내고 70년대 말까지는 동행을 했던 셈입니다. 그러나 내 안에서는 내 시세계가 살아 있었던 거죠. 김규동 시인이 한번은 내게 와서 '최형 시에는 모더니티한 면이 많다. 그 점이 좋다'고 말씀하십디다."

90년대 후반 『굴참나무숲에서 아이들이 온다』라는 시집을 보면 「시를 태우며」라는 시가 나옵니다. "밀면 돌멩이가 되어/ 가는 불빛에도 흔들릴/ 석불로나 돌아가 웃을까/ 동서로 떠돌며 노래부를까// 나는 시 써서 시인이고 싶었건만/ 오늘은 느티나무 아래 시들을 모아/ 불태우네 점점이 날아가는 새들과/ 아직 체온이 남은 기억들 그리고/ 지평선에 떠도는 그림자들……"이라고 돼 있습니다. 또 뒷표지에 적은 글에는 "나는 사라지는 내 시의 그림자들을 꿈결인듯 물끄러미 바라보고 있다.// 이만쯤에서 나는 내 시의 로프줄을 끊어버리고 싶다."고 쓰고 있습니다. 그때 심정은 마치 문학적 잠적이나 소멸 혹은 절필을 결심하려는 듯한 심중을 드러내

최하림 317

고 있습니다. 그러면서 그러한 심중 자체를 시의 소재로 삼는 방식으로 가늘디가는 시 정신의 끈을 이어가고 있습니다. 그 당시의 내부 외부 풍경을 다시 좀 떠올려 주시지요.

"충북으로 갈 때 시 쓴다는 생각을 안 했습니다. 시로부터 떠난다고 생각했고, 발레리를 떠나서 '현실'로 건너가는 과정에는, 그 '현실'과 마주서야 한다는 긴장이 흐르고 있었는데, 그 긴장이 점점 흐려져 갔습니다. (최 시인은 1991년 고혈압으로 쓰러졌었다) 내게 아무런 힘이 남아 있지 않다는 생각까지 들었습니다. 내가 생각했던 것들, 나다운 생각들, 그러니까 역사가 발전하는가, 역사도 후퇴할 수 있지 않은가, 하는, 그런 생각들이 다 날아가 버리더라고요. 실제로 너무 피곤하고, 이름도 없이 숨어 살고 싶었습니다. 머리카락도 내밀기 싫었지요. 절절한 면이 없었던 것은 아닙니다. 나중에 보니 시를 쓰고 싶다, 는 염원이 가슴 밑바닥에서 꿈틀거리고 있었습니다. 나는 유리창 너머 풍경을 보았습니다. 풍경은 살아 있었습니다. 움직이고 있었습니다. 풍경은 배후를 가지고 있었습니다. 그 배후는 시간으로 말하자면 과거 같은 것이고, 고향 같은 것이고, 그림자 같은 것이고, 여백과도 같은 것이었습니다. 내 마음도 몸도 풍경 속으로 나아갔습니다. 가면 갈수록 풍경의 진폭은 커져가고 있었습니다."

평론가 김수이는 최 선생님의 최근 시집 『때로는 네가 보이지 않는다』를 읽고 나서 「겨울 언어의 시, 시간과 사유의 평행/대립 구조」라는 글을 썼습니다. 결론은 이 시집을 보면 사유의 고정점이 이동의 속성을 지니고 있다는 것입니다. 담백한 풍경화를 그려내는 듯하지만, 그곳에는 세계를 차지하려는 시인 자신과, 또는 그 세계 속에 함몰되려는 시인 자신이 충돌하면서 일종의 고정점이 생기고, 그 고정점이 이동하고 있는 현상이 읽혀진다는 것입니다. 극도로 각성된 정신을 가지고 수릉리와 서후리의 풍경을 무심하게 담아내는 것은 저절로 그렇게 된 것입니까, 아니면 치밀하게 의도한 것입니까?

"풍경이 폭을 늘려간다는 것은 사유를 늘려간다는 것입니다. 충북 영동에 살 때 유리창을 열면 금강 건너 산들이 보였습니다. 하루 풍경을 내내 보고 있는데, 내가 보고 있는 풍경이라는 것이 서로 움직이고, 서로 작용하고, '그러함'으로 있게 된다는 것을 알게 됐습니다. 앞산 너머로 아침 해가 떠오르면 햇빛은 나무 이파리를 타고 내려와 바람과 그늘을 끌어옵니다. 보이지 않는 상태에서 풍경은 끊임없이 움직이고, 시간의 작용을 받아들입니다. 움직이는 풍경을 바라보는 시선이라는 것도, 생각이 점점 날아가 버리고 빈 몸이 되어 보고 있는 슬픈 시선이지요. 비극적 시선에 이른 것이지요. 빈다는 것은 인간적인 면에서는 슬픈 것 아닙니까. 빌 공 空이라는 한자는 차갑다는, 식었다는 의미가 있지 않습니까? 특히 가을이 깊어져 나무 이파리들이 거느리던 풍경의 배후가 훤히 보일 때는 나는 그 배후에서 내가 끌고 온 검은 그림자와 내 고향을 봅니다. 나와 풍경이 하나로 겹쳐집니다. 시간의 '이동'이라는 것이 내 시에서 중요한 면을 갖게 되는 과정입니다. 풍경에 시간이 개입되면서 긴장을 띠게 된 것입니다. 동양의 시들은 '찰나'를 굉장히 중시하는 면이 있습니다. 나도 그러합니다."

최 시인께서는 어린이들을 위한 역사 동화를 많이 쓰고 계십니다. 그토록 역사에 강한 호기심을 갖고 있는 이유가 무엇입니까?

"역사 동화라기보다는 민화 동화입니다. 출판을 하면서 보면 어느 나라든 전래 동화는 뛰어난 시인들이 씁니다. 그림 동화, 안데르센 동화도 시인이 새로 썼습니다. 새로 쓸 때는 재창작을 하는 면이 많습니다. 일본에서도 폴란드에서도 그런 일들을 쉽게 볼 수 있습니다. 줄거리만 갖고 계속 반복해서 새로 쓰는 겁니다. 새롭게 읽을 수 있는 그 수준의 감성으로 끌어올려야만 합니다. 새로 태어나는 아이들을 위해 그러한 작업이 있어야 합니다."

지금까지 이사 다닌 행적을 조금 말씀해 주십시오. 서울, 광주, 호탄리,

양수리 등등요.

"서울에서 살다가 1988년 광주로 내려갔습니다. 《전남일보》창간에 관여했습니다. 그리고 1997년 충북 영동의 호탄리로 이사를 했습니다. 거기서 4년을 살고, 2001년에 이곳 양수리로 온 겁니다."

시를 사랑하는 사람들이 멀어져 간다, 라는 글을 쓰신 적이 있습니다. 시를 사랑하는 사람들이 멀어져 가면 안 됩니까. 시는 꼭 사랑해야만 합니까. 시를 미워하면 안 됩니까?

"시라고 하는 것이 진정성의 회복이니 그 작업이 멀어져 간다고 할 때, 세상이 탁해지는 것 아니겠습니까."

시는 왜 쓰십니까?

"시는 하느님께 드리는 기도예요. 우리 잘 살게 해주십시오, 하는 기도입니다. 우리가 진정한 인간이 되게 해주십시오, 하는……."

최 선생님께서는 어느 인터뷰(《연합신문》, 2005년 6월 9일자)에선가 "시란 삶에 있어서 그다지 중요한 것은 아니다"라고 말씀하신 적도 있잖습니까 (김요일).

"(슬쩍 당혹스런 표정이 떠올랐다 사라지는 듯했다.) 아니요. 그럴 리 없습니다. 그렇게 말했을 리가 없어요. 내가 그렇게 말했다면, 나의 아이들보다 중요치 않다는 뜻으로 얘기했겠지요. 혹은 삶 자체가 더 중요하다는 얘기였겠죠."

시인이 되지 않았다면 무엇이 되었을 것 같습니까.

"옛날 어렸을 때는 과학자가 되고 싶었습니다. 그 외에는 별로 되고 싶은 게 없습니다. 요즘에는 간간이 건축가나 식물학자가 되었으면 좋지 않을까 생각해 보았습니다. 식물학자가 더 적성에 좋겠네요. 나라는 인간이 워낙 식물적인 인간이잖습니까. 집에서 하는 일이 없습니다. 아무것도 안 합니다. 그런데 정원 일을 할 때는 엄청 부지런합니다. 국민학교 때부터 그랬습니다. 1학년 때 아버지에게서 받은 노트 한 묶음과 연필 한 다스를 꽂하고 바꿔 와 화단을 꾸몄던 적이 있습니다."

오늘 아침에 북한의 핵실험이 공식 발표됐습니다. 시인으로서 북한 핵에 대해 어떤 생각을 갖고 계십니까. 한반도의 주민들은 어떻게 해야 되겠습니까.

"시하고 가장 먼 곳에 있는 물건이 아마 핵이 아닌가 합니다. 우리 민족의 재앙이겠죠. 그런 큰 문제에 대해서는 개개인이 반응하기보다는, 상황 진행 속도에 따라 깊이 생각해야 되겠지요."

정치와 시, 혹은 민족과 시는 어떤 관계에 놓여 있어야 한다고 생각하십니까.

"전에는 그 문제를 함께 생각했습니다. 현실의 장에서는 특히 그랬습니다. 그런데 이제는 시라는 것은 정치적 상상력의 경계를 넘어서는 것이라는 생각을 갖고 있습니다. 국경선이 시에는 없는 것이지요. 시의 본질적인 상상력은 그 국경을 초월해야 합니다."

팔의 근력이 떨어지고, 머리 속에 들어 있는 맑은 기운이 떨어져 나가기 전에 반드시 해놓아야 한다고 생각하는 일들이 있으십니까.

"없어요. 근력이 소진되는 만큼 내 생각도 소진되는 것이 제일 좋은 일이죠. 죽는 연습이 이루어져야 하니까."

하루 일과를 말씀해 주십시오. 일주일 단위로 해도 좋고요.

"아침 6시 정도에 일어납니다. 아래층으로 내려와 거실 창을 바라봅니다. 문호리는 안개가 참 많아요. 풍경이 안개 속에 담겨 있습니다. 새 소리도 듣고, 7시 반쯤 아내가 개를 데리고 산보 갑니다. 아내와 개들의 뒷모습을 봅니다. 8시쯤 플라스틱 의자를 들고 마당으로 나갑니다. 새 소리를 듣습니다. 개들을 데리고 아내가 돌아오면 차를 한 잔 마시고, 아침 먹고 2층으로 다시 올라갑니다. 그리고 책을, 음, 지금은 책을 읽는다기보다는 말 그대로 책을 보는 편인데, 책을 좀 봅니다. 다시 내려와 마당을 돌아다니면 한낮이 갑니다. 저녁 어스름이 올 때면 불을 안 켭니다. 불을 안

켜면 눈이 피로하지가 않습니다. 그 시간에는 우리가 보든 안 보든 불덩어리 같은 해가 서쪽으로 기울어 갑니다. 아름답다고 하지 않을 수 없습니다. 내가 어쩌다가…… 어려서는 엄청 고생했는데…… 말년에 이런 풍경이 내게 오다니…… 너무 좋습니다…… 내 침실에는 눈썹 같은 긴 창이 있는데 밤이면 달을 보고 별을 봅니다. 하느님이 너 고생 많이 했으니 말년에 좋은 풍경을 보고 살아라, 하시는 것 같습니다. 요새는 시를 쓰고 싶다는 생각도 별로 없습니다."

이렇게 좋은 집을 지으셨으니 이걸로 끝입니까.

"내가 5년만 젊으면 이런 집을 하나 더 짓고 싶습니다. 이곳 풍경만큼 좋은 곳이 있으면 하나 더 짓고 싶습니다."

가족들은 어떻게 되십니까.

"딸 둘에 아들 하나 있어요. 큰딸 승구는 음악 관계 회사에 다니고, 둘째딸 승린이는 웹사이트 관련 회사에 다닙니다. 둘 다 서울 살아요. 그리고 큰사위는 작곡하는 사람이고, 둘째사위는 '적절한 부자' 입니다. 아들 승집이는 제일모직 다닙니다. 그 밑에 세 살배기 손녀 최명서가 있습니다. 마누라는 장숙희입니다. 나보다 두 살 아래지요."

결국은 건강을 돌보는 것이 삶을 근본적으로 영위하는 것이란 생각도 듭니다. 동물이든 사람이든 말입니다.

"나는 내 붉은 얼굴을 보면서 죽고 싶습니다."

주섬주섬 펜 뚜껑을 닫고, 노트를 접고, 저고리를 집어들었다. "저, 선생님, 어디 근처에 밥 맛있는 집으로 가서 소주나 한잔 하시지요."라고 청을 넣으면서 자리에서 일어섰.

해는 이미 졌다. 부인에게 같이 가시자고 권했으나 한사코 집에 남겠다고 했다. 바로 이웃에는 그녀의 여동생이 들어올 예정인 새집이 완공 단계에 있었다. 부인을 남겨 놓고 우리는 인근에 있는 음식점으로 자리를 옮겼다.

저녁 자리에서 최 시인은 눈매와 목소리가 완전히 다른 사람처럼 변했다. 한 20년은 젊어진 듯 활기찼다. 그는 술병을 쥔 사람이 겁이 날 정도로 경쾌하게 잔을 비웠다. 경기도 양평군 서종면 문호리의 산골짜기에 묻힌 최하림 시인은 점차 다른 경계를 설정하고 사는 듯했다. 다른 시간과 다른 공간과 다른 체온과 다른 눈과 다른 귀와 다른 입을 달고, 이 세상을 매섭게 응시할 수 있는 적당한 거리를 재고 있는 것만 같았다. 그는 얼마나 큰 일들을 꿈꾸고 있길래 "요즘 아무 일도 안 하고 살아."라고 말할 수 있는 것인지 몹시 궁금했다.

김요일 시인과 옆자리의 동승자는 최하림 시인의 그 꿈들을 염탐하는 데 실패한 스파이들처럼 괜히 쓰잘데기 없는 정치 이야기나 하면서 서울로 돌아왔다.

이근배

Zoom-in

1940년 충청남도 당진 출생.
1961년 《경향신문》, 《서울신문》, 《조선일보》 신춘문예 시조 당선.
시집 『사랑을 연주하는 꽃나무』 『노래여 노래여』 『한강』과
시선집 『사랑 앞에서는 돌도 운다』 등과 『시가 있는 국토 기행』 출간.
한국문학작가상, 가람시조문학상, 편운문학상 등 수상. 예술원 회원.

그의 시 속엔 모국어의 큰 화두가 있다

사실은 그렇다. 시인이란 리듬으로 한 세상을 크게 속이는 자들이다. 혼으로 시를 쓴다는 것은 어림없는 수작이다. 혼은 '언어 이전'이거나 '언어 이후'의 강박일 뿐이다. 한때 침도 뱉을 줄 알았다는 시는 그저 스킬이다. 늦은 밤 황톳방에서 막걸리에 목을 축이고 음담패설 섞어가며 단지 몸에 붙은 손놀림으로 새끼를 꼬았던 그 시절의 마당 머슴처럼 차라리 시인도 손끝의 익숙함으로 시를 쓴다. 시인은 끝까지 부끄럽다. 좋은 시 한 편 남길 수 있을까 전전긍긍하다가 그만 북망산이다. 새끼가 똑바로 꼬아지지 않을 때는 손끝보다 먼저 부끄럽다. 시를 만드는 사람도 그렇고, 시를 심부름하는 사람도 부끄럽다. '부끄 부끄'다. 속인 것도 부끄럽고, 들킨 것은 더 부끄럽다. 시 독자들은 대체로 너그러워서 끝까지 속아주고 죽는다. 부끄러울 때 고개를 숙이기보다 고개를 빳빳하게 쳐듦으로써 부끄러움을 감출 수 있다고 믿는 사람들이 이 땅에는 점점 많아지고 있다. 시 장사는 그래서 가능하다. 이쪽 동네에서는 당최 문학적인 죄와 벌이란 것이 없다. 그렇게 또 한 번 자신을 속인다. 나는 말뚝벙거지를 눌러쓴 시 심부름꾼일 뿐이다.

하늘은 낮고 바람은 조용했다. 동행자 김요일 시인이 전화를 넣었다. 갑시다. 빽빽하게 막혀 있는 시청 앞 복잡 도로를 빠져나가 마포에 있는 한 오피스텔로 향했다. 이근배 시인은 그곳 18층에 작은 작업실을 하나 갖고 있었다. 문은 열려 있었고, 이근배 시인이 바쁜 몸짓으로 다가왔다. 그는 방문객들의 인사도 받는 둥 마는 둥 백년손님 사위라도 맞이하는 듯 가운데 탁자에 포도주를 꺼내고 안줏거리를 올려 놓았다. 냉장고를 열고 딸기를 씻고 창 밖을 보고 고개를 휘휘 내두르며 방안 공기를 살폈다. 탈보, 어 좋은 포도주네요, 라고 덕담도 하고, 일도 하기 전에 먹거리부터 챙기는 것 같아 민망하다는 말도 했다.

이근배 시인은 천상 부산했다. 열정과 부지런함과 재능이 아직도 펄떡펄떡 살아 있다는 느낌이었다. 낼 모레면 칠십객인데 저런 힘이 어디서 샘솟는지 놀라웠다. 흔히 시집이 꽂혀 있어야 할 것 같은 벽면 책장에는 온통 벼루가 놓여 있었다. 으음. 듣던 대로군. 방바닥은 더러웠다. 걸레 맛을 본 지 일주일은 좋이 될 듯싶었다. 감청색 양복 바지에 방바닥 먼지가 고스란히 달라붙었다. 인터뷰를 하려면 받아 적는 폼이 좋아야 하는데 일천한 군軍 경력으로는 필기용 자세 잡기가 힘들었다. 인사 직후부터 말은 주로 이근배 시인이 하고 있었다. 몸풀기용 잽을 주고받을 틈도 없이 상대는 이쪽 턱밑에 펀치를 날리며 밀어붙였다. 사전에 김요일 시인은 경고했었다. 질문 하나에 수십 분씩 대답할지도 모릅니다. 중간에 잘라야 합니다. 질문도 안 했는데 이근배 시인은 1분에 200자 원고용지 5장을 낭독하는 속도로 말을 하고 있었다.

《문학의 문학》 주간을 맡아 새로운 생활 리듬을 시작하셨는데요, 잘 돼 가십니까?

"1년쯤 됐습니다. 그래요. 잘 되고 있습니다. 정말 고맙기도 하고요. 내가 《한국문학》 하다가(1976~1984) 완전 고랑탱이 먹었잖아요. 부도나고 재산 들어먹고요. 이어령 선생이 그런 적이 있어요. 원수진 놈 잔인하게 복수하고 싶으면 살살 꼬셔서 잡지 내게 하면 된다고요. 내가 너무 무리했죠. 이젠 문학지는 쳐다보기도 싫다 했는데, 절대로 안 하려 했는데, 친구이면서 출판을 해왔던 그가 자꾸 하자는 거예요. 그래서 말렸죠. 말리다가 말린 경우가 됐습니다. 중간에 포기하려고도 했어요. 지금 문학지가 300종이 넘잖아요. 엄청 홍수예요. 어떻게 빛을 보겠어요. 그게 두려웠어요. 대개 판매도 안 되고 수익성도 없잖습니까. 그런데 우린 창간호부터 뜻밖이었어요. 여러 신문에서 크게 써 주었고 반응도 아주 좋았습니다.

젊은 작가 시인들의 반응이 궁금했는데 소설가 방현석이도 아주 좋은 잡지라고 말해주었고, 황석영도 아주 잘 했어, 하고 격려해 주더라고요."

신이 났겠습니다. 신기한 일이기도 하고요.

"문학지는 많지만 빈 자리는 있었나 봅니다. 그곳에 《문학의 문학》이 들어선 것이지요. 중대 문창과 학생들이 3대 문학지 중 하나라고 덕담을 해주기도 했다더군요. 시 청탁은 200퍼센트예요. 청탁만 하면 척, 척, 척입니다. 고맙게 생각합니다."

얼마나 찍습니까.

"창간호 3,000부 찍었는데, 지금도 3,000부 찍습니다. 다 팔면 3,000만 원인데, 여름호만 해도 원고료로 벌써 2,800만 원 나갔어요. 인건비다 제작비다 생각도 못해 봅니다."

2004년 겨울에 《시와 시학》지에 자술연보를 쓰신 적 있죠? 오늘 대화는 그보다 훨씬 재미있고 처음 듣는 고백으로 가득 채워주시길 바랍니다. 충남 당진에서 태어나셨죠? 어린 시절, 소년 이근배는 어떤 모습이었습니까. 머리 속에는 무슨 생각을 담은 아이였죠?

"내가 아버지 얼굴을 처음 본 게 열 살 때, 국민학교 4학년 때였습니다. 내가 드디어 어머니가 해준 밥을 먹게 됐구나 하는 생각을 했던 것도 그 때였습니다. 나는 장손이었는데 할아버지가 키웠습니다. 이李 각覺자 현鉉자를 쓰시는 그분은 당진 유림 회장이셨는데 나를 당신 이불 속에 넣고 똥오줌 가려가며 천자문 가르치고 키웠던 게지요. 아버지(이선준李銑濬)는 남로당원이었어요. 레지스탕스를 했었나봐요. 일제 때는 독립운동을 했습니다. 산처럼 설움이 쌓인 분이셨을 겁니다. 대구 폭동에서 상당한 역할을 했다고 들었습니다. 그분이 밖에 사시다가 할아버지와 합치면서 저도 아버지·어머니와 함께 살게 된 거죠."

아버지 때문에 할아버지가 걱정이 많으셨겠습니다.

"일제 때 아버지는 늘 감옥을 들락날락하셨습니다. 파르티잔이라고 나는 속으로 존경했었습니다. 정부를 전복하겠다고 노력했겠죠. 다락에 할아버지가 보관하던 재판 기록이 쌓여 있었습니다. 그러다가 아버지가 고문과 옥살이에 몸이 말이 아니었을 때, 할아버지가 상당한 돈을 써가지고 아버지가 풀려났던 것 같습니다. 할아버지는 백범일지에 서명해서 보내줄 정도로 중앙에도 알려진 분이었죠. 아버지가 풀려났으나 어머니도 생계가 없어서 아버지 어머니가 할아버지 집으로 들어오신 겁니다."

아버지가 실종되신 것은 어찌된 겁니까.

"1949년에 아버지는 내가 살던 집으로 들어오시고 이듬해 6·25가 터졌습니다. 그런데 할아버지가 아버지에게 길 건너 집을 사주셔서 분가해서 살게 했어요. 그때 짧은 시간 동안 우리 식구가 함께 살았습니다. 아버지는 에스페란토어를 할 줄 알고, 일본책도 많았고 굉장한 신사셨습니다. 우리 동네에는 7월 14일 인민군이 들어왔어요. 7월 초순 어느 날이었을 거예요. 아버지 심부름으로 이웃에 사는 명룡이네 집에 갔는데 콩깍지 속에 손을 넣더니 깃발을 꺼내 주는 거예요. 그게 조선민주주의인민공화국 깃발이었어요. 하루 저녁은 대청에 모여 밤새 회의가 열리기도 했죠. 산골마을인데도 남로당원들이 송산지서를 때려부수는 바람에 이튿날에는 굴비 엮이듯 끌려 가게 되니 신작로가 울음바다가 되기도 했지요. 우리는 할아버지 때문에 골수 우익으로 취급받고 있었어요. 6·25가 일어나자 할아버지와 할머니는 피신을 했지요. 그렇지만 삼촌과 아버지는 열심히 면에 나가시더군요. 문제는 당진에서 아버지를 알아주지 않는다는 점이었어요. 아버지의 바운더리가 온양이었으니까요. 아버지는 온양으로 가셨지요. 그리고 지금 제일호텔이 돼 있는 당시 제일여관에 가신 것까지는 확인이 되는데 그 이후가 행방불명이십니다. 제일여관 바깥주인이 곽명직, 안주인이 이복례 씨인데, 이복례 씨 증언에 따르면 내 아버지는 꾀가 많으신 분이라 북으로 넘어갔을 거라고는 했지만 저는 곧이듣지 않았습니다."

그곳에 또 한 편의 소설이 있었군요. 그런 시절을 겪으면서 소년 이근배는 어떻게 자라났습니까.

"나는 당진중학교를 다녔는데 소설을 썼습니다. 방인근을 읽고 소설가 꿈을 꾸었죠. 고등학교 1학년 때는 동아일보에 박스기사가 났는데 손가락 한 마디 크기의 계집애 사진이었습니다. 읽어보니 프랑수아즈 사강인데 나이가 열다섯 살이고 벌써 『슬픔이여 안녕』이란 소설을 냈다는 거예요. 그래서 이 지지배가 어떻게 썼는지 책을 보아야겠기에 등 너머에 사는 이재우라는 친구를 꼬셨어요. 그 친구는 국민학교 4학년 때 중퇴하고 읍내에서 아이스케키 장사를 하고 있었는데, 그 친구에게 이런 책을 사와라, 나는 하룻밤만 보면 된다, 그랬더니 정말 사왔더라고요. 그래서 읽어보니 별거 아니더라고."

어떻게 서라벌예대에 진학했습니까. 성품이나 추진력으로 볼 때는 판검사를 하셔도 크게 성공하셨을 것 같은데요. 정치를 했어도 크게 했을 것 같고요.

"내가 고등학교 2학년 때 서울로 가출을 했어요. 편지 써 놓고요. 셋째 삼촌이 동양의대 나와 종로 5가에서 한의사를 하고 있었거든요. 당진에서는 난리가 났죠. 난 고 2를 안 다녔어요. 결국 고 3 신학기 때 다시 내려갔는데 할아버지가 그러시는 거예요, 근배야, 옷 입고 나오너라. 사태가 심각한 거예요. 걸어서 읍내에 가자 할아버지가 이미 말씀을 해놓으신 듯 교장실로 바로 들어가셨습니다. 선생님들도 반가워하고, 교실에서도 친구들이 반겨주고요. 그런데 이상했어요. 내가 마치 난쟁이 나라에 거인이 돼버린 느낌이었으니까. 마치 전교가 내 손안에 들어온 것 같았습니다. 검정고시 출신 국어선생님도 나한테 판판이 깨지고요. 할아버지는 나에게 공주사대 가라고 했습니다. 그런데 동아일보 광고를 보니까 서라벌예대 문창과가 장학생을 모집한다는 겁니다. 나는 당진 촌에 있을 사람이 아니고, 세계적 작가가 돼야 할 사람이라고 생각했지 뭐.(웃음)"

서라벌예대 문창과에는 단번에 붙었습니까?

"장학생이 되려면 100분의 15등 안에 들어야 했어요. 그리고 실기 시험도 보아야 했지요. 김동리 선생이 내신 문제로 시험을 쳤는데, 「아버지 얼굴」에 대해 쓰라고 했던 것이 기억납니다. 나는 산문을 잘 못 써서 그냥 시를 썼어요. 결국 을류 장학생으로 뽑혔고요. 홍기삼이 갑류 장학생이었을 거야 아마."

문창과에서는 누구와 어울렸습니까?

"김민부, 천승세, 박경용 이런 친구들이었지요. 그때 문경에서 올라온 이재령이란 친구가 있었는데, 이미 《학원》 같은 잡지에 얼굴을 알리고 전국 문학청년들과도 교류하고 있던 친구였어요. 그 친구랑 미아리에서 자취를 했는데, 그 친구의 눈빛이 이러는 거야, 너 같은 애가 무슨 소설을 쓴다고, 내려가 농사나 지어, 하고 말이죠. 그런데 나중에 내가 동화출판공사 주간을 할 때 그 친구가 편집직원으로 일했어요. 신경림 씨가 편집장이었고요."

4·19 이듬해부턴가 불과 3, 4년 사이에 경향, 조선(두 차례), 서울, 동아, 한국 각 일간지 신춘문예 당선자 난에 시나 시조로 이름을 올리셨는데, 그때 우리 문단에 하나의 사건이었겠습니다. 머리 하나에 월계관을 무려 여섯 개나 쓰셨는데 젊은 시인의 머리가 너무 무겁지는 않았습니까. 그 후 시인으로 살아오시는 데 혹시 가시면류관의 역할을 하지는 않았습니까?

"그 때만 하더라도 너무 쉽게 된 거야. 쉽게 터져버린 거지. 내가 까불었으니까. 김동리, 서정주, 이어령 같은 초일류만 만나고 있었으니까. 문창과 다닐 때 내가 우러러봤던 친구가 내 밑에서 일하고 말이야. 내가 외로웠다면 누군가에게 붙으려고 했을 겁니다. 그런데 나 자체로 권력이라고 여기고 있었으니……."

신춘문예에 당선되기도 전에 이미 서정주 선생의 서문을 단 첫시집 『사랑을 연주하는 꽃나무』를 출간했고, 이후로도 '조숙한 천재성'이란 찬사도 받았습니다. '타고난 시재詩才'라고 경탄하는 평론가도 있었고요. 스스로 생각하기에도 타고났다고 보십니까.

"그렇지는 않습니다. 시 한 편 쓰려면 갖은 노력을 다하는 편입니다. 저만한 재주야 다들 가지고 있겠지요. 나는 쓰는 것이 스승이고, 쓰는 것이 천재라고 생각합니다. 내가 지금 주얼리과, 의상학과 학생들에게 시를 가르치고 있는데 마치 쇠귀에 경 읽기 하는 듯한 때도 있습니다. 내가 그 학생들에게 말합니다. 많이 읽고 많이 쓰는 것이 스승이요 천재다, 라고요."

이근배 시인은 '두서頭緖 없음'의 달인이었다. 웬만큼 긴장하고 있었는데도 불구하고 이리 뛰고 저리 뛰는 말본새를 도저히 따라잡을 수가 없었다. 펜은 더디고 말 속도는 갈기를 휘날렸다. 그는 은근히 《문학과지성》, 《창작과비평》에 대해, 그리고 그곳에서 활동했던 에콜의 문인들에 대해 절대로 열등감을 가진 적도 없고, 그때 상황이 그런 것도 아니라는 점을 강조하듯이 말했다. 가령 "그들이 짜고 치는 고스톱처럼 그렇게 클 줄 몰랐어요."라든지, "김현이 장가갈 때 정현종, 김승옥, 이근배가 함진아비였다니까."라든지 하는 말을 속사포처럼 쏟아내며 그 시절을 들려주고 있었다. 이근배 시인은 "그 당시 황순원, 김동리, 서정주 같은 문인들이 일종의 중앙청이었다면 '문지'나 '창비'는 다 코너였다"고 말했다. 그러면서 "나는 《한국문학》 하면서 전 문단을 아우르는 일을 한 것이지 결코 코너웍은 안 했어."라고 말했다. 그의 말허리를 자르는 척하다가 다시 말고삐를 고쳐 쥐고 방향을 틀었다.

'시적 재능'이란 어떤 것이라고 보십니까?
"모든 것이, 시뿐 아니라, 그러니까 노래나 마라톤처럼, DNA가 있겠죠. 사람마다 많고 적고가 있을 겁니다. 문화센터에서도 보면 사주관상은 영 아닌데도 시를 배우러 오는 사람이 있어요. 속에 뭔가 DNA가 작용한 것이지. 나를 이 길로 끌고 온 것이 시적 재능이라고 봐요. 그것이 나를 이 길로 끌고 온 거야."
1967~68년 김승옥, 염무웅, 김현, 이탄, 김광협, 조동일, 임중빈 등과 청

년문학가협회를 만들어 문학운동을 펼치다 외압에 꺾였다는 기록이 있던데요, 그때 청년문학가협회는 무슨 일을 했습니까?

"그것도 일종의 제3세대 기수론이라고 할 수 있습니다. 문단의 노후 세력에 대항해서 우리끼리의 신풍운동을 해보자고 한 것이지. 기존 문단 풍토에 경각심을 주고 싶었습니다. 그런데 나중에 통혁당 지하조직처럼 몰린 것이지요. 임중빈이 통혁당 기관지였던 《청맥》하고도 관계가 있었던 거야. 다행히 나는 《청맥》에는 글을 안 썼기 때문에 큰 곤욕은 면할 수 있었지요."

지난 2004년에 시집 『사람들이 새가 되고 싶은 까닭을 안다』를 내셨을 때 붓글씨 육필로 쓴 가죽표지 한정본을 내셨잖습니까. 시인들 중에는 알아주는 글씨인데, 언제 그렇게 붓을 익히셨습니까.

"우리 집에 제사가 많았는데 할아버지가 나보고 축과 지방을 쓰라고 하셨어요. 그분은 알아주는 명필이셨는데도 '근배야 축 지어라' 해놓고 코를 골고 주무시는 거야. 그러면 나는 빗자루 몽댕이 같은 붓을 쥐고 졸린 눈을 비벼가며 글을 쓰는 거야. 그 뒤로 동화출판공사 다니며 먹고살 만하니까 할아버지 영향력인지 인사동의 통문관에 가서 법첩을 하나 샀어요. 그리고 혼자서 글을 익히게 된 것이지. 1994년에 '서울 정도定都 600년 전展'을 할 때 내가 쓴 '한강은 솟아오른다'는 글을 보고 정충락이란 평론가가 '이근배 시인의 글씨가 그렇게 높이 올려 보일 줄은 몰랐다'고 평했다고 합니다. 글이 있고 난 후에 글씨가 돼야 한다고 볼 때 나는 내 글을 내 손으로 써온 셈이라고나 할까요."

그렇군요. 근데요, 그때 시집은 1985년 장편 서사시집 『한강』 이후 20년 만에 낸 시집인데, 왜 그렇게 오랜 공백이 있었습니까. 시집 서문에는 "무릇 모국어의 깊고 넓은 광맥을 두고 나의 삽질은 서툴고 더딘 것이었다. 내가 자라나면서 들이마셔야 했던 거친 시대의 숨결을 불꽃으로 피우지 못한 채 나는 해묵은 텃밭에 몇 낱의 씨앗을 뿌리는 일로 낯가림을 하고 있었다. 모국어의 크고 높은 다락에 오르는 법을 못 깨우치고 산과 물을 읽는 눈도 뜨지 못했다……"라고 적기는 했습니다만…….

"그런 생각을 했었지요. 시집 안 내는 시인으로 살고 싶다는 생각요. 그리고 '현대시를 위한 실험무대' 활동(김종해 정진규 김후란 허영자 이탄 강우식 이건청 이근배)을 하면서 시극을 한 편씩 써서 극단 민예극장에서 시극 공연을 한 적도 있는데요, 그때 시낭송도 하고 그랬는데, 다들 소개할 때 시집이 있는데 나만 시집이 없는 겁니다. 그때 김종해가 그랬지요. 다음 시극 공연 때는 이근배의 시집을 들고 오겠다고요. 그러면서 마치 빚쟁이 빚 독촉하듯이 시집을 내라고 하는 겁니다. 카운트다운을 해요. 그래서 나온 것이 1981년 『노래여 노래여』(문학세계사)입니다. 나도 출판사를 통해 시집 많이 만들어 주었고, 자비출판도 도와주고 그랬지만, 책을 낸다는 것이 나에겐 매력적인 일이 아니었어요. 시집도 너무 많았고요. 추사 김정희도 자기는 젊었을 때 글을 태웠다고 했고, 70세 때 했던 말이 벼루 10개를 갈아 없앨 만큼 글을 썼지만 이제 겨우 편지글 한 글자를 깨치지 못한다고 했거든요. 내가 생각하기에 미당 같은 시인 몇 사람 남고 나머지는 모두 불쏘시개감이 되고 마는 것 같습니다."

등단 50년이 가까워 오는데요, 본인의 시적 편력이랄까, 문학적으로 걸어온 길을 시대 구분을 해주실 수 있겠습니까.

"신춘문예 초창기, 서울신문에 쓴 「벽」, 경향신문의 「묘비명」, 조선일보 「압록강」, 동아일보 「보신각종」, 한국일보 「북위선」 같은 시들은 시사적이고 분단에 대한 것들이 많았습니다. 그 단계가 지나고 나서는 첫시집 『노래여 노래여』에서 보듯 죽은 여자에 대한 시가 있었지요. 나랑 연애했던 여자가 내가 결혼한 후에 자살을 했어요. 고향 처녀인데요. 내가 받은 정서적 충격에서 헤어나오는 데 시간이 많이 걸렸습니다. 20여 년 전인데, 황금찬 시인이 해변시인학교에서 칠판에 내 시「겨울 자연」을 써놓고 낭송하라고 했대요. 삶과 죽음과 자연과의 혼효 혹은 승화 같은 것이지요. 요즘 쓰는 시는 벼루읽기 연작시라고 할 수 있습니다. 우리 시대의 역사성을 재구성하는 시입니다. 벼루를 통한 역사와의 대화라고 할 수 있습니다. 물론 정서적인 것을 보탰습니다."

어떤 시인들은 기념시 쓰는 것을 꺼리는 경우도 있는데 이근배 시인께서는 본인의 인생관과 세계관에 반대되는 시가 아닌 한 기념시도 아무 거리낌없이 쓰시는데요.

"어떤 유명 시인이 내가 쓴 행사시를 보여달라고 한 적도 있어요. 밤새 읽었다고 하면서요. 자신도 써보려 하는데 못 쓰겠다고 하면서요. 98년에 금강산 갔다 와서 쓴 시가 있는데, 김종길 선생이 보고 미당보다 잘 쓴다고 했어요. 편운상 시상식 땐데 김종길 선생이 축사를 하면서 "금강산 갔다 와서 미당도 이런 시를 쓰기는 어렵다"고 했다는 겁니다. 그런 류의 시는 내가 훈련받은 또 다른 영역이 아니었을까 합니다. 팩트와 메시지가 들어 있는 시 말입니다. 시를 강조하면 메시지가 죽고, 메시지를 강조하면 시가 죽는데 돈벌이를 하다 보니 둘을 적절히 배합하는 요령이 생긴 것이지요. 행사시는 일종의 주문생산품 같은 것이니까요."

몇 해 전에 국제펜클럽 회장에 출마하셨죠. 그러다 낙선하셨고요. 그때 왜 출마하셨습니까. 승산이 있다고 보셨습니까. 패인은 어디에 있었습니까?

"투표함을 놓고 그 사람들이 뒤엎은 것입니다. 나한테 온 투표 심사위원이 있는데 내 이름을 도용했던 사람입니다. 일주일에도 두세 번은 찾아올 정도로 친했었는데, 개표 이후 나한테 전화 한 통 없습니다."

또 기회가 온다면 출마하시겠습니까?

"두 번 죽는 일은 안 합니다. 펜은 국제적 위상이 있어야 합니다. 나도 득표력은 있었다고 봅니다. 그러나 내 생각이 어리석었습니다."

어쨌거나 이근배 시인은 상복도 많으신 편이네요. 가람문학상, 한국문학작가상, 중앙시조대상, 육당문학상, 월하문학상, 편운문학상, 현대불교문학상 등이 인물 DB에 적혀 있습니다. 또 월간《한국문학》발행인, 계간

《민족과 문학》 주간, 한국문인협회 부이사장, 한국시조시인협회장, 국제펜클럽한국본부 이사, 한국시인협회 회장 등을 역임하셨습니다. 또 지용회 회장, 공초숭모회 회장도 지내셨죠. 너무 적극적이고 활동적이고 희생정신이 강하다고도 할 수 있겠지만 시쳇말로 감투에 너무 적극적인 것 아닙니까?

"지용, 공초 두 분과 관계된 일은 내 의지와 관계없이 떠맡은 일입니다. 공초 일은 구상 선생이 만들어서 저한테 떠넘긴 것이고요. 지용회 일은 방용구 이화여대 교수가 하다가 나한테 넘어온 일입니다. 노산 선생이 살아 계실 때 내가 맡은 회장직이 50개야, 하던 말씀이 기억납니다. 나는 아무것도 아니죠. 아닙니다. 내가 잡스러운 탓이죠. 그냥 초야에 묻혀 있어야 되는데, 내 DNA와 관련 있을 겁니다."

이근배 시인은 '명품 벼루 수집'으로도 유명하십니다. 스스로 연벽硯癖이라 부르기도 하시고요. "벼루꿈을 많이 꾼다"고 할 정도고요, 또 '조선초기농경풍속도연'을 비롯, 일본의 서예가며 벼루연구가인 요시다 긴슈가 '신의 솜씨'라고 찬탄해 마지않는 '위원화초석일월연'을 한 권 책으로 묶을 만큼 모았고 중국의 벼루들도 그 나라 돈 많은 수장가들과 겨룰 만큼 갖췄다고 들었습니다. 요즘은 벼루에 대한 시도 여러 편 남기고 있고요. 연벽은 어떤 계기로 시작됐습니까?

"1973년에 창덕궁에서 '명연전名硯展'이란 벼루 전시회를 했는데요, 한국 벼루의 총집합이라고 할 수 있었죠. 나도 저런 것 하나 갖고 싶다는 생각을 하게 됐어요. 그때 내 월급이 10만 원이 안 될 땐데, 100만 원짜리 '완원연'을 덜컥 샀습니다. 그 뒤로 벼루에 미치게 된 것이지요. 시인은 이처럼 한 가지에 미칠 수 있는 오브제가 있는 것도 괜찮다고 봅니다."

고가高價의 벼루들을 1,000점 이상 소장하고 있다고 들었습니다. 그 비싼 벼루들을 무슨 돈으로 다 구입하셨습니까?

"내가 가끔 은행 턴다는 얘기 못 들었습니까.(웃음)"

부인은 어떤 분이세요? 어떻게 만나셨습니까?

"문학소녀입니다. 이름은 황연숙. 결혼이 67년이었나, 우리가 만난 게 66년이었나. 시를 잘 썼어요. 나를 만나 꺾어졌지요. 처남은 고대 교수고요, 교육자 집안 딸입니다."

자제분들은요?

"2남 1녀인데, 사내 딸 사내입니다. 큰아들은 이홍섭, 벤처기업 코텍에서 근무합니다. 카이스트 졸업했는데, 대학 2학년 때 장영실 상도 받았습니다. 손자가 둘이고, 며느리는 주부예요. 가운데 딸 이소진. 남편은 KBS PD 김영동이고, 본인은 국문학을 전공해서 이청준론으로 석사까지 했는데 지금은 학원 강사입니다. 막내가 이창섭입니다. 몸이 조금 안 좋아요. 클론씨 병이라고 장이 면역이 약해진 병입니다. 음식 문화 때문에 생긴 것이 아닌가 합니다."

요즘 하루 일과가 어떻습니까, 주말은요?

"나는 늦잠꾸러기입니다. 잠은 굉장히 많이 잡니다. 남들은 5분 빨리 뛰라고 하는데 나는 5분은커녕 몇 시간 늦게 뜁니다. 오늘은 사당동에서 스쿨버스 타고 당진에 가서 강의 두 번 하고 다시 고속버스 타고 돌아와서 지금 인터뷰 중이네요. 토요일에는 인사동을 산책합니다. 혼자서 답십리도 가고요. 고서도 사고, 여기저기 둘러보기도 합니다. 서울옥션에서는 VIP멤버죠. 그런 쪽 사람들 만나서 환담도 합니다. 내가 중국에 자주 가는 것도 뭔가 기다리기 때문입니다. 내가 안 본 물건(벼루)이 나왔나 궁금한 겁니다. 내 즐거움이기도 하죠. 술 먹기 위해 만나지는 않습니다."

최근에 감당 못할 정도로 취한 적 있습니까?

"물론 없습니다. 내가 상당히 냉혈한이에요. 많이 먹어서 취한 적이 없는 건 아니지만 그런 때도 의식은 칼날같이 서 있습니다. 필름이 끊어진다거나 실수를 한다거나 취중진담이 나온다거나 하는 일은 없습니다."

이근배 시인은 에피소드가 많다. 잡기에도 두 번째 가면 서러울 정도로 도를 통했다는 말을 후배 시인들은 전해 듣는다. 그는 "바둑 TV에 나가 강철수, 송영 두 사람 다 만방으로 깼다"고 말했다. 과거에는 그가 모두 평정했다는 것이다. 시합 바둑온 진 적이 없다고도 말했다. 그러나 후생이 가외라. 요즘 승률은 백전백패라고 한 발 뺀다. 그는 또 문단에서 알아주는 포커 멤버요 고스톱 멤버이기도 했다. 그곳에서 명절 때면 한두 번씩 김종해, 정규웅, 이탄, 권오운 등이 모여 옛날 얘기도 하고, 술추렴도 하고, 패도 돌리는 모양이었다. 젊은 시인들이 어울린다는 장석주네 '하우스'에도 몇 번 원정을 간 적이 있으나 돈 따먹기를 위한 것은 아니고 그저 재미로 했다고 했다.

그러면서 이근배 시인은 김춘수의 말을 인용했다. "좋은 시인은 있지만 위대한 시인은 없다"는 것이다. 이근배 시인은 "요즘 젊은 시인들이 시를 잘 비벼내고 있다"고 말했다. 문제는 그 다음에 떠오르는 생각이다. 그래서 도대체 어쨌다는 말이냐? 이 질문은 토마스 만이 던진 질문이기도 하다. 도대체 문학의 정신이라고 하는 것은 민족의 피와 살에 들어 있는 것일진대, 모국어의 역사성을 잘 뒤져보면 인류에게 제시할 수 있는 엄청난 화두가 있지 않겠는가, 하는 점이다. "누군가 그것을 해주었으면 좋겠어. 나 같은 인간이야 모국어의 광구鑛口에서 삽이나 들고 왔다갔다하다가 날이 저물고 있지만……"

여기까지 말을 마친 후 이근배 시인은 너 잘 만났다는 듯이 서리서리 쌓아둔 보물들을 꺼내기 시작했다. 눈알에 뻑뻑하게 무식의 백태가 낀 방문객들을 두고 신바람이 났다. 조선 벼루의 진수와 안복眼福을 마구 안기고 있었고, 방문객들은 약간 어안이 벙벙해져 있었다. "글 쓰는 일보다/ 헛것에 마음 뺏겨"(「매디슨 카운티의 다리」) 있다는 그처럼 방문객들도 인터뷰 끝마무리보다는 벼루의 황홀함에 마음을 뺏겨 탄복에 탄복을 거듭하고 있었는데, 이근배 시인은 휙 돌아보면서 말했다. "아따, 지금부터 보여줄 벼루에 비하면 지금까지 본 것은 벼루도 아녀." 방안은 금세 온갖 진기한 조선벼루, 중국벼루, 일본벼루로 가득 찼다. 저녁 식사 겸 안주로 시켜 놓은 중국 음식들이 퉁퉁 불고 있었다.

김종해

1941년 부산 출생.
1963년 《자유문학》지에 시당선, 《경향신문》 신춘문예로 등단.
시집 『인간의 악기』 『신의 열쇠』 『왜 아니 오시나요』 『항해일지』
『바람부는 날은 지하철을 타고』 『별똥별』 『풀』 등과
시선집 『무인도를 위하여』 『누구에게나 봄날은 온다』 등 출간.
한국문학작가상, 현대문학상, 한국시협상, 공초문학상 등 수상.

어머니는 빈궁을 채우고 아들은 시를 길어올렸다

　김종해 시인이 살고 있는 집은 16층이다. 전망이 좋다. 남향이고 탁 트였다. 20층 안팎의 빌딩들이 운집한 도심 한복판에 이만한 전망은 결코 쉽지 않다. 인왕산, 북악산, 남산 타워에 여의도 63빌딩은 기본이고, 화창한 날은 멀리 인천 앞바다까지 보인다고 했다. 4월 16일 월요일 밤 8시가 조금 못 된 시각, 광화문 네거리에서 멀지 않은 곳이다. 그 댁의 초인종을 누른다. 자목련의 뒤끝, 살구꽃의 첫물, 혹은 복사꽃과 개철쭉 같은 것들의 향기가 달착지근하게 콧속을 파고든다. 무릇 시심을 탐하는 자들에게 봄밤은 위험하다더니 예감이 심상찮다. 누군가를 찾아가는 밤, 방문자는 항상 그곳에서 함몰돼 버릴지도 모른다는 자가발전식 위기 의식도 가지고 있다.
　우리는 어떤 사람이든 한 사람이 여러 얼굴을 갖고 있다. 무서운 얼굴일 때도 있고 기쁜 얼굴, 즐거운 얼굴일 때도 있다. 젊은 얼굴도 있고, 피곤에 찌든 얼굴도 있다. 김종해 시인은 항상 웃음과 울음을 직방으로 넘나드는 얼굴이라고 생각된다. 중간의 무표정 얼굴을 사양한다. 왜 나는 그가 항상 웃는 얼굴이라는 이미지를 갖게 됐을까 생각하며 혼자 풀썩 웃다가 지이잉…… 다시 한번 초인종을 누른다. 광전선을 타고 1층에서 16층까지 올라가는 초인종 신호, 그리고 그 댁 현관의 모니터에 떠오를 이쪽 얼굴을 상상하면서 짐짓 바쁜 표정을 가장한다. 이미 15분 이상 늦은 시각이기 때문이다.
　문이 열리고 맑은 피부를 가진 부인이 먼저 활짝 반긴다. 항상 즐거운 동반자였던 김요일 시인이 오늘은 큰아들 자격으로 턱, 앉아 있다가 일어선다. 부인은 큰아들에 대한 자랑을 한 자락 끼워 넣는다. "큰아들이 이렇게 전망 좋은 집을 골라 주었어요."

　방문자는 차를 마시고, 호흡을 조절한다. 김종해 시인은 그날 저녁 인터뷰가 끝난 후 술과 함께 먹게 될 안주를 설명했다. 그 설명 중에는 어디서도 맛볼 수 없는 방식으로 제조한 초고추장이 핵심이다. 잠시 후에 상에 오를 장어 구이와 놀래미 회와 광어 회를 설명하는데, 그러니까 이제 설명일 뿐인데, 회란 놈은 벌써 듣는 사람의 혀를 지나고 목구멍을 지나 위장 속에서 꿈틀대고 있다. 시란 그런 것일까. 등단 40여 년이 흐르면서 쌓인 시적詩的 내공은 간단하게 몇 마디 다정한 말을 건네면서 상대의 오장육부를 뒤흔들어 놓을 수 있는 것일까.

　작년 9월 김 시인의 고향 신문인《부산일보》에는 이런 보도가 있었다. 「부산이 낳은 예술거장」이라는 부제副題와 함께 〈격랑의 물으로 항해〉라는 제목이 붙어 있었다.

　김종해 시인은 2004년 한국시인협회 회장이 됐다. 사람들은 그의 대단한 추진력에 놀랐다. 그해 10월 말 시인 230명을 KTX에 태워 시를 읊으며 고향 부산으로 가서 〈한국 현대시 100년 및 시의 날 기념 시인 축제〉를 이틀간 열었다. 2005년에는 시인 100여 명을 이끌고 독도를 갔고…… 그것은 부산의 뚝심이었다.

　김 시인은 천마산 아래 초장동 산비탈에서 컸다. 어머니는 충무동 시장 어귀에 좌판을 펴놓고 장사를 하면서 시인의 남매들을 키웠고, 그는 중학교를 졸업한 뒤 1년간 여객선을 탔다. 그는 '항해일지의 시인' 이었다. 격랑의 물, 세상을 헤쳐가는 그 시들이 부산 바다가 아니었으면 어찌 탄생했을 것인가. 김 시인은 "부산을 생각하면 왠지 가슴이 차오르고 마음이 뜨거워진다"고 했다. 그는 여전히 출판사 문학세계사와 계간《시인세계》를 이끌고 있다.

　방문자는 신문기사를 잠깐 인용하고 나서 바로 질문으로 들어갔다. "이 신문기사가 김종해 시인의 일생을 일목요연하게 정리하고 있는 것 같습니다." 하고 운을 뗀 뒤 반응을 살폈으나 김종해 시인은 가타부타 언급이 없다. 그저 생글생글 웃는 것 같기도 하고, 아니면 눈물을 쏟아내고 싶은 심정인 것 같기도 하다.

　오늘 사진 촬영을 맡은 박후기 시인이 카메라를 들고 이쪽 저쪽으로 옮아 다니며 위치를 잡고 있다. 오늘은 김종해 시인과 세 번째 인터뷰다. 한 번은 그의 큰아들과 함께, 한 번은 그의 동생 김종철 시인과 함께였다. 단독 인터뷰는 처음인 셈이다. 김종해 시인은 그동안 줌인 인터뷰에 여러 번 동석했기 때문에 분위기는 익숙했다. 아니 거꾸로 더 긴장되고 떨렸다. 아침 저녁으로 늘 만나는 식구를 진찰하게 된 의사의 심정이 이럴까, 하는 생각을 잠시 했다.

　부산 이야기부터 하겠습니다. 김종해 주간께서는 "부산을 생각하면 왠지 가슴이 차오르고 마음이 뜨거워진다"고 했습니다. 천마산 아래 초장동에서 태어난, 부산을 고향으로 가진 분이기 때문에, 부산이 고향이기 때문에 자연스럽고도 일반적으로 드는 생각인 것인지, 아니면 부산이 가진 독특한 시적 매력이 있는 것인지요?

　"태어나서 가장 많이 고생하면서 자란 곳이거든요. 아버지 어머니 그리고 사남매가 한곳에서 자랐습니다. 내 생애에 가장 어려웠던 시기이기도 합니다. 끼니를 걸러도 배고프단 말을 못 했습니다. 어머니가 팔 걷어붙이고 사남매를 길렀습니다. 거기에 아버지 뒤치다꺼리까지 했으니까요. 아버지는 부두에서 하역 노동을 하시다 발을 다쳐 일을 못 했습니다. 어머니가 아이 넷과 지아비까지 거느리고 혼자 다 했습니다. 제 「가족」이란 시에도 나옵니다만 형이 절구 찧고 누나와 나는 맷돌 돌리고 동생 김종철은 콩나물 물 주고 그랬습니다. 어렸을 때의 경험이 거의 다 시의 소재가 되기도 했지요. 어머니는 충무동 시장에서 떡장사, 밀주장사, 밥장사도 했습니다. 나도 내가 할 수 있는 일은 다해서 어머니를 도와 드렸습니다. 중학교 다닐 때는 어머니가 키 안 큰다고 말렸지만 물지게를 지고 다녔습니다. 어린 나이에 물통이 땅에 끌릴 정도였지요. 시장 사람들도 기특한 아이라고 칭찬했습니다."

　한두 번 이야기했을까. '초또(초장동)' 시절 이야기를 아내에게도, 아들들 앞에서도, 고향 후배들 앞에서도, 시 독자들에게도 수십 번은 반복해서 말했겠지만 김종해 시인에게는 아직 어림도 없다. 그 시절을 충분하다 싶을 만큼 털어놓기에는 아직도 많은 시간과 많은 지면이 필요할지 모른다. 그게 화수분이다. 퍼내도 퍼내도 마르지 않는 샘이다. 아마 그는 이제 막 그 시절 이야기를 시작했을 뿐이라는 느낌을 갖고 있을 것이다.
　"배가 고프니까 막걸리 찌꺼기에 당원糖元이란 것을 집어넣고 먹었죠. 술에 취해 얼굴이 벌개지기도 했습니다. 그 시절에 가장 맛있게 먹었던 음식은 김칫국에 밥 몇 알 떠다니는 것이었는데요, 아, 그것을 아마 '밥국'이라고 불렀던 것 같습니다. 지금은 어디 가도 찾아볼 수 없는 음식이지요. 그때 그렇게 맛있을 수가 없었습니다."
　그렇게 힘든 상황으로부터 도망치고 싶은 생각은 왜 안 하셨습니까. 서울로 가출해서 성공해서 돌아오겠다는, 소년의 결심 같은 게 있을 법했는데요.
　"한 번도 배고프단 소리를 엄마에게 한 적이 없습니다. 힘들고 어려웠지만 응당 그렇게 하는 것이 아닌가 하고 자랐습니다."
　아까 말씀 중에 형님이 절구를 찧으셨다고 했는데 어떤 분이셨습니까.
　"내 연작시 「항해일지」에 '용접공 김씨'로 나옵니다. 그 무렵은 형님이 조선소에 나가기 전이었습니다. 소년 때 신문팔이도 하고 라이터돌도 팔았지요. 나도 신문팔이도 하고 아이스케키 장사도 했습니다. 자라서는 '조치원 아저씨'라고 불렀던 친척집에서 수수빗자루를 파는 점원으로 일하기도 했습니다. 야간에는 학교를 다니고요. 해동고교 야간에 다녔습니다."
　기록에 보니까 배도 탔다는 얘기가 있던데요.
　"빗자루 파는 일을 그만두고 배를 탔습니다. '알마크' 호號라는 500톤

급 일본군함을 개조한 여객선이었습니다. 그 배의 매점에서 일했습니다. 다른 선원들은 매실주 마시고 멀미를 견디기도 했는데 나는 소년이어서 술은 못 마셨습니다. 다만 나는 뱃사람처럼 거칠게 살아서는 안 된다는 생각을 하면서 자랐습니다. 그 배는 부산, 포항, 묵호, 속초, 울릉도 등을 오가기도 했습니다."

그런 얘기들이 시의 원액으로 여기저기 스며 있겠군요.

"그렇죠. 시집 『별똥별』, 『항해일지』 그리고 『어머니 우리 어머니』에 많이 녹아 있습니다. 초등학교 다닐 때는 선생님이 가장 좋아하는 위인을 말하라고 하면 다른 아이들은 이순신이나 세종대왕을 얘기했는데 나는 우리 어머니라고 말했습니다."

제가 김 시인의 어머니 성함을 압니다. 최이쁜 여사셨지요?

"그래요. 호적계에서 한자로 쓰라 하니까 최씨 성에다 들입자 입入에다, 가루분 분粉자를 썼습니다. 그런데 들입 자를 잘못 읽어 그게 여덟 팔八자로 읽는 사람이 있었습니다. 그러니까 '최팔푼'이 됐다고 웃기도 했지요. 내 시에는 어머니에 관한 시편들이 많습니다. 기도하듯 절실했어요. 가령 「설날」이란 시는 눈 오는 것을 흰떡에 비유했는데, 눈이 실제로는 못 먹는 것이잖아요."

이 대목에서 김종해 시인은 시 「설날」을 줄줄이 낭송한다. 그러면서 김 시인은, 오늘 저녁은 넉넉하게 웃고 있다. 그러나, 그래, 저 표정, 저 표정은 울음과 직통으로 맞닿아 있는 표정이다. 40년, 50년이 지났어도 여전히 생생한 '초또(초장동)'의 장면들이 시의 샘물을 퍼올리면서 따뜻하게 번져오는 것들과, 아직도 쓰라린 것들이 동전의 앞뒤처럼 엉켜 있을 것이라고 생각됐다. 웃고 있어도 울고 있는 것, 울고 있어도 웃고 있는 것, 돌아서면 눈물이고, 그러다 소매로 쓱 한번 훔치면 금세 누구하고라도 웃을 수 있는 것.

"나는 그렇지만 아이들이 하는 놀이를 참 잘 했어요. 날쌔게 잘 했지요. 연도 잘 날렸고, 자치기, 구슬치기, 달리기도 잘 했어요. 눈 앞에 스쳐 지나가는 풍경들은 끊임없이 나를 자극해요. 이모네 집, 외삼촌네 집도 바로 이웃에 있었습니다. 외삼촌이 아침부터 술 드시고 술에 취해 고래고래 소리를 지르던 기억도 납니다."

그렇게 시로 형상화된 기억들이 타인과 공유가 되겠습니까?

"작년 초(2006년 1월) 미국에 갔을 때입니다. 신경림, 오세영, 문정희, 김승희 씨 등과 함께였는데, 미국 쪽에서는 계관시인인 로버트 하스, 그리고 부부 시인인 브렌다 힐먼, 잭 로고우 시인 등 다섯 명의 미국 대표시인이 나왔지요. 내가 졸시 「부산에서」를 영어로 번역해 읽었더니 다들 감동받았다고 했습니다. 고난으로 점철된 삶이 녹아 있는 시는 미국에서도 통하는가 봐요. 어머니가 리어커를 앞에서 끌고 내가 뒤에서 미는 것도 다들 공감하더군요. 그때 청중은 미국인이 3분의 2 정도 됐었거든요. 미국 서부에 있는 버클리 대학 초청으로 갔을 때였습니다."

삶이 시가 되는 것은 누구한테 물려받은 겁니까? 어머니가 시인이신 것은 아니었잖습니까?

"어머니는 천마산 뒤쪽 감천에 가서 빨래를 하셨는데, '사분'이라는 비누를 쓰셨습니다. 큰 빨래비누였습니다. 냇가에서 나뭇가지를 꺾어 빨래를 푹푹 삼기도 하셨습니다. '어머니'와 '고향'은 같은 이미지로 얽혀 있습니다. 내 삶의 솟아오르는 원동력입니다. 또 아버지는 구덕산으로 나무하러 다니셨는데, 나무를 해오실 때 보면 나뭇짐에 빨갛게 진달래가 꽂혀 있었습니다. 나는 어렸을 때 그게 굉장히 좋았습니다. 지금 생각해보면 아버지가 그냥 벌목꾼이셨다 생각되는 측면도 있지만, 아무튼 그땐 그게 시라는 것을 몰랐지요."

바다를 끼고 있는 항구도시에서 훌륭한 시인들이 많이 나오는 것 같습니다. 통영의 청마나 김춘수도 그렇고, 부산의 허만하, 이윤택도 있고, 군산의 고은 시인, 목포의 김지하나 최하림 같은 시인도 그렇고요. 항구도 시가 시인을 자주 잉태하는 이유가 무엇입니까?

"항구도시와 시인들은 참 많이 연결돼 있습니다. 삼천포의 박재삼도 있습니다. 나에겐 가족과 바다가 항상 연결돼 있습니다. 맨처음 부산을 떠나 서울에 왔을 때는 미칠 것 같았습니다. 바다가 안 보이니까요. 바다가 안 보이면 어머니가 안 그려지고, 또…… 나에게는 바다가 결정적인 영향을 주었습니다. 나는 바다를 어머니, 산을 아버지로 봤습니다. 밤마다 돌아가신 아버지가 천마산에서 내려올 때는 바로 어머니, 그러니까 바다를 향해 가는 것이었습니다. 한 뼘씩 한 뼘씩 바다로 내려가는 산을 보았습니다. 바닷가에는 바다만 있는 게 아니라 산도 같이 있었습니다."

다음에 준비한 질문은 더 이상 드릴 필요가 없겠군요. 김종해 주간께서는 2005년 5월 동생 김종철 시인과 함께 시집 『어머니, 우리 어머니』(문학수첩)를 출간했습니다. 그 시집은 형제가 그 동안 써온 어머니에 관한 시 스무 편씩을 골라 공동시집으로 엮은 것이었습니다. "맷돌을 돌린다/ 숟가락으로 흘려 넣는 물녹두/ 우리 전 가족이 무게를 얹고 힘주어 돌린다/ 어머니의 녹두, 형의 녹두, 누나의 녹두, 동생의 녹두/ 눈물처럼 흘러내리는 녹두물이/ 빈대떡이 되기까지"(김종해의 「어머니의 맷돌」 중) 이런 시구에 대해 질문을 드리려 했으나 이미 충분히 답변이 됐다고 생각합니다.

그렇다면 다음 질문으로 넘어가겠습니다. 김 주간께서는 시 계간지 《시인세계》를 벌써 5년째 계속 내고 있는 이유가 뭡니까? 경영적인 측면에서만 본다면 아무런 득이 없을 것 같습니다만…… 출판사의 필자를 모으고, 필자를 관리한다는 측면에서도 큰 도움을 주는 잡지인 것 같지는 않은데요. 시인으로서 시 전문지를 내고 싶다는 열정에도 한계는 있을 것 아닙니까? 혹시 너무 외곬으로 고집을 피우시는 것은 아닌지요?

"문학세계사란 출판사의 경영 자체가 문학 전문에 맞춰져 있습니다. 지금까지 시집도 350여 권을 냈습니다. 시와 관련된 문학서를 합치면 훨씬 더 많아집니다. 시 동인지도 냈었고요. 무크지도 냈습니다. 《현대시》 동인지도 나왔고, 동인상을 시상하면서 문학세계사 자체에서 낸 것만도 많습니다. 그것은 오로지 문학, 그러니까 시 문학에 대한 열정이었다고 생각합니다. 내 자신 시인이기에 정말로 시인을 제대로 예우하는 시지詩誌 하나 만들자는 생각이었습니다. 좋은 시인을 길러가는 시지를 갖고 싶었습니다. 물론 경영 측면에서 볼 때는 완전 마이너스입니다. 그럼에도 나에게 제일 큰 즐거움을 가져오는 것이 《시인세계》입니다. 즐겁고 기쁩니다. 시 쓰는 일보다 《시인세계》를 기획하고 만들어가는 일이 더 즐거울 정도입니다."

《시인세계》를 만들면서 어떤 원칙을 갖고 있습니까?

"너무 어려워서는 안 된다는 겁니다. 쉬운 시여야 한다는 겁니다. 《시인세계》는 그쪽으로 갑니다. 밤에 자다가도 문득 기획거리가 생각나 벌떡 일어나 앉기도 합니다. 지금 나는 문학세계사에 쏟는 열정보다 《시인세계》에 쏟는 열정이 더 크다고 할 수 있습니다."

그 열정이 언제까지나 계속되겠습니까? 아드님들이 아버지의 열정을 언제까지 이해하고 받들 것이라고 생각하십니까?

"문학세계사가 모체가 된 브랜드 '아이들판'은 큰아들 김요일이 발행인으로 끌어가고 있습니다. 《시인세계》는 편집인을 맡고 있는 김요안이 끌어갈 것입니다. 그리고 제가 힘이 있는 한, 다시 말해 의식의 치밀함과 섬세함이 살아 있는 한 우리 시를 위해, 그리고 나 자신이 좋은 시를 쓰기 위해 끊임없이 노력하고 북돋워 갈 것입니다."

시가 그렇게 좋습니까? 도대체……

"좋은 시를 보면 기분부터 좋아집니다. 아침에 좋은 시를 읽으면 저녁에 잘 때까지 좋은 시의 향기가 남아 있습니다."

근데요, 김 시인께서는 시보다 요리 이야기를 하실 때 더 감칠맛이 납니다.

"그래요. 좋은 음식에도 나는 집착합니다. 맛있는 요리를 한다는 소문이 돌면 나는 그 집이 어디든 가서 맛을 봅니다. 그리고 내가 직접 만들어서 먹어보는 일도 합니다. 가령 부산에서 맛본 바다장어 구이는 숯불에

구워야 진짜 맛이 납니다. 오늘 저녁에 우리가 먹을 장어는 철판에 구운 것이어서 맛이 반감되겠지만 그래도 맛있을 겁니다. 생선도 제철에 난 것을 먹어야 맛있습니다. 요즘은 보리숭어, 놀래미가 좋고, 또 간재미(작은 가오리)도 좋습니다. 그냥 먹는 게 아니고 초고추장을 직접 만들어서 실파, 매운 고추 썰어 넣고, 마늘 다져 넣고, 설탕 넣고요. 이빨 사이로 씹히는 잘게 썬 청양고추와 실파의 맛이 일품입니다. 생선이 아무리 좋아도 이렇게 만든 초고추장이 없으면 맛이 없습니다. 집사람도 내가 한번 만들어 놓으면 그대로 따라 합니다. 아주 쉽습니다. 저렇게 까다로워 어떻게 나하고 살까 하지만 아닙니다. 며느리들과 딸도 내가 만든 초고추장을 그대로 만들어 상에 올려놓습니다. 요즘 같은 봄에는 생멸치를 졸여서 상추에다 막장과 함께 싸서 밥하고 먹으면 입이 찢어져도 너무 맛있습니다."

장도 직접 보십니까?

"물론이지요. 일주일에 두어 번은 갑니다. 요즘은 마포에 있는 농수산물 시장에 갑니다. 영덕 대게가 비쌀 때는 북한산 대게를 사다가 쪄 먹습니다. 어떨 땐 생물 오징어를 삶고 썰어서 초고추장에 찍으면 소주 한 병이 그대로 동납니다."

신문에 맛집이 소개되면 제일 먼저 달려가서 맛자랑 기사처럼 제대로 된 집인지 점검하시겠습니다.

"각 신문사마다 소문난 맛집을 소개하는데 막상 그 집에 가 맛을 보고 형편이 없으면 기가 막힙니다. 대개 글 쓰는 친구 문인들을 대동하고 가는데 맛이 없으면 면목이 없지요. 친구에게 미안합니다. 가령 부산에서 맛보던 짚불 기장 꼼장어가 서울에도 있다고 해서 찾아갔는데 비린내 나고 너무 맛이 없었습니다."

맛있는 요리 얘기는 끝이 없겠군요. 얘기를 듣다 보니 배도 고프고, 입안도 출출하고, 인터뷰가 제대로 될지 걱정입니다. 그런데 요리와 시는 무슨 상관입니까?

"맛있는 요리는 기가 막힙니다. 입안이 개운해요. 좋은 시도 마찬가지예요. 좋은 시는 오랫동안 입안에 향기가 남아 있습니다. 은혜롭지요. 요즘 젊은 시인들의 시는 난해하고……"

왜 이 대목에서 젊은 시인들 얘깁니까?

"아니, 그게 그렇습니다. 그들이 쓰고 있는 추상적인 시, 아무도 풀지 못한 암호 같은 시, 애써서 입 안에 넣고 먹어도 마음이 움직이지 않고, 혀가 동하지 않고, 맛을 보아도 맛을 모르니 대중들에게 외면을 받는 것입니다. 언어에 대한 복합적인 노력과 개성이 곁들여야 맛있는 시가 되지 않겠는가 하는 것입니다. 나는 젊은 시인들의 시에 불만이 많습니다. 요즘 대학생들 10명에게 그런 난해시를 주고 난 후 답안을 보니 해석이 각각입니다. 그렇다면 실패한 시 아닙니까. 가령 그들이 연시를 썼다고 했을 때 상대방 젊은 여성이 연시를 읽고 마음이 움직여야 하는데 그게 너무 어려워 모르겠다고 하면 실패한 연시가 되는 것이지요. 시 속에 담겨 있는 울림이 상대에게 전해져야 하는데 그게 없으면 안 되지요. 누군가에게 감동을 주는 것도 시의 사명이고 책무입니다."

젊은 시인들은 다 맘에 안 드십니까?

"내가 좋아하는 몇몇 젊은 시인들도 있습니다. 안도현, 문태준, 유홍준, 고영민 같은 시인들입니다. 고영민 시인의 시를 보면 이런 대목들이 있습니다. 등산을 했는데, 대변을 보고 종이가 없어서, 시가 있는 시집종이를 한 장 찢어서 항문으로 시를 읽었는데, 하는 구절입니다. 시가 재미있고 아주 좋습니다. 또 지붕에 올라가 안테나를 고치는 상황인데요, 시인인 아들은 지붕에 올라가 있고, 아버지는 마당에서 중계를 하고, 안방에 있는 노모는 테레비가 잘 나오는지 안 나오는지 중계해 주는 풍경이 펼쳐집니다. 잘 안 나온다는 전달을 받은 지붕 위의 아들이 이리저리 다니다가 굴뚝에 꽂았더니 바로 잘 나온다는 것인데, 그 잘 나온다는 노모의 고함이 아버지의 중계 없이 바로 굴뚝을 통해 전달된 것이지요. 정말 재미있는 시입니다. 김선우, 장인수 같은 시인의 시도 좋아합니다. 젊은 시인들의 시가 그래야지요. 소위 미래파라는 시인들의 암호 같은 시는 정말 문제입니다. 그 전 시와는 물론 낯설고 달라져야 하겠지만, 기법은 달라져도, 달라져서는 안 되는 것들이 있는 법입니다. 신경림의 「농무」가 우리 문학사에 남아 있는 이유를 생각해야 합니다. 내가 하고 싶은 말은, 상대방에게 전달되는 쉽고 투명하고 명징한 시를 쓰라는 것입니다."

아들 시인인 김요일 씨가 거실에 있는 것이 다행이라는 생각이 번뜩 들었다. 인터뷰는 그가 앉아 있는 거실 소파로부터 7미터쯤 떨어진 서재에서 이루어지고 있었다. 김요일 시인은 아버지의 인터뷰 중 분명 이 대목에서 참지 못했을 것이다. 아버지와 아들 시인이 오늘과 비슷한 상황에서 부딪치고 또 부딪치는 것을 여러 번 봤기 때문이다. 김요일 시인은 구태여 말한다면 '미래파'에 속한 시인이자, 그들을 절대적으로 옹호하는 입장을 가졌기 때문이다. 대구에 내려가 이성복 시인을 인터뷰할 때도 비슷한 상황이 있지 않았는가. 아들 김요일 시인을 서재로 부를까 하다가, 아서라, 참자, 인터뷰에 불이 붙으면, 지금까지 인터뷰어의 내장을 흔들어 놓았던, 지금 주방에서 부인께서 마련하고 있는 저 군침 도는 안주를 언제 맛볼 것인가. 미래파건 과거파건 시와 시론은 그들의 것, 안주는 나의 것, 밤은 점차 깊어가고, 박후기 시인의 사진 촬영도 얼추 마무리된 것 같은데, 미래파 시인들의 시풍이 좋으니 싫으니 하다가 저 안주가 식으면 어떡할 것인가. 질문의 말머리를 황급히 돌린다.

한국시인협회 회장을 맡으신 2004년~2006년 동안 정말 많은 일들을 하셨습니다. 독도에서, KTX 열차 안에서, 전주 한옥마을에서 우리 땅에 좋은 시가 내릴 수 있는 축복을 알리기 위해 고군분투하셨습니다. 한편에서는 회장의 카리스마와 독주에 대해 볼멘소리도 있었습니다. 한국시인협회 회장직을 맡고 있을 때 무슨 목표를 갖고 계셨습니까?
"목표라기보다는 한 시인이 이루지 못한 것을 다수의 시인들과 함께 이루려 했지요. 다만 여러 약속 중에 '시인공원'을 만들겠다 한 것이 있었는데 아직 성사되지 못했습니다. 시일이 촉박했습니다. 이창동 문화관광부 장관도 만나고, 이명박 서울시장도 만나고, 좋은 얘기도 끌어냈는데 지금 와 생각하니 너무 큰 사업이었습니다. 그렇지만 다수 시인들의 목소리를 이끌어 내서 국토 지키기도 했고, 시의 대중화를 위해 독자를 찾아가기도 했습니다. 애독자들이 좋아하는 애송시집을 만들어 고속철도의 승객들에게 나눠주고 철도청에 기증하기도 했습니다. 철도청, 문화예술위원회, 부산의 여러 기관들로부터 협조도 받았습니다. 전주에서는 안숙선 명창이 김소월의 「진달래꽃」에 곡을 붙여 처음으로 판소리로 불렀습니다. 또 이윤택 연출가가 큰 역할을 했지요. 시를 무대에 올려 노래하고 춤을 추었습니다."

김종해 시인의 시적 이력을 더듬어 보겠습니다. 1963년《자유문학》, 1965년《경향신문》신춘문예로 등단했고, 이후『인간의 악기』(1966),『신의 열쇠』(1971),『왜 아니 오시나요』(1979),『천노, 일어서다』(1981),『항해일지』(1984),『바람 부는 날은 지하철을 타고』(1990),『별똥별』(1994),『풀』(2001) 등 8권의 시집을 냈습니다(이중『천노, 일어서다』는 장편서사시다). 그리고 현대문학상, 한국문학작가상, 한국시협상, 공초문학상을 수상했습니다. 대체적으로 5년 정도의 규칙적인 시차를 두고 시집을 내셨습니다. 그 시집들을 회고하건대 시대별로 어떤 변화가 있었는지, 문학적으로, 그리고 개인사적으로 되돌아봐 주십시오. 가장 유명하다고 할 수 있는『항해일지』를 하나의 문학적 분수령이었다고 해도 좋을지요.

"일단 등단 무렵부터 70년대 초까지, 그러니까『인간의 악기』와『신의 열쇠』를 제1기, 그리고『왜 아니 오시나요』,『천노 일어서다』,『항해일지』를 제2기,『바람 부는 날은 지하철을 타고』,『별똥별』을 제3기, 마지막으로『풀』이후를 제4기라고 할 수 있을 겁니다. 1기는 현대시 동인활동을 하던, 순수시를 썼던 시기입니다. 그러나 나에게는 항상 현실 인식이 동행하고 있었습니다. 어느 한쪽만 봐서는 안 된다는 생각을 하고 있었습니다. 나는 '장님' 같은 시를 비판했습니다. 문학평론가 성민엽 씨가 그러한 나를 비현대시 동인으로 분류하기도 했지요. 제2기는 민중시가 담겨 있습니다. 그러나 직설적 화법은 아니었습니다. 시로 심화돼 있다고 할 수 있습니다.《동아일보》광고 사태가 일어났을 때 내가 썼던「오늘의 이 침묵은」이라는 시가 시커멓게 제목을 뽑아 실렸던 기억이 납니다. 그때는 평론가 김병익 씨가《동아일보》에 있던 때입니다. 1971년 박정희와 김대중이 맞붙은 대통령 선거 때 열서너 명의 문인들이 문인선거참관단을 구성해서 경기도 양평 등지로 투개표 감시를 갔던 적도 있습니다. 권일송, 홍기삼, 박용숙, 신상웅, 유성규 씨 등의 문인들과 함께였는데 그때 얘기가 '소리없는 쿠데타'라는 성명서로 일본 언론을 비롯한 외신에 보도되기도 했습니다. 그런 활동에 참여했던 이들이 나중에 취조당하고, 또 그전에 다니던 직장에서 잘리기도 했지요. 그때 나도 정음사에서 도스토예프스키 전집을 만들고 있었는데, 정음사 사장이 잘 마무리해줘서 실직은 모면했습니다. 1974년에는 자유실천문인협의회의 창립 발기인으로 참여했다가 남산에 끌려가 취조를 당했습니다. 시인 고은과 눈 시뻘개져가지고 화장실에서 만나고, 또 그곳에 있으면서 고려대 교수가 이곳에서 떨어져 죽었다는 얘기를 듣기도 했습니다. 그런 상황이었지만 내 시에는 직설 화법은 없었습니다. 그때 나온『항해일지』를 보면 마치 실어증 환자의 입을 막아놓은 듯한 상황이 있습니다. 그런 좌절감과 고통이 보입니다. 장편 서사시『천노, 일어서다』에는 짓눌린 자들의 원혼에서 시작되는「서시」가 나옵니다. 고려 때 노비 만적의 이야기입니다. 우리 역사 속에서 박해받는 노비들의 최초의 인권운동이 그려져 있습니다."

　지금 쓰고 계신 시의 분위기와는 사뭇 달랐겠군요.

　"그렇지요. 그러다 제3기로 넘어오면 서정적인 분위기로 돌아옵니다. 그 때문에 민중시를 쓰는 사람들과 갈등도 많았습니다. 시는 직설화법으로 쓰는 게 아니라는 나 자신과 그들 사이의 대립이었습니다. 민중시를 쓰면서 투쟁하는 사람들은 세상이 민주화가 됐으면 이제 자기 직분의 재야세계로 돌아가야 하는데 돌아가지 않고 그곳에 군림하려는 것이 문제입니다. 서부 영화를 보세요. 주인공은 악당을 처치한 다음 지평선 너머로 사라지잖습니까. 그런데 민중시를 쓰는 시인들은 지평선 너머로 사라지지 않습니다. 초야로 사라져 주었으면 좋겠는데 그 땅에 퍼질고 앉아 군림하려 합니다."

지금 방금 하신 말씀에는 동의하는 분들도 있겠지만 동의하지 않는 시인들이 많을 것 같습니다. 어쨌든, 현재까지 이어지고 있는 제4기는 어떻습니까.

"서정시에서 존재시로, 즉 선적인 세계로 넘어오고 있습니다."

김종해 시인은 마주 앉은 사람에게 시간을 잊어버리게 만드는 마술을 부린다. 기다리다 기다리다 참을성을 잃은 큰아들이 이제 그만들 하시고 주방으로 건너오라는 말씀을 보낸다. 왜 이제야 그런 전갈을 넣는지 원망하면서 얼른 자리를 정리하고 일어선다. 김종해 시인은 아직도 미진한 표정이다. 할 얘기가 아직도 10분의 1밖에 풀려 나오지 않았다는 뜻일 것이다. 그의 얘기가 더 이어지기 전에 빨리 일어서야 한다. 나중에 더 궁금한 것이 있으면 전화를 드리든지 하겠다는, 밑도 끝도 없는 약속을 하면서 취재 노트를 주섬주섬 덮는다.

요즘 김종해 시인은 두 달에 한 편 꼴로 시를 쓴다. 이것은 시집 『풀』(2001)을 냈을 때 기자들 앞에서 한 말이다. 두 달에 한 편이면, 일 년에 6편이고, 시집 한 권 분량인 60편 가량이 쌓이려면 10년을 기다려야 한다. 그러면 다음 9번째 시집은 2011년에 나온다는 계산이 된다. 일단 시인의 약속을 믿기로 한다. 김종해 시인은 주방으로 옮긴 자리에서 요즘 하고 있는 피트니스 건강 운동에 대해 말했다. 주 5일 정도 이른 아침에 5킬로미터를 뛴다고 했다. 그는 30여 년 전에 변웅전 아나운서가 진행하는 MBC의 '명랑운동회'에 펜클럽 대표로 출전, 턱걸이를 제일 많이 했던 '화려한' 경력을 갖고 있다. "햐, 그땐 술집에 가도 여성들이 나를 알아보더라고……."

술잔에 술이 담기고 젓가락들을 제 몫으로 챙기고, 알맞게 익은 장어가 허리를 뒤튼 채 접시에 누워 있는데, 딩동딩동, 아니나다를까, 둘째아들인 김요안 문학세계사 기획실장이 왔다. 저 절묘한 타이밍은 누구에게서 물려받은 것일까. 큰아들은 아버지 몰래 전국남녀고교 백일장에 출전해서 당선이 되고, 둘째아들은 아버지에게 혼날까봐 형 대신 상을 받으러 갔었다는, 감히 아버지 앞에서 '머언 먼' 옛날 얘기가 나오고, 술잔이 돌아간다. 맑은 얼굴의 안주인께서는 안주 접시를 연신 채우고 있다. '찬스맨' 둘째아들은 아버지 귀에 즐거운 '뻐꾸기'를 날린다. "그러니까, 결혼해 나간 아들 딸들이 아버지 댁에 자주 모이는 이유는 아버지께서 교향악단의 지휘자처럼 지휘하시는 술과 안주가 엄청나기 때문입니다." 말과 귀와 입이 모두 대만족으로 풍성하다.

김종해 시인이 택시비를 준다. 감사합니다. 그냥 받는다. 건물을 나와 찬 공기로 더운 얼굴을 씻는다. 자목련의 뒤끝, 살구꽃의 첫물, 혹은 복사꽃과 개철쭉 같은 것들의 향기가 달착지근하게 여전히 봄밤을 차지하고 있다. 아무도 모르라고, 저들끼리 잔치다. 김종해 시인이 아들들에게 했던 이야기가 잊히기 전에 그의 마지막 멘트를 취재 노트에 옮겨 적는다. "뭐든지 열심히 하라. 최선의 힘을 쏟아부어라. 그렇지 않으려거든 하지 마라. 겉멋만 적당히 부리면 참을 수 없는 욕설이 나온다. 적당히 하면 용서 안 한다. 나는 다 안다."

서정춘

Zoom-in

1941년 전라남도 순천 출생.
1968년 《신아일보》 신춘문예로 등단.
시집 『죽편竹篇』 『봄, 파르티잔』 『귀』 등이 있음.
박용래문학상, 순천문학상 등 수상.

균열이 심한 묵사발 혹은 마디 곧은 대 같은

　서정춘 시인은 술 세 병을 준비하고 기다렸다. 소곡주를 증류한 술 대병 한 병, 원액 복분자주 한 병, 그리고 안동소주 한 병이었다. 서울 인사동 사거리 근처에 송상욱 시인이 글방으로 쓰고 있는 작은 공간에서 우리는 무릎을 맞대고 앉았다. 오후 4시. 다정하고 변함없는 인터뷰 동행자 김요일 시인을 만나 서정춘 시인을 찾아갔다. 안경 너머로 무한정 따뜻하게 웃고 있는 그의 얼굴이 얼핏 하회탈을 닮았다. 그는 대뜸 술부터 따랐다. 이후 저녁 10시 무렵까지 술을 마시는 순서는 복분자주, 안동소주, 그리고 소곡 증류주로 옮아갔다. 안주도 푸짐했다. 홍어 삭힌 것과, 그에 따른 콩나물 같은 삶은 채소류, 그리고 돼지고기 삶은 것이 배달돼 왔다. 서정춘 시인에게 방문객들의 질문이 시작될 무렵 송상욱 시인이 이런저런 추임새로 인터뷰를 감칠맛 나게 해주었다. 저녁 6시쯤 정병근 시인과 조현석 시인이 합류했다.
　모두 대취했다. 돌아가며 노래를 불렀다. 서정춘의 노래는 언제 들어도 일품이었다. 남도의 피가 흐르지 않으면 도저히 탁음과 청음을 갈마들며 일으키는 청승을 흉내조차 낼 수 없을 것 같았다. 요리를 잘 하지 못한다면, 노래를 잘 부르지 못한다면, 결코 좋은 시를 쓸 수 없을 것이라고 확신하는 김규동 시인 같은 사람도 있다. 술이 서너 순배 돌고 나자 노트북을 열었다. 서정춘의 남도 사투리를 표준말투로 옮겨 적으려다가 이내 관뒀다. 서정춘이 상체를 약간씩 비틀고 입술을 기묘한 형태로 일그러뜨리며 공 굴리듯 만들어내는 노래 발성은 그 모습을 직접 보면서 들어야 제격이듯이, 그의 인터뷰 답변 또한 사투리를 살려야 제 맛이 우러날 것이다.

언제 술을 마십니까?

"주로 밤에. 인사동에 나오면 술친구에게 걸린다든가 그런 식으로 마셔. 술친구가 따로 없고 오다가다 분위기 만나면 먹고. 고정된 사람이 없어요. 사당동에 남원 추어탕집에서 김영석이하고 가끔 만나지. 전주고 선배일걸. 배제대학에 있지. 그런 사람 인터뷰를 해야지. 그런 사람한테 걸리면 죽어. 술이 두주불사여. 심장병 수술을 했는데도, 술 담배를 끊임없이 해버리지. 이해가 안 가. 그 사람 무서워서 내가 지금은 피해 다니지. 굳이 누구하고 잘 먹는다 그런 사람이 없어. 걸린 대로 흘러간 대로 가다가……."

언제 술을 끊어야지, 하고 생각하신 적 있습니까?

"한때 한 5년 끊어 본 적 있어. 그것을 다시 먹는 것도 김영석의 유혹에 의해서, 그래서 다시 먹었소. 10년 전쯤이지. 신장 쪽이 조금 안 좋았지. 지금은 괜찮더라고. 병을 의식하고 사니 못 쓰겠더라고. 술로 (병을) 다 쳐죽이자 하니 이기더라고. 한때 이 송상욱 형하고도 많이 먹었지. 저 형이 나 술 많이 사준 사람이여."

"서로 좋아서 그런 것이지." (송상욱)

"당신은 그래도 한 달 꼬박꼬박, 고등학교 선생 하다 그만두었으니, (봉급) 나오는 사람이고, 나는 그냥 100프로 백수니께 많이 얻어먹었지. 상욱이 형, 이 자리를 빌어서 고맙네."

"술이 없으면 뭔 재민가." (송상욱)

내일 모레면 등단 40년이네요. 1968년《신아일보》신춘문예「잠자리 날다」로 나오셨으니까요. 등단 40년이 넘으면 원로입니다. 그 동안 시집은 1996년 『죽편』, 2001년 『봄, 파르티잔』, 그리고 올해 『귀』가 나왔거든요. 그리고 시집 한 권에 실린 시도 서른 편 남짓입니다. 왜 그렇게 게으르셨습니까?

"너무너무 안 쓴 것이지. 직무유기도 이만저만이 아니지. 솔직히 게으른 것 같아. 적당히 놀고 적당히 쉬고, 시에 아등바등 매달리기가 싫더라고. 갑자기 우연하게 쓰고 싶을 때 욕망이 들끓을 때는 써지더라고. 그런 것은 발표를 못 해. 용기도 없고 자신도 없고. 『죽편』에 「동행」 같은 시는 딱 20년 만에 첫 구절에 '물돌물 돌물돌' 이란 의태어가 완성됐어. 여울물 속에 물하고 돌이 굴러가는 소리, 맞물려 있는 소리, 그것을 어떻게 표현할 것인지, 도저히 안 오더라고, 그래서 두어라, 가끔 보고, 또 보고 하니, 20년이 흐르더라고. 어느 날 새벽에 귀에 들려. 갑자기 일어나 소리를 질렀어요. 물돌물 돌물돌."

직장 생활 하느라 시 쓸 시간을 못 냈던 것은 아니고요?

"잉, 그런 측면도 있을 것이여. 옛날 내가 신경쇠약에 걸린 때가 있었다고. 동화출판공사 다닐 때(1974년 무렵). 한국미술대전집을 국배판 판형 올칼라로 그것을 15권짜리 2,000질, 3만 부를 일본에다 수출을 하게 됐는데, 내가 제작 전담을 하게 됐어. 전무후무할 거야. 여기 평화당에서 인쇄를 했단 말이여. 책임이 막중혀. 엄청났지. 신경을 얼마나 썼던지. 원색분해, 배수면 인쇄가 제대로 됐는지 보느라 집에를 제대로 못 들어갔어. 수출 선적까지 했는데, 클레임이 딱 걸린 거야. 책 케이스를, 대개 철로 박았단 말여, 그러나 나는 강력 접착제로 붙였지. 시험해보니 생살이 찢어지면 찢어지지 안 터졌어. 그런데, 해풍을 쐬니까 화학반응에 의해 깨끗이 터졌어. 아휴. 다 된 밥에 코 빠뜨렸어. 불면증, 신경쇠약에 걸렸어. 옛날 고려병원, 중앙일보 건너편에서 한 일주일 입원했거든. 리부륨이라는 신경안정제를 주는데, 워낙 자존심이 상해서, 내가 양약 안 먹거든, 퇴원하고 화장실에 버렸어, 마누라 몰래. 그 후, 박두진 씨를 소개받았지, 전봉건 씨를 통해. 두 분이 건강 회복을 하려면 돌밭에 가면 건강해진다 해서, 6개월을 탐석(수석) 여행을 다녔더니 낫데. 쑥뜸을 했더니 낫더라고. 그래서 그 병이 나았지. 가끔 그런 증상이 오더라고. 그것 때문에 술을 안 먹으려고 했는데, 김영석에게 걸려 갖고, 하이트 술 처음 나왔을 때, 영석이가 자꾸 하이트 술 맛 좀 보소 하는디, 먹어버리기 시작했지. 술 먹이는 천

부적인 소질을 가진 사람이여, 김영석이."

그래도 건강과 신경쇠약이 28년 만에 첫시집을 냈다는 변명으로는 충분치 않은 것 같네요. 무슨 다른 이유가 있을 것만 같단 말입니다. 도대체 시인에게 게으르다는 것은 무슨 뜻이에요?

"맞어. 시를 너무 오랫동안 가지고 놀았으니 게으르지 않으냐 할 수 있지. 2008년이면 데뷔 40년인데 겨우 다른 시인의 10분의 1이나 썼으니. 송수권이보고, 너는 시집을 너무 많이 낸다, 했더니, 날더러, 새끼 지랄허네, 시집 겨우 두 권 내놓고 지랄하고 자빠졌네, 하더라고. 맞는 말이제."

『죽편』, 『봄 파르티잔』, 『귀』 사이에는 어떤 일들이 있었는지요.

"솔직히 말해서 어떤 관계가 있다, 혹은 연대적으로 계획된 시집은 아니여. 어떤 연관성은 독자가 말해주어야 할 부분이지. 시대적으로 구분해서 차이를 둔다든가 그런 생각이 전혀 없어. 게으르다는 것을 이상하게 보는 것인 모양인데, 숙성을 오래 하다 보니 자연히 게을러지는 게 아닌가. 내가 시집 3권이지만, 한 권에 실린 시가 35편 안팎이니께 편수로 보면 다른 사람 1권 반이다 이 말이여. 그러니까 자꾸 숨고 싶어. 많이 쓰는 재주도 없고."

첫시집을 등단 28년 만에 낼 만큼 삶이 부대꼈습니까?

"회사 일이 바빴지. 그것도 핑계더라고. 데뷔하고 10년까지 2편 빼고는 시를 안 썼어. 왜 안 썼냐면, 나한테는 은근히 아버지가 주는 가난으로부터 벗어나야 하지 않느냐, 적어도 새끼들 밥은 안 굶기고 학교는 댕기게 해야 하지 않겠느냐, 하는 생각이 있었어. 직장에 충실하지 않고는 안 되겠다 싶어서, 한 10년 시를 생각만 하고, 머리 속에 메모만 하고, 일기를 조금 써가면서, 시는 안 썼어. 살아오면서, 꿈속에서도 어렸을 때 배 곯았던 장면들이 엄청나게 들어가. 오늘도 보리 풀대죽을 먹겠구나. 꿈속에서 내가 우리 아버지가 된다고. 우리 계모님이 쌀 바가지를 긁는 소리가 들린다고. 꿈속에서 그 정도로 배 고픈 것이 드러난다면, 꿈속에서 기아 공포증 같은 것이 있었던 게지. 그래서 한 10년 시를 안 썼지. 그리고 나서 직장 다니면서 신경쇠약 같은 것도 걸리고. 그 동안 마장동 판자촌에서부터 살림을 시작했거든. 4개월 정도 사는데, 참, 내가 인간 같지 않더구먼. 거기 마장동 판자촌에서 애기를 낳으면 안 되겠더라고. 정릉 청수장 개천가로 이사를 갔어. 무허가집이었지. 그 동네에 박경리가 살고, 그 산동네에는 김두한이 살았어. 김두한이 천수경을 외더라고. 생활고에 지쳐 가지고, 솔직히 시는 잠시 보류하자, 그렇게 된 거여."

그럼 원래부터 시 공부는 어떻게 시작한 겁니까?

"고등학교 야간부 나온 놈이 독학으로 시를 썼지. 그런데 출판사에 들어가 보니 대가, 소가들, 한학자들 드나드는데, 그간 내 공부가 우물 안 개구리였구나, 하는 생각이 들데. 그래서 한 10년 공부 다시 하자, 했지. 김승옥이에게 고맙고. 나는 신춘문예에 당선되면 천하를 얻을 줄 알았어. 그런데 취직이 안돼. 대학 졸업장이 없어. 그래서 고향 친구 김승옥에게 부탁을 했어. 이근배가 주간으로 있는 동화출판공사에 취직이 된 거야. 편집부에 가니까 서울대 문리대 불문과 독문과 나온, 나보다 한 살 더 먹은 언니들이 있더구먼. 하따 많이 시달렸네. 세계문학대전집을 하고 있더구먼. 34권짜리. 그때 참 많은 공부를 했지."

1941년 순천에서 태어나서 매산고등학교를 졸업했습니다. 고교 때 공부 잘 하셨습니까? 혹시 주먹패들과 어울리지 않으셨는지요. 혹시 문학 서클은요.

"동초등학교를 나왔는데, 중학교 갈 생각도 안 했어. 아버지가 지게를 하나 해주더라고. 동네는 잘 사는 애들이 많았는데, 동네에서 유일하게 아홉 평 반짜리 초가집이 우리 집이야. 그때 매산고등학교에서 1등 하는 형이 우리 동네에 살았어요. 지게 지지 말고, 야간부에 말해줄 테니까 야간부 다녀, 신문배달하고, 이렇게 말하더라고. 따라가서 입학식 끝난 후 보결생 비슷하게 들어갔어. 중·고교 6년을 야간부를 나왔는데, 그 사이에 신문배달, 서점 점원, 군청 급사, 신문사 수금사원을 했어. 내가 장애물경기를 많이 헌 사람이오. 우리 형은 중학교 다니다 말고, 누나들도 국민학교 다니다 말고, 그만큼 배고팠으니까. 누나들은 아이보개로 가고, 우리 형님은 초등학교 종치기, 급사를 하고, 지금 말로 사환이지……"

부모님은 무슨 일을 하셨습니까? 형제분은 많으셨는지요?

"아버지는 마부였어. 말 구루마를 끌었어. 요즘의 용달차야. 짐 실어다 주고 얼마 받고. 집에 마굿간이 있었지. 조랑말. 위로 형님 한 분, 누나가 둘, 그리고 난데, 생모한테는 내가 막내여. 계모가 오셨는데, 내가 두 살 때 어머니가 돌아가시고, 곧바로 아버님이 이놈 하나 잘 키워줘라, 하려고 곧바로 후처를 얻은 거지. 내가 삼칠(21)일 만에 늑막염 수술을 했어요. 아버지가 도장 찍어놓고 시간을 재니까 타임 아웃하기 직전에 살아났다고 하더라고. 그걸 보면 참 기구한 것 같아. 그러니까 빨리 후처를 얻은 거야. 아버지 돌아가신 지는 20년 됐어."

고등학교 졸업하고 바로 서울로 오셨습니까?

"잉, 그리 갖고 광주서 한 1년 있었지. 형님이 숭의여고 앞에서 가게를 했어. 경찰 출신인데, 그만두고 가게를 했어. 거기 형님에게서 병든 문학 공부를 계속 해볼까 생각도 들었지. 그게 그 형님 구멍가게 도와준다 갔지만, 충장로에 가면 오른쪽에 클래식 르네상스가 있고, 왼쪽에는 세시봉이 있어서 카스테라와 소주 한 병 들고, 책 몇 권 들고, 허송세월을 했지. 그러고 나서 서울에 와서 남대문 시장에 선배 형한테 가서 생선가게의 잔심부름을 했지. 또 남대문 시장에 마늘 장사하는 집에서 마늘 창고 보고. 방에 다다미 두 개를 깔아놓고, 비슷한 나이들이 7명이 잤지. 새벽에 일어나서 마늘을 엮어. 네 사람이 한 조가 되어서 하루에 100접을 엮어. 리어카에 마늘 100접을 실어. 오늘은 미아리, 오늘은 신림동으로 매일 코스가 바뀌지. 한 곳에 리어카 정차해 놓고 지키고. 한 어깨에 마늘 넉 접씩 메고 떠돌이 마늘 장사를 했다 이 말이여. 그런 생활도 했고."

시인이 마늘 장사를 하셨군요. 다른 장사는 안 했습니까?

"메이드 인 유에스에이, 가짜 양말 장사. 3배가 남더라고. 나한테 속은 사람이 고발을 혀서 남대문 경찰서에 사기꾼으로 잡혀 갔지. 그래서 내가 문학병이 걸린 놈이요, 내가 꿈이 시인이요, 이 세상 모든 것을 살아보려고 이랬는데, 나도 당했다, 진짜인 줄 알았다, 하고 말했지. 형사가 당신, 시인 누구누구 알아? 그래서 아는 대로 댔더니, 당신 뭘 모른 사람인망, 돈이나 내놓고 가쇼, 그러더라고."

우아, 가짜 양말 장사와 시인이라…… 드라마 같군요. 그런데 시를 쓰게 된 것은 언제부텁니까?

"내가 계모님한테 컸다잖았소. 못된 짓을 하고 자꾸 쫓겨나고 매를 맞았싸니까, 그만하고 나쁜 짓 하지 마라, 타일렀어. 그런데 내 어머니가 아니다 이 말이지. 일곱 살에 알았지. 그때부터 주눅이 든 아이지, 배고프지, 아버지는 나가 버렸지, 누나는 아이보개로 가버렸지…… 그때는 몰랐는데. 아하 그랬었구나. 초등학교 3학년 때 일기를 안 쓰면 패더라고. 일기를 쓰는데 꺼리가 없어. 어머니한테 맞았다, 배고팠다, 쌀 꿔오라는 심부름 했다…… 그 이전에 이미 슬픈 아이가 된 거야. 왜 나는 배가 고파야 하나. 일기를 썼는데, 고3 때까지 썼어. 그것이 내가 문학을 하게 된 동기가 아닌가. 신문 배달을 할 때 서점에 신문을 넣는데, (주간부 일반 학교에 다니는) 친구들이 숙제가 있는데 김소월, 김영랑 숙제를 하곤 해. 김소월, 김영랑, 한번 보자. 우리는 그런 숙제를 안 내 주던데. 중학교 2학년이었을 거야. 이유 없이 끌린다, 이유 없이. 그래 보게 된 거야. 슬픈 아이가 맥없이 좋은 거야. 읽으면서, 사고, 베껴 버린 거야. 일기 쓰려고 사다 놓은 갱지에 철필을 잉크 찍어서 베꼈지. 필사를 많이 했어요."

문학 서클은 안 하셨습니까?

"순천고, 순천여고, 서울 중동고에 유학한 친구들을 보니 교지가 있는데, 이놈의 내가 다닌 학교엔 교지가 없어. 그래서 내가 국어선생한테 말했지. 미션 스쿨인데, 교지가 가장 있어야 할 학교에 왜 교지가 없냐, 자존심 상한다고 했어. 그랬더니, 정춘아, 너는 시인이 되겠어, 야 나 말을 안 들어, 네가 교장 선생에게 가서 말해 볼래, 그러더라고. 내가 사회 생활을 했으니 똑똑한 아이가 된 거야. 교장 선생을 찾아갔지. 교지가 가장 있어야 할 학교에 왜 없습니까. 그래서 내가 스스로 문예반 반장이 된 거야. 교지를 만들었지. 전주에 가서 인쇄해 보고 그랬어."

필사는 얼마나 하셨습니까?

"신춘문예 당선 때까지 필사를 한 300권 했어요. 그 중 한 권이 최명희에게 가 있어. 수제본을 해서 놓았더라고. 서울로 우리 마누라하고 야반도주했거든. 68년 마누라와 도망을 오는데, 골방에 한 사십 덩어리 되는 상당한 책들을 싹 팔아버렸어. 그걸 가지고 마장동 판자촌에 전세를 얻고 안 굶어죽을 만큼만 먹으면 6개월을 살겠더라고. 그 덕분에 이희승 국어사전을 6개월을 읽었지. 공부 그렇게 해야것등만. 거의 다 보니까 사전이 낡아 버리데. 정말 취직 안 되데."

그럼 호구지책을 어떻게 마련하셨습니까?

"그 이전에 옛날 목포 출신으로, 최하림이 영향받은 평론가 김우정이 있어. 김우정이가 《조선일보》 신춘문예 평론으로 당선된 거야. 그 동생 김정남이가 나랑 친구가 됐는데, 김우정의 친구가 출판사를 했어. 일본 비즈니스 책(세일즈맨을 위한 책)을 김우정 씨가 번역해서 읽어주면 우리가 윤문을 했다고. 석 달을 안 까먹고 살다가 김승옥에게 연락을 해서 취직이 된 거요. 나한테는 김승옥이가 은인이오."

야반도주한 형수님은 당초에 어떻게 눈을 맞추셨어요?

"곤란해버려. 내가 이 말을 허면 난리를 피우겠지. 그래도 아는 사람 다 아는데 왜 그러냐, 하고 말지 뭐. 서울에 와서 신춘문예 당선하고 신장염을 앓았어. 왜 그랬냐 하면 신춘문예 당선하고 취직이 안 되니까, 마누라 만나기 직전인데, 남대문 생선장사 선배 형이 서대문 홍제동 화장터 뒤 무허가집에 살았는데, 내가 그 집에서 기식을 했어 잉. 그 형수가 지독한 예수쟁이여. 그래서 나보고 하는 말이, 어이 후배 자네가 매산 학교 나왔는데, 예수를 안 믿냐 이거여, 자네 재워줄 테니 예수 믿고 술 끊으라 이거여. 빈 방도 있었는데 방에 못 자게 하고 밖에 있는 시멘트 마루에서 자라고 하는 거여. 형은 공처가고. 그래서 내가 쇠주나 먹고 양치질도 안 하고 잔 거여. 그 집에 있던 개새끼를 끼고 잔 거여. 근데 개새끼가 내 입을 핥아먹은 거여. 급성 신장염이 세균성인데, 그 개한테 옮은 거여. 광주 요한병원에 갔는데, 당신 일주일만 늦게 왔으면 그 병으로 죽을 뻔했대. 살려고 온 거지. 토마토 주스 같은 것을 일주일을 먹었더니 탁 나아 버리대."

신장염 앓은 얘기도 그렇습니다만, 형수님과 어떻게 눈을 맞췄는지가 더 궁금합니다.

"신장염 끝에 순천 본향에 왔는데, 극장에 가게 됐어. 그때가 스물 여덟 아홉인데 극장 기도가 전부 친구들이더라고. 그런데 안내 방송을 하는데, 목소리가 예뻐. 나는 목소리에 신경을 많이 쓰는 사람이여. 목소리에 남자나 여자나 쇳소리가 나면 상대를 친대여. 그때부터 목소리에 신경을 쓰는 사람인데, 기도에게 '목소리 좋더라' 했더니, 신경 쓰지 마, 우리 사장님 양딸이여, 하더라고. 그래서 '이쁘냐?' 그랬더니 우리 모가지 짤라진 거 볼래, 하더라고. 내가 올라가서 보니 눈썹이 똘랑똘랑하니 이쁘더라고. 유정숙. 극장 경리였어. 안내 방송도 허고이."

최근 시집 『귀』의 맨 앞에 실린 시인의 말을 보면 "시, 열 여자를 만나면 / 시, 아홉 여자가 나를 버렸다/ 시, 한 여자도 곧 나를 버릴 것이다"라고 돼 있습니다. 무슨 뜻입니까. 알듯 말듯 합니다.

"글자 그대로지. 만날 짝사랑만 하다 만 거여. 아무리 시 열 편을 공을 들여 썼다 해도 몇 달 후면 가버려. 아홉 편은 가버리고, 한 편만 남아. 그것마저도 만족을 못 하고, 상대가 다시 아녀, 하고 가버려. 한 여자를 가까이 해도 도망하고, 너무 멀리해도 도망가 버려."

그게 그러니까 많이 버렸다는 뜻이죠? 사람이나 시나……

"내가 뭐 많이 버려. 여자가 나를 버렸지. 나 연애 못 해. 여자가 나를……."

젊은 시절에 주변에 친구들이 많았다면서요.

"잉, 내가 군대를 2을종을 맞았거든. 기다리다 못해 스물네 살에 군대

갔어. 배 고프고. 아버지에게 처절할 정도로 불효자식 같고, 시에 미쳐서 골방에 있는데, 친구들이 술 몇 병 사왔지. 우리 동네에서는, 그래 서씨 집 아들은 나중에 판검사 될랑가 보다, 책 사 갖고 맨날 공부만 한단다, 그랬거등. 동네 아줌마들이, 정춘아 우리 아들하고 놀아주라, 부탁혔어. 그러면 아그들이 소주 한 병, 막걸리 몇 되 갖고 와. 껄렁껄렁한 친구들이 연애편지 써달라고 하고…… 내가 순천여고 앞에 살았다고. 깡패들이 좀 있었지. 동네 깡패들은 내가 제압을 했지. 국민학교 때부터 내가 샌드백을 쳤거등. 내가 깡패는 아니고. 배가 고픈, 키가 작은 아이였지. 아버지는 씨름 장사꾼이었어. 아버지는 협객 기질이 있어. 정도 많고. 아버지 얘기하니 눈물 난다. 친구들이 내가 없이 산지 알고,《사상계》와《현대문학》사 갖고 와. 그러면서 그 대신 연애편지 꼭 써주라, 했지. 그러면 내가, 네 엄니가 떡도 주고 그랬어 임마, 니하고 잘 놀라고 임마, 그렇게 말했지."

 아버지한테 잘 했어요? 눈물이 글썽이네……

 "내가 군청 급사였을 때 도유림 사업이라고 있었어. 제재소가 관할했지. 군청 과장들이 나를 이뻐했어. 공부 열심히 하고,《사상계》도 보고 하니까 좀 달리 보았던 모양이야. 산림과장이 일요일에 집으로 놀러오라고 해서 진기한 것도 싸주고 했어. 그이가 딸만 다섯에 아들이 하나여. 나한테 참 잘 했어. 정춘이는 제가 벌어서 학교 다니는데, 너희들은 정춘이를 봐서라도 공부 잘해라, 그랬지. 그 영감이 잘 봐 가지고, 겨울철이 되면 피죽이라고, 나무 썰고 남은 것을 주었어. 그것도 비쌌어. 부잣집이 장작 대신 땠지. 나는 아버지와 왕복 60리 나무를 다녔던 사람이여. 겨울 방학이면 직장 쉴 때 나무하러 많이 다녔어. 그런디 군청 과장이 제재소에 보여주라면서 명함에 피죽 한 차를 주시오, 하면 준다이. 그거 팔아서 쌀 팔아먹으라 이 말이야, 산림과장이라면 달달 떨어. 아버지가 그걸 팔아서, 쌀도 팔고, 갈치도 사먹고 그랬어. 내가 또 자유당 시절의《서울신문》을 배달하고 수금사원을 했다 말여. 세상 이치를 봤어.《서울신문》지국에서 각 면장들에게서 축의금을 받았어. 내가 그 심부름 했어. 참 희한혔지. 열

두 개 면에 출장을 가. 지국장님이 축의금 때문에 보냈다고 하면 '나한테까지 오셨는가' 하면서, '가서 잘 말해주소'라고 했어. 지국장이 심부름 잘 했다고 돈을 주면 그것이 월급보다 많았어. 그걸 갖다 아버지 주면 참 잘했다, 했어. 그때 아버지 표정……"

그렇게 신산하고 고난했던 지난 세월을 겪었으니 서정춘 시인의 시세계가 강고한 리얼리즘의 혁명적 기운으로 뻗어나갈 만했는데, 어찌하여 모더니즘으로 경도됐는가요?

"아버지한테 피아노 최씨라는 친구가 있었어. 일본서 구상 시인하고 같은 학교에서 공부하고 피아노 전공자가 됐다고 하더라고. 그분이 조율사가 돼 가지고 전쟁통에도 극적으로 살아남아 순천의 퇴물 기생하고 살았어. 우리 아버지와 친구가 된 거야. 최씨가 술을 많이 먹어서 딸기코가 됐거등. 그이가 내가 없을 때 내 방을 들어가 본 거야. 내 일기를 봤던 거야. 문학 서적이 있고…… '형님은 큰 아들 두었네.' '무슨 소리여.' '시인 하나 나오겠더라고.' 그런 대화가 오간 것이지. 아버지가 또 한 친구가 있어. 빨치산 친구로 외팔이 장씨여. 중학교 3학년 때인가, 그 양반이 백석, 오장환, 이용악의 시들을 필사를 해 놓은 것을 내가 봐버린 거야. 너 이놈, 이거 보면 너 빨갱이여. 너 어머니하고 싸우지 마라. 이거여. 아버지는 무지렁이인데, 아버지와 술친구여. 밤에, 나는 아, 이런 시가 있구나 했었지. 지금 와서 보니까 백석이는 사회주의자 아녀, 모더니스트여. 그런 영향을 받았어. 운명적이여. 담배도 사 줬어. 중 3학년 때 담배를 피웠는데 아버지가 담배도 구해다 준 거여. (삼칠일 만에 늑막염 수술했는데도) 안 죽고 살아서 컸다고."

그러니까 마부였던 아버지, 그리고 아버지가 사귀었던 친구분들의 영향을 받아서 모더니스트가 됐단 뜻이군요.

"잉. 그리고 내 시를 미당이 심사했거든. 뭔 얘기를 허던 중에 방 여사(미당의 부인)보고 그 국화꽃 모대기 옆에 포도주, 당신이 담가 놓은 거, 쪼거넌 거 그대로 빼오세요, 라고 허대. 이만해. 그걸 먹음서 헌 얘긴데,

뭔 얘기 끝에, 자네는 대학교를 안 나왔네. 그러나 자네는 이미 장학생이니, 서라벌 예대 장학생이니 원서만 내면 장학생이여, 그러더라고. 내가 예, 하고 말만 했는데, 먹고 잘 데가 없어서 안 가 버렸어. 그때 대화 중에 우리 아버지가 '중이 되면 바랑을 메라', '낚시질 못하는 놈은 둠병을 막고 푸는 거여' 허셨던 말씀을 미당한테 했더니, 미당 하는 말이 '자네 아버지가 나보다 훌륭한 시인이네' 그러더라고. '내 아들 승해升海가 자네보다 한 살 위인데, 됫박으로 바닷물을 퍼내라는 뜻이여. 잔꾀 부리지 말고 바닷물을 퍼내고 고기를 잡으라는 뜻인데, 낚시질 못하는 놈은 둠병을 막고 물을 퍼낸 뒤 물고기를 잡으라는 것과 같은 것이여. 자네 아버지가 나보다 윗길이네. 나한테 앞으로는 형님이라고 허소. 같은 달성 서가인데 파가 어떻게 되는가. 선생님이 아니고 형님이라고 허소.' 나는 멍청허게 둠병 막고 퍼올린 것, 그것이지."

아버지가 진짜배기 시인이셨군요. 미당이 그것을 알아봤고요.

"우리 아버지가 더 시인인 것 같아. 원래 원적지는 순천만, 변두리, 갈대밭이 멀리 바라다보이는 집성촌이었어. 작은 마을에 서당 접장(훈장)이 큰아버지야. 큰아버지는 손 하나 까딱 안 하고 삿갓이나 쓰고 다녔지. 어렸을 때 천자문을 외라고 했는데 도망갔다가 큰아버지에게 얼마나 맞았는지……"

그때 큰아버지에게 맞으면서 천자문 읽은 덕도 좀 보셨겠구요.

"큰아버지가 그러셨거등. '이끼는 거짓말을 못한다, 이놈아. 여름 뙤양볕에 하얗게 말라 죽은 것 같지? 비만 오면, 또 파랗게 피어 오른다.' 미당도 그랬어. '길게는 말고, 읽는 사람 가슴을 시원하게 뚫어봐. 강우식에게 짧게 쓰라고 했더니 4행시만 쓰고 있네.' 그런데도 내가 시를 안 쓰고 직장 생활만 하고 있던 차에 미당이 세계 일주 여행한 것을 우리 회사(동화출판공사)에서 내게 됐어. 내가 시를 안 쓴 것 같아서 우리 회사에 온 미당을 피했어. 근디 박건한이가 계약서를 쓰는데, 내가 화장실에서 미당을 만나 버렸어. '자네 여기 있었군. 자네 공초 오상순이 되야 버렸는가.' 허

시더라고. 공초는 시 서너 편 쓰고 안 써버렸거든. 그 한 마디가 참 각성하게 만들었어. 집에 가서도 잠을 못 자겠더라고."

부끄러웠습니까? 언제 부끄럽고, 언제 자랑스럽습니까?

"부끄러운 것은, 시인으로, 겨우 시십 몇십 편 갖고, 자꾸 시인으로 불러줄 때 자꾸 부끄러워요. 빛 좋은 개살구 된 것 아닌가, 떡살구가 아니라. 낼 모레면 등단 40년인데 시를 그렇게밖에 못 썼는데, 시인으로 인정해준 것이 부끄럽소. 자랑스러울 때는 내가 가난하고, 가방끈도 짧고 모든 것이 부족한데 시인 말은 조금 듣는구나, 싶을 때 무작정 자랑스러운 거야. 시인은 도인이 아니고 칭찬 받으려고 나온 존재더구만. 어렸을 때부터 지고지난한 가난 속에서 큰 병 없이 딸 둘과 아들 하나 대학까지 가르치고 시집 장가 보냈으니 자랑스러운 거야. 시인으로 자랑은 없고, 부끄러운 것은 있지만, 지금도 백수로 전락하고 말았지만, 내 나름으로 최선을 다했으니 앞으로 최선을 다해야 하겠는데…… 엊그제 금강산 세계 시인대회 갔을 때 북조선 군관동무가 묻대. '뭐 합니까?' 그래서 '놀고 있습니다' 하는데, 눈꼬리가 참 매섭데이. 놀면서 시를 쓴다는 시인 말입니까, 하는데 눈초리가 면도칼이야. 속으로 '시벌놈아 내가 놀고 싶어서 노냐' 하고 한마디 하려다 말았어. 그 말 이시영에게 했더니 배꼽을 잡고 웃더라고. 그 모습이 얼마나 우습던지 내가 더 웃었어. 1996년 『죽편』 내면서 직장을 그만두었거든. 마누라에게 말했지. '굶어 죽었으면 죽었지 돈 벌 생각은 없네. 어렸을 때부터 벌어 먹은 사람이여. 이제 절대 돈과 무관하고 싶다. 퇴직금으로 먹고, 떨어지면 시골에 가서 끌적거리다가 한적하게 살다가 죽을 것이네. 절대 자네가 알아서 허소.' 퇴직금을 4,500만 원밖에 안 주더라고. 그래서 중대 문창과 앞에서 대포집〈치킨마트〉를 했어. 4년 5개월 하고, 겨우 계약금 빼서 나왔지. 성공한 거여. 겨우 안 굶어 죽고, 살고, 본전 빼갖고 나온 거여."

굶고 가난할 때도 연애는 하셨지요? 얼마나 많은 여인들과 연애해 보셨습니까?

"옛날 통행금지 있을 땐데, 유수한 대학교에서 대학원을 나온 여자가 하나 있었어. 미술 대학원 나온 여자가. 어찌어찌 하다가 들켰지. 반포에서 맥주 먹고 양주까지 먹고 뻗어버렸어. 그 여자가 나를 업고 우리 집에 갔는데, 마누라가 자전거를 타고 빙빙 돌다가 딱 발견한 거여. 미친 년이 미친 놈을 업고 온 거여. 그것이 자기 서방놈이여? 여보쇼. 그러니까 술이 팍 깨버려. 나를 탁 놓고 도망가버려. 전두환 때였지. 그때 당시 내가 육본의 원스타와 친했어. 그 양반이 대위들을 시켜가지고, '진짜 수석의 대가를 봤다'고 했지. 내가 시인은 삼류인데, 수석은 대가여. 일요일이 되면 그 장군의 부하들이 우리 집에 와서 양주를 박스째, 소갈비를 박스째 갖다 줘. 돌 하나에 목적이 있었등만. 이쁘더라고. 좋은 돌을 주어도 안 가져가요. 잡석 같은데, 자연석으로 탁 깨져 달마 닮은 돌이 있는데, 그것이 목적이었던 것 같아. 선생님, 우리 장군님이 그 돌을 좋아합니다. 가져가 버려. 장군답지 않게 그랬었구만. 갖고 가고, 이젠 오지 마. 저게 내 돌인가. 장군이 먼저 봤으면 장군 돌이고, 내가 보면 내 돌이었지. 마누라 앞에서 양주를 나발로 불어도 안 취하더라고…… 이실직고하고 불어버린 거야. 공부를 많이 한 사람과 연애한 것이 좋더구만. 3년 사귀었지."

신경림 시인이 『시인을 찾아서』라는 책의 서정춘 항목에서 '균열이 심한 묵사발 혹은 마디 곧은 대 같은' 시인이라고 말했습니다. 동의하십니까?

"그것은 그렇게도 보는구나, 하는 정도지 뭐. 그 양반이 나랑 같은 회사에서 같은 밥을 5년 먹어 보았으니까. 그래서 그러지. 그거이 뭐 신경림의 견해겠지."

박용래, 박정만, 이시영, 송상욱 같은 시인들과는 어떤 사이였나요? 서 선생님은 박용래 문학상을 받으셨지요. 박정만에 대한 추억도 많고, 또 이시영 시인은 서정춘에 대한 시를 남긴 것이 있고요. 송상욱 시인의 글방에서 이렇게 인터뷰를 진행하고 있기에 드리는 질문입니다.

"박용래는, 우리 한국어의 소슬한 맛을 그렇게 잘 고도로 승화시킨 분이 또 있을까. 개인적인 관계는 전혀 없고. 임홍재 죽었을 때 눈물 범벅 코 범벅 우는 장면을 먼발치에서 보고, 조선 여자 같은 것을 느꼈어요. 조선 여자의 그늘 같은 것이 보이더라고. 박정만이는 아마 청승스러운 가락을 그렇게 시로 뽑을 수 있다는 거, 물론 청승으로 끝나지는 않은 것 같지만, 가락을 그렇게 뽑아낼 수 있는 사람이 있을까. 그 이후에도 아마 없을 것이다. 박정만이는, 그런데도 불구하고, 하나의 덤을 붙이자면, 어느 날 박정만이 죽고 한참 지났는데, 황동규 시인한테서 전화가 왔어. 박정만 죽고 1년인가, 나남출판사에서 박정만 시선을 내자는 의뢰가 왔는데 박정만을 알려면 서정춘한테 물어보라 해서 전화를 했다고 하데. 정만이가 얼마나 술 처먹고 안타깝고 복수가 부풀어 올랐는지 몰라. 나가 그놈 좋아했잖아. 호형호제하고…… 내가 조선 명태를 한 축 사서 두드려 놨어. 물에다 불쿼서 집에서 끓여서 백숙으로 먹었지. 박정만이 그래. 씨벌, 두 형놈, 영석이허고, 서정춘허고 때문에 내가 이리 됐소. 내가 박정만에게 그랬지. 너는 소월이나 미당이나 박재삼의 후국 먹은 놈이야 임마. 그분들과 네 시는 달라 이놈아. 네 시는 너무 청승맞아 이놈아. 네 시는 청산가리가 없어. 칼끝에 청산가리 좀 묻혀봐. 아따 형님 좋은 소리네. 지금까지 네가 쓴 시는 실패여. 살아 남을려면 나가 시키는 대로 혀. 근디 그게 화근이여. 일주일 후부터 전화를 해대기 시작하는데, 내가 가는 길을 다 알어. 그때 박정만이가 한 너덧 줄씩 써제끼는데, 하따, 황동규가 그 시에 놀랐다 이거요. 특히 그 중에서도 '그리운 서정춘 형에게' 가 참 절창이라 이거여. 황동규가 그러더라고, 참 행복하겠습니다. 박정만이가 김영석 따라다니다 술 잘못 배워 죽었다는 설, 서정춘하고 따라다니다 죽었다는 설, 그런 오해를 한 사람도 있덩만."

이시영 시인의 시에 서정춘이 등장하게 된 사연은 뭡니까? "전라남도 순천시 순천역 앞 광장. 기차에서 부린 석탄가루를 져 나르던 새까맣고 불쌍한 조랑말이 생각난다. 서정춘 형 말에 따르면 정춘 형은 어느 해 겨울밤 그 자그마한 조랑말과 함께 더운 김을 뿜으며 무슨 일인가로 학재 너머 구례장터에까지 왔었다고 한다."

"어느 날 송기원이하고 같이 술 먹었는데, 그런 말 했을 거요. 너그들이 고생을 했으면 얼마나 했겠냐. 내가 어렸을 때, 우리 아버지가 마매탄 싣고 어딘가 구례를 간다고 허더라고, 거길 간 거야, 새벽에 일어나야 해. 그렇게 아버지 따라간 이야기를 했더니, 이시영이 아팠던 모양이여. 서정춘은 1950년대 아버지 구루마를 타고 갔다고 해서 쓴 시여. 그 짧은 산문시에 아무나 이룰 수 없는 게 있는, 터득한 사람이 아닌가."

여기 기타를 멋지게 치는 송상욱 시인은요?

"저 형은 나하고 싸움을 가장 많이 하고, 매산 고등학교를 잠깐 같이 다녔지. 저 형은 순천고를 다니다 깡패한테 맞아 갖고 매산고 야간부를 왔다가 부산 동아고등학교로 전학해 동아대를 나온 사람이여. 천성이 타고난 음유시인인데, 그 대목이 가슴 아퍼. 송기원도 보면 자신을 털어버리는 사람이여. 그래서 성자의 기품이 있어. 나도 적나라하게 다 털어버리자, 배우고 있지."

노래를 언제 하십니까? 노래를 뽑을 때 표정이 완전 배우던데요.

"아침에 어떤 여자 시인한테 칭찬 무지하게 받았어. 내가 보내준 시집에서 사인을 떼서 표구를 해놓았다 이거여. 내가 초등학교 때 그림을 제일 잘 그렸어요. 노래도 잘 했고. 일기를 쓴 것이 대단하고. 내 18번은 부용산, 찔레꽃, 동심초 등이지. 레파토리를 적어 갖고 다녀. 50여 곡. 군대 갔다 올 무렵은 한 300곡 했지."

이 대목에서 곁에 있던 김요일 시인이 유난하게 눈을 깜박거린다. "서정춘 선생님의 노래는 동물한테 마취제 투여하듯 합니다. 노래를 부르며 누군가의 손을 잡지요. 순간적으로 여자 후배들이 손을 못 빼죠."

김요일 시인의 질문이 계속됐다. "계모한테도 정이 지극하신데, 그분한테서 얻어온 모성은 없으셨습니까?"

"그런 곳이 어머니 품속 같으니 그곳에서 모성을 찾았겠지. 계모한테서 나온 이복동생이 셋이요. 울면 업고 나가서 재워 놓고 공 차고 놀고 그랬지. 그러다 애 으깨서 놀라고…… 기른 정, 낳은 정 있지. 한가지로 말하께. 추석 때 성묘 가잖아. 마지막에 계모님 있고 생모님이 있잖아. 나는 계모님을 먼저 찾아뵙거등. 생모님은 이해할 기야. 나를 길러주신 계모님한테 생모님이 양보할 거야. 마부집에 와서 나 잘못 키웠다고 매도 맞은 계모. 얼마나 나하고 싸웠는데, 문수보살 화신이라고 했어. 계모한테 돌도 던졌어. 한이 맺혀서 싸운 거여. 어머니도 기절, 나도 기절했지. 김승옥이가 순천고 때 백일장에 나갔는데, 승옥이보다 김병극이 더 잘 쓰는 놈이었어. 시도 산문도 잘 쓰고 책도 무지하게 읽은 놈이야. 그놈한테 담배도 술도 배웠지. 어머니에게 돌 던지고 그놈한테 피신을 갔어. 병극이 집에 도망을 갔는데, 공부고 뭐고 시고 뭐고 서울 가버릴란다, 차비 좀 주라, 그랬지. 나 때문에 우리 엄마, 아버지한테 또 맞는다. 팔베개하고 있는데, 책상 밑에 책이 하나 있어. 그것을 보고 얼마나 울어 버렸는지. 그 책이 『부모은중경』이야. 내가 다닌 학교는 성경 점수 80점 이상이고 결석만 안 하면 낙제를 안 시켜. 다른 과목은 30점대였을 거여. 솔직히 중·고교 때 공부 안 했어. 커닝구 대장이었어. 직장생활하느라 바빴어. 『부모은중경』을 읽고 부모에게 쫓아가 빌었어. 『부모은중경』 하나는 나를 울렸어. 내가 선물한 것만 200권에 상당해. 그대들이 여성성에 대해서 아느냐, 『부모은중경』을 한번 읽어봐라, 이거여. 이렇게 위대한 존재가 여자라는 것을 아느냐. 그 이후로 계모님이 돌아가실 때, 내 아들은 서정춘이라고 했어. 눈을 못 감았어. 가서 물어봐. 새끼가 넷이나 우글우글한 아홉 평짜리 집에 와서 살아준 것은 얼마나 훌륭해. 여자란 존재는 위대한 거야. 사촌동생들이 눈물 납니다, 존경스럽습니다, 그러더라고. 세상이 내가 아름다우면 다 아름다운 거요. 나는 이복동생을, 지금 마흔 몇 살이여, 계모님과 이복동생을 위해 생활비 보냈어. 마장동 판잣집에 살면서도 이복동생들의 고등학교 학자금 다 보냈어. 모든 것을 다 보냈어. 그놈 육사 보낼려고 했는데, 아버지 닮아서 협객 기질이 있어. 우리 생모는 생각이 안 나. 우리 계모님은 정말 불쌍해. 모든 여자는 남자보다 위대해. 나는 그렇게 봐."

지난 1주일 동안 뭐 하셨습니까? 근황이……
"어제 우리 장모님 생신인디, 나를 무척 애껴. 애낀 이유가 지그 딸을 데리고 서울 와서 애를 멕인 놈이기 때문이여. 내가 서울에 와서 처남·처제를 불렀어. 학교 다니라, 취직도 시켜줬고. 그것이 한몫을 허고. 그런 장모님이거등. 어제 생신인디 내가 못 갔어. 우리 장모님의 홍삼을 내가 만들어. 처제보고 50만 원어치 6년 근을 사소, 나는 몸으로 때울 테니. 그래서 오늘은 내가 홍삼을 끓이는 날이여. 이 술들이 다 추석에 선물 온 거여. 다 눈물 나. 대여 김춘수 선생 사위가 은행장이여. 사위가 대여 선생께 허는 말이 장인어른은 행복하십니다. 저는 은행장 관두니 전화 한 통 없는데 장인은 맨날 전화 오고 이렇게 모시고 저렇게 모시고. 나도 이번 시집을 내고 출판기념회를 많이 당했어. 여덟 탕 정도는 뛴 것 같아."

가족 관계는요? 자식들, 손자들……
"큰딸이 현선. 사위는 박서방. 사위는 경희대 사서야. 우리 큰딸이 이쁘다잉. 나를 두 번 울렸어. 특수교육과 선생이거든. 내가 두 딸 때문에 두 번 울었어. 큰딸이 원래 화가 지망생이야. 작은딸 서연희는 음대 성악 지망생이야. 아들은 외교관 지망생이야. 아들은 여성적으로 잘생긴 놈이야. 탤런트처럼. 우리 아버지가 잘생긴 거야. 작은딸은 서른 넷, 아들은 서른 둘. 이름은 서유석. 집안 사정으로 큰딸은 화가의 꿈을 접고 특수교육과 선생을 하고…… 그런데 이상하게 손자새끼가 앉으면 그림을 그려. 둘째 사위는 제약회사에 다녀. 아들은 종근당 다니고. 외손주가 넷이야. 각각 아들 딸, 아들 딸이지. 딸 두 년들이 나 말을 잘 들어 주었어. 내가 그랬지. 너거들은 서울서 나서 본적은 서울 피지만, 네 애비 본적은 전라도다. 절대로 전라도 사람과 결혼하지 말자. 섞어 살자. 큰딸은 충청도, 작은딸은 경상도, 아들은 경기도 짝이랑 살어."

여인의 분 냄새에 취하는 것이 중급이고, 향기 좋은 술에 취하는 것이 상급이라면, 술에 취한 사람의 이야기에 취하는 것은 최상급일까, 아니면 '하찔'일까. 서정춘 시인이 권하는 술에 취하고, 또 그의 이야기에 취해서 애당초 질문자의 갈피는 온데간데 없어져 버렸다. 나중에 보니 오히려 대답이 질문을 끌고 다닌 흔적을 여실히 볼 수 있었다. 어느 순간에 질문자는 노트북을 접고, 본격적으로 술상에 다가앉았다. 일행들이 차례로 일어나 노래를 불렀다. 슬픈 노래도 있었고, 어설픈 노래도 있었고, 간장을 녹여내는 노래도 있었다. 휘뚝휘뚝 술잔들이 춤을 추었다. 우리는 거추장스러운 정신들을 놓아 버린 것 같았다. 리듬과 가락과 술기운과 춤사위만 남아서 방 안을 채웠을 것이다.

그 이튿날, 집이 아닌 '공공기관'에서 눈을 뜬 분이 일행 중 두어 분 있다는 소식을 들었다. 참말로 징한 밤이었다.

김지하

Zoom-in

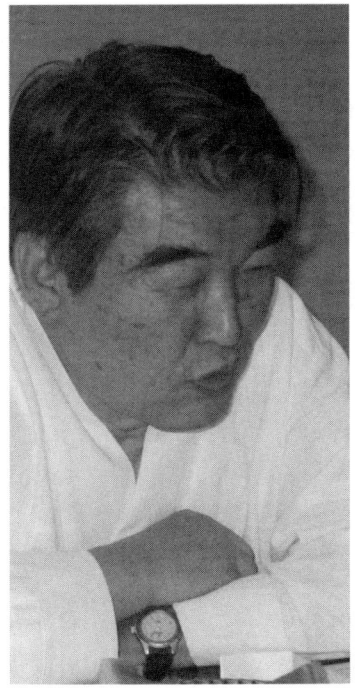

1941년 전라남도 목포 출생.
1969년 《시인》지로 등단.
시집 『황토』『오적五賊』『타는 목마름으로』『애린』『중심의 괴로움』 등과
대설大說 『남南』, 산문집 『생명과 평화의 길』, 시상전집과 수묵시화집 외 다수 출간.
이산문학상, 정지용문학상, 만해문학상, 대산문학상, 아시아아프리카 작가회의
로터스 특별상, 국제시인대회의 위대한 시인상 등 수상.

화산에서 막 뛰어내려온, 그러나 항상 촉촉한 습기를 지닌 시인

　시인 김지하를 만날 때는 바짝 긴장된다. 그가 마주 앉은 젊은 사람들에게 '무조건적인 부채의식'을 자극하던 세월도 이미 오래 전에 지나버렸건만 왜 지금도 긴장을 유발할까. 왜 그럴까. 그에게는 언제나 불타는 화산에서 막 뛰어내려온 표범 같은 뜨거운 기운이 느껴지기 때문일까. 걸음은 느리지만 무겁지 않고, 술은 입에도 대지 않지만 목소리는 항상 촉촉한 습기를 머금었다. 연전에 김지하 시인과 함께 중앙아시아의 천산산맥 자락을 휘젓고 돌아다닌 적이 있다. 그는 조금만 길게 움직여도 남보다 먼저 피로함을 호소하기도 했지만, 우리 문명의 시원始源을 더듬을 수 있는 대화 상대를 만나면 두 시간이고 세 시간이고 장사壯士처럼 대화를 이어갔다. 항상 상대가 먼저 떨어져 나갔다. 호텔방에 돌아오면 표범도 꿍꿍 앓았을 것이다. 그러나 아침 밥상머리에 그는 다시 기운 뻗친 청년이 되어 있었다.

　그와 만나기로 한 장소는 서울 광화문에 있는 한 호텔의 음식점이었다. 그는 바로 옆에 있는 커피숍에서 커피를 마시고 있었다면서 들어섰다. 냉큼 손을 내밀었고, 두 손을 내밀어 그 손을 맞잡았다. 여전히 손등이 두터웠다. 회색 생활한복도 한결같았다. 김지하 시인이 검정 양복에 넥타이를 맨 모습은 상상하기 어려웠다. 이날 사진촬영은 김요일 시인 대신에 김요안 문학세계사 기획실장이 맡았다.

　오늘 아침 일어나서 맨 처음 무슨 일부터 하셨습니까?

"10시 30분쯤 일어났습니다. 매일 잠을 많이 자야 풀릴 것 같습니다. 워싱턴 스미소니언 박물관의 한국관 개관 행사에 참석하러 미국 다녀온 뒤로 여독이 아직 덜 풀렸어요. 그래서 어제는 맘 먹고 자기 시작했어요. 오후 10시 조금 전에 잠자리에 들었다가 오전 10시에 일어났습니다. 그런데 보통 때는 6시쯤 일어납니다. 요즘은 오전에 뜸을 뜨러 다닙니다. 종로 3가에 있습니다. 구당 김남수라는 분인데 아흔셋 되신 노인입니다. 한의사 자격증을 갖고 있는데 돈도 안 받습니다. 그리고 〈살롱 마고〉에 가서 청소년 퓨전 페스티벌에 관한 회의를 했고, 시간이 남아서 찻집에서 차 마셨습니다."

아침은 뭘 드십니까?

"직사각형 빵에 배추와 소시지를 넣은 샌드위치를 먹습니다. 잼도 넣지요."

누구랑 드세요?

"혼자 먹었습니다. 그 사람(부인)은 안 먹어요. 밥 먹는 얘기 하니 좋은데요. 그 사람하고는 같이 뜸을 뜨러 다닙니다. 그 사람도 몸이 좋질 않아서요. 저는 허리 주위로 열댓 군데 뜸을 뜹니다. 눈 주변에는 침을 맞고요. 거의 매일 합니다."

운동은 안 하십니까.

"산책을 합니다. 호수공원을 돌지요. 일주일에 세 번 정도 합니다. 대개 혼자 나갑니다. 뜸으로 많이 좋아졌기 때문에 이제 지팡이는 안 듭니다."

김지하 선생은 시인, 민주화운동가, 환경운동가, 율려사상가, 생명운동가, 동양화가, 동화작가로 기억하고 있습니다. 이 모든 활동들은 제각각 의미 있는 충격과 결과를 낳았습니다. 전혀 별개의 작업들인 것 같지만 서로 내재적 연결고리를 갖고 있다고도 하겠습니다. 그런 의미에서 스스로 '나는 누구인가' 라는 질문을 던질 때 어떤 대답을 갖고 있습니까?

"저는 시를 쓰는 시간이 대개 새벽입니다. 그 새벽에 만날 부딪히는 질문이 그거죠. '나는 누구인가?' 뭔가 흡족하지 않은 겁니다. 심하게 말하면 굶주림을 느끼는 겁니다. 나 자신에 대한 불만족이기도 하지요. 내 인생에 중요한 질문이란, 그러니까, '넌 뭐하는 사람이냐' 하는 것입니다. 어떻게 살아야 하느냐, 하는 것이지요. 그렇다고 철학적으로 심오한 깊이가 있는 것도 아닙니다. 그냥 외롭고 재미 없습니다. 제가 묵화墨畵를 하는 것도 거기에 연계돼 있습니다. 스스로 위로하기 위해서 붓을 드는 것이지요."

그 외로움은 어디에서 옵니까?

"가장 간단히 말하면 제가 원래 그림을 좋아했어요. 모친께서 '그림 그리면 배고프다' 해서 그만뒀죠. 그러나 나이 들어 대학에 갈 때 미학과를 택했습니다. 그림 곁에 있으면서도 밥은 먹지 않겠느냐는 생각이었습니다. 그런데 4·19 전이나 4·19 이후나 교수 사회는 참 재미 없었습니다. 저는 바로 연극운동, 학생운동, 그리고 시를 쓰게 됐습니다. 그런데 시 쓰고 왔다갔다 하면서 살다 보니 이제 뭐가 오는가 하면, '너 지금 뭐하고 있느냐'는 질문입니다. 정치가도 아니면서 야단법석 떨고, 마누라 고생 실컷 시키고, 애들도 공부 취미 잃게 만들고, 그래서 대학도 못 가게 하고, 남은 것은 불만뿐입니다. 야단법석, 왔다리 갔다리 할 때는 몰랐는데 혼자 있는 시간이 많아지니 철학적인 것, 그러니까 존재의 의미로 다 연결되었죠."

외롭고, 불만이 많다는 것은, 김 시인처럼 많은 것을 이루신 분이 그럴 때는 특히, 욕심이 너무 많기 때문은 아닙니까.

"그것도 있겠죠. 그렇지만 이런 것도 있어요. 간단히 얘기해서 내가 쓰고 있는 시나 그림이나 기타 산문적 표현 전체가 맘에 들지 않는 겁니다. 흡족하질 않아요. 시를 한 편 쓰고 나면 뭔가 이만하면 시인이다, 그런 게 있거든요. 그런데 그게 없어져 버렸어요. 전에는 있었는데 지금은 없어져 버렸습니다. 메모는 많이 하고, 착상도 많이 하는데 제대로 된, 흡족한 시로 발전하기가 힘들어요. 이해 못하는 사람도 있고, 또 나보고 너무 '척'

하는 것 아니냐는 사람도 있어요. 내가 지금 예순일곱 아닙니까. '척' 하는 것도 자꾸 없어지더라고요. 솔직하려고 애써서 솔직해지는 게 아니고, 실제로 내 시가 맘에 안 들어요. 메모는 많이 하는데 완성되는 시가 많지 않아요. 시를 너무 빨리 써버려요. 애를 쓰는 게 아니라 적당한 선에서 끝내 버립니다. 시인으로서는 부적격 사항 같습니다. 그렇게 써 놓고도 맘에 들면 좋은데, 맘에 들지 않으니 문제입니다. 지금처럼 말이 많아지면 뭔가를 구축하는 겁니다. 허상을……."

70년대 필화사건들, 그리고 8년에 이르는 옥고는 시인 김지하라는 이름을 대한민국 민주화운동의 상징으로 자리잡게 했습니다. 모든 사람이 알고 있는 내용입니다. 제가 궁금한 것은 그러한 아우라가 이후에 시를 쓰는 데는 어떤 역할을 했습니까?

"요즘 내가 늘 생각하는 게 '예스'와 '노'가 같이 움직이는 것, 이중적인 것, 듀얼리티 아닙니까. 내 대답 이전에 한 마디 하고 싶은데, 탁 터놓고 얘기해서 산업화와 민주화의 충돌이 있었잖아요. 내가 이제 박정희 산업화에 대해서 '예스'와 '노'를 같이 인정합니다. 민주화에 대해서도 '예스'와 '노'를 같이 보기 시작했다는 것입니다. 나 자신에 대해서도 '예스'와 '노'를 같이 봅니다. 요즘 길거리에서 나를 알아보는 사람이 많습니다. 마누라 얘기처럼 쭉 팔렸습니다. 그러니 재미 없습니다. 알아보는 사람이 없어야 뒷꽁무니로 흉 잡힐 일도 멋대로 하고 혼자서 낄낄대야 시인으로서 좋은 건데, 내가 돈을 번 것도 아니고, '저기 김지하 간다'는 말은 듣지만 그렇다고 내가 탤런트도 아니고요. 시인으로서 정체성을 확답할 수가 없어요. 남이 알아주든 말든 시를 써야 하는데, 그게 없어졌습니다. 나는 변해야 합니다. 그게 내 문제입니다. 시인으로서 내 정체성에 회의가 있습니다. 그러다 시에 변화를 가져올지도 모르지요. 지금은 그래요. 저항에서 생명으로, 생명에서 율려로, 율려에서 한류로, 나는 많이 변했다고들 하지요. 밑바닥 이면에 숨어 있던 것들이 올라오는 겁니다. 변한다는 원칙은 변하지 않았습니다. 겉으로 흉물을 떤다고 할 수도 있으나 내가 지금 내심으로는 심각해요. 지금 변하려 하고 있다는 것은 시를 못 쓰게 되는 것일까? 어떤 후배들이 '선배님 글은 잠언으로 나가야 됩니다' 하고 말해요. 오래 생각했는데, 잠언으로 가서는 안 되겠더라고요. 그것은 박제입니다. 명상적으로는 써도 잠언은 안 됩니다. 시인은 성인의 길을 거부하는 자입니다. 성인의 길은 시가 아닙니다. 지금은 뭐가 뭔지 모르겠습니다. 시적 사유 형식도 그렇습니다. 아니다 그렇다, 그렇다 아니다, 하는 이중성, 그리고 그 밑에 공空과 허虛가 개입해야 하는데, 지금의 시적 사유는 너무 완벽해요. 행갈이를 위해서는 공空이 텍스트 안으로 들어와야 하는데, 그러려면 자기를 넘어서야 하는데, 생각만 앞서고 실제는 그렇게 되지를 않아요. 그러니까 시가 재미 없어졌어요. 내가 쓰고도 내가 재미 없어서……."

김 시인께서는 70년대 중반 로터스 특별상을 받았을 때부터 노벨문학상 후보였습니다. 30년 넘게 노벨문학상의 후보 권역에 계셨습니다. 오늘날 한국의 여러 상황으로 보건대 당신 자신을 포함해서 어떤 분이 노벨문학상을 받아야 한다고 생각하십니까?

"그런 얘기 잘못하면 손해 봅니다. 손해 볼 짓 왜 해요? (웃음) ……한동안 제3세계론이 문학적 담론으로 돌아다녔습니다. 제3세계 노벨상이 로터스상입니다. (웃음) 그러니 노벨상에 관심 없습니다. 노벨상에는 정형이 있습니다. 대개 보면 윤리적·미학적 삶이 일치하는 쪽으로 갑디다. 한국에 노벨상이 오는 것을 달갑지 않아 할 것은 아니나, 마치 문단의 과제처럼 여기는 것은 유치하다고 생각합니다. 한 가지 교훈을 얻는다면 우리나라는 윤리적 패러다임과 미학적 패러다임을 분리하지 않는 전통이 있죠. 이런 분리가 문화적 선진국에서는 흔한 일입니다만. 우리나라에서는 좋아 안 하죠. 한국시의 최고 재능을 가진 이는 서정주입니다. 그런데 커리어에 문제 걸려서 수상을 못했다고 봅니다. 그런 점에서 봤을 때는 노벨상이 괜찮은 상인 것 같기도 한데……."

'김지하'라는 필명은 어떻게 갖게 되셨습니까. 또 한때는 필명을 그만두고 본명인 '김영일'을 '노겸'이라는 호와 함께 쓰겠다고 하셨다가 다시 필명을 사용하고 계십니다. 어떤 사연이 있으셨습니까?

"자주 하는 얘긴데, 외신 기자가 나를 만나 그래요. '헬로 미스터 언더그라운드 킴'이라고…… 그때가 감옥살이를 많이 했던 때였습니다. 기분이 나빠지데요. 토굴에 묻혀 바깥 세상을 모르고 한국에만 앉아 잘난 체하냐고 비난하는 말투 같아 자격지심이 들었습니다. 그 뒤 모친께서 작명가에게 갔더니 제발 그 이름 쓰지 말라고 했답니다. 자꾸 감옥에만 가니, 그 이름이 모나다고요. 그렇구나, 해서 김영일이라는 본명을 썼죠. 그런데 이번에는 후배들이 '역사가 만든 이름인데……' 하면서 만류했어요. 결정적인 것은 우리 마나님 때문이지요. 그 사람이 나더러 허영심 버리라고 하데요. 이름 버리고 출세할 것 같냐고도 하고요. 그래서 시들해져 버렸어요. 본명 쓰는 것은 한 1년쯤 했나…… 지방 후배들 중에는 아직도 노겸 선생이라고 부르는 이들이 있어요. 그런데 노겸이란 말은 사실 무시무시한 말입니다. 주역에 나오는 말인데, 임금이 자신을 가리킬 때 쓰는 말입니다. 노겸이란 열심히 일하는데 까불지 않고 겸손하다, 는 뜻입니다. 하늘에 비해 자신을 칭할 때, 그리고 큰 군자를 노겸 군자라고 하지요. 어느 날 갑자기 왜 노겸이란 호가 떠올랐을까 알 수 없죠. 그러나 마누라 말이 맞아. 내가 무슨 군자라고……."

그 어떤 질문도 괜찮습니까?

"그렇죠."

장모 되시는 박경리 선생과는 같은 문인으로서, 그리고 장모와 사위로서 어떤 긴장과 애정을 공유하고 계십니까. 두 분은 항상 독자들의 깊은 관심의 중앙에 서 있으면서도 두 분 사이에 대해서는 이렇다 하게 언급하신 적이 없습니다.

"그분은 나를 별로 좋게 생각하질 않아요. 손자들, 두 놈 다 대학에도 못 가고…… 하나는 영국 가서 그림 공부하고 있고, 하나는 게임 문학 전문가인데 연대에서 강의하고 있지만, 내가 제대로 못했기 때문이라고 보고 있는 것이지요. 이러니 저러니 사회에 기여하는 것을 그리 높이 사는 양반이 아니라는 얘기죠. 감옥 갔다 온 게 뭐 대단한 게 있느냐는 쪽이겠지요. 나는 도리어 그런 점에서 그분이 원로작가답다고 생각합니다. 김지하, 민주 투사가 되기 전에 가족들을 위해 살 수도 있지 않느냐. 그렇게 따지는 것이 더 노인답지 않느냐고 생각하는 것이 '나'입니다. 나는 다만 민주 시민으로서 외세 의존적 산업화 일변도에 균형을 잡아야 한다는 원칙이 깨진 것에 대한 안타까움에서 투쟁을 시작했을 뿐입니다. 그런데 나를 극좌 사상가로 보는 것은 맞지 않습니다. 내가 집이 있던 원주에서 23세 때 장일순 선생을 만나서 긴 이야기를 한 적이 있습니다. 한일 회담 반대가 한창일 때였습니다. 그분 사상이 몽양 여운형계였습니다. 중도였습니다. 나는 그 쪽으로 기운 것입니다. 중도를 찾는 것이 지금도 내가 해야 할 일이라 생각하지요."

서울대 미학과 학생 시절 이미 대학로의 학림 다방에서 시화전을 열기도 했으니까 그때부터 시인이셨습니다만, 여러 공식 기록에는 1969년 스물여덟의 나이로 「황톳길」 등 시 5편을 《시인詩人》지에 발표한 것이 등단으로 돼 있습니다. 그때부터 따져도 이제 거의 반세기가 흘렀습니다. 나이 든 독자들은 어차피 시인 김지하라는 이름과 1970년 작 담시 「오적五賊」을 떼어놓을래야 떼어놓을 수가 없습니다. 피상적 모습은 변했을지 몰라도 근본적으로 대다수 당대인들을 짓누르는 외부 상황으로서 '오적'은 오늘날에도 여전한 것 같습니다. '신오적'가를 쓰신다면 어떻게 쓰시겠습니까. 즉흥 시를 한번 읊조려 주신다면요.

"지금은 '오백적'쯤 있는 것 같은데(웃음)…… 치고 나오는 젊은 풍자 시인이 안 보입니다. 당신이 왜 안 쓰느냐고 하는데, 판소리풍 풍자시는 조건이 까다롭습니다. 하나는 뱃심이 좋아야 합니다. 그러려면 자기가 깔끔해야 합니다. 사람 사는 게 깔끔해야 누구를 욕할 수 있는 자격이 생깁니다. 둘째는 입심이 좋아야 합니다. 그래야 소리꾼입니다. 원한다고 되는 게 아닙니다. 그리고 풍자시인은 여유가 있어야 합니다. 현실과 거리를 두어야 하니까요. 나는 너무 깊이 정치적인 일에 휘말려 버렸습니다. 긴 세월을 그랬지요. 이제 후배들 중에서 판소리풍 풍자시인이 나오기를 기다려야지. 나는 『대설』 5권 내고 더 끌고 갈 기운이 없어서 아파 버렸습니다. 풍자시인은 타고납니다. 나로서는 이제 더 이상 안 맞는 것 같습니다. 정치에 거리를 두고 대작을 써야 하는데, 나는 너무 말려들어갔습니다. 나는 이제 오백적을 대적할 만한 담력도 없고 입심도 없습니다. 그리고 너무 늙었어요. 다만 전라도 쪽에서 그런 풍자시인이 나올 때가 되지 않았는가 생각합니다만."

왜 전라도 시인에게 기대하십니까?

"그건, 전라도 쪽 장단을 타지 않으면, 판소리 스타일의 풍자로는 힘이 없기 때문이에요."

함경도 출생이신 김규동 시인도 이 〈줌인〉 인터뷰에서 '전라도 쪽 시인들이 음식맛 덕분에 좋은 시를 쓸 수 있는 유산을 갖고 있다'는 말씀을 한 적이 있습니다.

"그분의 말씀도 일면의 의미가 있을 것입니다. 나는 우리나라 시에서 세 사람을 최고봉으로 꼽습니다. 서정주, 이육사, 정지용입니다. 미학의 최고 봉우리는 숭고미라고 할 수 있는데, 육사의 「광야」를 보면 누구도 다가갈 수 없는 숭고미가 있지요. 정지용은 엄청난 아름다움을 갖고 있고. 서정주는 재간이 대단합니다. 전라도 예인 기질이 뛰어났습니다. 그러나 까딱 잘못하면 서푼짜리 재간꾼으로 떨어질 수도 있는 겁니다. 나는 정말로 우리의 문화예술, 그리고 저항의 삶의 예술 같은 것들이 전라도에서 나와야 한다고 생각합니다. 김규동 선생의 말씀도 그런 의미로 새겨들을 수 있습니다. 판소리의 그늘, 인생의 신산고초, 음식의 개미, 그리고 그런 것들이 발효돼서 나오는 시김새의 미학이 필요합니다. 그러나 잘못하면 너무 잔재주로 떨어질 가능성도 있습니다. 나한테도 잔재주가 있습니다. 스스로 검열에서 삭제해서 그렇지……."

본인의 저작으로 독자들의 기억에 있는 것들만 추려 보아도 첫 시집 『황토黃土』(1970) 이후, 시선집 『타는 목마름으로』(1982), 『검은 산 하얀 방』(1986), 『애린』(1986), 장시 『이 가문 날에 비구름』(1986), 『별밭을 우러르며』(1989), 담시집 『오적』(1993), 『중심의 괴로움』(1994) 등의 시집이 있습니다. 이밖에도 대설大說 『남南』(전5권, 1994년 완간)을 비롯해, 산문집 『나의 어머니』(1988), 『밥』(1984), 『민족의 노래 민중의 노래』(1984), 『남녘땅 뱃노래』(1985), 『살림』(1987), 장시 『타는 목마름에서 생명의 바다로』(1991), 대담집 『생명과 자치』(1994), 『사상기행』(전2권, 1999), 『예감에 가득 찬 숲그늘』(1999), 강연 모음집 『율려란 무엇인가』(1999) 등의 다수의 저서가 있습니다. 본인께서 이 저작들로 이정표 삼아 개인사적 시대 구분을 해주실 수 있는지요.

"가장 중요한 변화가 세 번 왔다고 보여집니다. 사실은 시를 고등학교 때부터 썼는데, 두 사람의 도움을 받았습니다. 정지용의 제자로서 국어를 담당하신 여교사가 계셨습니다. 또 한 사람은 나중에 미학을 공부하면서 친해진 조동일 교수지요. 나는 원래 초현실주의적으로 시를 썼는데 우리 민족문화연구로 넘어오면서 민족시, 민중시로 변했습니다. 그 안에 평론가들이 못 보는 부분이 있습니다. 표면적으로는 식민지, 민족해방, 그리고 투쟁의 세대 전승성, 그러니까 할아버지→아버지→자식→손자로 이어지잖아요. 할아버지가 독립운동한 자손은 그런 계통으로 갑니다. 이것이 표면적 주제이지요. 다른 한편 영산강에 뛰어오르는 숭어와 탱자, 하얀 메밀밭을 바라보면서 생명의 감각을 이면적 주제로 가지게 된 때가 있었습니다. 그 다음은 『애린』이란 형식으로 들어왔습니다. 그렇게 크게 두 번 바뀌었습니다. 평론가들이 그걸 깊이 못 봅니다. 밑에 있던 것들이 표면으로 올라오고, 표면 밑에 또 새로운 이면裏面이 자라나는 것인데요. 사람은 변합니다. 변하지 않는 것은 끊임없이 변한다는 것뿐입니다. 민족문화운동을 하고, 한일회담을 반대했을 때는 민족문학 쪽으로 갔지요. 감옥에서 나올 때 생명, 혹은 '애린'이라는 깊은 연민을 갖게 됐습니다. 세계의 만물을 연민으로 보았던 것이 지금까지 온 것입니다. 변하고 있다는 것은 속이 우당탕하고 있다는 뜻입니다. 생명의 기초는 무無입니다. 텅 비어 있습니다. 그것이 다시 생성하는 것, 모순어법의 이중성 이것이 요즘의 변화지요. 그것이 어떻게 성숙하는가, 요즘의 나의 문제입니다."